徳倫理学について

On Virtue Ethics
by
Rosalind Hursthouse

Copyright© Rosalind Hursthouse 1999
This translation is published by arrangement with
Oxford University Press.

R・ハーストハウス著

徳倫理学について

土橋茂樹訳

知泉書館

エリザベス・アンスコムとフィリッパ・フットに捧ぐ

凡　例

1　本書は Rosalind Hursthouse, *On Virtue Ethics*, Oxford University Press, 1999 の全訳である。
2　原注は脚注として章ごとの通し番号で示した。訳者注が必要な場合は，(訳者注) と明示し原注と区別した上で脚注に組み入れてある。
3　（　）は原著者による括弧である。〔　〕は訳者が補足説明のために使用した。同様に，文意を明確にするためにごく一部で〈　〉や《　》を用いた。
4　原文における強調のためのイタリック体は，傍点表記で示した。原文の引用符‘ ’は「　」で表したが，それ以外に読みやすさを考慮し章句を括り出すために「　」を用いた箇所もある。
5　引用文については，原則として邦訳のあるものはそれを参照したが，文脈に応じ適宜訳語に変更が加えられている場合がある。
6　わずかではあるが原著における明らかな誤植および引用箇所の間違いについては，それと明記せずに修正して訳出した。
7　本文は著者の語り口を活かして「ですます」調に，注や他の著作からの引用等は「である」調に訳し分けた。

謝　辞

　まず何よりも先に，過去10年間にわたってわたしが徳倫理学を教えてきた放送大学・夏期講座の多くの学生さんたちに御礼を言わなければなりません。というのも，彼らとの授業を通じて得られた経験や知恵のおかげで，本書でなされた議論の多くがもたらされたといっても過言ではないからです。

　本書の最初の三章は，以前に公刊された論文をもとにいくらか手を加えたものですが，第4-5章は徳倫理学関係の論文集に寄稿したもの（'Virtue Ethics and the Emotions' in Daniel Statman (ed.), *Virtue Ethics*, Edinburgh: Edinburgh University Press, 1997）とあまり変わってはいません。

　それにしても，どれほど多くの方々が，わざわざ本書の最終草稿すべてに目を通してわたしの過ちを正してくださったことでしょうか。しかも，それだけ多くの方々に批判・修正していただいたにもかかわらず，いまだになお多くの過ちが残っているかもしれないと思うと，我ながら恥ずかしさに頬が赤らむ思いです。せめて，お力添えいただいた方々のお名前を挙げることでなんとかわたしの責めを塞がせていただきたいと思います。まず，オクスフォード大学出版局から依頼されたお二人の「匿名」査読者（そのうちのお一人は，一つ一つのコメントをよく見ればその洞察の鋭さからすぐにわかるように，マイケル・スロートにほかなりません）に感謝申し上げます。次いで，サイモン・ブラックバーン，ウィリアム・チャールトン，ロジャー・クリスプ，トルスタイン・ギルファソン，アンセルム・ミューラー，トム・ソレル，クリスティン・スワントン，レベッカ・ウォーカー，スティーブン・ワット，スー・ウェア，とりわけ，〔遠く離れたニュージーランドへの〕国際電話を介して，骨の

謝辞

折れる細かい作業のすべてにわたってわたしとの共同作業に惜しみなく時間を費やしてくださったキャロル・フェルカー，以上の皆さんにも心からの御礼を申し上げます。さらに，ぞっとするほど多くの誤植を，その熟達した校正手腕によって数多く取り除いてくださったアンジェラ・ブラックバーンにも深く感謝いたします。

本書の最終草稿はニュージーランドで書かれましたが，そこでわたしは，クリスティン・スワントンとの多くの対話によって支えられ，導かれ，修正されました。その後も長年にわたってその関係に変わりはありません。わたしとしてはただ，彼女が本書のために貢献してくれたのと同じくらい，彼女の近刊書[1]のために貢献できればと祈るばかりです。

自らの書物を書き終えいざ謝辞を書く段になると，人は時に，哲学的にどれだけ多くのことを先行研究に負っているか，それを脚注の参照や文献表だけでは必ずしもすべて表し切れていないのではないかという思いに襲われることがあります。わたしとしては，ジョン・マクダウェルとゲイリー・ワトソンに対する脚注の頻度はおおむね正しいと思われますが，他の著者，とりわけジュリア・アナスとスティーブン・ハドソンの諸論考から受けた恩恵の大きさについては，どうしても十分に示し切れたとは思えません。したがって，ここではっきりと彼らの恩恵に対する感謝の意を記しておきたいと思います。

最後に，わたしがエリザベス・アンスコムとフィリッパ・フットに一体どれだけ多くのことを負っているか，そのことについてはいくら脚注を数多く書き連ねたところで，決してそのすべてを記すことなどできようはずがありません。けれども，本書をお二人に捧げることを許してくださり，少なくともそのような形で感謝の意を表すことができるようにしてくださったことに対して，お二人に心からの御礼を申し上げます。

---

1) （訳者注）Christine Swanton, *Virtue Ethics — A Pluralistic View*, Oxford, 2003 を指しているものと思われる。

日本語版への序文

　わたしは，このたび自分の本が日本語に翻訳されることを実に光栄で，胸躍る出来事だと思っています。もちろん，本書が好意的に受け入れられるなら，それほど嬉しいことはありません。確かに，日本と西洋の宗教的，文化的伝統の違いを考えれば，本書の主張が何の問題もなく受け入れられるとは限りません。しかし，その点でわたしは人が思うよりはずっと楽観的に考えています。なぜなら，わたしはアリストテレスの倫理的著作は万人に向けて書かれたものだと確信しているからです。とはいえ，わたしが初めて彼の『ニコマコス倫理学』を読んだときは，それが自分の期待していた倫理学とはあまりにかけ離れた思いもよらない内容だったものですから，まったく理解できなくて，当然ながらひどく退屈な書物だと思ったものでした。ところが，その後1978年に英国放送大学の学生向けに『ニコマコス倫理学』の参考書を書く仕事に携わった関係で，その内容をなんとかして彼らにとっつきやすいものとせねばならなくなりました。否応もなくその仕事にせっせと励んだおかげでしょうか，いつの頃からかその書物はわたしに多くのことを語りかけてくれるようになり，気がつくとわたしはアリストテレス信奉者に生まれ変わっていたのでした。2500年もの隔たりを越えて，しかも，奴隷制を実施し，無数の不可解な神々を奉じ，戦争を美化した性差別主義的な古代社会という文脈において書かれたにもかかわらず，「人はいかに生きるべきか」という倫理的問いについてアリストテレスが一体どれほど多くのことを，しかも明らかに真だとわかるような仕方でわたしたちに語り伝えることができたか，そのことを思うと，わたしにはそれが奇跡のように思えてなりません。

　徳倫理学を論じた本書は，アリストテレスに対するわたしの情熱に

よって直に育まれたものであり，彼の倫理的著作から全面的に影響を受けたものです。そうである限り，アリストテレスの著作が時と文化の壁を越えて理解されてきたのと同じように，本書もまた文化の違いを超えた仕方で理解可能なものであってほしいと思っています。その点で，わたしは〔リンダ・ポポフと夫ダン・ポポフ，さらに弟ジョン・カヴェリンの3人によって創始された非営利的・非政治的・非宗教的活動である〕ヴァーチュー・プロジェクトの存在と成功に勇気づけられてきました。彼らが書いた52の徳に関する2冊の教育書は実に多くの言語へと首尾よく翻訳され，国連によってすべての（！）文化圏に属する親たちの手本となるような内容だと認定されました。その書物が成功裡に日本語にも翻訳されたことをわたしは知っています。本書についてもまた，それが英語圏の多くの読者に受け入れられてきたように，日本語の読者にもまた受け入れられることをわたしは願ってやみません。徳を表す言葉はどこの国の言葉であれ人々に深く親しまれたものであるはずですし，本気で倫理学に関心をもっている人であれば，本書で扱われる様々な徳が何を意味しているかさっぱりわからないなどということはないはずです。

　現代徳倫理学が英米哲学に初めて登場したとき，多くの人から白い目で見られました。それは，言うまでもなく徳倫理学の出自が近代西欧ではなく，むしろ古代ギリシアへと人々を引き戻し，伝統重視で保守的な，その限りで自由民主主義と両立しえないものだと思われたからでした。しかし，実際にそうでないことはすぐに理解されました。今日でも西欧の多くの倫理学者たちは，依然として徳倫理学よりも他の倫理説を好んではいますが，だからといって，もはや徳倫理学が反自由主義的だからという理由でそうしている者は一人もいません。日本の倫理学研究の仲間たちならば，徳倫理学に対するそうした偏見を直ちに払拭し，現代徳倫理学が自身の倫理学教育に興味深い観点を加えてくれることに必ずや気づいてくれるものとわたしは期待しています。この上は，日本の読者が本書を歓迎し，有益に活用してくれることを心より願うばかりです。

ロザリンド・ハーストハウス

目　次

謝　辞……………………………………………………………………… vi
日本語版への序文………………………………………………………… viii

序…………………………………………………………………………… 3
　新アリストテレス主義………………………………………………… 13
　本書の構成……………………………………………………………… 26

第Ⅰ部
行　為

第1章　正しい行為……………………………………………………… 37
　正しい行為……………………………………………………………… 38
　認識論的問題…………………………………………………………… 47
　道徳規則………………………………………………………………… 51
　コード化不可能性……………………………………………………… 59

第2章　解決可能なディレンマ………………………………………… 65
　ディレンマと割り切れなさ…………………………………………… 66
　「正しい行為」再論…………………………………………………… 74
　規範相互の対立問題：解決可能なディレンマ……………………… 79
　「コード化可能性」再論……………………………………………… 85
　道徳的実践知…………………………………………………………… 91

第3章　解決不可能なディレンマと悲劇的ディレンマ……………… 97
　そもそも解決不可能なディレンマなど存在するのか？ …………… 97

徳倫理学における解決不可能なディレンマ ……………………… 104
　悲劇的なディレンマ ……………………………………………… 111
　「正しい行為」再々論 …………………………………………… 120
　絶対主義・再論 …………………………………………………… 129

第Ⅱ部
感情と動機づけ

第4章　アリストテレスとカント ………………………………… 139
　フィリッパ・フット『徳と悪徳』 ……………………………… 144
　「傾向性から」行為するということ …………………………… 151

第5章　徳と感情 …………………………………………………… 165
　感情の教育 ………………………………………………………… 172
　結　論 ……………………………………………………………… 181

第6章　有徳な行為者にとっての行為の理由 …………………… 183
　有徳な仕方で行為するということ ……………………………… 187
　「行為そのもののために」行為を選ぶということ …………… 191
　「それが正しいと思うから」行為する ………………………… 199
　プラトン的幻想の回避 …………………………………………… 207
　結　論 ……………………………………………………………… 212

第7章　道徳的動機づけ …………………………………………… 215
　程度の問題としての道徳的動機：信念の帰属 ………………… 216
　どんな性格をもつか ……………………………………………… 221
　徳の統一 …………………………………………………………… 232
　有徳な行為の初発の場面 ………………………………………… 238
　結　論 ……………………………………………………………… 242

第Ⅲ部
合理性

第8章 徳をもつことの利益 …………………………………… 247
    前置き …………………………………………………………… 247
    徳はその持ち主に利益を与えるという考えに対する反論 ……… 258
    異なった文脈に照らして ………………………………………… 264
    中立的な観点などない …………………………………………… 269
    特定の倫理観の下での事実 ……………………………………… 284

第9章 自然主義 …………………………………………………… 291
    植物と動物の評価 ………………………………………………… 299
    わたしたち自身の評価 …………………………………………… 311

第10章 理性的動物のための自然主義 ………………………… 327
    わたしたちの理性は他とどのように異なるのか ……………… 327
    類比が成立する場合としない場合 ……………………………… 340
    必然的に実践的なものとしての倫理的評価 …………………… 347

第11章 客観性 …………………………………………………… 359
    倫理学上の意見の不一致 ………………………………………… 364
    第三の命題：調和的なものとしての人間本性 ………………… 371
    想定されうる限りでのダーウィン主義からの脅威 …………… 384

訳者あとがき ………………………………………………………… 399
著者紹介 ……………………………………………………………… 401
参考文献 ……………………………………………………………… 405
索　　引 ……………………………………………………………… 412

徳倫理学について

序

　「徳倫理学」という術語は，最初，規範倫理学において「徳」，つまり「道徳的な人柄」を強調する立場を特徴づけるために導入されたものです。その特徴は，義務ないし規則を強調する立場（義務論）や，行為の結果を強調する立場（功利主義）との対比によって示されます。たとえば，助けを求めている人にわたしが手を貸すべきであることが，どう見ても明らかな場面を想像してみてください。その場合，功利主義者なら，わたしが手を貸すことの結果が相手の福利を最大化するという事実を強調するに違いありません。義務論者なら，そうやって相手に手を貸す時，「自分がしてもらいたいことを，他人にもせよ」というような道徳規則に従って行為しているという事実を強調するはずです[1]。では徳倫理学者ならどうでしょうか。おそらくこう強調するに違いありません。そもそも困っている相手に手を貸すこと自体が親切で思いやりに富む〔有徳な〕行為なのだ，と。ともあれ，徳倫理学とは，倫理学に対する古くて新しい取り組みと言えましょう。徳倫理学の起源が，プラトンや，もっとはっきりしたかたちではアリストテレスの著作にまで遡る限り，その歴史は確かに相当古いものです。しかし，そうした古代の取り組み方の再生というかたちで，徳倫理学が現代の道徳理論にごく最近付け加わったという意味では，それはなるほど新しいとしか言いようのないものなのです。

　顧みれば，〔本書が刊行された1999年から数えて〕三十年前まで，規範倫理学は二大理論によって支配されていました。その一方は，18

---

[1]　（訳者注）カント自身は，これと同種の「自分がされたくないことを他人にするな」というような「陳腐な」文言には，自他に対する義務の根拠が存しないが故に，決して普遍的な法則たり得ないと断じている。（cf. I. Kant, *Grundlegung zur Metaphysic der Sitten*, A430）

世紀の哲学者イマニュエル・カントから着想を得た義務論であり，他方は，18, 19世紀の哲学者ジェレミー・ベンサムやJ・S・ミルから派生して現在のいくつかの形態に収まった功利主義です。たとえば1960年代から70年代の間に公刊された規範倫理学に関する書物や論文は数百にも及びましたが，そこでごく普通に見出されるのは，これら二つの理論のどちらか一つ，あるいはその両方を概説し，議論し，修正し，応用し，比較し，批判したものでした。ところが，古代ギリシアへと立ち返る第三の可能性について言及したものは皆無でした。

そうした状況からの変化は，徐々にですが目にとまるようになってきました。規範倫理学の学部学生向け教科書として企画された書物のなかには，当時支配的であった正統派倫理学説に批判的な種々の論稿を，徳の重要性への認識を求めるものとして引用し，「徳倫理学者ならばそう主張するであろう」実質的な内容にわずかながら言及するものも現れました。とはいえ，徳倫理学への言及は，当初，短くて素っ気ないものばかりでした。徳倫理学は，本来そうみなされて然るべき第三の取り組み方としてではなく，あくまで興味深い二，三の論点，たとえば道徳的な行為者が備えもつ動機や性格をただ強調するだけものとしかみなされてこなかったのです。おかげで義務論者や功利主義者は，そうした論点を都合よく自分たちの立場に組み込むことができたわけです。その後，徳倫理学は，その擁護のためにより多くの論文が書かれるにつれて，倫理学界におけるいわば「新入り」程度の扱いはうけるようになりました。もちろん，まだ「古株たち」と肩を並べるところまでには至らなかったのですが，木で鼻をくくるような扱いはもうされなくなりました。さらに時を経て，今や（わたしが本書を執筆した1998年以降の）徳倫理学は，最近刊行された多くの論文においてもすっかり一人前の扱いをうけるようになり，義務論的取り組みや功利主義的取り組みの好敵手とみなされるほどになりました。実際，徳倫理学と後二者いずれかとの倫理学上の取り組み方の違いは，今や義務論と功利主義相互での違いに劣らぬほど興味深く研究意欲をかきたてるものとなってきています。

そもそも現代道徳哲学にあって，どうして徳倫理学といういかにも古めかしい取り組み方が復活してきたのでしょうか。一見すると，「近代世界」の哲学者たちから相続した二大理論によってしっかり理論武装し

た道徳哲学者たちが，わざわざ遠くプラトンやアリストテレスにまで立ち戻る必要性を感じているというのは，それが全員こぞってではなくほんの一部のことであったにしても，奇妙な話ではあります。プラトンやアリストテレスの著述活動がどれほど大昔のことだったか，わたしたちの世界が彼らの時代のアテナイとどれほど異なっているか，さらにアリストテレスの（少なくとも）奴隷と女性に関するどうしようもない偏見，それらを考慮するならば，倫理学上の着想を得るために彼らに立ち戻るなど，実に馬鹿げたことではないでしょうか。確かに「一見すると」馬鹿げて見えるかもしれません。しかしよく見てみると実際はそうでもないのです。

　まず始めに強調されるべきは，今日，徳倫理学の支持者であるからといって，アリストテレスの道徳哲学に時おり見出されるひどく偏狭な考えに必ずしもいちいち拘泥する必要などない，という点です。それは，いくらカントから着想を得た義務論者だからといって，たとえばカント自身の動物観に必ずしもいちいち頓着する必要がないのと同じです[2]。いずれにしても，アリストテレスやカントが道徳哲学の分野に西洋独自の取り組み方をもたらしたのは事実ですし，彼らの擁護者が主張するように，それはまた，現代の道徳的事実にも少なからず生産的に順応しうる取り組み方なのです。

　とはいえ，義務論や功利主義に対して募りつつあった不満が，どうして最終的には徳倫理学の再生に至らざるをえなかったのでしょうか。その理由は諸説紛々といったところで，どれが一番正確なものか決めることなどできません。しかし確かにいずれの説にあっても，適正な道徳哲学であるなら当然取り組むべき多くの論題が，当時の義務論や功利主義の文献によって無視され蔑ろにされていたように思われます。そのような論題のうちの二つ，すなわち個人が備えもつ動機と道徳的性格については，先ほど触れました。その他には，道徳教育，道徳的な知すなわち良し悪しの判別力，友愛や家族愛，幸福という深遠な概念，道徳生活に

---

[2]　カント自身は，動物が人格ではなく物であるという理由で，わたしたちが動物に対して義務を負うという考えを否定した。しかし，「動物の解放」の擁護者としてもっとも著名な二人のうち，Tom Regan は義務論者であるし，もう一人もカント思想を採っている。T. Regan, *The Case for Animal Rights* (1983) を見よ。

おける感情の役割などをめぐる諸問題，さらに「わたしはどのような人間であるべきか」「わたしはいかに生きるべきか」といった問いが挙げられます。では，こうした問題について議論を展開してきたのは，一体誰だったのでしょうか。他でもない，それこそがプラトンでありアリストテレスだったのです。

　もちろん，これは単なる偶然の一致などではありません。徳倫理学の名を広く世に知らしめたと言ってよいアンスコム，フット，マードック，ウィリアムズ，マッキンタイア，マクダウェル，ヌスバウム，スロートらの現代哲学者たちは皆[3]，プラトンやアリストテレス，場合によってはトマス・アクィナスに取り組み，自らの思想を培ってきました。現代思想家には欠け，偉大な先達には見出される豊かな洞察の数々によって，「現代道徳哲学」に対する批判が形成されたことは間違いありません。しかし，そうした古典的な洞察の数々がひとたび広く認知されるところとなれば，古代ギリシア語文献に通暁した研究者のみならず，おおかたの人々にもそれが道徳哲学において重要な問題であることは，実際，一目瞭然となったわけです。

　確かに，徳倫理学の出現によって義務論者や功利主義者の側からの応答という一つの興味深い成果がもたらされました。それというのも，徳倫理学の重要性を認知し，彼ら自身の理論にかかわる範囲内で徳倫理学に取り組もうとする流れが彼らのうちに見出されるようになったからです。たとえば，カントの徳論への関心の再燃，行為者の性格を基礎に据えたカント主義や功利主義の新たな展開の精緻化，功利主義者ピーター・シンガーの著書『わたしたちはどう生きるべきか』などがその一例です[4]。こうした動向は，目下のところ特にアリストテレス研究やカント研究の分野におけるきわめて刺激的な業績として結実しつつあ

---

[3] N. J. H. Dent, *The Moral Psychology of the Virtues* (1984), S. Hudson, *Human Character and Morality* (1986), E. Pincoffs, *Quandaries and Virtues* (1986) といった諸著書がここで名を挙げられた著者たちのものほどの影響力をもちえなかったのは，単なる偶然に過ぎないように思われる。

[4] O. O'Neill, 'Kant After Virtue' (1984); R. B. Louden, 'Kant's Virtue Ethics' (1986); R. Crisp, 'Utilitarianism and the Life of Virtue' (1992); J. Driver, 'The Virtues and Human Nature' (1996); B. Herman, *The Practice of Moral Judgement* (1993); M. Baron, *Kantian Ethics Almost Without Apology* (1995); Peter Singer, *How Are We to Live?* (1996).

ります。1990年代後半に刊行された論文集所収の論文のうち、マクダウェルはアリストテレスのほうをもっとカント寄りに解し、ハーマンやコースガードはカントのほうをもっとアリストテレス寄りに解しています[5]。ミルをアリストテレス的に解釈するという試みに関しては、残念ながらまだ見かけたことがありませんが、いずれはそういうこともあるかもしれません[6]。

　こうした傾向は、規範倫理学における三つの立場相互の間に引かれた境界線がぼやけてきていることを意味しています。徳倫理学をごく漠然と「徳を重視する」取り組みと記述しても、それを他から区別することにはもはやなりません。もちろん同様に、義務論や功利主義を、性格に対して規則や結果を重視する立場と記述しても、もはやそれらを徳倫理学から明確に識別できるわけではありません[7]。わたしの知っている限り、「義務論とは何か」とか「功利主義とは何か」という問いに対する短くて満足のいく答えなどもはやありはしませんし、そうした事実に頭を悩ませる人も誰一人いません。しかし近年、少なくとも哲学者の中には、「徳倫理学とは何か」という問いにわたしたち徳倫理学者が答えられずにいるという事実に頭を悩ます者が少なからずいるように思われます。他の二つの立場と違って、徳倫理学は自分の立場を簡潔に、しかも一方で徳倫理学者全員を含意できるほど十分に一般的な（あるいは選言的な）表現によって、しかし他方ですべての義務論者や功利主義者を排除できるほど十分に厳格な表現によって述べられねばならないという要求は、いささか行き過ぎのようにも思われます。そもそも、どうしてわたしたち徳倫理学者だけにそんな大変な期待がかけられねばならないの

---

　5) J. McDowell, 'Deliberation and Moral Development in Aristotle's Ethics'; B. Herman, 'Making Room for Character'; Christine Korsgaard, 'From Duty and for the Sake of the Noble: Kant and Aristotle on Morally Good Action', 以上の論文はすべて以下に収められている；S. Engstrom and J. Whiting (eds.), *Aristotle, Kant and the Stoics* (1996). さらに以下も参照せよ；Stephen Hudson, 'What is Morality all About?' (1990).
　6) R. Crisp (ed.), *Utilitarianism* (1998) の第2章の注を見よ。
　7) 現代徳倫理学に関して1990年代に発表された以下の3本の優れた論文はどれも、規範倫理学上の諸立場を区別するために用いられてきたありきたりの標語のたぐいをことあるごとに制限し、そうした標語的区別が功利主義や義務論における新たな展開によってどのように退けられてきたのかという点に着目している。G. V. Trianosky, 'What is Virtue Ethics all About?' (1990); Justin Oakley, 'Varieties of Virtue Ethics' (1996); Daniel Statman, 'Introduction to Virtue Ethics' (1997) を見よ。

でしょうか。

　人々が徳倫理学にそのように過大な期待をかける一つの理由は，単にそれがまだあまり世間で知られていないからだと思います。実際，わたしにしても，そういう要求を突きつける人たちにしても，道徳哲学の分野では，義務論や功利主義が漠然とした標語のたぐいで紹介されることにあまり抵抗を感じる人はいません。それというのも，わたしたちは皆こうした，たとえば「合理主義」とか「経験主義」のような用語を学生の時分に学び，それ以来ずっと慣れ親しんできたからです。わたしたちは講義の中でそうした標語を使っていますが，それによって生じかねない不都合をいかに克服すべきか，そのやり方もある程度わかっています。たとえば，次世代の哲学をになう学生たちに行為功利主義を教える際には，その都度，規則功利主義や「総督邸の功利主義」(government house utilitarianism)[8]などの改良の試みにも目を向けさせるというのが，その一例です。そのように長年かかわってきた義務論と功利主義という二つの立場の違いを感じられるまでになったおかげで，わたしたちはある特定の義務論者の思想のうちに潜んでいる功利主義の要素にせよ，その逆にせよ，自信をもって見分けられるようになっているわけです。しかし，それと同じように徳を重視する立場を見分けることは，わたしのように現に徳倫理学を支持している研究者を別にすれば，ほんの僅かの人にしかできないことなのです。

　「徳倫理学とは何か」という問いに一言で簡単に答えてしまおうとすることが，かえって満足のいく解決を妨げてしまうのではないか，そうわたしには思われてなりません。必要なのは，専門研究者の誰もが義務論や功利主義に精通しているように，徳倫理学についても細部にわたるまでよく知ることです。しかし，こうした知識を現存する文献から獲得するのは容易なことではありません。論文の数としては決して少なくないにもかかわらず，本書の執筆時に，徳倫理学を体系的かつ詳細に探

---

　[8]　(訳者注) H・シジウィックによって検討され始め，B・ウィリアムズによって広められた立場の呼称。支配層である少数のエリートだけが功利主義を正しい理論とみなし功利主義的な意思決定を用いるのに対して，大多数の被支配層には一般に通用している非功利主義的な義務に無反省に従うよう仕向けることによって社会全体の効用を最大化しようとする立場。植民地主義に根ざしたきわめてエリート主義的なこの立場は，社会的な透明性に欠け，民主的規範を侵害していると批判されることが多い。

求している本となると，マイケル・スロートの『道徳から徳へ』(*From Morality to Virtue*, 1992) 1 冊しかありませんでした。本書がそれに続くもう一冊の本となるわけですが，本書ではスロートとは違う問題が違った仕方で論じられることになります。本書の議論の進め方は，スロートのものよりももっと詳細に様々な事例や条件を問題とすることによって，結果的にあまり抽象的な議論に陥らずに，もっぱら徳倫理学から派生した特殊な問題をひたすら探求していく方式をとります。もちろん本書とは異なった仕方で徳倫理学を論じる著作の刊行も現在進められているということですし[9]，道徳哲学に携わる誰もが他の二つ立場と同じように徳倫理学の真髄に精通し，それらの定義づけに煩わされなくなる日も決して遠くはないはずです。

ただしこう言ったからといって，今後どう展開するかまだわからないうちから，徳倫理学は義務論や功利主義に比して，オークリーが述べたように「倫理学的状況の永続的な特徴」[10]として生き残る運命にあるなどと主張するつもりはありません。実際，わたしとしては，これらの三つの立場をすべて学んで育っていった次世代の道徳哲学者たちが，どの立場を他の立場より信奉すべきかといった格付けにむしろすっかり興味を失ってしまったほうがいいとさえ思っています。そうなれば，三つのラベルをどう区別するかなどという話は，単に歴史的な重要性しかもたなくなることでしょう。しかし，それはまだまだ先の話です。というのも，次世代の道徳哲学者たちがいずれ「徳倫理学」というラベルの下で教わるであろう内容は，現時点では依然として微々たるものでしかないからです。

徳倫理学者の間で明らかな見解の相違が生じるのは，個人的な徳としての正義であれ，政治哲学の中心課題としての正義であれ，正義をめぐって議論がなされる場合です。ただし，ここではっきり言っておかねばならないのは，そうした異なる見解間に生じた溝を埋め合わるための試みは本書において一切なされえないという点です。徳倫理学に関する

---

[9] 事実，わたしがこの序論を書いている最中にも，L. Zagzebski, *Virtues of the Mind* (1996) を手にすることができた。同書の第二部は，それだけでも徳倫理学の研究書とみなしうるほど大部でしっかりしたものである。

[10] J. Oakley, 'Varieties of Virtue Ethics' p. 152.

他の大半の文献と同様に，わたしとしては，正義が個人的な徳であるということは明らかだと思っていますし，個人的な徳としての正義をその都度好んで実例として用いたりもしますが，一般的に見れば，論点を詳細に吟味していくためには他の徳の方がもっと適しているようにも思います。しかし，本書程度の長さの書物では，特定の徳をごく限定した範囲で考察していく方針は必ずしも間違いではないと思います。わたしはあくまで規範倫理学について書いているのであって，政治哲学について書いているわけではありませんし，（たとえ仮に）正義がただ個人の徳としかみなされない場合であってさえ，正義とはそれだけで1冊の本が必要となるほど論争の絶えない，（そう言ってよければ）実体の定かでない概念なのです。
　ここで「実体の定かでない」とわたしが言うのは，正義や権利といった漠然とした概念によって道徳といった大きな領域を網羅するには，正義概念があまりにもありきたりなものとなっていたからです。おそらく徳倫理学者であれば，そのように広大な道徳領域は，もっと具体的な他の徳が扱った方がよいと思うに違いありません。徳倫理学によれば——また本書においても——たとえば，嘘をつくのがいけないことであるとして，ではどうしてそれがいけないことなのかといえば，それが不正だから（つまり，誰かの「真実に対する権利」や「敬意をもって遇される権利」を侵害するから）ではなく，むしろそれが不正直だからであり，不正直は悪徳に他ならないからです。あるいはまた，殺すことがいけないことであるとして，ではどうしてそれがいけないことなのかといえば，それが生きる権利の侵害である限り不正なことだからというよりも，むしろ，それがしばしば冷酷非情で慈悲の徳に反する行為だからなのかもしれません。さらに，「絶対になされるべき」行為があるとすれば，そうした行為こそ他の徳よりもむしろ正義の領域に該当するはずだという主張もあるでしょうが，わたしとしてはそのような主張に同意するわけにもいきません。たとえば，傷ついた見知らぬ人が道端に横たわっているのを見つけたら，見て見ぬふりをしないことが「絶対になされるべきこと」であると言えるでしょうが，しかし徳倫理学の観点からすれば，その要求は正義というよりむしろ慈悲の徳からもたらされたものとみなされます。

わたしとしては見解の相違があることを認めるにやぶさかではありませんが，だからといって，この相違が決して解消できないものだと考えるのは時期尚早ではないかと思います。論文集『徳倫理学』の序文において共編者のクリスプとスロートは，徳倫理学がこうした難題に対処する必要を認めた上で，実際にそうした試みを始めている数名の徳倫理学者に言及し[11]，近い将来，同書と同じオックスフォード論文選集のシリーズに『徳政治学』が加えられることを期待しています。確かに，政治倫理の議論において考慮されるべき唯一の徳が正義であるのかどうか，その点についての関心が高まりつつあるように見受けられます。もし親が自分の子どもを愛さなくなり，アリストテレスが「市民同士の友愛」と表したようなものが失われるとするならば，人間は，正しい社会的な結びつきは言うまでもなく，およそ社会的な結びつきと呼べるものの一切を果して維持していくことができるのでしょうか。スタットマンは，「徳倫理学と政治理論をめぐる議論の全貌は，ようやく探求され始めたばかりだ」と認めた上で，コミュニタリアニズムが「徳倫理学の政治学的な側面を担うようになるかもしれない」と示唆しています[12]。そうなるかどうかは誰にもわかりません。しかし，いくらわからないからと言っても，少なくとも予断をもって事に臨むべきではありませんし，徳倫理学とはしかじかのものなのだから正義や政治倫理を詳細に論じられるはずがないとうことを予め示そうとするのは時間の浪費に他なりません。

　いずれにせよ，「徳倫理学とは何か」という問いに対して簡潔明瞭な答えが見出されるべきだという要求の裏には，徳倫理学が，「義務論的取り組みや功利主義的取り組みの好敵手」などにはなりえないという根強い思い込みがあるように思われます。確かに，先に述べられたように，徳倫理学と義務論や功利主義それぞれとの倫理学上の取り組み方の

---

11) R. Crisp and M. Slote (eds.), *Virtue Ethics* (1997). 共編者の二人は，同論文集に収められた Baier や Slote の論文の他に，Martha Nussbaum, 'Aristotelian Social Democracy' (1990) や拙稿 'After Hume's Justice' (1990-91) にも言及している。同書ではまた，文献一覧において William Galston, *Liberal Purposes: Goods, Virtues and Diversity in the Liberal State* (1991) も挙げられているが，Statman が「先駆者的な議論」と適切に評した M. Slote, 'Virtue Ethics and Democratic Values' (1993) については言及されていない。

12) D. Statman, 'Introduction to Virtue Ethics', p. 18.

違いは，今やその後者二つの立場相互での違いに劣らぬほど興味深く研究意欲をかきたてるものとなっています。しかし，徳倫理学者が自らの立場を示す主だった主張を包み隠さず明瞭に述べる気になりさえすれば，致命的誤りや修正不能なものでもない限りどんな主張でも義務論や功利主義と折り合いをつけられるようになるものなのでしょうか。確かに，自らの立場を利する特徴的で説得力のある主張だけを列挙することによって，徳倫理学が際立って他と異なる取り組みであることを強調しようとすれば，それはかえって相手を刺激する好戦的な試みとなりかねません。しかし今のところは，徳倫理学という立場の目新しさだけで他から十分に際立っているのは確かです。したがって，今後もし徳倫理学が真に詳細かつ包括的な仕方で説明されるとするならば，一体どのような洞察が道徳哲学の中に取り込まれうるのか，その点を探求することこそが本書の目的とも言えるわけです。もし功利主義者や義務論者がわたしの言うことに反対なら，もちろんわたしは彼らと議論するつもりです。もしわたしたちの歩み寄りを阻むものがあるとすれば，それはおそらく，いつも必ずではないけれどたいていの場合に，彼らが支持し徳倫理学者が拒否するか，あるいはその逆となるような特定の主張をめぐる意見の相違ということになるでしょう。しかし，それさえもわたしたちの歩み寄りの妨げとはならないかもしれません。もし万一彼らがおおかた同意してくれた上で，ただ一言，「しかし，わたしたちだってそう言うことはできる。それはもともと功利主義者（あるいは義務論者）の言い分なのだから」という不満でも漏らしてくれるなら，わたしはそれ以上何も言う必要はないでしょう。むしろ，その結果を大いに喜ぶべきです。互いの違いをどうやったら区別できるか，そんなことばかりを気に病むのはもうやめにしましょう。これからは，わたしたちの意見の一致を喜んで迎え入れようではありませんか。

　わたしも以前はもっと好戦的で，徳倫理学は倫理学における他の二つの立場のライバルであるばかりか最善の立場でもあり，ライバルたちが解決困難と認めざるをえない問題でさえ解決したり回避したりできるのだとしきりに言い張っていたものです。徳倫理学がまだ一般に認められずに片隅に追いやられていた頃には，わたしもそれが正しい戦術だと思っていましたし，スロートの著書『道徳から徳へ』において強力に遂

行されていたのもこの戦術でした。しかし既に述べたとおり，徳倫理学の登場に対する斯界の反応はきわめて突然でしかも実り多いものであったため，スロートの本が出版されてからわずか6年で，わたしは好戦的な構えはもはや必要ないと確信できるまでになりました。したがって，本書の前半でこそ徳倫理学は，義務論や功利主義をやや単純化したものと対比されていますが，それはなにも義務論や功利主義が多様かつ精緻に発展していく可能性を否定するためにではなく，あくまで初学者の理解を助けるためにだけなされた本書構成上の工夫であって，本書を読み進むにつれてそうした叙述も次第に消えていくはずです。

ここまで「わたしたち」という言葉は，ほとんど「わたし自身と他の徳倫理学者あるいは道徳哲学者」という限定された意味で用いられてきました。しかしここからは，文脈から明らかに異なった意味が読み取られる場合以外は，「わたしとあなた，つまり本書の読者」という意味でその語を用いていくことにします。その際，わたしとしては，本書の読者層をある程度想定した上で話を進めていくつもりです。実際，読者との間にかなりの程度の意見の一致があるはずだという確信がなければ，道徳哲学の本を書くことなんてできはしません。少なくとも，本書のような道徳哲学書の類を読もうとするほどこの分野に興味をもっている人であれば，わたし自身の倫理的なものの見方についてもかなりの程度まで共有してもらえるのではないかと思っています。確かに，わたしたちには細かな点で多くの意見の相違があるかもしれません。しかし，わたしたちは皆，倫理学がなによりも大切だと考え，(細かな意見の相違には目をつむり，ざっくりと言ってしまえば) 殺人，不正直，残酷さ等々には反対し，慈愛，誠実，正義等々には賛成してくれるものとわたしは思っています。もちろん，この「等々」の部分についても，わたしたちはきっと同じように〔共有した倫理観に基づいて〕その都度具体的な言葉を書き込んでいけるはずです。

新アリストテレス主義

わたしがこれから本書で詳細に論じていくのは，徳倫理学のある特定

の種類であって，もっと一般的には「新アリストテレス主義的な」徳倫理学として知られているものです。その名称になぜ「新」という文字が冠せられているかといえば，前述されたようにその立場の擁護者たちでさえ，奴隷や女性の扱いに関してはアリストテレスの考えが明らかに間違っていたとみなさざるをえませんでしたし，わたしたちにしてもアリストテレスの列挙した徳目に必ずしも拘束される必要がなくなってしまったからです（たとえば，慈愛や慈悲はアリストテレスの挙げた徳目ではありませんが，今ではどの徳倫理学者も，当然のようにそれらを徳目リストに加えています）。いずれにせよ，徳倫理学が彼の倫理学関係の著作にできるだけ忠実であることを目指している限りにおいて，それは「アリストテレス主義的」とみなされます。したがって，わたしが本書で提示するのは，多くのありうべき徳倫理学のなかのほんの一つの種類に過ぎないというわけです。

その理由として一つには，徳倫理学はなにも今挙げられた意味でアリストテレス主義的である必要はないからです。たとえば，マイケル・スロートが最近主張している「行為者に重きを置いた」タイプの徳倫理学は，彼によればまったくアリストテレス主義的ではなく，むしろ19世紀の倫理学者ジェイムズ・マルティノーにおいて見出されるものですし[13]，クリスティン・スワントンのいくつかの論文においては，アリストテレスよりもニーチェにより一層の注意が払われています[14]。さらに別の理由としては，前述の意味で「アリストテレス主義的」な徳倫理学であれば，その著者のアリストテレス解釈に即したものであることが目指されねばなりませんが，問われているアリストテレス解釈自体が関連する問題に応じてきわめて多様であるからです。（たくさんあるなかから一つ例を挙げるなら，アリストテレスは果たして本質的にエリート主義者か否かという論争があります。ある読者にとっては[15]，彼の思想に見出されるこの側面は無視できませんし，わたし自身を含む別の読者にとってはそうでもありません。わたしたちは，性差別主義と同様，エリート主義が彼の思想の

---

[13] Michael Slote, 'Agent-Based Virtue Ethics' (1995).

[14] C. Swanton, 'The Supposed Tension Between "Strength" and "Gentleness" Conceptions of the Virtues' (1997).

[15] Peter Singer, 'Contemporary Virtue Ethics and Aristotle' (1992) を見よ。

うちに見出されることを認めはしますが，それが彼の思想の根幹をなしているとは思いません。）最後として，新アリストテレス主義を妊娠中絶の問題[16]や本書における道徳的ディレンマの問題に応用しようとした時，改めて気づかされたことを挙げておきます。それは，現代道徳哲学〔とりわけ応用倫理学〕において取り上げられる具体的な倫理分野のいずれをとっても，それがアリストテレスによってほとんど，あるいはまったく述べられることのなかったものだということです。こういう場合，新アリストテレス主義を奉じる徳倫理学者であれば，おそらくわたしの場合にしばしばそうだったように，自分が追求している思想があたかもアリストテレス思想の自然な発展形態であるかのように思って（たとえそれが死者に鞭打つような仕業であるとわかっていても），あるいはおそらく意識的に彼から離れることによって，独力でその分野に取り組まねばなりません。しかし，いずれにせよ，進むべき方向が多様であるからこそ，独力で新たな分野に取り組む際にも様々な可能性が見つけ出せるのかもしれません。

　実際，自分で「アリストテレス主義的」だと主張しているにもかかわらず，本書の大半は，ある意味で「独力で取り組む」ことの実践と表現されてもおかしくないものです。なぜなら，わたしは，本書の読者が既にアリストテレスの『ニコマコス倫理学』を読んだことがあるという前提なしに，本書を書こうとしてきたからです。つまり，本書においては，あくまでもアリストテレス理解を前提することなしに，アリストテレスから得られたものについて何事か語らねばならないというわけです。実際に2000年という時の隔たりを飛び越えて，一体どれほどのものが受け継がれたのか，ごく最近になってわたしたちの思想からどれほどのものが抜け落ちてしまったのか，また，まだ手の届くところに残ってはいるが，明るみに出してもう一度認識し直す必要があるものがどれほどあるのか，これらはいずれも思想史において細心の注意が求められる問いといえます。しかし，いかなる理由であれ，アリストテレス倫理学などに馴染みのない多くの人々にとっては，確かに必ずと言ってよいほどよくぶつかる躓きの石が存在する以上，そうした障害を取り除くた

---

16) 拙著 *Beginning Lives* (1987) 及び拙稿 'Virtue Theory and Abortion' (1991) 参照。

めの対処が早急になされるべきでしょう。
　そうした躓きの石の一つ目が，ふつうは「幸福」(happiness) や「繁栄」(flourishing)，時には「福利」(well-being) と訳される「エウダイモニア」という概念です。どの翻訳にもそれぞれ問題点があります。「繁栄」の場合は，動物や植物さえもが「栄える〔繁茂・増殖する〕」ことができるのに対して，「エウダイモニア」は理性的存在者にしか用いられないという点が問題です。「幸福」の場合は，古典教育を受けた著作家からの影響をうけていない現代的な「幸福」理解に関する限り，それがなにか主観的なものを含意してしまうところが難点と言えます。わたしが幸せかどうか，あるいはわたしの人生が全体として幸福なものであったかどうかについて，はっきりと言明できるのはわたしであって，あなたではありません。また，おそらくは重度の自己欺瞞や意識されない苦悩による抑圧といった場合を除けば，わたしが幸福だと思えば，わたしは幸福なのであって，それは決して間違いようのないことなのです。その点を，たとえば，自分が健康であるとか繁栄しているということと対比してみてください。その場合，本当はそうでないにもかかわらず，肉体的にせよ精神的にせよ自分は健康だと思い間違えたり，繁栄していると思い間違えたりすることがあるかもしれません。そういうことがありうると認めるのは別に難しいことではありません。この点で，「エウダイモニア」の訳としては「繁栄」のほうが「幸福」よりもよいと言えます。なぜなら，わたしの人生が「エウダイモーン」であるか否かについても，わたしが間違えることは大いにありうることだからです。それは単に自分を欺くことが簡単だからというだけではなく，「エウダイモニア」について，たとえばその本質はもっぱら快楽にあると思い込むような間違った概念を抱きやすいからでもあります。この点では「福利」もまた，「幸福」よりはよい訳と言えますが，問題なのは，それが日常語ではない上に，ぶしつけな感じをつくろってくれる派生語としてその形容詞形を欠いている点です。
　しかしながら，「幸福」にこのような主観的な含意があるという疑いようのない事実にもかかわらず，「エウダイモニア」概念に極めて近い，より一層客観的な概念，すなわち「真の（あるいは現実の）幸福」とか「そうなるに値する幸福」といった概念もあるように思われます。わ

たしたちはついつい次のように言ってしまいがちです。もし，人がほんのつかの間の幸福感にひたっているなら，あるいは意味がないとわかっているのにその活動に没頭しているなら，あるいは脳に障害が生じた結果，むしろ思い煩いのない子どものような生を送っているなら，彼らは確かにある意味で幸福なのかもしれない，でも本当は幸福ではないのだけれど……といった具合に。わたしたちは，自分の子どもが成長して幸福になり，幸福な人生を送ってほしいと思う時，ドラッグによってもたらされた朦朧とした満足感にひたって一日中ぼんやり寝転がっているような人生をその子に願っているわけでは決してないのです[17]。

　二つ目の躓きの石は，徳（あるいは悪徳）という概念そのものです。もし誰かが正直という徳をもっていると記述されたとしましょう。その時わたしたちは，一体その人にどうあってほしいと思っているのでしょうか。

　もっともはっきりしているのは，その人の一連の行為にある種の信頼性が存することをわたしたちが期待できるということです。たとえば，その人ならば，まさか嘘をついたり，欺いたり，盗用したり，日常的に他人のものを着服したりすることはないだろう，と思えるような人であってほしいということです。もしその人が正直な人であるなら，真実をあなたに話し，あなたのことを心から推薦してくれ，自分の過ちを素直に認め，実際そうである以上に知識があるふりなどしないという信頼感を与えてくれるはずです。そういう信頼感があるからこそ，あなたはその人から中古車を買うこともできるし，安心してその人から意見を求めることもできるわけです。徳について考える時，多くの人はここでやめてしまいます。あるいは実際はもっと早く，二，三の例を見ただけでそれ以上考えるのをやめてしまうかもしれません。その結果として，徳とは一定の仕方で，おそらくは何らかの規則に従って行為する単なる傾向性に過ぎないという結論に落ち着いたものと思われます。

　しかし，これはアリストテレス主義的な考え方ではありません。若干の面倒な例外（友愛，感謝）があるとはいえ，徳とは一般に人に備わる性格特性，性格の状態と考えられています。もしあなたが，たとえば，

---

[17]　現代的な幸福概念と古代のエウダイモニア観との緊張関係を論じた信頼できる論考としては，Julia Annas, 'Virtue and Eudaimonia' (1998) を見よ。

寛容，正直，正義といった徳をもっているなら，あなたのような人は，寛容で，正直で，正しいということになります。もちろん，ある特定の仕方でしかるべく行為するよう仕向けることによって，実際にはそうでないのに，寛容で正直で正しい人であるかのように見せかけることはできます。徳をもつということが，単にある特定の仕方で行為する傾向性にとどまりはしないということを示すには，これだけで十分です。言い換えれば，徳をもつためには，最低限，しかるべき理由によって，しかるべき仕方で行為する必要があるわけです。しかし，実際のところそのような性格特性とは，たとえしかるべき理由によるにせよそのように行為するための単なる傾向性とか性向といったものにとどまらない，なにかそれ以上のものとみなされています。

　たとえば，正直な人とは，しかるべき仕方で——やすやすと，ひたむきに，ためらわずに，几帳面に，必要に応じて——不正直なおこないを避け，正直なおこないをなす傾向にある人だとみなされています。自分の言葉のせいで，自分の有利になるかもしれない誤った印象を相手が抱くようになるのだとしたら，正直な人は急いでその誤りを訂正するはずです。正直な人であれば，自分の秘密が見つけ出されるかどうかやきもきする前に，さっさと告白してしまうでしょう。正直者なら，誰もが口に出すのを恐れるような真実でさえ語ろうとするはずです。正直な人であれば，相手が自分のためにどんな行為をすると署名ないし同意したのか，その点を相手自身がよく理解できているかどうか確認しようとするはずです。

　わたしたちは，正直さに対するその人の態度を反映した行為についてもまた，そこに何らかの信頼性が存することを期待しています。わたしたちは，正直な人が不正直を認めず，嫌悪し，非難することを期待し，反対に正直さを認め，愛好し，賞賛することを期待しています。わたしたちはまた，その人が会話の中で，現実の人物であれ物語の登場人物であれ誰かの正直さを誉めたり擁護したりすること，さらには，不正直な人とつき合うのを避け，可能な限り正直な人と働き，正直な友人をもつようにし，子どもが正直な人になるよう育て上げることを期待しています。また同様に，わたしたちは，その人が自らの仕事においても真実と正直という理想を曲げないことを期待しています。たとえば，もし正直

な人が研究者ならば，流行に流されず研究には綿密であることが，もしその人が教師ならば，自分の信じていないことを教えるよう命じる圧力に抵抗することが，もし医者であれば医者と患者間の信頼の重要性を擁護することが，あるいはもし商取引であれば，インチキ商法に抵抗し，正直こそ最善の方策だと主張することが期待されます。

　こうした考えは，さらに正直な人間がもつと期待される感情にまで波及していきます。わたしたちは，正直な人が近親者の不正直なおこないに苦しみ，率直な批判にも憤慨せず，目に余るような不正直なおこないには驚き，ショックを受け，（必要があれば）怒ったりすることを期待しています。あるいはまた，その人がでっち上げだらけの作り話を面白がったりせず，不誠実な手段を講じて成功した人を羨むのではなくむしろ軽蔑し，正直さが勝利した時にも決して驚かず，静かに喜び，（状況によっては）歓喜することが期待されます。

　最後に，もし完全に正直な人に出会えるほどの幸運に恵まれるならば，正直さが問われる場面についてそのような人がどれほど敏感であるか，実のところ，それを期待するというよりはむしろ気づかされると言ったほうがよいでしょう。わたしたちが完全に正直というわけではないにしても，わたしたちが気づき損なった時は，その人のおかげでわたしたちは恥じ入り，気づくようになるのです。たとえば，明らかに信頼してはならない人がいることを，誰もがみな不正直を黙って見過ごそうとしていることを，さらに人が欺かれるのを誰も咎め立てしないことを。スティーブン・ハドソンは正しくこう述べています。「性格の統一とはひどく入り組んでいてわかりにくいものである。人間に備わる価値観，選択力，欲求，意志の強さと弱さ，情緒，感情，知覚，興味，期待，感受性，そうしたものを体系的に繋ぎ合わせているのが性格の統一なのである。」[18]

　人びとの徳と悪徳に関する一つ重要な事実は，いったん獲得されると，それらはある特定の仕方で行為する単なる傾向性以上のものを伴うからこそ，しっかり定着するということです。そのように安定した性格特性がもし変化するとすれば，それは単なる表面的な変化にとどまらな

---

18)　S. Hudson, *Human Character and Morality* (1986).

い，わたしたちがよく言うように，「骨の髄まで」行きわたるような変化なのです。したがって，そのような変化が可能だとすれば，それはゆっくりと生じるはずですが，いきなり変化が生じるような稀有な場面では，その変化を説明するための何か特別な原因が必要となります。たとえば，宗教的な回心，人生観を一変させるような経験，脳の損傷，あるいは薬物などがそうです。つまり，ここで言われる変化とは，その気になれば長く続いている習慣をやめたり朝食のいつものコーヒーをやめたりできるように，一夜にして自分を変えると決心できるような，そんな変化でないことは確かです。

　徳が単にある特定の仕方で行為する傾向性ではないということは，必ずしも馴染みの薄い考えではありません。むしろそれ以上に馴染みがないのは，徳が性格特性であるだけでなく性格の卓越性でもあるというアリストテレスの考え方です。それぞれの徳が物事を正しくなすことにかかわりをもつのは，それぞれの徳が思慮すなわち実践上の問題を正しく推論する能力としての実践知と関係しているからです。たとえばもの惜しみしない寛容の徳の場合，それはしかるべき種類のものをしかるべき量だけ，しかるべき理由で，しかるべき人々に，しかるべき機会に与えることを意味しています。多くの場合，「しかるべき量」とは，「わたしがまかなえる量」とか「誰か他の人から取り上げなくてもわたしが与えることのできる量」のことを指します。したがって，たとえば，比較的貧しいせいで，あるいはかなり裕福だが家族が多くて物入りなために，クリスマスだというのにわたしが贅沢な贈り物を金持ちの友人にあげられないとしても，その場合にわたしがケチだとか狭量だとみなされることはありません。同様に，わたしから金品を搾り取ろうとする人たちの企みを拒否したからといって，わたしはケチだとか狭量だとみなされるわけでもありません。どうしようもないただの怠け者を支援することも，浪費家の身勝手な計画に資金繰りすることも，寛容の徳が要求していることではありません。なぜなら，どんな徳でもそれに反するいくつかの悪徳や欠点と対照することが可能であり，たとえばもの惜しみしない寛容の徳の場合，ケチとか身勝手さだけではなく，金遣いが荒く気前がよすぎることとも対照できるからです。

　わたしたちが諸徳一般ないし「徳」それ自体について考える時，おそ

らくアリストテレス的な仕方で考えているものと思います。その考え方によれば，徳とはその持ち主をよいものにするような何かであり，たとえば徳のある人は道徳的に善なる，卓越した，賞賛すべき人であり，しかるべく，正しくかつよく行為し反応する人，つまりは諸事万端を正しくなす人とみなされます。確かにこうした考えは，あまりにもわかり切った陳腐で空疎な言い草に聞こえるかもしれません。けれども，徳の特殊な事例にまで考察が及んだ場合，わたしたちはこうした自明の理でさえ時として放棄してしまうことがあります。たとえば，あまりにも寛容で正直な人は，かえって「お人好し」とか「馬鹿正直」などと揶揄されるかもしれません。誰かの慈愛の徳がかえって悪しき行為を引き起こしてしまうというようなこと，たとえば他人の感情を傷つけたくないという思いから，守らなくてはならない約束を破ってしまったというようなことはよく言われることです。あるいは，無法者にとって勇気という「徳」は，もしその者が臆病であればできなかったであろう途方もない悪事をかえって可能にしてしまうものだと考えられるかもしれません。それゆえ，寛容／正直／慈愛／勇気があるということは，それらが徳であるにもかかわらず，過ちでもありうるように思われます。つまり，それらは必ずしも常に徳であるわけではなく，むしろ時には過ちにすらなるということです。たとえ寛容／正直／慈愛／勇気のある人であっても，道徳的に賞賛すべきよい人ではないのかもしれません。あるいは，もし彼らがそのようによい人であることが依然として自明のことであるのなら，道徳的によい人は自らを道徳的によくしてくれるもの〔すなわち徳〕によってかえって悪しき行為へと導かれ，そのように行為できるようになったのかしれません。以上の話はどれも，どこかとても奇妙に思われます。

　確かに奇妙かもしれませんが，だからと言って，それは間違いだといくら主張しても大した意味はありません。わたしの言語的直観によれば，わたしたちの手持ちの言葉のうちで間違いなく徳倫理語として機能するもの，すなわちその持ち主を常によいものにする何かを間違いなく意味する唯一の徳倫理語は，「知恵」かもしれません。（確信はありませんが，おそらく「正しさ」もそうでしょう。）人は「策士策に溺れる」という意味で「賢しらに過ぎる」ことはあっても，あまりにも知恵があり

過ぎて過つということはありません。しかし他のすべての徳倫理語の場合,「あまりにも〜過ぎる」とか「それほどまでに〜とは,何て残念な」などという言い方ができるように思われています。しかしながら,実を言えば,わたしたちはそんなふうな言い方をする必要などないのです。わたしたちには,「徳は良策なり」「徳はその持ち主をよいものにし,よくなすことができるようにする」といった一見陳腐でわかり切った内容をそのまま放棄してしまうことなく,何とか言い直していけるだけの手立てがあります。だからこそわたしたちは,寛容過ぎるとか正直過ぎるというようなことはありえないという主張に理解を示すことができるのです。たとえば,初めに「寛容過ぎる」という言い方をされた人は,ちょうど「正直過ぎる」と言われた人が「率直にあるがままを語る」と言えるほど正直ではなかったのと同様に,実際は寛容の徳をもってはおらず,むしろそこから誤って逸脱したあり方をしていたのだと言い直すことができます。あるいはまた,ある特殊な状況下で慈愛の徳がその持ち主を間違った行為へと導いたと言う代わりに,彼らは徳をもっていたのではなく,むしろ徳から誤って逸脱したあり方をしていた,あるいは(その事例の性質にもよりますが)歪んだ徳をもっていたのだと言い直すこともできます。さらに,彼らは徳を身につける途上にはいたけれど,まだ徳をもつには至らなかったとか,徳をもってはいたが,非常に不完全な程度でしかなかったと言い直すこともできたわけです。前述の無法者の場合であれば,彼は確かに大胆不敵ではあるけれど,勇気の徳をもってはいなかったと言うことができるでしょう。

　さて,わたしがアリストテレスから取り入れた三つ目のもの〔つまり読者にとって三つ目の躓きの石ともなりうるテーマ〕として,相互に関連する以下の二つの特徴が挙げられます。

1) わたしたちが一般におこなっている理由に基づいた行為と,人間以外の動物や幼い子どもが「行為」する時におこなっていることとの間には違いがある。
2) わたしたちが一般にもっている理性的な欲求や欲望と,人間以外の動物や幼い子どもを駆り立てる単なる感情や欲望との間には違いがある。

このような区別は，わたしが思うに，アリストテレス思想のもつ特に現実主義的な特徴から派生したものです。わたしたちは皆，かつては子どもであったという事実を彼は決して忘れてはいません。彼以外の著名な道徳哲学者の著作を読むと，たいていの場合，その読者であるわたしたち知的な大人が，まるで父親の額から完全に成人した姿で生まれてきたかのような[19]印象を受けます。そこでは，話の行きがかり上，ごくたまに（人間以外の動物についての言及とほぼ同じ頻度で）子どももまたこの世界の住人であることが示唆されたりもしますが，しかしながら，わたしたちもかつては子どもであり，今のわたしたちのあり方が子どもの頃の自らのあり方と切れ目なく接続しているのだというもっとも根本的な事実が完全に無視されています。

　子どもであることと大人であることの間に違いがあるということ，しかもその違いが単に肉体的なものだけではないということぐらい，誰でも皆知っています。聖パウロもこう言っています。「子どもの頃，わたしは子どものように話し，子どものように理解し，子どものように考えました。しかし，大人になった時，わたしは子どもらしさを捨てました」と。たとえば，8歳児あるいは「精神年齢」が8歳程度の人が犯した故意の殺人に関して，「既に善悪の判断がつく年齢」に達した人が殺人を犯した場合とは違った仕方で，（しばしば大きな困難を伴いはするけれども）道徳的な責任をその者に問う時，この大人と子どもの区別が持ち出されます。このように道徳的領域においては，精神的に子どもであることと精神的に大人であることの間には違いがあるのが当然だと思われています。しかし，その違いとは一体何なのでしょうか。ほとんどの道徳哲学者はこの問いに関して何も言っていません。なぜなら，彼らは，自分が相手にしている理性的で道徳的な大人の行為者がかつては子どもであったという事実を見過ごしており，そのことが問題だとは理解できていないからです。しかしアリストテレスはそのことに気づき，その違いを理解していたのです。

　先ほど挙げられたどちらの区別も，現代哲学においてはまったくと

---

19) （訳者注）自らの子を身籠ったメーティスを呑み込んだゼウスの額を打ち破って，女神アテーネーが完全に武装した成人の姿で生まれ出たというギリシア神話がここでは示唆されている。

言ってよいほど馴染みのないものです。多くの哲学者たちが理性に基づく行為と欲望に基づく行為とを区別したいと思ってきました。彼らはまた，非理性的ないし「基本的」欲求と対比される理性的欲求の諸種の特殊型についても説明を加えてきました。しかし，このような区別が専門的かつ高度に論争的なものであるのに対して，精神的に大人であることと精神的に子どもであることの区別のほうはそのどちらでもありません。さらに，理性と欲望の区別は確固とした不変なものとして示される傾向があるのに対して，わたしたちも知ってのとおり，幼年期から成人期に至るまでの移行は連続的なものです。そこを過ぎたら子どもから大人に変化するというような明確な境界線などないのです。また，わたしたち大人ならばそうすることができても，動物や幼い子どもにはできないのが「理性に基づいた行為」ですが，行為がそのようなものであるための必要十分条件とは果たしてどのようなものなのでしょうか。誰もそのような条件を見つけだすことなどできないと言い切るほどの自信はわたしにはありませんが，少なくともそのような探求の過程で，子どもから大人への連続的な移行を何とか具体的に解明していかねばならないという確信はあります。その上，精神的に成熟していくためには多くの要素が必要です。〔実年齢ではなく〕「精神年齢が5歳である」という判断は，たいていの場合，普通の5歳児ならもてないような〔大人の〕精神的属性をその行為主体がもつとすればそれはどうやってか，といった観点を否応なく無視したごく大雑把な判断と言えます。（この事実は，精神的なものと肉体的なものとの区別がしばしば揺らいでいるという事実と確かに結びついています。性的な関係をもちたいとか子どもを生みたいという欲望は，はたして精神的な属性なのでしょうか，それとも肉体的な属性なのでしょうか。）反対に，理性的な大人であっても，確かに子どもじみた衝動や感情あるいは動物的な衝動や感情からの影響を免れているわけではありませんが，だからといって子どもや動物と「同じ状態」にあるというわけでもありません。衝動や感情は，純真なものか非難されるべきもの，過剰に強いものか弱いもの，正当化できるものか正当化できないもの，当該の状況下で単に予期されうるだけのものか，正当化を要求するもの，等々のいずれかであるということを，その都度とはいわないまでもおおよその傾向としてわたしたちは知っています。わたしたち大人は

そのような認識をもつことができますが，動物や幼い子どもの場合はそういうわけにいきません。

かくして，わたしがアリストテレスから取り入れたというよりは彼が進んで受け入れていたと思われる第四のテーマ〔読者にとっては四つ目の躓きの石となりうるもの〕，すなわち，ごく一般的な現代的見解とは相容れないような哲学的心理学が問われねばなりません。現代行為論においては，いかなる意図的行為であれ部分的には欲求によって突き動かされねばならないのか，それとも，しかじかの行為が道徳的に命じられているという信念だけが行為へと人を動かすことができるのか，その点について烈しい論争がなされています。こうした論争はすべて，信念と欲求は金と酸素と同じくらい異なっているという前提，さらにたいていは，理性的なものと非理性的なものの区別も同じように強固で不変なものであるという前提を背景にして生じたものです。しかし，アリストテレスは何のためらいもなく「選択」を欲求的知性とか知性的欲求と呼んでいます。彼にとって，選択は認識能力と欲求能力の両方に属し，信念と欲求という二つの部分に分裂することなどありえません。さらに，魂の「理性的部分と非理性的な部分」と言われる時，欲求の働きがどちらの部分に割り当てられるかということを彼はさして重要なことだとは思っていません。（生き物の栄養摂取と成長をつかさどる）魂の「植物的な」部分は明らかに非理性的ですし，理論的な部分は明らかに理性的です。しかし，欲求の働きは，理性に反することができるがゆえに非理性的とみなされ，理性を受け入れるがゆえに理性的とみなされることができます。「欲求は，端的に言って理性的なのか，それとも非理性的なのか」という問いに答えはありません。言えるのはただ，この意味では欲求は非理性的であり，別の意味では理性的だということだけです。

後期ウィトゲンシュタインの著作に共感を示す人たちにとっては，哲学的心理学におけるこのような直截な区別の否定は，呼吸するのと同じくらい自然で，かつ必要なことと思われます。そのような哲学者は今のところ少数派であり，哲学界をそのような少数意見の側に転向させようとすることがこの本の主旨ではありません（それができれば，もちろんそうしたいのですが）。しかしそれでもやはり，さらなる躓きの石を取り除くために最初にわたしの真意を語っておくことは十分意義あることのよ

うに思えます。これは単なる個人的な経験に過ぎませんが，わたしが徳倫理学を学部生に教えていた時，あるいは，特にアンスコム，フット，マクダウェルらの文献を同僚の哲学者たちと議論していた時，わたしたちの理解をしばしば妨げていたのは，誰にも無意識のうちに共有されている以下のような前提だということに気づかされました。たとえば，信念や欲求は自然種であるとか，理性は行為を引き起こすための信念と欲求が対になったものであるとか，精神状態とはすべて脳の状態に過ぎないとか，さらにもっと一般的なものとしては，哲学とは本来，わたしたちのものの見方や考え方の基盤となるべきものを発見したり構築したりするはずのものである，といった前提がそうです。読者の皆さんは，こうした前提を本書でこれから述べられることと一致させようと四苦八苦なさるはずです。そうすることによって読者の皆さんは，本書でこれから述べられていく内容が，意図的に不明瞭で不完全に，時には整合性を欠くように書かれていることに気づくはずです。わたしたちが無意識に共有している前提による限りは，どうしても理解できなかったと思われる疑問の余地のないほどわかり切った様々な異論に対して，本書が全面的に門戸を開いていることにも気づかれることでしょう。時には――もちろん，常にというわけにはいきませんが――，「だけどもしあなたがウィトゲンシュタインなら，そうは思わないでしょう」という一言で，そのようにもやもやした雲が晴れることもあります。その先に来るのは必ずしも同意とは限りませんが，少なくともどこに同意できないのかということだけは理解できるはずです。

本書の構成

　わたしの願いは，本書が教科書として用いられ，将来有望な学生さんたちが，それによって道徳哲学の様々な問題や課題に対するいかにも徳倫理学らしい取り組み方に親しんでもらえるようになることです。本書が用いられる授業では，おそらくそれぞれの先生方がそれぞれ異なった問題を強調したいと思っておられることでしょう。その点を考慮して，本書はテーマごとに比較的独立した3部構成とし，各部を構成する各章

どうしは相互に密接に関連するようにしました。最初は初学者にもわかるよう平易な問題から入っていきますが，本書を読み進むにつれて，少しずつ難易度が上がっていくように工夫してあります。また，先生方の中には，関連する資料として取り上げたいと思っておられるものも種々あることでしょうし，それらに対するご自身の考えもまたいろいろあるものと思います。したがって，他の著者の論考をめぐってなされた広範な議論については，できるだけ最小限にとどめるよう目指しました。ただし，第Ⅱ部では，そこでのテーマとの関連からアリストテレスとカントに対するややきめ細かな対応が必要となります。また第Ⅲ部では，倫理学における客観性の問題を扱った文献について，若干の基礎知識が前提されています。

第Ⅰ部　行　為

第1章　正しい行為

　徳倫理学はこれまでも様々な仕方で特徴づけられてきましたが，わけても以下はその代表的なものです。すなわち，徳倫理学は (1)「行為中心」の倫理学というよりは「行為者中心の」倫理学として，(2)「わたしはどんな行為をなすべきか」という問いよりは「わたしはどんな人であるべきか」という問いに取り組む倫理学として，(3) 義務中心の概念（権利，責務，義務）よりも，徳中心の概念（よさ，徳）を根本的なものとみなす倫理学として，さらには (4) その都度の状況でなすべきことを規則や原理としてコード化〔規則化〕するのが倫理学だという考えを拒否する立場として，語られてきました。これらの特徴づけはいずれもそれなりに正しいのですが，すべてに共通する誤解，すなわち，徳倫理学は功利主義や義務論のようには行為の指針を与えていないし，与えることもできない，という誤解を助長する傾向があります。

　しかし，これは誤った徳倫理学の理解に過ぎません。実際，「正しい行為」は徳倫理学によって，「もし有徳な行為者が当該状況にあるならなすであろう，有徳な人らしい行為」として規定されることができます。また，このような規定は（徳倫理学は規則や原理を見つけ出すことができないというよくある批判とは逆に）多くの道徳規則や道徳原理を生み

出すことのできるものでもあると思われます。具体的には，徳目それぞれに基づいて種々の命令，たとえば「正直な行為をなせ」とか「慈悲深い行為をなせ」といった命令がもたらされ，他方，それぞれの悪徳によっては，「不正直／無慈悲な行為をなしてはならない」といった禁止がもたらされます。

第2章　解決可能なディレンマ

そのような道徳規則は，様々な徳の互いに相容れない要請がぶつかる場合には行為指針をわれわれに与えることができないので，いわゆる「規範相互の対立問題」に陥ってしまうように思われるかもしれません。しかし，義務論は周知のように規則どうしが衝突する場合に同様の問題に陥りますし，行為功利主義については，解決困難なケースを単純な幸福最大化の規則を適用することによって解決していくその仕方が，功利主義の長所というよりはむしろ短所であると多くの人に思われています。もし仮に，解決困難なケースやディレンマが解決可能であるとした場合は，ある種の義務論が用いた戦術によく似た戦術をとることによって，徳倫理学は規範相互の対立が単なる見かけ上のものに過ぎないという立場をとります。規範相互の対立を単なる見かけ上のものと認知できるためには，それを見分けられるだけの道徳的な実践知が必要となりますが，徳倫理学においてはその点がはっきりと認識されています。徳倫理学は，アリストテレスの以下の主張を真摯に受けとめることによって道徳的実践知の重要性に導かれました。その主張によれば，道徳的な知識は，数学的な知識と違って単に講義を受けただけでは獲得することができず，多くの実生活上の経験を十分に積んでいない若者のうちには，その者の性格に根付いた仕方でまだ備わることのないものとみなされます。いずれにせよ，規範倫理学は，分別のある賢明な若者であれば誰もが難なく応用できるような決定手順をもたらすことを自身の目的とすべきではありません。（この論点は，倫理学のコード化可能性の否定という議論にかかわっています。）

第3章　解決不可能なディレンマと悲劇的ディレンマ

特に規範倫理学は，解決不可能なディレンマがあるのかどうかという

問題に決着をつける前に,すべてのディレンマを解決するための決定手順をもたらすことを目指すべきではありません。もし解決不可能なディレンマがあるとすれば,そのような場面で行為指針を見出すことは不可能です。しかしながら,行為評価は可能であるだけでなく,必要とされてもいます。また徳倫理学は,無害なディレンマや悲惨なディレンマ,さらに純粋に悲劇的なディレンマそれぞれの違いについて,大いに満足のいく説明をもたらすことができます。ここで悲劇的なディレンマとは,もっとも有徳な行為者でさえ,自らのよき生を損なわなければそこから抜け出すことができないようなディレンマのことです。

以上の三章はいずれも,徳倫理学が行為との関連で論じられており,最後に行為論の領域での徳倫理学の位置づけを総括するために用いられたいくつかの標準的な主張を再考することによって,第Ⅰ部が締め括られます。

第Ⅱ部　感情と動機づけ

第4章　アリストテレスとカント

前章までのディレンマに関する議論を承けて,第Ⅱ部ではまず,有徳な人がある特定の場面で感じるであろう諸々の感情,とりわけ,「そうすることを余儀なくされた」行為への反応としての後悔や深い嘆き悲しみについての言及がなされます。しばしば徳倫理学は,感情の道徳的意義に関して,他の倫理的な立場,特にカントの義務論に比して,より優れた説明をもたらし,わけても「道徳的な動機づけ」についてはカントよりも魅力的な説明を与えると称揚されてきました。しかしながら,アリストテレスによるエンクラテイアとアレテーの区別,すなわち「抑制」(意志の強さ)と完全な徳との区別や,カントの『道徳の形而上学の基礎づけ』における〔義務と傾向性をめぐって〕真の道徳的価値が問われるよく知られた箇所を注意深く考察することによって,実は様々な点でアリストテレスとカントが通常思われている以上にずっと近い関係にあるということが本章において明らかにされます。道徳的な動機づけについて言えば,アリストテレスの中に「動機づけ」という考え方が

見出されうる限りで，抑制のある行為者と完全に有徳な行為者はともに同じ動機をもっている，言い換えれば，両者とも「選択」における理性の働きに基づいて行為する者とみなされます。

第5章　徳と感情
　アリストテレスがほぼ間違いなく優れているところは，人間の感情が単なる非理性的・動物的衝動ではなく，むしろ理性に与ることによって，完全な徳の規定において固有の役割を果たすことを可能にする彼の合理性に対する考え方だと思われます。実際，徳は行為や感情にかかわるものですし，道徳教育に徳の育成が求められている以上，感情の教育は道徳教育に必須のものといえます。このことの十全な意義は，たとえば人種差別主義の温床ともなりかねない誤った道徳的教育の事例から効果的に読み取ることができるでしょう。

第6章　有徳な行為者にとっての行為の理由
　第4章では，完全な有徳者は「選択」という形で理性に従って行為するという考えが示されました。では，完全な有徳者は「義務感から」，「そうするのが正しいと思ったから」行為するといえるのでしょうか。そのような行為の理由づけが何を意味しているのかを注意深く考察するならば，その答えが「はい，そういえます」となることがわかります（したがってカントとアリストテレスの考え方も一層近づくことになります）。有徳者は，有徳な仕方で行為する時，実に多様な理由で行為をなします。これらの理由づけが及ぶ範囲は，たとえば正直，友愛，正義，勇気，節制，等々の個々の徳目の特徴に即したものとなります。子どもや一時的に感情が激した人がそのような理由によって行為する時，彼らは「義務感から行為している」とはみなされませんが，定着した性格の状態に基づいて行為する有徳者が，そのような理由によって行為する時は，そうみなされます。つまり，徳に基づいた行為は，義務に基づいた行為をなすための十分条件に他なりません。

第7章　道徳的動機づけ
　さらに，徳に基づいた行為，つまり定着した性格の状態に基づいた行

為は，それ自身が，義務に基づいた行為，あるいは「そうするのが正しいと思ったから」という理由でなされた行為の基準となります。行為の理由として正直に認めたものがどのようなものであれ，人々がどの程度「義務に基づいた」行為をなすことができるかは，完全に有徳な行為者の性格に自分の性格が似ている程度によります。それゆえ，道徳的動機づけはあくまで程度の問題であって，内省によって得られるものではありません。

第Ⅲ部　合理性

　本書の第Ⅲ部では，徳倫理学にかかわる「道徳の合理性」，すなわち，ある特定の性格特性が徳であるための「客観的」基準が存するかどうかという問題が扱われます。まず，「徳とは，人間が幸福（エウダイモニア）のために，つまり繁栄する／よく生きるために必要とする性格特性である」という標準的な新アリストテレス主義の前提は，以下の互いに関連する二つの主張が要約されたものとしてみなされるべきです。一つは，徳はその持ち主に利益を与えるという主張，もう一つは，徳はその持ち主を人間としてよいものにする（人間は自分らしい仕方でよい人生を送るために徳を必要とする）という主張です。これらは第Ⅲ部の最初の3章で別々に論じられ，最終的に第11章の最後で一つにまとめられます。

　以下の諸章では，二つの主要な学派に対して異議が唱えられます。わたしは，倫理学が「中立的な観点から」基礎づけられうるという考えは間違っているという主張に賛成するというよりはむしろ，その主張を前提としています。倫理的な思考は，あくまで自ら身につけた倫理観のうちで生じなければならないとわたしは思います。しかしながら，倫理学の基礎づけを求める人たちには反対しているにもかかわらず，すべての倫理学上の意見の相違を価値観の相違として位置づけようとする別のよく知られた，またわたしの否定する立場については，本書で取り上げはしません。倫理学上の意見の相違は，あくまで事実に——しばしばかなり奇妙な事実ではありますが——根差したものとみなすことができます。

第 8 章　徳をもつことの利益

「徳目リストに掲げられたそれぞれの徳はその持ち主に利益を与える」という主張に対するよく知られた反論は，すぐに一掃できます。悪人や道徳的懐疑論者を説得しようとする文脈ではなく，むしろ自分の子どもを育てたり自分自身の人生を反省する文脈でその主張を考えている時，わたしたちはその主張が実際そうであると信じているということができます。フィリップスやマクダウェルによれば，わたしたちは，有徳である限り，その主張を信じています。なぜなら，わたしたちには，幸福，利益，損害，さらに損失といった特別な概念があり，その主張が真実であることを保障してくれるからです。それゆえ，ヘアやフットがその主張を支持するために持ち出した事実に訴えることは，適切ではありません。中立的な，あるいは悪しき立場から，「徳はその持ち主に利益を与える」という主張が真であるか否かを見分けることはできないと認める点で彼らに同意しますが，それは彼らのような説明の仕方でではありません。ヘアやフットが示したような事実は，その主張を本質的に支持するものではありませんし，わたしたちの子どもに教え込むような徳にとっても本質的なものではありません。しかしながら，それらは，今までのところ，哲学がなかなか分類できずにいる，奇妙な事実ではあります。

第 9 章　自然主義

徳は人間が幸福すなわち繁栄する／よく生きるために必要な性格特性であるという徳倫理学の前提については，それがある種の自然主義を表しているというもう一つの別の解釈があります。わたしたちは，この前提が「徳はその持ち主をよい人にする性格特性である」ということを意味していると解釈します。言い換えれば，徳は，人間が人間としてよく生きるために，あるいは人間らしい仕方でよい人生を送るために必要な性格特性であると解釈されます。人間を倫理的によい／悪い人と評価することは，他の生き物をその種のよい／悪い個体と評価することと類比可能なものと理解されます。そのような類比は，徳倫理学には固有だがその反対者には好ましくないものと考えられるいくつかの特徴が植物の疑似科学的な評価のうちにも存するということを明らかにしてくれるの

で，有益なものです。

第10章　理性的動物のための自然主義

しかしながら，そのような類比はどこまでも拡張できるわけではありません。倫理学は生物学の一部門などではないからです。他の動物には，変えることのできないその種に特徴的な生き方があります。彼らはそれに基づいて，よい／悪い個体と評価されることができます。しかし，わたしたちには自分たちに特徴的な生き方がある限り，わたしたちは，そうした生き方のほとんどすべてについて，はっきりと「それはよい生き方ですか？」と問うことができますし，もしその答えが「いいえ」ならば，その生き方を変える方法を探すこともできます。したがって，倫理的自然主義は，倫理的な評価を人間本性の科学的な説明によって基礎づけようという試みと理解される限り，誤った試みであると主張しても間違いとはならないでしょう。しかし，そのように主張することは，人間本性についてなされるいかなる説明も客観的な根拠に基づいたものではありえないと主張し，その限りで人間本性にいかなる説明を加えてもかまわないという考えに直結するわけでは決してありません。

第11章　客観性

「徳は人間が幸福のために必要とする性格特性である」という前提には二つの解釈がありますが，それらは結局は互いに関係し合うものと解されます。というのは，その二つとも，人間本性は，周知の仕方でその徳が自身に見合うようなものとしてあるという考えに依拠しているからです。もしそれが事実であれば，その事実は，きわめて偶然的なものです。わたしたち一人ひとりが繁栄し，幸福に至ることができるとしたら，それは偶然に過ぎません。誰一人犠牲にならず，わたしたちが皆いっしょにそうできるとしたら，それもまた偶然です。もし事態が違ったものであったならば，本書で提示された徳倫理学による限り，道徳は存在しなかったかもしれませんし，想像もできないほど違ったものになっていたかもしれません。

第Ⅰ部
行　為

第1章

正しい行為

　徳倫理学はこれまで多くの仕方で特徴づけられてきました。たとえば，徳倫理学は (1)「行為中心の」倫理学というよりは「行為する人に重きを置いた」倫理学として，(2) 何かを「おこなう」ことよりはむしろ何かで「あること」に関心をもつ倫理学として，(3)「わたしはどんな行為をなすべきか」ではなくてむしろ「わたしはどんな人であるべきか」という問題に取り組む倫理学として，(4) 義務中心の概念（権利，責務，義務）よりも，徳中心の概念（よさ，卓越性，徳）を根本的なものとみなす倫理学として，あるいはまた (5) その都度の状況でなすべきことを規則や原理としてコード化〔規則化〕するのが倫理学だという考えを拒否する立場として，語られてきました。
　ここで，従来からしばしば徳倫理学に冠せられてきた特徴づけをわざわざ列挙したのは，それがよくわたしたちの目にとまったからであって，そうした記述が適切だと思われたからではありません。むしろ逆に，こうした徳倫理学の規定はすべて，どこか言葉足らずで，重大な誤解を招きかねないとわたしは思っています。もちろん，そこにはなにがしかの真実が含まれてはいます。それが世上に流布したのもそれなりの理由があったからでしょう。しかし，一体どれほどの真実が，いかなる留保のもとに語られうるのか，それを示すためには，後ほどもう一度この規定に戻ってこなければなりません。序章でも述べてきたように，最近の研究文献では規範倫理学における三つのアプローチ間の境界線が曖昧なものになってきています。そうした文献に通じている読者ならば，ことさらに徳倫理学を際立たせようとする特徴づけには，おそらく早々

に見切りをつけるか，せめて何らかの留保を付すことでしょう。しかし，ここではまず，あまり煩瑣に陥らず，ほとんどの読者が徳倫理学とは何か，すぐに見分けられるような特徴から説き始めるのが得策かと思われます。そうした上で，あまりよく知られていない，込み入った手ごわい問題へと進むことにしましょう。

正しい行為

　徳倫理学を特徴づける前述の規定を初めて目にすれば，そのどれもが大体同じことを述べていると容易に気づくはずです。しかもそれらはみな，徳倫理学が功利主義や義務論と互角に競い合える第三の立場などにはなりえないという誤った考えに人々を向かわしめかねません。それはこういうことです。

　　もし，徳倫理学が「行為中心というよりは行為する人に重きを置いた」上で，「わたしはどんな行為をなすべきか」ではなくてむしろ「わたしはどんな人であるべきか」という問題に取り組む（「何かをおこなうことよりはむしろ何かで・あ・る・ことに関心をもつ」）ものであるならば，またもしそれが，〈正しい〉行為，すなわち徳の有無にかかわらず〈人間である限り誰もがなすべきこと〉にかかわるのではなく，むしろもっぱら〈よい〉〈徳のある〉行為者にだけかかわる倫理学であるならば，はたしてそのような倫理学説が功利主義や義務論と互角に競い合える第三の立場となりうるものだろうか。倫理学説といえば，正しい行為，つまりわたしたちが何をなすべきかを教えてくれるものであるはずだ。功利主義や義務論は確かにそういうものである。そうである以上，もし，徳倫理学が正しい行為について何も教えてくれないなら，それはもはや功利主義や義務論と互角に戦える立場とはなりえないだろう。

　しかしながら，「正しい行為とは何か」「わたしたちは何をなすべきか」といった問題に徳倫理学がまったく関与していないなどとは，実際

第1章　正しい行為　　39

にはどこにも述べられていません。徳倫理学を特徴づける記述は確かにそのような誤解を生みやすいのですが，それはあくまで誤った理解に過ぎません。なぜなら，徳倫理学にもまた正しい行為の規定がありうるからです。それがどういうものであるのかは，功利主義や義務論における正しい行為の規定と徳倫理学のそれとを簡潔に定式化し，双方を比較できるようにすることによって，もっと効果的に示すことができるはずです。

では，まず手始めに，行為功利主義者が正しい行為について次のような説明から始めたとしましょう。

　　前提1. 行為は，それが最善の結果をもたらす時，またその場合に限って，正しい。

この前提によって，「正しい行為」がいかなるものであるかは明らかです。ここで〈正しい行為〉と〈最善の結果〉という二つの概念を繋ぐのが，ごく一般的な行為功利主義の考え方です。しかし，では一体何が最善の結果とみなされるべきなのか，それを知るまでは，いかに行為すべきかもまた誰にもわかりはしません。したがって，最善の結果がどのようなものであるのかは，次の第二前提ではっきり述べられねばならないわけです。たとえば，

　　前提2. 最善の結果とは，そこにおいて幸福の最大化がもたらされるもののことである。言い換えれば，〈最善の結果〉と〈幸福〉という二つの概念を繋ぐのが，ごく一般的な功利主義の考え方である。

義務論にかかわる多くの簡潔な記述もまた，功利主義の場合と同じ基本構造を示すように定式化できます。まず，第一の前提によって正しい行為が明確に規定されます。

　　前提1. 行為は，それが正しい道徳規則や道徳原理に則している時，またその場合に限って，正しい。

この前提の場合も，行為功利主義の第一前提の場合と同様，一体何が正しい道徳規則（あるいは道徳原理）とみなされるべきか，それがわからない限り，いかに行為すべきかについて何の指針も与えられません。この点については以下の第二前提で明らかにされねばならないでしょう。それは，このように始まります。

前提 2．正しい道徳規則（原理）とは，……

この続きにはいくつものバリエーションが考えられます。たとえば，

(1) 正しい道徳規則（原理）とは，以下のリストに挙げられている規則である──（その後には，おそらく「……等々。」で終わるリストが続く）。
あるいは
(2) 正しい道徳規則（原理）とは，神によってわたしたちに下された規則である。
あるいは，
(3) 正しい道徳規則（原理）とは，普遍化可能な／定言命法となる規則である。
あるいは，
(4) 正しい道徳規則（原理）とは，理性的存在者であれば誰でもがそれを選択するであろう規則である。
等々。

さて，功利主義や義務論のごく一般的な考え方を以上のように定式化すること自体には，特に異論はないものと思われます。しかし，その使い古された規定，スローガン風に言えば，「功利主義は〈善〉から始まる（あるいは，〈善〉を基本概念とする）が，義務論は〈正〉から始まる」[1]

---

1) 同様のロールズの区別に関するきわめて明快な批判については，G. Watson, 'On the Primacy of Character', (1990) を見よ。また，以下も参照のこと。S. Hudson, 'What is Morality all About?', (1990); B. Herman, *The Practice of Moral Judgement*, ch. 10. 両者はカントの義務論に関して，このスローガンに異議を申し立てている。

というような規定仕方にやや無理があることは明らかです。およそ規範倫理学というものが，正しい行為を特定するために必要不可欠な概念か̇ら̇始̇ま̇るものだとするならば，功利主義は確かに〈善〉から始まると言えます（ただし，ここでは〈善〉を「最善」と同義に解します）。しかし，急いで以下のように付け加えなければなりません。「それはしかし，〈最善の結果〉というように，結果という何らかの事態との関係において初めて意味をもつのであって，たとえば〈よい行為者〉とか〈善く生きること〉との関係においてそうなのではない」と。さらに，義務論のほとんどの規定が〈正〉か̇ら̇始̇ま̇ると言うこともできなくなるでしょう。なぜなら，それは正しい行為を特定するために道徳規則や道徳原理という概念を用いざるをえないからです。となると，〈正〉から始まると唯一言いうるのは，フランケナが「極端な行為–義務論」[2]と呼んでいる規定，すなわち正しい行為はそれがまさに正しいがゆえに正しい，という規定のみということになってしまいます。

　また，先ほどのスローガンによって，「もっとも重要な」概念が，ごく漠然とではあれ選び出されているはずだというのであれば，功利主義にとって，〈善〉の概念と同じように〈結果〉や〈幸福〉の概念もまた「最重要な」ものとして語られるべきではないかと思われます。同様に，義務論者にとっても（それがいかなるものであれ）最重要な概念とみなされるものは，論者によって異なるに違いありません。それはある者にとっては神であり，他の者にとっては普遍化可能性，さらに他の者にとっては定言命法であり，はたまた他の者にとっては理性的な認識，といった具合です。（カントにとって，そのように最重要な概念とは，善意志であると言うべきなのか，あるいは定言命法と言うべきなのか，それともその両方なのでしょうか？）

　おそらく前述のようなスローガンに盲目的に依存してしまったがために，徳倫理学には正しい行為に関する独自の規定がないという考えが，多くの人々の間に生じてしまったのでしょう。なぜなら，彼らは次のように考えるはずだからです。「功利主義は〈善〉概念から〈正〉概念を引き出し，義務論は〈正〉概念から〈善〉概念を引き出す。では，徳

---

2) W. Frankena, *Ethics*, (1973).

倫理学はと言えば，おそらくそれが〈有徳な行為者〉という概念から始まる以上，そこから〈善〉と〈正〉を引き出すつもりなのだろう。しかし，一体どうすればそのようなことが可能となるのだろうか。」とはいえ，たとえそのように言われたところで，「引き出されるのは，よい何なのか？ 正しい何なのか？」，その点をまず明確にしてもらわないことには，わたしたちとしては手の打ちようがありません。「一体どうすれば徳倫理学は，それがその都度の行為指針ともなりうるような仕方で正しい行為を説明できるのか？」と問うてくれるのであれば，その方がむしろ答えるのは簡単です。第一の前提はこうです。

　　前提 1. 行為は，もし有徳な行為者が当該状況にあるならなすであ
　　　　　ろう，有徳な人らしい（つまり，その人柄にふさわしい）行為で
　　　　　ある時，またその場合に限り，正しい。

　しかし，徳倫理学はわたしたちに「何をなすべきか」を教えることなどできない，と主張する相手に，今，仮にこの規定が示されたとしても，それによって彼らの口を封じることは難しいでしょう。むしろ逆に，この規定は彼らの冷笑と軽蔑を招きかねません。彼らは口をそろえてこう批判することでしょう。「そんな規定では何の役にも立ちはしないし，なすべき行為についていかなる指針も与えてはくれない。そもそも有徳な行為者とは何者なのか？」
　なるほどこの第一前提，すなわち〈正しい行為〉概念と徳倫理学に固有の概念（「有徳な行為者」）とをただ繋いだだけの前提によって〈正しい行為〉が規定できないのであれば，そのような規定によって実践的な指針が与えられるはずもないのですから，非難されてもしょうがありません。しかし，たとえそうだとしても，本章で定式化された行為功利主義や義務論の第一前提に対しては，そのような非難が見当たらないのはどういうわけでしょうか。実は，先ほどは，この点を予め見越して，あくまで付随的にではありますが，この両者それぞれの規定もまた行為の指針を明確には与えていないことに触れておきました。だからこそ，行為の指針を与えるために，いずれも第二前提において，行為功利主義ならば〈最善の結果〉とみなされるべきものが，義務論ならば〈正しい道

徳規則〉とみなされるべきものが特定されねばならなかったわけです。ならば同様に，徳倫理学においても，どのような人が〈有徳な行為者〉とみなされるべきか，それさえ特定されれば問題など何もないのではないでしょうか。つまり，この段階では，三者の関係はまだどんぐりの背比べといった按配に過ぎません。

　もちろん，ある人々が考えるように，〈有徳な行為者〉を，正しい道徳規則に則して行為するような性向をもった行為者としてしか特定できないならば，徳倫理学は完全に義務論へと吸収され，もはや義務論に対抗する立場とはなりえないでしょう。それゆえ，このように他の立場に吸収されることのないよう，基本的な骨子だけが示されていた第一前提にさらに補助的な前提1aを付け加えることにします。その上で，第二前提において，徳の規定を介して有徳な行為者の非義務論的な規定を組み入れることにすると，おおよそ以下のようになります。

　　前提1a. 有徳な行為者とは，ある性格特性すなわち徳をもち，かつ働かせる人のことである。

　　前提2. 徳とは，以下のような性格特性である，すなわち……。

　ここで徳倫理学の第二前提は，義務論を規定していた第二前提と同様に，まずその後に事例が続くことが告げられ（「すなわち，それは以下のリストに挙げられている」），次にその当のリストが続き，おそらく最後は「等々。」で締め括られることになります。このリストの中に，たとえば，『道徳原理の探求』におけるヒュームを徳倫理学の支持者とみなしてその徳の規定を置き入れることもできるでしょう。すなわちヒュームによれば，徳とは，それをもつ人あるいはそれ以外の人々にとって有用である，あるいは心地よい（ここで「あるいは」は両方とも排他的選言ではない），そのような（人間の）性格特性のことだと言われます。あるいは，ごく標準的に新アリストテレス主義的な規定をこのリストに組み入れることもできます。すなわち，徳とは，人間が幸福や繁栄，つまりはよく生きるために必要とされる性格特性である，というように。

　このようにして徳倫理学にとっての正しい行為の規定がなされるわけ

ですが，その基本構造は，行為功利主義や多くの単純化された義務論の構造とよく似ています。これら三者を比べてみると，確かに以下のように言うことができます。「徳倫理学は（その正しい行為規定によれば），結果中心的あるいは規則中心的であるよりむしろ，行為者中心的である。それは，徳倫理学が正しい行為を規定する第一前提の中に，徳をそなえた行為者という概念を導入した点で，行為者中心的だったからである。それとは対照的に，同じく正しい行為を規定する場面で，功利主義と義務論は各々，結果の概念と道徳法則の概念を導入していたのである。」こうした言明は正しいものです。実際，徳倫理学はそう規定しています。しかし，ここで留意すべきは，だからといって，徳倫理学が無条件に「行為中心的であるよりはむしろ行為者中心的である」わけではないということです。自分が何をなすべきかを人はどうやって決定するのか，その問いに対する答えは徳倫理学のうちにも確かに見出されるのです。

　徳倫理学への第一の誤解は，こうして取り除くことができます。徳倫理学にも，正しい行為に関して語るべき内容が確かに存するのです。しかし，これはまだ誤解に対処する第一歩に過ぎません。実際，多くの人々にとって徳倫理学の行為規定は，まだまだ不満の残る内容と言えます。しかも不満の理由は多様で，それに答えるためには何章にもわたる説明が必要になることでしょう。そうした数々の不満，たとえば，「何をなすべきか，その答えを徳倫理学はわたしたちに教えはくれないし，できもしない」，あるいは，「道徳的な指針をそれは与えてくれないし，できもしない」，そういった不満のうちにあるいくつかの論点に本章は焦点を合わせてみようと思います。

　「徳倫理学は道徳的な指針をわたしたちにもたらさない」――だが，正しい行為の規定を与える際に，徳倫理学が道徳的な指針をわたしたちにもたらさずにおくことが果たしてできるものでしょうか。なるほど，徳倫理学が堂々巡りの規定しかもたらさず，わたしたちの行為を導くために用いられるような規定は与えられない，という疑念は一度ならず見受けられます。たとえば，こうです。「徳倫理学が教えるところによれば，正しい行為とは，有徳な行為者がなすところのものである。しかし，実際にその規定は何も語ってはいない。もちろん有徳な行為者は

〈正しいことをおこなう〉。正しいことをおこなわなければ，その人は有徳ではないのだから。こうしてわたしたちはむなしく堂々巡りを始めるのである」。

　正しい行為を規定する徳倫理学の第一前提が，空疎な同語反復の見かけをとっているのは，事実です。たとえば，行為功利主義者なら義務論者の第一前提を否定しようとすることでしょうし（「義務論の規定には反対だ。もし，そうすることの結果が，それをせずにいることの結果よりもよいならば，わたしたちは規則を破ってでもそうすべきであるから」），義務論者なら功利主義者の第一前提を否定することでしょう（「功利主義の規定には反対だ。わたしたちは，結果の如何にかかわらず規則を守りぬかねばならないのだから」）。それにもかかわらず，徳倫理学の前提，すなわち「行為は，それが有徳な行為者がなすであろう行為ならば，その場合に限って正しい」というテーゼに関しては，両者は難なくそれを受け入れることができます。しかし，たとえ彼らがその言葉を受け入れたとしても，それは両者それぞれが，何が正しい行為であるかは各自の第一・第二前提によって既に解決済みだと決め込んでいるからの話であって，ではそもそも「有徳な行為者」とはどんな人ですか，と改めて問われるならば，早速こう答えるに違いありません。「有徳な行為者とは，（わたしの定めた意味での）〈正しい〉行為をなすもののことである。」[3]

　ここで強調されるべきは，「行為は，もし有徳な行為者が当該状況にあるならなすであろう，有徳な人らしい行為である時，またその場合に限り，正しい」という前提がもつ見かけ上の空疎さが，徳倫理学による正しい行為の規定自体が無内容であるということを決して意味してはいない，という点です。それは，あくまで第二前提によって補完されるべき第一前提としての，その限りでは義務論や功利主義の第一前提と同様の，形式性なのです。このことは，その当の第一前提とその補助規定を，具体的な代入項の必要性が一目瞭然となるような仕方で再定式化することによって明らかにできるでしょう。すなわち，

　　前提1．行為は，もしXをもつ行為者が当該状況にあるならなす

---

3) G. Watson, 'On the Primacy of Character' の冒頭箇所を参照。

であろう，Xをもつ人らしい行為である時，またその場合に限り，正しい。
前提1a．Xをもつ行為者とは，ある性格特性すなわちXをもち，かつ働かせる人のことである。

　こうすれば，前提1の形式性が誤解されることはないはずです。
　残念ながら，行為功利主義や義務論の第一前提と対比するならば，それはまだ明らかに内容が乏しいと言わざるをえません。だからこう言われてもしょうがありません。「確かにわたしたちはみな，何が最善の結果となりうるか，何が正しい道徳規則ないし道徳原理であるかを何らかの形で弁えている。だがXをもつ行為者とは一体全体何のことなのか？」と。しかし，少し前で触れておいたことを，もう一度ここで繰り返さねばなりません。実は，他の陣営の第一前提も，厳密に言えば，同じように内容が乏しいのだ，と。確かに，最善の結果に関して，功利主義者によって具体的に説明されたことは実にわかりやすいし，知られる限りのおよそすべての義務論者が引き合いに出す道徳規則は，わたしたちにはよく知られたものです。しかし，だからこそ，自分たちの第一前提がもつ無内容さをつい見落としてしまったのです。奇妙なことに，彼らが第一前提として思い浮かべる内容は，実は第二前提でこそ述べられるべき内容なのです。
　たとえば，ある人が，「最善の結果」とは，カトリックの信者数が最大化すること（そして，非カトリック信者の数が最小化すること）と述べたとしましょう。それが，真のカトリック信者なら決して誰も抱かない，おそらくはカトリック信仰に凝り固まった狂信者によってしか信奉されることのない，実に異様な見解だということは，誰にでもわかるはずです。あるいは，ある人が，「最善の結果」とは，ある種の道徳規則が固守されることだと言ったとしたらどうでしょう。「わたしたちがみな，何が最善の結果であるかを何らかの形で弁えている」のは，それが行為功利主義の第一前提になっているからではなく，一般的に言って，もしある行為が結果として多くの人々を幸せにする，ないしは多くの苦悩から救うのであれば，それがよい結果とみなされて然るべきだという考えにわたしたちみなが元から馴染んでいたからなのです。

同様に，義務論者の第一前提を読む時，「わたしたちはみな，何が正しい道徳規則ないし道徳原理であるかを何らかの形で弁えている」という思いが共有されています。「殺してはならない」や「嘘をつくな」は，誰からも正しい道徳規則（の類）とみなされています。他方，「アーリア民族を一掃せよ」，「女性は自分の持ち場を守り，男性に従え」，「異教徒を殺せ」などといったものを誰も正しい道徳規則だなどと思いはしません。しかし，ここで確かなことは，このように正しい道徳規則を述べることができるということだけでなく，実際，わたしたちは事あるごとにそう述べてきたのだということです。義務論による正しい行為規定の第一前提に関する限り，実はそれによって，何が正しい道徳規則ないし道徳原理であるかは何一つ示されていません。むしろ，その前提にその都度具体例を与えて補完してきたのは，他ならぬわたしたち自身なのです。

したがって，徳倫理学の第一前提が，行為功利主義や義務論のそれと大差ないものと理解される限り，「行為は，もし有徳な行為者が当該状況にあるならなすであろう，有徳な人らしい行為である時，またその場合に限り，正しい」という前提は，決して無内容で空疎なものなのではなく，むしろ他の陣営の第一前提と同様の形式性をもつものと言えるでしょう。とにかく三者いずれの場合も，その形式性が内実を得て満たされるためには，第二前提を俟つ他ないのです。

認識論的問題

この段階で興味を惹くのは，正しい行為にかかわる三つの陣営が，一方は行為功利主義，他方は義務論と徳倫理学という二群に分かたれることです。たとえば，最善の結果とは，そこにおいて幸福の最大化がもたらされるもののことである，という第二前提が行為功利主義によって示されただけで，わたしたちは行為功利主義の立場がわかったような気がします。（わたしたちが本当にわかっているのか，あるいはただわかった気がするだけなのかは，後で問うことにします。）わたしたちは，行為功利主義者が次のように主張する場面を容易に想像できます。「真実を語る

ことによって，幸福になる人はひとりもおらず，それどころかとても不幸になる人さえ出てくるのならば，その場合，嘘をつくことは正しい」。それに対して，義務論者や徳倫理学者が，そのような場面で自らの第二前提によって主張することをわたしたちが容易にわかるかどうかは，その第二前提の語られ方次第です。

　もし，正しい道徳規則ないし徳目のリストが挙げられるなら，かなり具体的に考えることができます。一方のリストには「嘘をつくな」，他方のリストには「正直」が挙げられていれば，先ほどの嘘をつくことの正しさについての行為功利主義者の主張に対して，義務論者や徳倫理学者はおそらく同意しないだろうということぐらいは，容易に想像できます。しかし，これがもし，先に義務論者の第二前提を示した際に挙げられた他のリストだったらどうでしょうか。正しい道徳規則が，たとえば神によって下された規則であるとして，それは一体何か，あるいはそれを受容するのが理にかなっている規則だとして，果たしてそれは何なのか，要するに，いかなる道徳規則ないし道徳原理が正しいものなのか，そうした問いには多くの議論があったし，今も現にあることは周知のとおりです。仮にある義務論者が，道徳規則の正しさを理論的に吟味するテストを考案したところで，そのテストによって擁護され，正当化される規則が，結局，彼が正しいと思う規則に過ぎないことは想像に難くありません。それが何なのかは，わたしたちのあずかり知るところではないのです。彼の擁護するのは，自殺や堕胎を禁ずる規則なのか，それともそれを許す規則なのか。平和主義的な規則なのか，それとも自己防衛のためなら殺人さえも支持するタカ派的な規則なのか。わたしたちには知る由もありません。

　徳倫理学もまた同様に曖昧です。どの性格特性が徳であるのか，その問いをめぐっては多くの議論があったし，今も現にあることは誰もが知るところでしょう。仮にある徳倫理学者が，徳を特定するための理論的なテストを考案したところで，そのテストによって擁護されるのは，結局，彼が徳だと思う性格特性に過ぎず，そうでなければ，徳として受け入れられはしないことは想像に難くありません。彼が何を徳だと思うのかは，わたしたちのあずかり知るところではないのです。彼は，謙遜，慎ましさ，憐れみを徳として擁護するのか，それとも（それぞれに対し

てヒューム，アリストテレス，ニーチェがなしたように）それを却下するのか。公平無私の立場を取るのか，それとも友愛関係を信じるのか。わたしたちには知る由もありません。

　このようにして，行為功利主義に対して義務論と徳倫理学を立てるという興味深い対比が成立します。とりわけ，後二者によってわたしたちは，「一体どうやって，ある特定の行為が正しいと知ることができるのか」という大問題にかかわらざるをえなくなるでしょう。なぜなら，それが何を主張するにしても，「しかし，どの道徳規則，どの道徳原理が正しいのかを，あるいはどの性格特性が徳であるのかをわたしたちは一体どうやって知るのか」と問うことになるからです。たとえ彼らが道徳規則や徳目をそれぞれリストアップしてくれたところで，それが正しいリストであるのかどうかが早速気がかりになるに違いありません。仮に彼らがリストの正しさを検証するテストを考案したとしても，彼らの抱く様々な信念によって，実に巧みに，多様なテスト結果に至らざるをえないという事実が，さらなる悩みの種となることでしょう。つまり，この二つの立場は，道徳に関する文化相対主義，あるいはもっと始末の悪いことには，道徳懐疑主義の脅威に晒されているのです。所詮，わたしたちにできることといえば，自分自身の文化や社会によって受け入れられた規則や性格特性を挙げていくことしかないのかもしれません。わたしたちが知りうるのは，わたしたちの基準に照らして正しいことだけであり，しかも他の文化から見ればそれは間違っているかもしれないのです。さらに困ったことには，「わたしたち」の間ですらどれほど多くの道徳観の不一致があるかを思い起こすにつけ，わたしたちにとって何が正しいのかもわからなくなってしまいかねません。もしかすると，この行為が正しいと知ることなど，もはやいかなる場合にもありえないのかもしれないのです。あるのはただ，個人的にどうしても守りたい規則に従っているから，その行為は正しい，あるいは，個人的に自分もそうありたいと望むタイプの人がなすであろう行為だから，それは正しい，そういった主観的な確信を感じ取ることだけなのかもしれません。

　行為功利主義の場合，そのような脅威に，少なくとも今すぐに晒されるわけではありません。確かに，行為の結果を予測することは，時として困難を伴うかもしれませんが，これはあくまで，三つの立場いずれも

が弁えておくべき実生活上の問題に過ぎません。時々，義務論者は「結果を顧慮していない」と言われることがありますが，これは明らかに間違いです。なぜなら，わたしたちがその都度，なそうかどうかと熟慮している多くの行為は，それがどんな道徳規則ないし道徳原理の影響下にあろうと，その行為の結果を予測することには何の差し支えもないからです。したがって，義務論者の外科医が，患者にある手術をなすべきかどうか迷うのは，彼が自らの道徳原理の正しさに疑念を抱いているからではなく，その手術によって，患者があと数年間，命を永らえるか，それともその生を終えざるをえないか，その結果を予測することがきわめて困難だからです。徳倫理学に賛同する外科医の場合にも同じ問題があります。他人の善にかかわる気遣い（charity）が徳である，ということに彼は疑いをもったりはしないでしょう。むしろ彼の懸念は，手術の結果が患者を益することになるのか，害することになるのか，その一点にかかわっているのですから。

　行為の結果を予測すること自体に伴う困難は，道徳的相対主義や道徳的懐疑主義の脅威とは無縁です。それは人生におけるごく一般的な問題に過ぎません。しかし，その結果が，功利主義が説くように，もし幸福とかかわるのであれば，果たしてそうした脅威と無縁でいられるでしょうか。異なった文化を背景にもつ様々な人達が多様な幸福観をもっています。もし，最大化すべき「幸福」を精確かつ適切に定義できないなら，この行為が正しいかどうかをわたしたちは一体どうやって知ることができるのでしょうか。

　確かに，こうした仕方で功利主義には問題があると主張したくなるのも無理からぬことだと思いますし，この論点には，わたし自身，後で再び戻ってくるつもりでいます。しかし，少なくとも行為功利主義が道徳相対主義や懐疑主義の脅威にたちまち席巻されるなどということはありえません。たとえば，人々の幸福観が互いにまったく異なるとしましょう。だからと言って，実際，それが何で問題になるのでしょうか。たとえば，知人の一人に宗教的観想に関する本をあげれば，きっと喜んでくれるでしょうが，代わりにポルノ小説をあげたらすっかり気を悪くするに違いありません。しかし，別の知人にその小説をあげればきっと大喜びするでしょうし，逆に宗教本なら死ぬほど退屈するかもしれません。

もし，どちらの本も手元に用意されていれば，わたしが彼らに対してどちらを渡すべきかは，今さら幸福の定義をする必要も，彼ら二人の幸福観が間違いなく異なっているという事実に思い煩う必要もなしに，行為功利主義によって完璧に明らかなのです。ジョナサン・グローバーがはっきりと述べているように，「功利主義者であろうとなかろうと，わたしたちのほとんどは，自分の行為が相手の幸福に与えるであろう影響に気を留めているものである。実際，もし相手を幸福にしようとする試みと，その試みが成功することとの間にいかなる因果的な対応もなければ，わたしたちは皆，さぞ混乱することだろう」[4]。

　以上より，さしあたりはこう言ってよいでしょう。行為功利主義の側は，今直ちに道徳相対主義や懐疑主義の不安に脅かされるということはないけれど，徳倫理学の側は，義務論と共に既にその脅威に晒されている，と。いずれにせよ，ここでは問題の所在を確認するにとどめ，本格的な考察は後半の諸章のために取っておくことにしましょう[5]。それまでは，義務論も徳倫理学も，第二前提でリストアップされる事例を厳密に限定することなく，主だったごく普通の例だけを挙げておくことにします。義務論ならば，「殺すな」「真実を語れ」「約束を守れ」「他人に害悪をなすな」「他人を助け／他人を幸福にせよ」等々というような見慣れた例を考えることができるでしょう。徳倫理学ならば，正義，正直，慈悲，勇気，実践知，寛容，忠誠心，等々というような誰にもよく知られた例を枚挙することができます。こうして具体例を枚挙しておくという前提の上でなら，そもそも徳倫理学は，そのような事例によってさえ，行為功利主義や義務論がなすようには行為の指針を与えることができないものかどうか，改めて問い直すことができるでしょう。

道 徳 規 則

　徳倫理学に対してなされる反論は，一般的な形にまとめるとこうなり

　4）　J. Glover, *Causing Death and Saving Lives*, p. 3.
　5）　もっとも，問題の大きさから見れば，「後に刊行される書物のために」と言ってもよいほどである。なお，この問題が再考されるのは，本書第 8 − 11 章においてである。

ます。

　義務論は，様々な状況に容易に適用できる一連の明瞭な指示を与えてくれる。ところが徳倫理学ときたら，「このような状況下で，有徳な，つまり正しく正直で慈悲深く云々といった性格の人がなすであろうことを，なせ」という指示しか与えてくれない。これでは，わたし自身が有徳な行為者でなければ（あるいは，自分が有徳であることを知らなければ），何の指針にもならないし，そんな指示など，ほとんど必要ない。わたしがあまり有徳とはいえない人間であれば，そもそも有徳な人が何をなすかなどわかるはずもない。したがって，徳倫理学がわたしに与えてくれる上述のような指示だけでは，具体的には何をどうしてよいのか，さっぱりわからない。確かに，行為功利主義もたった一つの指示（「幸福を最大化するようなことをなせ」）しか与えてくれない。しかし，それをいざ実際に適用する段になれば，徳倫理学のような困難はそこには生じない。それどころか，義務論同様，行為功利主義の指示もまた容易に適用できるのである。要するに，義務論や功利主義なら，正しい行為の何たるかを解き明かして，うまくわたしたちの行為を導いてくれる場面で，徳倫理学のほうはそれをうまく説き明かせずに行為の指針になり損ねるのである。

　これに答えて，次の点をまず指摘しておかねばなりません。もしわたしが自分は決して完全な人間ではないと知っており，しかも，わたしが置かれているのと同じ状況下で有徳な人ならどう振舞うかがまったくわからないならば，なすべきことは明白です。行って誰かに「このことをなすべきでしょうか」と尋ねるべきです。これは決して瑣末なことではありません。なぜなら，わたしたちの道徳生活に見出されるある重要な局面，つまり，わたしたちは必ずしも常に「自律的」で完全に自己決定的な行為者として行為するわけではなく，むしろ自分より道徳的に優れていると思う人から頻繁に道徳的な指針を求めるという事実を，それは単刀直入に説き明かしてくれるからです。自分でも嫌になるような悪事をなそうとして，そのための言い訳を探している時などは，自分より道

徳的に劣った（あるいは，もし自分が正真正銘の悪人なら，同じ程度の）人にこう訊いてしまうものです。「もしあんたがわたしと同じ立場だったら，あんただって同じことをやりはしないかい？」という具合に。しかし，何か正しいことをなそうと躍起になっているのに，先の見通しが立たない時には，わたしは日頃から尊敬し，賞賛を惜しまない人たち，たとえばわたし自身より親切で正直で，もっと正しく，賢い人たちのところに赴くのではないでしょうか。そして，彼らに「もしあなたがわたしの立場なら，何をしますか？」と問うことでしょう。功利主義や義務論は，こうした事実をどうやって説明できるのか，あるいはそもそも説明することすらできないのかどうか，わたしにはわかりません。しかし，既に述べたように，徳倫理学の言い方でなされた説明は，とにかく単刀直入になされたものなのです。もしあなたが正しいことをしたいなら，また，正しいことをなすということが，有徳な人が当該状況でなすであろうことをなすことだとするならば，あなたは，自分がなすべきことを既に知っているのでない限り，有徳な人がなすであろうことを何とかして知るべきなのです。

　しかしだからといって，徳倫理学の「単純な指示」を具体的な場面で用いようと試みる不完全な行為者が，有徳な人からアドヴァイスを求めることしかできない，というわけではありません。というのは，徳倫理学を論駁しようとして唱えられた，「もしわたしが十分に有徳というわけではないなら，有徳な行為者が一体何をなすか，まったく見当がつかないだろう」というような言い分には，およそ真実など含まれてはいないからです。徳はたとえば，正直，慈悲，忠誠……等々のように枚挙されるものだと前提されていたことを思い出してください。もしそのように前提されるならば，有徳な行為者とは，正直で慈悲深く，誓いを守る……等々の者ということになります。かくして，有徳な者はその性格に即して，正直で慈悲深く，誓いを守る……等々のことをなし，不正直で無慈悲な，誓いを守らないようなことをなしたりはしません。だから，そのように徳が枚挙されるなら，有徳な人がわたしの状況にあれば何をなすかは，自分が不完全であるにもかかわらず，わたしにはまったく明らかだということになります。たとえば，有徳な人は，自分に不相応な利益を得るために真っ赤な嘘をつくでしょうか。——いいえ。なぜな

ら、そうしたことは不正直で不正なことだから。——有徳な人は、路傍で傷ついた見知らぬ他人を、たとえその者を助けねばならない事情が何一つないとしても、それでもなお助けようとするものでしょうか、あるいは道の反対側を素知らぬ顔で通り過ぎるでしょうか。——もちろん答えは前者です。なぜなら、前者の振舞いは慈悲深く、後者のそれは無慈悲だから。——有徳な人は、臨終の人との約束を、たとえ後に残された人びとがその約束を破ることで利益を得るとしても、それでもなお守り通すことができるでしょうか。——はい、もちろん。なぜなら、有徳な人なら約束を守るから。他の場合であっても結果はおそらく同じでしょう[6]。

では次に、徳倫理学は正しい行為をうまく説き明かせずに行為の指針になり損ねるという論駁に対する第二の応答についてはどうでしょう。おそらくは、しばしば繰り返されてきた主張、すなわち「徳倫理学からはいかなる規則も見出されない」(この主張は、徳倫理学がいかにおこなうかよりもいかにあるかということにかかわっているという考えの別バージョンといえます)、故に何らかの規則を補完する必要がある、という相手側の主張を否定することに尽きます。実際、徳倫理学がいかに多くの行為規則をもたらしているかは、今や明らかです。それぞれの徳は、特定の行為を指定し(正直な／慈悲深い／寛容な行為をなせ)、それぞれの悪徳は、特定の行為の禁止を指図しています(不正直な／無慈悲な／狭量な行為をなすな)[7]。

徳倫理学と具体的な行為との(これまで驚くほど頻繁に見落とされてきた)関連がいったん把握されれば、何をなすべきかという指針を徳倫理

---

6) 「〈道徳的に悪い〉と言う代わりに、常に〈不正直な〉〈不貞な〉〈不正な〉というように名指すならば、事態は大きく改善されるだろう。……時には、どう対処すべきかも同時に明らかとなることだろう。」G. E. M. Anscombe, 'Modern Moral Philosophy', (1958, repr. 1981), p. 33 参照。

7) わたしの初期の論文では、このことを主張するために、既存の規則を副詞的に表現していた。たとえば、正直に、慈悲深く、寛大になせ、あるいは、不正直になすな等々というように。しかし、副詞は、有徳な行為者がなすであろう当の行為ばかりでなく、彼が「どのようにして」それをなすかということをも含意しているので、結局は「同じような理由によって(それをなす)」という場合までも含んでしまうことになる。ただ、有徳な行為者における行為の理由というこの問題は、もっと後の章で改めて論じるほうが、今の時点では得策であると思われる。

第 1 章　正しい行為　　55

学は示しえないと考える理由など，もはやありはしないのではないでしょうか。いや，実はその理由が一つだけあります。それは，大まかに言えばこういうことです。「正直な行為をなせ，無慈悲な行為はなすな」というような規則は，「有徳な行為者がなすであろう行為をなせ」という場合と同様に，本来明快であるべき行為規則としてはいまだに不適切であり，義務論や行為功利主義の（諸）規則が与えるような明確な行為指針を打ち出そうにも，どうにもうまくいきそうにないから，というのがそれです。

　しかし，どうしてそう言えるのでしょうか。徳倫理学のこうした規則（これからは「徳-規則」と呼ぶ）は，確かに「評価的な」（この語自体，その意味を確定するのは至難の業なのですが）用語や概念によって表現されています。それは事実です。しかし，そのことによって，徳倫理学の行為規則はあらかじめ失敗を決定づけられているとでも言うのでしょうか。もし，功利主義や義務論さえもが同じ理由で行為指針を示し損なうのでなければ，当然，徳倫理学にもそんなことは起こるはずがありません。

　ある種の功利主義，たとえば，現にある欲求や選好の，その内容如何にかかわらぬ充足として，あるいは内省によってその存在が特定される心的状態として，幸福を定義するようなタイプの功利主義は，確かに完全に「価値中立的」で経験的に立証可能であることを目指しています。しかし，こうしたタイプの功利主義は，周知のようにそれ自体が問題をはらんでおり，常々，もっとも非現実的な説明であるように思われてきましたが，少なくとも，そのような考えを敢えて抱くような人であれば，「評価語」を用いたせいでお粗末な行為指針しか与えることができないと言って，徳-規則を非難し続けるのも無理からぬところがあります。しかし，幸福を定義する際に，高級な快と低級な快との区別を用いようとするタイプの功利主義者，あるいは合理的な選好のありようを記述しようとする，ないしは何らかの善のリスト（たとえば，自律，友愛，重要な事柄にかかわる知識）に依拠しようとするタイプの功利主義者であれば，一見単純な彼らの行為規則でさえ，実は暗黙裡に「評価的」であることを認めざるをえません。（上述したように，必ずしも功利主義一般が道徳相対主義や懐疑主義の脅威に耐性をもつわけではないと思われたのも，

まさにその故です。)

　では，義務論はどうか。たとえば，嘘をつく，という単純な例に的を絞り，嘘をつくとは，「真実ではないと思うことを，聞き手を騙す目的で，真実として言い張ること」などと定義しておけば，義務論者の規則には「評価的な」用語が含まれてはいないという幻想をひとまずは持ち続けることができるでしょう。しかし，悪事と／あるいは善行にかかわる原理の確定にかかわらずにいたいと思う義務論者はほぼ皆無に近いということを思い起こせば，そうした幻想は直ちに潰え去るはずです。なぜなら，そうした原理やそれに呼応する諸規則（たとえば，他人に害悪をなすな，他人を助けろ，他人を幸福にせよ）は，少なくとも徳-規則において用いられているのと同じ程度に「評価的な」用語や概念に依拠したものだからです。

　「功利主義は〈善〉から始まるが，義務論は〈正〉から始まる」というスローガンによって，善の概念（そして，おそらくは悪の概念）を正（と不正）の概念から派生させたのが他ならぬ義務論であると受け取られる時，このスローガンのもつ不正確さがここでも露わになります。もし，ここでの「功利主義者」が，幸福概念を特定する際に，正しい行為，あるいは有徳な行為という概念に依拠するタイプであれば，あの声高な決まり文句を払拭するには彼なりにきっと困難を覚えたはずです。ましてや，義務論者の場合，正しくあらんがための正しい行為という端的な〈正〉概念以外には，いかなる善概念をも用いることなしに，また悪について一切触れることもなしに，彼の行為規則をすべて提示できるなどとは誰も思わないでしょう。

　わたしたちはまた，こうも言えるでしょう。「殺すな」という単純で擬似-生物学的な規則で満足していられるような義務論者はほとんどいない，と。むしろ，「殺人を犯すな」，あるいは「評価語」を用いた「無垢の民を殺すな」のように，もっと洗練された規則を望むに違いありません。まして，「不正に殺すな」という規則にいたっては，徳-規則の一例ですらあるわけです。

　この点が認められたとしても，依然として義務論者は，子どもに課せられるべき行為指針はいかなるものかという論点から，徳-規則は義務論の規則より明らかに劣ると主張することでしょう。確かに，義務論者

も大人になれば，他人を害することや他人を幸せにすること，自分たちの自律を尊重することや人を殺すことなどが現実にはどんな要素から構成されているかをしっかり考えねばならないのですが，わたしたちにとって欠くことのできない根本規則は，実はわたしたちが母親の膝の上で学び取ったきわめて単純な規則なのである，そう彼らは主張することでしょう。しかし，徳倫理学が，そうした根本規則を蔑ろにし，幼児たちにいきなり「慈悲深く，正直に，親切に行為せよ，そして不正をなすな云々」といった徳–規則を教え込んでいる，などということが一体全体ありうるでしょうか。確かにこれらの徳概念はいずれも「濃い」〔すなわち具体的で特殊な〕概念とみなして間違いありません。つまり，徳概念は子どもにはあまりに濃すぎてまだ理解できない，ということなのでしょう。

　厳密に言えば，徳–規則は行為指針を与えることができないという一般的な反論とこの反論とはまったく異なるものですが，それが一般的な反論の文脈から生まれたものであることは言うまでもないのですから，この反論にも喜んで応えたいと思います。なぜなら，いかなる規範倫理学も満たさねばならない十分条件，すなわち，規範倫理学は賢明かつ理性的な成人向けに行為指針を明示するだけでなく，何をなすべきかを次世代にどうやって教えるかという道徳教育の問題にもしかるべき考えを提示せねばならない，そのようにこの反論ははっきり指摘しているからです。しかし，アリストテレスから始まった倫理学が，道徳教育の問題を忘れていたなどということは，およそありそうにもないことであり，その意味でこの反論は急所をはずしています。第一に，幼児は義務論者の規則だけを教わり，「濃い」概念は教わらない，という暗黙の経験的主張は，確かに誤りです。たとえば，「そんなことをやっちゃ，いけません。猫を傷つけてしまうでしょ。残酷な人になってはダメ」，「弟に親切にしてあげなさい。まだ小さいんだから」，「そんな意地悪しないの，欲張り過ぎよ」などは，普通は幼児に向けられる言葉です。何らかの理由で，幼児期に「正しい」と「不正な」という語が教えられてはいないのでしょうけれど，「公平な」と「不公平な」という語なら，ごく普通に幼児に向けても語られています。

　第二に，母の膝元で学び取られた「嘘をつくな」「約束を守れ」「他人

を助けよ」といった基本的な道徳規則の意義を，徳倫理学の擁護者たちがわざわざ否定しなければならぬ理由などあるはずがありません。(以前，主張したように，) 有徳な行為者を単に義務論者の道徳規則に従って行為する性向をもつ人と定義するのは明らかに誤りですが，たとえば正直の徳を実際に働かせることと，嘘をつかぬようにすることの間に明らかな関連があることを鑑みれば，それも無理からぬ話ではあります。いずれにせよ，このような誤りに対して，徳倫理学者が強調したいのは，以下のような事実です。すなわち，もし子どもたちを真に正直になるように教育したいなら，真実を愛し，尊重することも同時に教え込まねばなりませんが，単に嘘をつかないようにするだけの教育である限り，この目的は達成されない，という事実です。もちろん，だからと言って，この目的を達成するためには，嘘をつかないように教えることが役立つし，不可欠ですらあるということまで否定する必要などありはしません。

　以上より，徳倫理学は一方で自ら規則（徳と悪徳から派生した用語によって表現される徳−規則）を作り出しながら，他方で，義務論者が用いる誰にもよく知られた規則を決して除外したりもしないということが理解されたと思います。その両者は，誰にもよく知られた規則を具体的な事例へと適用するにしても，その正当化の仕方がまったく異なるという点で理論的に区別されます。たとえば，義務論者に言わせれば，「嘘をつくな」という（正しい）規則を今わたしが直面する事例に適用し，そこで嘘をつくことが禁じられているとわたしにわかるからこそ，わたしはそこで嘘をついてはいけないのです。他方，徳倫理学者に言わせれば，そこで嘘をつくことは不正直なことであり，しかも不正直は悪徳であるから，そこで嘘をついてはいけない，というわけです[8]。

---

　8) この（義務論と徳倫理学との）明瞭な区別も，カント主義者と徳倫理学者による近年のきわめて適切な交流によって両者間にもたらされつつある相対化の影響を受けるものの一つである。

コード化不可能性

　では次に，コード化可能性について考察してみたいと思います。倫理学は特定の行為指針をもたらしうる規則ないし原理によってコード化可能である，という考えを，通常，徳倫理学は拒否すると言われています。少なくとも現時点では，そのような徳倫理学の主張が，「すべては〈コード化可能〉という言葉で何が意味されているかにかかっている」といういささか厄介な反応を招くことは間違いありません。

　従来，規範倫理学の仕事は，一連の（おそらく行為功利主義の場合のように，ただ一つの）普遍的規則ないし原理を考え出すことだと，ごく普通に考えられてきました。その規則ないし原理には，以下の二つの重要な特徴があると思われます。(a) 規則ないし原理とは，いかなる具体的場面においても，何が正しい行為であるかをその都度特定できるように設定された決定手続きのことである。(b) 規則ないし原理は，たとえ徳をもたない人であっても，誰もが理解でき，正しく適用できるような言葉によって述べられる[9]。以上を特に「強いコード化可能テーゼ」と呼ぶことにします。徳倫理学の特色は，まさにこのテーゼを拒否するところにあったし，現に今もそうです[10]。しかし，こうした徳倫理学の姿勢は，同じ方向性をもつ，少なくとも次の二つの，明らかに相互に関連する理由の影に隠れて，今のところ，まだあまり認知されてはいません。

　その理由の一つは，そのような規則や原理を編み出そうとする企てがことごとく失敗してきたという苦い思いの高まりに見出されます。応用倫理学が活況を呈し始めたごく初期にあっては，確かにそうした企ても十分実現の見込みがあるように思われていました。しかし，風向きが変わるのに時間はかかりませんでした。たとえば，当時，多くの哲学者が同一の抽象的な原理を具体的事例に応用しようとして，まったく異なる

---

[9] E. Pincoffs, 'Quandary Ethics' (1971) は，この特徴を規範倫理学のなすべき仕事について当時支配的であった見解と認め，同時代の著者たちから数多くの例証を引いてくることからこの論文を始めている。

[10] もっとも顕著な例としては，J. McDowell, 'Virtue and Reason' (1979)。

複数の結論を引き出すはめに陥っていました。しかも，一般規則に様々な修正や免責条項が付加された結果，そこから引き出される結論はますます多様となっていたのです。医療倫理の現場が抱える数々の処理困難な問題を解決しようと努めた多くの哲学者は，結局，「意見の異なる当事者双方に，それぞれ十分な言い分がある」と言うことしかできませんでした。要するに，ごく一般的に言って，抽象的な原理と，具体的な倫理状況の抱える複雑な特殊性との間にできた溝は，ますます明白なものとなっていったのです。こうした状況を反映して，道徳規則は上述の(a)(b)二つの特徴をもつべきだという考えも，すっかり説得力を失い始めていったわけです。

　さらに第二の理由として，上述のような規範倫理学の失速期と徳倫理学の登場が重なったことによって，少なくとも当初掲げられた一般規則の理念にどのような修正が必要となるかが明確になったことが挙げられます。たとえば，医者が徳をもつ必要があるかどうか考えてみさえすれば，尊大で思いやりがなく，不誠実で自己中心的な医者の場合，ただ規則通りに行為をなすことだけが求められている限り，彼が本来なすべき職務をまっとうする保障などありえないということは，いまや自明なことと言ってよいでしょう。とどのつまり，悪魔が自分の目的を果たすためなら聖書を引用することだってできるように，規則本来の精神を踏みにじっておきながら，その字面には唯々諾々と従うことが人にはいくらでもありうるということなのです。それゆえ，規則の真意を解釈し，しかも個々の場面にもっとも適切に適用されうるのはどの規則なのかを判断するためにも，しかるべき諸徳とそれに伴う道徳的実践知（フロネーシス）が必要であると認知されるようになったわけです[11]。

　もちろん，このことが今や広く一般に認知されていると主張したいわけではありません。言いたいのは，規範倫理学の実態や理想像に関する書物に比して特に応用倫理学に関する書物において，かつてそうであっ

---

11)「その都度の行為を決定する際に規則だけでは不十分である，ということは実際その通りである。このことは，原理や規則を中核とする倫理説の擁護者にとって，さして目新しいことではない。たとえばカントは，ある規則を適用するに当たっては，そのすべてにわたってさらなる規則の補完を必要とし続けるがゆえに，判断を導き出すための完全なアルゴリズムは決して得られないと主張した。」(O. O'Neill, 'Abstraction, Idealization and Ideology in Ethics', 1987, p. 58.)

た以上に上記の認識はずっと一般的なものとなっているというその一点に尽きます。したがって，人々が当初の考えを放棄して，徳倫理学者がそうした（と言われる）ように，「倫理学はコード化可能であるという見解を拒否した」，と言うべきではありません。彼らが徳倫理学と共有しているのは，あくまで，かつて一般に想定されていたほどに倫理学はコード化可能ではない，という線までの話です。実際，わたしの見る限り，倫理学は徳倫理学が主張する以上にコード化可能である，ないしはそうあるべきである，という主張には相変わらず根強いものがあります。

　この主張は，徳倫理学の陣営には加わりたくないという本音（とわたしは思うのですが）と相俟って，時として，前述された誤解，すなわち徳倫理学はいかなる規則ないし原理ももたらさないという主張と大差ないものになります。『医療倫理の原理』の共著者，ビーチャムとチルドレスは，徳倫理学に対して否定的であった始めの頃に比べると，確かに版を重ねるごとに好意的になってはきたものの，依然として，徳倫理学は彼らが示している一連の原理によって補完される必要があるという主張を崩してはいないように思われます。実際に彼らがそう述べているわけではありませんが，言わんとしているのは，徳倫理学は十分にコード化されているとは言いがたい，ということだと思われます。ともあれ，彼らが示している対照表はほぼ以下のようなものです。

原理	対応する徳
（他者の）自律の尊重	礼節
無-危害性	悪意のなさ
善行	慈愛
正義	正義・公平さ
規則	
正確さ	誠実さ
等々[12]	

---

[12] T. L. Beauchamp and L. F. Childress, (eds.), *Principles of Biomedical Ethics*, 4th edn. (1994), p. 67.

もし，これだけのことしか問題となっていないのなら，わたしたちの言うべきことはただ一つ，徳倫理学は倫理学がコード化可能であるという考えを決して否定してはい･な･い･，という程度のことに過ぎません。徳倫理学はこのような原理によって補完される必要がないどころか，それらを既に具現しているとさえ言えるのです。この他にも言うべきことは多々ありますが，とりあえずここまでにしておきましょう。(徳と悪徳に関するわたしたちの語彙には，以下のような注目に値する特徴があります。すなわち，一般に徳を表すと認められている語彙をリストアップした場合，それはかなり短いものとなりますが，悪徳のリストのほうは驚くほど，しかも実用に十分耐えるほどに長くなるはずです。それは，義務論の規則がもたらした基準に従って割り出されたいかなるリストよりもはるかに長大なものとなるはずです。実際，多くの有益な行為指針は，以下のような悪しき行為の回避として，すなわち無責任で無気力で怠惰で無分別な，しかも非協力的でとげとげしく，狭量で無思慮で軽率で，消極的で臆病で意志薄弱，おまけに偽善的で身勝手な上に即物的で意地汚く近視眼的な，云々，というような行為を避けるために生じてきたのです。)[13]

　さて，これでもう論ずべき問題は残っていないかというと，どうもそうはいきそうにありません。徳倫理学はコード化可能性をあまりに早く見限り過ぎたし，そもそも徳倫理学自身が十分にコード化されていないといったこれまでの批判に関連する有力な徳倫理学批判は，わたしたちが解決困難な事例のディレンマに苦しむ時，それは何らの行為指針も与えてくれない，というものでした。したがって，次章では，解決困難な事例に徳倫理学がどのように取り組むことができるかという，それ自体

---

[13]　徳と悪徳の強い対応，すなわち，それぞれの徳に少なくとも一つの悪徳が対応するばかりでなく，すべての悪徳がなにがしかの徳に対置される，と主張しようとする徳倫理学者が確かにいることはいる。もちろん，たとえば怠惰 (laziness) には，その反対の徳が対応すると，あくまで形式的に主張することはできる。けれど，残念ながら，英語には怠惰の反対の徳目をうまく表現できるような名詞が見当たらない (実際，industriousness ではしっくりこない)。〔仮に「(仕事を) よく怠ける (lazy)」性格に対置されるものとして「(仕事に) 責任をもつ (responsible)」という性格を想定してみれば〕ある人の人物証明の欄に形容詞形で「責任感のある (responsible)」と記入することは，彼／彼女が，形容詞形はあるが名詞形のない，怠惰に対置される徳をもつと記述することに他ならない，そう主張することも可能である。そのほうが確かに事実に即してはいる。しかし，わたしには，物事同士がそのように整然と図式的に関係し合っているとは思われない。

きわめて重要な主題を考察していきたいと思います。

第 2 章
解決可能なディレンマ

　なにはともあれ，正しい行為に関する徳倫理学の説明は不十分であり，行為の指針を与え損なっていると一般に思われている限りは，その理由を考えてみなければなりません。するとすぐに行き当たるのが「規範相互の対立問題」です。その言い分をまとめるとこうなります。

　　いろいろな徳が異なった要求をするせいで，わたしたちは相反する方向へと導かれることがありうる。たとえば，（実のところ）死によってしか楽になれない人を目の前にした時，慈悲の徳はわたしにその人を死なせて楽にしてあげなさいというが，他方で正義の徳はもちろんそれを禁じる。これでは徳倫理学は安楽死の当否をめぐって，いかなる指針をわたしに与えることもできないだろう。あるいは，正直の徳は，たとえそれが人の心を傷つけズタズタにしてしまおうが，とにかく真実を語るよう仕向ける。ところが，親切や思いやりの徳は，沈黙を守り，時には嘘をつくことさえ厭わない。これでは徳倫理学は，たとえばやむをえぬ時には医者が患者に嘘をついてもよいかどうか，何一つ指針を与えることができまい。こうした例は枚挙にいとまがない。要するに，徳倫理学は，わたしたちがそれを必要とする時，わたしたちが本当に困難な道徳的苦境に立たされ，どうしていいかわからない時に，必ずと言っていいほど，わたしたちの期待を裏切るのである。

　この批判が強硬派の行為－功利主義者から発せられたものであれば，お

そらくそれほど抵抗を感じないかもしれません。なぜなら，よく知られているように，古典的功利主義の根本規則から生じそうな齟齬といえば，それが「最大多数の最大幸福」を唱える際に二度出てくる「最大」という概念同士の間での七面倒くさい論理的な齟齬ぐらいなもので，その点ではほとんど弱みをもたないからです。しかし，まったく同じ批判が義務論者の口から語られるとなると，さすがにその場合はやや奇異に感じられます。なぜなら，義務論者がまったく同じ問題に直面していることは広く知られているからです。実際，道徳的な苦境やディレンマが規定されるのは，通常，義務論的な用語によってだと言えます。たとえば，「道徳的な苦境やディレンマは，当該状況において互いに相容れない要請を生み出す矛盾する道徳原理ないし規則によって作られる」といったように。そうだとすれば，規範相互の対立問題に対して，徳倫理学にはできなかった解決策も義務論ならば講ずることができるという頭からの決めつけがあったのでしょうか。あるいは，規範対立問題による批判が（何とも早々と！）告げているのは，実は適切な行為指針をわたしたちに与えてくれるのは功利主義だけであり，他の二つの立場は即刻破棄されるべきだということなのでしょうか。いずれにせよ，この問題に取り掛かる前に，まず一歩踏み込んでディレンマそれ自身を論ずるために時間を割かねばなりません。なにしろ，このディレンマという論題ときたら，驚くほど込み入っているのですから。その上さらに，「正しい行為」という言葉についても，もっと何か言うべきことがあるとわかるはずです。

ディレンマと割り切れなさ

　ディレンマを主題的に扱った昨今の哲学文献には，奇妙な分裂が見られます。まず一方には，「解決不可能な」道徳的ディレンマが存在するか否か，あるいはそもそもそんなものが存在しうるのかどうか，といったごく理論的な問題を論ずる大量の文献があります。（解決不可能なディレンマとは〔大雑把に言って〕，普通，xをおこなうこととyをおこなうことのいずれもが同様に悪いことであるにもかかわらず，xかyのどちらか一方を

おこなわなければならないという状況，あるいは，二つの矛盾する道徳的要請が対立しているが，いずれの要請も他方より優位に立つわけではないという状況として特定されます。）これらの文献群には，解決不可能なディレンマの存在によってもたらされる，あるいはもしそうしたディレンマが存在したなら当然出てきたであろう諸問題，たとえば道徳実在論や道徳的認知主義の虚偽性（あるいは真実性），道徳的絶対主義の失敗，決定手続きを提供すべき道徳理論の無能ぶり等々に関してなされる議論も含まれています。

　これらの文献群には，「割り切れなさ」(remainder) とか「やりきれなさ」(residue) といった重要な概念が組み入れられています。解決不可能なディレンマが発生し，そのディレンマにまさに向き合っている人がいる，と仮定してみましょう。その時，そのディレンマがどのようなものであれ，それは必ずや一方の道徳的要求を踏みにじるように迫ってくるはずです。ならば，たとえディレンマがそのようなものであるとしても，せめて何らかの仕方で，たとえば，苦悩や後悔，良心の呵責，疚しさを感じることによって，また場合によっては，謝罪や補償，代償というようなものが必要であると認識することによって，一方の道徳的要求を踏みにじらざるをえなかった後味の悪さが何らかの形で心に残ることが期待されます（具体的状況で考えていく場合にはとりわけそうです）。こうした良心の呵責や後悔の念，あるいは新たに生じた謝罪への要求，およそこういったことの一切が，（道徳的な）「割り切れなさ」とか「やりきれなさ」と呼ばれるものです。たとえディレンマが結局は解決可能なものであり，一方の道徳的要求が他方よりも明らかに優先されうるものだとしても，多くの論者は，それが「割り切れなさという留保つきで」のみ解決可能だと主張したいわけです。つまり，優先されなかった道徳的要求も何らかの仕方でその効力を保持しているのであり，それゆえにこそ，後悔や，新たに生じるであろう要求の認識が依然としてその場には相応しいとみなされるのです。

　他方，応用倫理学の分野には「解決困難なケース」（いわゆるディレンマ）を扱うはるかに大量の文献群があります。たとえば，重い障害を負ったわが子の将来をはかなんで手にかけてしまったケースやレイプされ妊娠した女性が堕胎せざるをえなかったケース，あるいは交通事故を

引き起こし重体の患者に，その事故で同乗していたその人の家族が全員死んでしまったという事実を隠して，「ご家族は皆無事ですよ」と嘘を言ってしまうようなケース，等々。そして，この第二の文献群に関して注目すべきは，それらのなかで第一の文献群に注意を向ける文献が，仮にあったにしても，きわめて稀であるという事実です。第二の文献群の執筆者たちは，(a) 自分たちが議論しているディレンマが解決不能であるという可能性を考慮することさえほとんどありません。反対に彼らは，そのディレンマに下されるべき一つの正しい解決策があるに違いないと決めてかかっています。そうした解決策を見出し，示すことが彼らの道徳理論——普通は功利主義か義務論——の仕事である，とでもいうように。そして (b) 彼らはもっぱら「この場合，x と y のいずれが正しい行為であるのか？」という問いにのみ集中し，「割り切れなさ」とか「やりきれなさ」に関して何も言おうとしません。(a) も (b) も議論を必要としますが，まずは (b) から始めることにして，(a) は次章まで残しておくことにしましょう。

　応用倫理学においてなされる議論の中で割り切れなさがずっと語られずにきたのは，わたしが思うに，たいていは嘆かわしい見落とし，つまり論者たちがいくつかある誤謬のうちの少なくとも一つを犯した結果です。

　たとえば，単に虚偽のディレンマの誤謬を犯したことから帰結した場合がそうです。論者たちは（しばしば無意識のうちに），自らが直面しているディレンマを「x はここでなされるべき（無条件に）道徳的に正しい行為であり，かつ y は道徳的に悪しき行為であるのか，あるいは，y は（無条件に）道徳的に正しい行為であり，かつ x は道徳的に悪しき行為であるのか云々」というようなものとみなしています。けれども，彼らは単に第三の可能性を見落としているに過ぎません。たとえば，「確かに x も y もどちらもかなりひどい。だが，それでも x は y ほどには悪くはない」という可能性が（少なくともそのディレンマが解決できるのであれば）あるはずです。

　いかなる道徳的ディレンマや規範同士の相反においても，一方は無条件に道徳的に正しく，他方は明白に悪いという無意識の前提は，日常的思考のうちにかなり深く根付いています。それは，まったく異なった立

第 2 章　解決可能なディレンマ　　　　　　　　　　　　　　　　69

場にある二人の行為者に対して道徳的評価を下す場合でさえそうです。たとえば，デイヴィッド・マメットの戯曲『オレアナ』[1]が上演されたいくつかの劇場のロビーでは，「正しいのは誰か？ 彼女か，それとも彼か？」というアンケートがその芝居を観終えた観客たちに求められ，数千人の人たちが「彼」もしくは「彼女」と意思表示したそうです。わたしはそのことを特筆すべき（また嘆かわしい）ことだと思っています。正しい／道徳的に正当化されるのは彼女か，さもなくば彼か，などという二者択一によっては，決してすべての可能性が尽くされるわけではないからです。そんなことがどうして彼らには理解できなかったのでしょうか。アンケートに予め示されていた選択肢を拒否して，わたしならこう言いたい。彼も彼女もどちらも正しくないし，どちらも道徳的に正当化されない，と。実際，彼らのやったことは，どちらも悪い，そうわたしには思われます（彼のほうが，わずかとはいえ，彼女よりも悪かったとは思いますが）。

　『オレアナ』の場合の誤りを見て取るのは比較的易しいかもしれません。なぜなら，予め示された選択肢（道徳的に正しい者はどちらか？）が二通りの行為の間にではなく，二人の人物の間に設定されていたからです。わたしの推測では，もしアンケートが「友達にするなら，あなたは誰がいいですか。彼女ですか，彼ですか？」と尋ねていたならば，もっと多くの人たちがそのディレンマの見せかけの板ばさみから抜け出して，自信をもって「どちらでもない」と答えたことでしょう。（さらに，課せられた二者択一を自分が拒否したことについてわたしは多くの人たちと話しましたが，そのことによって裏付けを得られたことは，アンケートに答えた人たちが，自分たちは暗に行為に関する問いに，つまり〔両者がおこなった行為に関して〕「彼らのなした行為のいずれかを支持しなければならないならば，あなたは誰を支持するか。彼女か，それとも彼か？」という問いに答

---

1) この芝居の第 1 幕で，彼女（学生）は彼（教授）のところに，自分が彼の授業の単位を落としそうだという件を相談するためにやって来る。彼は自分のことで忙しすぎて，彼女の問題を聞いている暇がない。結局，彼がその相談に対してなした唯一の応答は，あれこれ許し難い性差別的な言葉を彼女に浴びせかけることだけだった。第 2 幕では，彼女が再び登場し，今度はとても断定的な口調で，「わたしはあなたを性的嫌がらせのかどで告発しました」と告げる。結局，彼は教授という地位ばかりでなく，最愛の家族をも失うはめに陥り，大いに怒りを募らせるのである。

えていると思ったということです。)

　選択肢が二つの行為の間に立てられると、どうして誤謬が見て取りにくくなるのでしょうか。少なくとも一つの理由は、「道徳的に正しい決定」とか「正しい道徳的決定」という表現のもつ二つの異なった意味がとても混同されやすいからです。

　今〔いずれも正しくないxとyについて〕、xはyより悪いという形で解決可能なディレンマに直面していると仮定しましょう。その場合、xよりもむしろyをなすべしという決定は、その状況においては、正しい決定です。さらに（その決定が、xはyより悪いという道徳的な根拠に基づいてなされたものであると仮定するならば）、それは道徳的決定、すなわち道徳的になされた決定と言えます。したがって、そうである限りでそれは「道徳的に正しい決定」ないしは「正しい道徳的決定」と呼ばれるのであり、わたしたちもまた、それを今述べたような第一の意味で用いるのです。

　しかしさらに、道徳的に正しい行為、すなわちよい行為があると仮定しましょう。そのようなものとして、それは非難よりも賞賛に値する行為、行為者がそれをおこなうことに不満を感じるよりはむしろそれを誇りに思うことのできる行為です。つまり、そのような行為は、（「有徳な行為者は正しいことをなす」という自明の理を前提するならば）まっとうで有徳な行為者がそれをおこない、またそれをおこなえるような機会を捜し求めるような行為と言えます。さらに、行為者は、そのような行為を自らなすよう決定できたことをまずもって誇りに思えますし——なにしろ、そうした決定は、まっとうで有徳な行為者がするような決定であるわけですから——その上、その行為が実行に移せたかどうかにかかわらず、そうした決定が下せたことで賞賛されもします。たとえその決定がうまく実行に移せなかったとしても、（確かにそのこと自体は残念なことですが）それでもなお、彼らは「道徳的に正しい決定」「正しい道徳的決定」を下した、つまり彼らにとってよいことをした、と言われるのです。ここでは、これらの表現は先のとは異なった第二の意味で用いられています。

　以上の二つの意味の違いを明らかにするために、「道徳的に正しい決定が実行に移される時、つまり行為者が自らなそうと意図したことをう

まくおこなえる時，わたしたちは道徳的に正しい行為をなしている」と主張する場合を考察してみましょう。「道徳的に正しい決定」を第二の意味で用いるならば，確かにわたしたちはまったく自明にそう言うことができます。しかし，「道徳的に正しい決定」を第一の意味で用いるならば，わたしたちは決してそうは言えません。なぜならば，そう言うことは明らかに虚偽となるからです。結婚の約束を餌にして，二人の女性にそれぞれ自分の子どもを生むように仕向けた男がいるとして，確かにその男は〔一夫一婦制の場合〕一人の女性としか結婚はできませんが，だからといって解決不可能なディレンマに直面しているわけではありません。たとえばＢ子を棄てるよりもＡ子を棄てるほうが相対的により悪いことであるとすれば，彼は〔第一の意味で〕「道徳的に正しい決定」を下してＡ子と結婚すると想像できるでしょう。その際，Ｂ子との約束は当然破られ，彼女の子どもは非嫡出子となってしまいます。この時，彼は賞賛ではなく，非難を受けねばなりません。なぜなら，Ｂ子を棄てざるをえないような状況を作ってしまったのは，他ならぬ彼自身だからです。彼は自らを誇るどころか，恥と思うべきです。他方，行為者が，自ら過失を犯したわけでもないのに，二つの大きな悪事の間での道徳的ディレンマに直面し，何とかそれを解決せねばならない場合があるとしましょう。行為者は，どちらか少しでも悪くないほうを（仮定により正しく）選び決定するわけですが，それでもそれは依然として道徳的に正しい行為，すなわちよい行為とは言えません。つまり，それは「幸福に必須の状況」，ヒュームならば「内的な心の安らぎ，誠実さの自覚，自らの行為を顧みる際の心からの納得」[2]とうまく述べたであろう状況を行為者にもたらす行為ではないからです。それどころか，そのような行為は行為者に何らかの「割り切れなさ」を残すでしょうし，また残さずにはおれないはずです。

　したがって，わたしの主張はこうなります。応用倫理学における解決困難なケースに何とか解決を与えようとしている多くの哲学者たちは，その手の議論に明け暮れてはいますが，「割り切れなさ」について語ることを怠り，頻繁に（もちろん常にではありませんが）「道徳的に正

---

　2)（訳者注）D. Hume, *An Enquiry Concerning the Principles of Morals*, ed. T. L. Beauchamp, Oxford, 1998. pp. 155f.（『道徳原理の研究』渡部峻明訳，晢書房，1993年）

しい決定」について曖昧な言葉遣いをし，その結果，虚偽のディレンマに簡単に陥ってしまいます。判断がとても難しいケースでの「x をなすと決めるか，y をなすと決めるか，一体どちらが道徳的に正しい決定であるか？」という問いは，「道徳的に正しい行為（割り切れなさという留保なしに，行為者が後悔を感じる必要のないよい行為）は一体どちらか，x か y か？」というまったく異なる問いとよく混同されます。もし解決不可能なディレンマというものが存在しないならば，一番目の問いが虚偽のディレンマをもたらすことはありません。しかし，たとえそのようなケースのすべての道徳的ディレンマが解決できるものだとしても，二番目の問いは虚偽のディレンマをもたらすことになるでしょう。なぜなら，その問いに対する正しい答えは，おそらく「どちらでもない」となるはずだからです。

　こうした割り切れなさの見落としの傾向は，わたしが思うに，規範倫理学は「正しい行為の説明を与える」べきだというそもそもの要請，言い換えれば，規範倫理学は「行為指針的」であるべきだという要請によって，事実上，後押しされてきたからです。そこでわたしは，「行為‐中心的というよりは行為者‐中心的」であることによって，徳倫理学は何であれ行為の指針を与えようとはしていない，という広く流布した幻想を払拭するために，〔前章で〕ひとまずはこうした要請に譲歩し，徳倫理学はたくさんの規則すなわち徳‐規則を供給できるという論点を強調することから始めたのでした。しかし，わたしたちはここで，少しばかり後戻りして，徳倫理学は行為よりむしろ行為者に重きを置くという考えを再導入することによって，なにがしかの論点を見て取ることができるはずです。「功利主義と義務論が行為‐中心的である」ことは言うまでもありません。だからこそ，この二つの立場の主唱者たちが解決困難なケースのディレンマを考察する際，彼らはもっぱら「ここで正しい行為は一体どちらか，x か y か？」という問いに集中するのです。しかも，人は自ら決断して後悔を感じるわけではありませんし，後悔を感じることは求められた意味での行為でもないので，彼らは「割り切れなさ」のような余分なものを持ち込むことについては，きれいさっぱりそれを考えないことにしたわけです。対して，「有徳な行為者ならば，この状況で果たして何をなすだろうか」という問いに集中する徳倫理学の主唱者

の場合，行為者のあり方にまなざしを集中し，「何かをおこなう」ことによって生じる波紋までをも幅広くみつめたからこそ，（たとえば）「多くの躊躇と可能な限りの選択肢の熟慮，さらに深い後悔を感じ，補償のためにしかじかのことをおこなったその後であるならば，その場合に限り，なすべき行為は x である」と答えることができるようになるのです。

　わたしは，個人的には，医者の立場に対してむしろ同情的なのですが，傲慢で無神経な医者の引き起こす身の毛もよだつような話は，結構よく耳にします。人々がよく口にする不満は，それがどんなものであれ医者が下した決定に対してではなくて，医者がその決定をどう伝えるか，どう実行に移すか，その仕方に対してです。たとえば，この先，医療上の辛い決定をこれ以上患者に対して下さずに済むように，他にもっと何かできたのではないだろうか，そういう悔いの思いや気遣いを一切示さないような医者が，残念ながら少なくありません。道徳的に正しい（と自分では思っている）判断を下したわけですから，彼らは自分自身の行為を何一つ不満なく振り返ることができると思っているのでしょう。しかし，その結果として，亡くなったり病苦に苛まれたり，あるいは恐ろしい屈辱を被った患者がいたとすれば，たとえその決定の正しさが疑う余地のないものだとしても，その医者には後悔の念が求められて当然です。〔自らの正しさを頑として疑うことのない〕医者たちが徳倫理学に少しでも触れていたなら，自分は正しい決定を下したのだという思いにひたすら満足して終わる代わりに，むしろ患者に対して自分はどのように応答すべきなのか，ということにもっと集中できたのではないか，そう思わずにはいられません。

　わたしは，なにもけんか腰でこのようなことを主張しているのではありません。序章でも述べたように，わたしの目的は功利主義や義務論を貶めることではありません。わたしは以前，彼らが，「行為者に重きを置くよりも，むしろ行為中心的」であることによって，割り切れなさを伴った道徳的なディレンマを正当に評価できるだけの理論武装を怠っていると考えていました。しかし，その結果，これも序章で触れたことですが，徳倫理学の参入に対する彼らの刺激的で創造的な反応を予想することができませんでした。今や，新カント派には，（徳の働きとして）行

為者が感じ取るべきものに興味をもつ論者が見出されますし，功利主義者のうちには，ある性格特性すなわち徳を行為者のうちに涵養することの必要性に関心をもつ論者が現れてきました。こうした傾向が応用倫理学におけるディレンマの扱いにそのまま持ち込まれた暁には，その領域での議論はきっと好転することでしょう。そうなることをわたしは待ち望んでいます。いずれにせよ，徳倫理学によってもたらされた応答の可能性に一旦気づいた人なら，しかるべき時に後悔の必要性をすばやく感じ取り，さらには，その後悔の念をどう伝えるべきかをも考えることができるはずです。そのようにしてこそ，「なすべき正しい行為は何か」という問いに対し，たとえば「出来る限り速やかに謝罪ないし補償を伴った行為 x」，あるいは「関係者との長く，忍耐強く，しかも繊細な議論を重ねた上での行為 x」というきわめて豊かな答えが見出されうるのだと思います。義務論者や功利主義者は，その主張がいくら「行為-中心的」であるからといって，こうした問題と決して無縁でいられるわけではないのです。

「正しい行為」再論

　今まで述べたことを念頭に置いて，正しい行為に関する徳倫理学の「説明」をもう一度見直してみましょう。前章では，まず正しい行為が，「行為は，もし有徳な人が当該状況にあるならなすであろう，有徳な人柄にふさわしい行為である時，またその場合に限り，正しい」というように定義され，その上でさらに徳と悪徳に関する標準的なリストが仮定されていました。では，この説明は果たして行為の指針をもたらすものなのでしょうか，あるいは行為の評価をもたらすものなのでしょうか，それともその両方なのでしょうか。まずはこのように問うところから始めるとしましょう。行為の指針と評価を区別することの重要性は，第1章では表立ったものではありませんでしたが，ここではその区別にしっかり目を向ける必要があります。
　行為指針を求めている時，人は「（わたしが実際に直面している，あるいは近いうちに直面するであろうこの状況において）わたしは何をしたら

第 2 章　解決可能なディレンマ

いいのか？」と問うはずです。その時，規範倫理学はその答えを見出すために必要な手段をわたしに提供してくれなければいけません（ただし，わたしが解決不可能なディレンマに直面しているのでない場合に限りますが）。

　そうした問いに対する答えには，多様な文法的形態がありえます。何とかわたし一人で解決できることであれば，少なくとも以下のような仕方で結論を下すことが可能です。「わたしは x をしなければならない／すべきだ／するのが当然だ」，あるいは「x はなすべき正しいこと／おこなうべき正しい行為である／であるだろう」，さらには「わたしは x をするつもりだ」というように。また，わたしに忠告してくれる人はこう言うかもしれません。「あなたは x をしなければならない／すべきだ／するのが当然だ」，あるいは「x はなすべき正しいことである／であるだろう」，さらには「x をせよ」というように。しかし，応用倫理学の場合，著者が読者に，「もしあなたがしかじかの状況にいるならば，x をせよ」という形で命令を下すことはめったにありません。時には彼らも，「もしあなたが……にいるならば，……をせねばならない／すべきだ／するのが当然だ」[3] という言い方をしますが，人称代名詞が非人称（「…〔という状況〕にいる人は誰でも……せねばならない／すべきだ／するのが当然だ」）か，一人称ないし三人称である言い方のほうがずっと多いように思われます。彼らはまた，「x はなすべき正しいこと／正しい行為である／であるだろう」という言い方もよくします。

　このように文法的に多様な形態も，規範倫理学のうちに行為指針を探し求め，引き出そうとする文脈にそれを置き入れてみるならば，実はすべて同じことを告げ，同じ答えを示していると直ちに見て取ることができるでしょう。たとえば，自分の意図を表そうとしているのか（「わたしは x をするつもりだ」），それとも明らかに誰かから命令されているのか（「x をせよ」），あるいはまた，自分のことに関して自分で解決するのか，それとも人から命ぜられるのか，それとも自分に暗黙の命令を与えるのか（あるいは与えられるのか）（「わたし／おまえは x をせねばならない

---

[3]　これら三つの助動詞を精緻に区別する著者がいるという事実を，わたしは知らないわけではない。ただし，そうした区別はここでの文脈にはあまり関係ないと思うので，ここではそれを無視している。

／すべきだ／するのが当然だ」)，あるいはさらにある行為に関して，わたしなりの結論に至るのか，それとも何か見出すのか(「xは正しい／〔ある場合には〕正しいだろう)」，以上のような区別は一切問題となりません。なぜなら，行為の指針が求められている文脈から見れば，結局のところ，そこにおいて求められている指針が，実用的で，しかも適切なものでなければならないということは一目瞭然だからです。もちろんわたしは自ら意図を形成できるようになりたいと望んではいますが，たとえ命令を求める場合でも，行為の指針を与えてもらおうとしているのは，あくまで規範倫理学に対してなのです。わたしは，単なる個人的な好き嫌いとか法律，あるいは権謀術数のようなものから自分の行為の指針を得ようとはしてきませんでした。なぜなら，わたしは真に正しいと評価されうることをしたいからです。しかも，多くの場合，文法的に多様な答えの数々は，行為指針と肯定的な行為評価を同時にもたらすものとみなすことができます。かくして，xをなすと決めることは，道徳的に正しい決定であり，xは道徳的に正しい行為であるわけです。

　しかし，割り切れなさを伴ってのみ解決可能なディレンマの場合を見るならば，一体どうして行為指針と行為評価とがバラバラになってしまうのかがよくわかります。たとえば，以前，悪いことをしてしまったがゆえに，今，わたしは二つの悪事のいずれかを選択せねばならないディレンマの状況に立っていると仮定しましょう。過去の悪事を恥じて，わたしはなすべき行為の指針を規範倫理学から得ようとしてこう問います。「わたしは一体どうしたらいいのでしょうか？」と。さらにこのディレンマが，選択肢の一方xが他方yよりも悪であるがゆえに解決可能なものであるとすれば，その問いへの答えの多くは，依然として適切なものです。たとえば，わたしはyをするつもりだ，yをせよ，わたし／あなたはyをせねばならない／当然すべきだ，この状況にあるものは誰でも当然yをなすべきである，というように。しかし，「yは正しい行為である」と言えるかとなると，この場合，やはりそうは言えません。実際，yは正しくありません。なぜなら，yをすることが，たとえば，恐ろしい苦難を引き起こしたり，約束を破ることであったり，卑劣な行為をすることに繋がったりするからです。たとえそこで，「わたしは正しいことをしたいのだ」，そうすることによって過去の悪行を取り

消し，白紙の状態から新たに出発したいのだ，といくら弁明しても空しいだけです。もしそのような気持ちがあるのなら，もっと以前にそう思うべきだったのです。「わたし自身の行為を満ち足りた思いで顧みること」は，この例に登場する「わたし」の場合，ありません（あるいは少なくとも，まだありません）。ここでの「わたし」に振り分けられるべきは，良心の呵責と自責の念なのです。

　この場合，わたしたちは行為指針と行為評価とが区別されるものだと考えます。「～せよ」という命令表現や，「～すべき」「～せねばならない」などの助動詞文で明示されるのが行為指針ですが，それに対して「yは正しい行為である」というような文は行為を評価し，その行為が是認されたものであることを表します。しかし，そのような是認が正当な理由なしになされている場合もあります。その場合，「yは正しい行為である」という文は真ではありません。

　では，こうした論点を徳倫理学が説明すれば，どうなるでしょうか。ここで再び，徳など何一つ持ち合わせない例の男，すなわち，二人の女性それぞれに，必ず結婚するからと信じ込ませ，それぞれに彼の子どもを生ませるよう仕向けたあのひどい男を登場させることにしましょう。ただし，もしどちらか一人を棄てねばならないなら，B子よりもA子を棄てるほうがもっと悪いという前提で話を進めることにします。（たとえばA子が交通事故で亡くなったと誤って思い込み，その後で彼が新たにB子との関係に入った，というようなまったく悪気のない勘違いによってこうした三角関係が生じてしまうことも時にはあるでしょう。しかし，そのようなケースがここで問題にされていないことは，言うまでもありません。）さて，前提に従って彼がA子と結婚するならば，彼は「道徳的に正しい行為——すなわちよい行為」をおこなったことになるのでしょうか。徳倫理学はそのような説明を断固拒否します。A子と結婚する時，彼は，「もし有徳な人が当該状況にあるならなすであろうことを，その人柄にふさわしい仕方でなす」ことには決してなりません。なぜなら，有徳な人ならば，そもそも最初からそのような状況に陥りはしないからです。しかも興味深いことに，たとえ並はずれた幸運によって万事が可能な限りその男にとってうまく運んだとしても，徳倫理学の主張は相変わらず真なのです。たとえば，もし仮にB子が，以前なされた結婚の約束か

ら何の未練もなく彼を解放してくれ，しかも彼女の元の恋人との復縁が叶い結婚することになった上に，彼との間にできた子も，その恋人が自ら望んで引き取ってくれるとするならば，彼はＢ子との約束を破ることにもならなければ，彼女の子どもを非嫡出子にするわけでもなくなるのではないでしょうか。結果的に彼はＡ子と結婚することになるでしょうが，そこには何の問題もないわけですし，Ａ子と結婚することで彼は何一つ道徳規則を犯していないのではないでしょうか。――しかし，徳倫理学はそうはみなしません。なぜなら，彼は自分の幸運を喜ぶことはできても，正しいことをなしたと自らを誇ることはできない，というのが徳倫理学の言い分だからです。このような主張に対して，直観的に抵抗を感じる人がいるかもしれません。しかし，わたし自身はそこに徳倫理学の行為説明がもつ魅力的な特徴があるのだと思っています。

　また，徳–規則（特に悪徳–規則）が利用可能だと前提すれば，今の場合でもそうした規則によって行為指針がもたらされるはずです。たとえば，〔前提により，あくまでも相対的に〕Ａ子を棄てることのほうがＢ子を棄てるよりも，おそらくは冷酷非情な仕打ちとなるはずです。Ｂ子を棄てるよりもＡ子を棄てるほうが，おそらくもっと無責任なことになるでしょう。しかも，ひょっとしてこうした事情をＢ子がすべて知ったなら，何も知らないＡ子とは違い，そんな嫌な男と結婚したいなどという望みは一挙に消え失せるかもしれません。もしそうであれば，いまだにその男の言いなりで，しかもまだ彼への愛情が残っているＡ子よりもＢ子のほうに結婚を強いることは，明らかに愚劣なことですし，おまけに傲慢でもあります。もしＡ子と結婚することが〔行為評価としてではなしに，単に行為指針として〕道徳的に正しい決定とみなされるとすれば，それはあくまでもこのような意味においてなのです。

　したがって，正しい行為に関する徳倫理学の説明がもたらす行為指針とは，「ここでわたしがなすべきことについての道徳的に正しい決定は何か？」という問いへの答えに過ぎません。その一方でその説明は行為評価ももたらしますが，それは，「ここでわたしがなすべき道徳的に正しい行為は何か？」という問いへの答えになります。この二番目の問いに対する答えのうちの一つが，「そのようなものはない」というものだとすれば，それは普通わたしたちが期待する答えではありませんが，そ

れでも徳倫理学は行為指針と行為評価の両方を与えていると言えるわけです。今まで考察してきた場合をとってみても，有徳な行為者がその状況にかかわる限り，そこにおいて生じる解決可能なディレンマは，道徳的に正しい決定によって解決可能となるでしょうし，その上そこでな・されたこと，たとえば「数々の苦慮，深い後悔の念に苛まれ，補償のためのあれこれの措置が施された上で，なされた行為 x」は，道徳的に正しいと評価されることにもなるのです。しかし，有徳な行為者が決してかかわらないような類の解決可能なディレンマにあっては，道徳的に正しい決定によって同様に解決可能ではあっても，なされた行為が道徳的に正しいと評価されることは決してありません。（この点は次章において，本章とはかなり異なったケースに関連づけてさらに探求されることになります。）

規範相互の対立問題：解決可能なディレンマ

　解決不可能なディレンマが存在するか否かという問題がまだ残ってはいますが，ここでは再び「規範相互の対立問題」に戻ることにします。そもそも義務論は，解決可能なディレンマにおいて，徳倫理学にはできないような仕方でその問題を解決できるのでしょうか。
　解決可能なディレンマにかかわる際に義務論が採る戦略とは，ディレンマが生み出す二つの規則間の「対立」は，単に見かけ上の，一見した限りでのものに過ぎないと主張することです。しかし，徳倫理学の主唱者もまた同じ戦略を採ることができます。彼らによれば，ディレンマと推定されるものの多くは，義務論が言うところの規則間の対立からではなく，むしろ徳や悪徳に関する語彙を用いる際の不手際から生じた，単なる見かけ上のものに過ぎません。たとえば，(i) 親切さは，語るべき真実が人を傷つけるものであれば，それを語らないよう求めるでしょうか。時にはそういうこともあるでしょう。しかし，この場合に理解しておかねばならないことは，たとえそれが人を傷つけるものであったとしても，人々からこの種の真実を隠すことによって親切が施されるわけではないということです。（一例として，研究熱心で落ち着いた雰囲気の学生

に対して，彼の希望と夢には反するけれど，哲学を研究するために大学院に進むだけの能力が彼にはないと告げる場合が挙げられるでしょう。）あるいは，(ii) 問題となっている真実の本性や重要性によっては，感情を傷つけるかどうかということがそもそも問題とならない場合，つまり，たとえそれをはっきり言ったとしても不親切にも非情にもならない場合があります。（あと6か月の余命しかないというショッキングな真実を医者が患者に告げたからといって，その医者を不親切で非情だとは誰も思わないでしょう。もちろん，その告知が不親切で非情な仕方でなされるということはありうるとしても。）あるいは，(iii) 当人は生きたいと思ってはいるが，死ねばずっと楽になるであろう人を殺すことを，それがたとえ正義の徳と対立することであっても，慈悲の徳が要求するということがあるでしょうか。フットの言葉を借りて，もし，「それをなしていれば誰かのためになったであろう不正な行為をなさずにいたからといって，その人が慈悲の徳を欠くわけではない」[4]のであれば，その答えは「否」です。ただし，ここでは，こうした判断が当該の徳同士の重要性を比較するようなものにはならないという点に注意が必要です。たとえば，正直の徳が親切の徳より重要であるとも，正義が慈悲に勝るとも，そのようなことはここでは一切述べられていません。（この点については，後でもっと触れられるでしょう）。

　徳倫理学が利用できる戦略をそれとして認知できるようにするために三通りの見解を示しておきましたが，読者は必ずしもこれらに同意する必要はありません。それは，義務論者が与える以下のような個々の主張に同意する必要がないのとまったく同様です。すなわち義務論者にとって，規則間の対立から生じたと推定されるディレンマが解決可能だと言えるのは，たとえば，ある規則が他の規則よりも重要であり優先されるべきだからか，あるいは，ある規則には何らかの例外条項が組み込まれているからなのか，それとも，それがある特定の仕方で適切に解釈できる規則であるからなのか[5]，いずれにせよ，そういった場合です。その

---

[4] P. Foot, 'Euthanasia' (1977; repr. 1978), p. 60.

[5] J. J. トムソンの堕胎に関する著名な論文「堕胎の擁護」(J. J. Thomson, 'A Defense of Abortion', 1971) は，この種の解決策を示す好例である。それによれば，胎児がもつ（と推定される）生きる権利と，母親がもつ，自分の身体に発生する限りのことは自ら決定できる

第2章　解決可能なディレンマ

際，留意すべきは，個々の道徳哲学者が道徳的ディレンマと推定されるものを実際に解決できたかどうかという問題と，彼らが信奉する規範倫理学がそのディレンマを解決するための手段を持ち合わせているかどうかという問題とは，まったく別だという点です。ここでのわたしたちの関心は，もちろん後者にあります。

　上述のように，実際，義務論者と徳倫理学者の戦略が互いによく似たものであるなら，この段階で両者が同じ反論に晒されていたとしても，さほど意外なことではありません。たとえばこうです。両者のディレンマ解決策は，結局のところ，「直観」（あるいは「洞察」，「知覚」，「判断力の行使」）というような，何となくわかった気にさせられるが，その実，それだけではまだ何も明確にはなっていない観念に寄りかかったものに過ぎないのではないか。仮に直観に頼らないとしても，ではどうして，この規則よりあの規則のほうが重要だとか，この規則には例外があるということがわかるのか。一体どうして，人を傷つけるような類の真実を隠すことが，相手に親切にしてあげることとは限らないということになるのか。この場合，直観によらずに，なお彼らなりの仕方でディレンマ解決が可能だと言えるためには，しかるべき「判断力の行使」が必要だということにでもなるのでしょう。しかし，義務論も徳倫理学も，困難な事例に立ち向かう時にはいつも，「判断力の行使」といういわくありげな概念に行き着くしかないのであれば，結局のところ，適切な行為指針を与えられそうに見えるのが，唯一，功利主義だけということになっても不思議ではありません。

　こうした反論に対し，少なくとも義務論者側の一つの応答としては，「直観」や「判断力の行使」といった概念への依拠を否定する場合が挙げられます。この応答は，前章の最後で述べられた「強いコード化可能テーゼ」に今なお同意を示す義務論者のものです。彼らは以下の二点を前提しています。

という権利の間にある対立は，生きる権利のもつ意味がある特定の仕方で，たとえば不正な仕方で殺されることのない権利，という仕方で解釈されることによって，少なくとも部分的には解決される。この戦略自体は申し分ないものであるが，トムソンの解決案には，多くの論者が異議を申し立てている。

(a) 1次規則間のいかなる対立であれ，2次規則ないし原理がそれを解決できるように完全にコード化され，かつ整合的な一組の規則体系を彼らは所有している（あるいは，しかるべき時に定式化できる）。ここで2次規則とは，「母親の膝元で聞き覚えたような」，単純にして基本的な1次規則に比べ，はるかに精密に構成されたものであり，しかも必要な多くの例外条項までもが組み込まれたものと想定されている。規則体系がこのようなものである限り，あらゆる状況下での行為指針の要請に応じることができるであろう。
(b) この規則体系は，規則相互の対立を解決するために直観や洞察に依拠することがない。

　O・オニールの適切な表現を借りれば，このような規則体系は，「単に特定の状況のためではなく，人生そのもののためのアルゴリズムである」[6]。かくして，少なくとも理論上は，義務論は規範相互の対立問題を，徳倫理学のなしえないような仕方で，つまり「直観」や「判断力の行使」という内実の明らかでない観念に依拠することなしに，解決することができる，ということになるわけです。
　この種の義務論者には，適正な規範倫理学はかくあるべしという特定の構図があるように思われます。この構図によれば，適正な規範倫理学，すなわち適正な仕方で行為指針を付与しうる規範倫理学とは，道徳的実践知に頼ることなく，規範相互の対立ないし道徳的ディレンマを解決するために利用可能な決定手順を差し出しうるものでなければなりません。こうした構図は，当該の規範倫理学が適正であるか否かを判定するために，少なくとも表面的には行為功利主義がその導出に成功したかに見えるある種の検証手続きに，潜在的にではあれ，依拠しています。実際，上記の構図が提示していたのは，そのような決定手順に他なりません。しかし，いくつかの理由によって，必ずしもすべての義務論者が，その都度の判断力の行使を必要としない「人生のためのアルゴリズム」を，行為指針の適正さを確実に検証できる手続きとして認めている

---

6) O. O'Neill, 'Abstraction, Idealization and Ideology in Ethics'.

第 2 章　解決可能なディレンマ　　　　　　　　　　　　　　83

わけではありません。たとえば，カント倫理学を「適正なもの」とみなす論者たちがそのような検証手続きを拒否するのももっともです。なぜなら，オニールが述べているように，カント自身が，あらゆる規則の適用は，それ自身，〔適用のための〕さらなる規則の補完を必要とするがゆえに，わたしたちには判断のための完結したアルゴリズムはありえない，と主張しているからです[7]。もっと一般的に言えば，多くの義務論者はこう主張するに違いありません。個々特定の状況がもつ「道徳的に顕著な」特徴が何かを認識し，他方で，競合する様々な道徳的考慮を的確に比較した上で，それらの間にしかるべき均衡をもたらすためには，単に判断力の行使のみならず，「道徳的な感性，道徳的な知覚，そして道徳的な想像力」[8]といった諸能力，一言でいえば道徳的実践知（フロネーシス）の行使までもが必要になる，と。

　かくして，何が適正な行為指針であるかをめぐっては，少なからぬ意見の相違が見出されたわけです。すなわち，功利主義者であれば，規範倫理学はそれが決定手順をもたらしえない限りは不適正である，という意見に依然として傾くように思われます。それに対し，義務論者の意見は上述のように真っ二つに分かれるでしょう。徳倫理学はと言えば，義務論の一方の立場と同様に，その都度の判断に依拠することのない「人生のためのアルゴリズム」というようなものを導出する必要性すら認めていません。こうした意見の支持者のうち，アリストテレスの教説に強い共感を示す論者は，規則によって定義可能な倫理学ではなく，必要に応じ，その都度の状況「知覚」から引き出された行為選択に基礎を置く彼の倫理学を賛同の意をこめて引用するのが常です。しかし，アリストテレスがそう主張しているという事実のほかに，果たしてわたしたちがそう考えるだけの理由がなにかあると言えるでしょうか。

　そのような問いに対して，一部の義務論者が示す以下のような理由を持ち出すことはできます。それはすなわち，解決困難な事例に現実的な対応を迫られる時，わたしたちにはっきりわかることと言えば，規則というものが，どう見てもその都度の決定を十分に基礎づけうるものとは思われない，というものです。たとえば，この規則は，この事例に当て

---
[7]　同上。
[8]　S. Scheffler, *Human Morality* (1992), p. 43.

はまるのかどうか，あるいはこの事例にも適用できるよう正しく拡張されうるものなのかどうか。さらに，もしこの規則が適用できるとすれば，その適用の妥当性は，当然，それが別の規則より優先されるべきだと規定しているより高次の規則に拠ることになるわけだが，ではその高次の規則自体，そこで適正に適用されていると言えるのかどうか。──結局のところ，このような問いの連鎖は，それに対する一連の答えが次のように言うことによってしか「正当化」されないような問いなのです。「もちろん，適用できるに決まってるさ。──そんなこともわからないのかい？」

これは，非-功利主義者によって提示された功利主義に対する標準的論駁の一例とみなされうるでしょう。ここで標準的論駁とは，功利主義が，わたしたちの道徳的経験の仕組みを実際よりもはるかに単純なものとして見せかけることによって，それについて誤った理解を与えてしまうというものです。上述の異論の場合，論駁の矛先は，功利主義がその都度の判断に依拠することのない決定手順を（ほぼ遺漏なく）作り上げたという事実に向けられています。功利主義者は，彼らの単純明快な規則が個々の事例に適用されるかどうかを疑うこともなければ，その規則の拡張やより高次の規則を問題にする必要もなかったわけですから，倫理的な決定が「その都度の状況知覚に依拠する」ことはほとんどないと主張するのも至極当然なわけです。しかし，実際にそう主張することによって，彼らはわたしたちの道徳的な経験について誤った心象をもってしまい，ごく一般に見かける日常的場面をすら捉え損なってしまうのです。たとえば，わたしたちはごく当たり前に次のように言うことがよくあります。「ここでは，この（功利主義的な規則とは別の）規則ないし考慮のほうがピッタリ当てはまるみたいね。苦痛の最小化に関する規則にしても，確かに時には他の規則より優先されることがあるとはいえ，この場面では必ずしも絶対そうだとは言い切れないわけだし……。言っていること，わかるでしょ？」

ところで，非-功利主義者の目から見ると，功利主義は解決困難な事例に誤った解決を与えてしまうことがたびたびあるようにみえます。上述の論駁と，それよりもずっと一般的なこの論難とを区別するのは，難しいことかもしれません。しかし，不可能なことではありません。一例

として，どの行為が正しいか，という問いに対する功利主義の応答，たとえば，わたしたちは痛い目にあわずに済むこの行為をなさねばならない，〔だからそれが正しい行為だ〕という判断に，義務論者と徳倫理学者が同意する場合を考えてみましょう。彼らは，結論に同意しているにもかかわらず，なお次のような理由で功利主義に反対します。結果的にこの解決に至るということと，行為功利主義の明快な決定手順によってそれが解決として導出されたという単純な話とは同じではありません。たとえば，ある約束を守ることによって引き起こされる一切の苦痛を回避するために，その約束を破らねばならなかったということは，確かに考慮されるべきことの一つではあります。しかし，これが破ってもかまわないような約束であるのかどうか，またその約束を破ることによって発生したよい結果が，約束破りの正当化にとって十分な事由であるのかどうか，等々を決定するためには，判断力の行使が必要不可欠です。したがって，この反論による限り，そのような事柄に関するわたしたちの熟慮を，功利主義的な算定規則の単純な適用と同一視するのは，明らかに誤りです。

「コード化可能性」再論

　規範倫理学は決定手順を示すべきだと考える論者の観点から見れば，徳倫理学はコード化可能性を拒否し，それによって不適正な行為指針をもたらすものと言えましょう。しかし，別の論者，すなわち，規範倫理学はそのような決定手順の案出をやみくもに目指すべきではなく，むしろ，道徳的実践知の必要性，とりわけ解決困難な（ただし，以前に立てられた仮定により，あくまで解決可能な）事例におけるその必要性を認識すべきだという徳倫理学の主張に賛同する論者であれば，そうした徳倫理学批判に彼ら自身がコミットするとは考えられません。しかし，前章の終わりで言及されたように，コード化可能性に関する徳倫理学批判は執拗かつ根強いものです。実際，反-徳倫理学の陣営にあっては，規則や一般原理に関して——そしてコード化の点でも——，「これ以上はとても許容するわけにはいかない」と徳倫理学がみなす解釈上の限界線

を，ほんのわずかながら踏み越えるよう求める声が彼らの間でいまだになお後を絶たないものと懸念されます。

　徳倫理学批判が執拗に繰り返す論点は，徳倫理学は残念ながら諸徳の優先順位を示すことができずにいる，というものです。その論旨はおおよそこういうものです。問題の解決に当たって，単に徳に訴えるだけでは十分ではありません。諸徳とそれに応じた徳-規則は，たとえば，正直は親切の徳より優先される，というような諸徳間の優劣を規定する規則ないし原理によって補完されねばなりません。このような規則がない限り，徳倫理学がもたらす行為指針は適正なものとは言えません。解決困難な（ただし解決不能ではない）事例を解決するためには，諸徳や徳-規則の他に〔優先規則ではなく〕道徳的実践知が必要だと主張する徳倫理学側の譲歩案に見出される曖昧さを，確かにこの批判はあばき出しているように思われます。

　わたしが最初に「強いコード化可能テーゼ」の概要を述べた時，それを以下のようにまとめました。すなわち，(a) 規則は決定手順を備えていなければならない，(b) 規則は，有徳な人ばかりではなく，徳をもたない人によっても適用されうる，言い換えれば，道徳的実践知に依拠することなしにも適用可能でなければならない，と。さて，ここでもし道徳的実践知の必要性を認める一方で，徳倫理学が諸徳の優先順位を明示することの必要性をも強調する論者がいるとすれば，彼らはもっぱら (b) だけを拒否することになるはずです。言い換えれば，いかなる場面であれ，一体何をなせばそれが正しい行為になるのかを定めた規則体系を依然として熱心に求める一方で，そのような規則体系が正しく有効に適用されうるのは，ある程度の道徳的実践知を備えた者によってだけ，つまり規則体系が徳の有無にかかわらず誰にでも機械的に適用されるということなどありはしない，と主張するのが彼らの立場なのです。

　このような立場を明確に打ち出してきた論者がいたのかどうか，わたしにはわかりません。また，徳倫理学が諸徳の優先順位を明示せずにきたことへの不満があるのは確かとしても，その不満の背後に単なる不満以上の明確な意図があるのかどうか，それもよくわかりません。しかし，もしこれが徳倫理学への批判として提示されたのであれば，それは次のような考え，すなわち，諸徳の優先順位を明示しえない徳倫理学

は，それをよりよくなしうると想定される他の規範倫理学に比して明らかに劣っているという批判的意図からもたらされたに違いありません。しかし，慈悲（あるいは慈愛）や正直というような徳と，「他人を助けよ，彼らを傷つけてはならない」や「嘘をつくな」というような規則の間に，もし第1章で触れたような密接な繋がりがあるとすれば，このような〔徳であれ規則であれ〕二つの規範間の（多分，とても微妙な）優劣を明言的に順序づけてくれる規則体系，ないしは，関連するすべての状況においてそれら諸徳ないし諸規則を比較考量し序列立てるための，(ただし賢明な者のみがそれを理解し適用できる）何らかのアルゴリズムを与えてくれる規則体系，そのいずれか以外の規則体系を想定することは不可能でしょう。

　わたしはと言えば，マクダウェルに従って，(b) ばかりでなく (a) をも拒否したいと思っているのは確かです。今，問題にしている論者の主張，すなわち，諸徳ないし義務論による諸規則の優先順位を定めるか，あるいはそれらの序列立てのためのアルゴリズムを把握することができるのは，ただ理想的な意味での道徳的知者のみである，という考えは，生活現場において，解決困難な問題に何らかの現実的な解決を与えるために取り交わされてきた洞察の数々を，あまりに軽んじているようにわたしには思われます。そうした生活現場での難問解決のプロセスを見てみると，様々な事例が実に多方面から思案・検討されていることに気づかされます。時には，解決のための一つの思案が他のいずれにも勝って重要視されたかと思えば，他の場面では，それは早々に切り捨てられ，かと思えば，別の場面では，問題解決に向けてそれが他の思案としかるべく結び合わされたために，そもそも，その思案単独での重要度を詮索する必要そのものがなくなることさえあります。もちろん，その思案自体は依然として重要なのですが，それにもかかわらず他の思案との結合案のほうが，その状況においてはより重要である，ということだってありうるのです。いずれにせよ，生活現場ではそのようにして事が運ぶわけです。だからこそ，諸徳を序列づけるためになされたいかなるコード化も，諸規則を序列づけるためのあらゆるコード化と同様，その序列自体を変更したいとわたしたちが思うような事態に，いずれ必ず直面せざるをえないのです。

以上が，わたしや他のコード化反対論者の主張ですが，ここではこの議論にこれ以上かかずらうことはやめにします。少なくとも，徳倫理学は諸徳の優先順位を示していないと批判される時，実際にそこで何が問題とされていたのか，その点をこれまでの叙述によって明らかにできたとすれば，それだけで十分意味のあることと言えるでしょう。しかし，規範倫理学が何らかの決定手順から成るという論調は，それがたとえ，徳と知恵を十全に備えた行為者によって理想的な条件のもとでのみ使用されるという留保付きの場合に限ってさえ，なかなか容易に消え去りはしません。もちろん，わたしとて，そうした論調を完全に消し去ることができると思っているわけではありません。

　しかしながら，（理想的で道徳的なきめ細かさも備えた）決定手順の設定要請を拒否することが，ただちに倫理学における真なる一般化ないし一般原理の不在宣告を意味するわけではありませんし，少なくともわたしには，そうしたことが自明の理であるとも思われません。このような〔倫理学における一般化を拒否する〕見解は，通常，『徳と理性』の著者マクダウェルに帰されてきましたが[9]，わたしはそのマクダウェル解釈もまた正しいとは思っていません。自らの後ろ盾としてアリストテレスを引きながら，マクダウェルはこう述べています。「いかに行為すべきかに関する最善の一般則は，た・い・て・い・の・場・合・に・当てはまれば，それで十分である」[10]と。ここで，彼の言う「最善の一般則」なるものが，何か徳-規則のようなものを意味している，というのがわたしのかねてよりのマクダウェル解釈です。つまり，それは，か・な・り・一・般・的・に・適用されうる規則ないし原理であって，具体性と柔軟性とをもっともよく兼ね備えてはいますが，それにもかかわらず，考えうるすべての場面に適用可能というわけでもありません。わたしは彼が，たとえば，「快・楽・の・た・め・に・子・ど・も・に・性・的・虐・待・を・し・て・は・い・け・な・い・」という規則が「た・い・て・い・の・場・合・に・当てはまれば，それで十分」と言っているなどとは決して思っていませ

---

9) たとえば，クリスプとスロートは彼らの共編著『徳倫理学』の序においてそうみなしている（R. Crisp and M. Slote, eds., *Virtue Ethics*, 1977, p. 14）。

　（訳者注）クリスプとスロートは上掲箇所において，「マクダウェルは，倫理学において真の一般化などないというのがアリストテレスの（そして彼自身の）考えだと解釈している。」というマクダウェル解釈を，ハーストハウスの立場と対比する形で提示している。

10) J. McDowell, 'Virtue and Reason', p. 337.〔ただし，傍点は訳者による。〕

ん。実際，例外を認めない規則つまり「絶対的な」規則は，それがいかなるものであれ決して存在しえない，という主張の権威づけのためにアリストテレスを引くことはできません。なぜなら，アリストテレス自身はきっぱりと次のように語っているからです。すなわち，ある種の行為は，それ自体が「劣悪を直接に含意する名称をもっている」のであり，その例として，「姦通」（と一般に翻訳される行為），窃盗，殺人が挙げられています[11]。次章において見るように，徳倫理学を，あらゆる種類の絶対主義を断固否定するものとあらかじめ決めてかかると，なにか奇妙な結果に陥りかねません。つまり，ここでコード化の否定と言われているのは，それがいかなるものであれ，一切の絶対的禁止命令に対する全面的な拒否を意味しているわけではない，ということです。むしろそれは次のような認識，すなわち，絶対的な禁止命令は，それだけがどのようにコード化されようと，一般的な行為指針としてはあまり貢献するところがないし，確かに，それに従ってよく生き，よく振舞うことができるような規範ともなりえない，という認識を含意しているのです。

さて，不十分なコード化に対して執拗に繰り返される徳倫理学批判の二つ目のパターンは，徳-規則が十分に具体的であるとは言えない，という主張です。もしお望みなら，徳-規則は（何であれ）適切な義務論規則によって補完される（置き換えられる，あるいは分析された上で取り込まれる？）必要がある，と言い換えてもよいでしょう。

これに対し，「正しいことをなせ，不正なことはなすな」という一対の徳-規則に関してだけ言えば，少なくともこの批判の最初の部分に同意することに，わたし自身，やぶさかではありません。つまり，その一対の徳-規則は「十分に具体的であるとは言えぬ」ものであり，序章でも認めていたように，徳倫理学による正しさ〔正義〕の説明がいまだなされぬままにここに至った徳-規則である，という点にはわたしも同意を惜しみません。しかし，ここでわたしが主張したいのは，この点で，正義にかかわるこの一対の徳-規則と他の一切の徳-規則とは，著しく対照的であるということです。たとえば，全面的に正直であると認められた人に期待されるであろう特徴の一覧を，序章において（本書18-19頁）

---

11) Aristotle, *Nicomachean Ethics*, 1107a10-11.

長々と列挙したことを思い起こしてください。それはなにも、そうした一覧作りは素人の手には負えないとか、特に優れた洞察力を必要とするとかいうような印象を読者に与えようと思ってしたことなのではありません。むしろそれは、正直であるために必要と思われる事柄をそれなりに筋道立てて把握できている人ならば、誰でも容易に思いつくようなことをただ列挙したに過ぎないのです。しかし、正直という徳にかかわる特徴をもっと列挙しようと思えば、そのリストはいくらでも長くなるでしょうし、その結果、もっとずっと具体的で、詳細をきわめたものになるはずです。

　もちろん、そのように具体化された規則のいくつかは、徳-規則以外の他の規則のうちにも見出すことができます。たとえば、正直に関して、義務論的に「嘘をつくな、人を欺くな」と言うことはできます。しかし、それだけでは、不正直で悪賢い人たちがするような巧妙な手口で、「真実を出し惜しみする」ことが依然として許されかねません。それだけでは、ハードルが低すぎます。では、「真実を出し惜しみするな、いつでも真実を語れ」という命令を付け加えたらどうでしょうか。しかし、今度は、正直を特定するには行き過ぎであって、むしろそれは、ぶしつけな率直さ、無邪気さ、天真爛漫さを特定する基準となってしまいます。無邪気さや天真爛漫さは、若いうちは確かにそれなりに魅力的ですが、十分に分別をもった大人としては、それはただの鈍感、無思慮、つまりはあからさまな愚かさを意味しているに過ぎません。無論、正直の徳がそのようなことを含意するはずなどありません。（実際、率直に遠慮なく本音を語る人が、「わたしがこれから言うことをあまり気にしないでほしいんだけど、実は……」と切り出し始めることを、人々がどれほど恐れているかを見れば、それが単なる愚かさに対する態度でないことは一目瞭然でしょう。）では、「真実の出し惜しみは控えろ、必ずしも常にではなく、しかるべき時に真実を語れ」と言うべきでしょうか。しかし、「しかるべき時」とは一体いつのことでしょうか。語るべき時と慎重に沈黙を守るべき時、真実を包み隠さず話すべき時と、そのごく一部しか話すべきではない時、そういった時宜にかなった臨機応変の対応を手にするには、結局のところ、「正直な人がそうするであろう時に」と言うしかないのです。

同様に，もしその気になれば，わたしたちの誰もが，不正直な人がもつと予想される諸特徴の一覧を考え出すことができるでしょう。同じことは，慈悲，寛容，忠誠心，友愛，節制，勇気，親切，誠実，自尊心……といった諸徳，およびそれらに対応する諸々の悪徳についても言えます。自らの奉じる諸原理を詳細に述べようとすると，どうしても徳倫理学の語彙を用いざるをえないということに，ビーチャムとチルドレスもきっと思い至ったはずです。確かに，徳-規則の詳細な記述が，「他人に善をなせ」とか「害をなすな」といった義務論規則に比べて，はるかに具体的であることについては，もはや贅言を要しはしないはずです。

道徳的実践知

何をなすべきかという問いに直面した際，判断力を行使することなしに（実際に判断力を働かせるためには，想像力の働きをも目一杯引き出す必要がありますが），単に何らかの決定手順をたどり始めることによってのみ正しい道徳的な決定に至れるものなのかどうか，そのことを考え出すと，わたしたちはアリストテレスのもう一つの（まだその威力が十分に認められているとは言い難い）洞察に行き当たります。それによれば，数学的な知識と異なり，道徳的な知識は，単に講義を受けただけでは獲得されることができず，また多くの実生活上の経験を十分に積んではいない若者のうちには，その者の性格に根付いた仕方でまだ備わることのないものということになります[12]。わたしたちは，道徳的ないし実践的な知恵（つまりは，人が何をなすべきかにかかわる知識）が，簡単に手にできるものだとも，若者が習得してもおかしくないものだとも考えてはいません。たとえ，その若者が数学や科学，あるいは株式市場分析の天才であり，その上，規範倫理学の講義をずっと受講し続けていたとしても，その考えに変わりはありません[13]。

---

12) 同上，1142a12-16.
13) この箇所を始めて読んだ時から，わたしはこれがアリストテレスのもっとも意味深い洞察の一つであるという印象をもった。（もちろん，ここで言われていることは，常に必ずそうだ，というのではなく，「たいていの場合に」そうだというに過ぎない。なぜなら，年長

解決可能なディレンマに関する限り，徳倫理学は，上述のように義務論陣営の一部とほぼ同様の戦略を用いてきました。それはすなわち，規範間に想定された「対立」は，実は単なる見かけ上のものに過ぎないのですが，にもかかわらず，その解決はその都度の判断力の行使なしにはありえない，というものです。徳倫理学の側から言えば，「しかじかの状況において，わたしは何をなすべきか」という問いに対し，解決をもたらす解答が現にあるにもかかわらず，時によって行為者がその解答を知りえない場合があるのはなぜか，その理由を即座に説明できるのが，この戦略の利点です。この場合，その理由とは，当該の状況下でなされるべきことについての道徳的な知識がその行為者には欠けていた，という至極もっともなものではありますが，では，一体どうして彼にはその知識が欠けているのか，またそれはどのような仕方でなのか？ 徳倫理学の戦略によれば，その知識の欠落は，たとえば，親切な，あるいは不親切な行為，正直な，正しい，あるいは慈悲心を欠いた行為，そうした行為に含まれている多くの要件，もっと一般的に言えば，徳（および悪

者の堕落した「現実主義」を是正するために，若者たちの「理想主義」がものの見事に役立つこともあるからである。たとえば，年長者は，なにかというと「物事っていうのはね，君が考えているより，ずっと複雑なんだよ。だから，君も，妥協することの必要性を学ばなければいけないね」という台詞を口にする。それに対して若者が，適切にもこう答えることがあるかもしれない。「いいえ，この場合，事はとても単純です。わたしたちが目指さなければならないのは，～です。だとすれば，そこから推して，わたしたちが今どこへ向かうべきかも自ずと明らかなはずです」と。)
　それが，義務論者にとっても容易に理解できる洞察であることについては，既に言及しておいた。では，功利主義者の場合はどうか。あくまで虚心に見積もっても，功利主義者がそのような考え，すなわち，たとえどんなに功利主義の理路に通じていようと，若者は道徳的な知識を欠きがちである，という主張を，義務論者と同じように，たやすく理解できるのだろうか。そのことを考え続けた結果，驚いたことに，わたしのたどり着いた結論は，「彼らも理解できる」というものだった。功利主義者が幸福ないし福利という豊かで客観的な概念を追求する限り，そのような概念を適正に把握できる若者はほとんどいない，という考えを彼らは徳倫理学者と共有できるのである。もっと具体的に言えば，多くの場合，若者は，理想に関するよりも，物事の結果に関して，はるかにずっと愚かであるという事実を指摘できる。次のように自信たっぷりに叫ぶ，無邪気な若い楽観主義者を想像してほしい。「俺は麻薬をやっても，それに溺れたりなんかしない」，「わたしたちの関係はとっても真面目なものだけど，お互いがこっそり他の人とセックスしても全然気にしないの」，「わたしたちは皆，同じ理想に身をささげているのだから，共に立ち上がれば，いかなる困難にも立ち向かえるだろう」，「僕には親の愛も承認も必要ない。だから，何のこだわりもなく，親と縁を切ることだってできるんだ」。そうやって，いずれ，自らの蒔いた種の結果を刈り取る日がやってくるのだ。

徳）を表す語をその都度の状況に正しく適用する仕方を適正に理解することができなかったが故に生じたものなのです。

　ここに至って，わたしたちは，その適用が難しすぎるとしばしば批判されてきた徳-規則を擁護するために，興味深い議論が展開されるのを目にすることができます。前章において，わたしは，「濃い」概念を用いているがゆえに，徳-規則は難しすぎて子どもたちに教えることができないという考えを否定しました。しかし，だからと言って，それを正しく適用することの困難までをも否定するつもりは毛頭ありませんでした。実際，その難しさは如何ともしがたいものです。いずれにせよ，もしわたしたちが，適正な規範倫理学は，何がなされるべきであり，何がなされるべきでないかについて，ある程度賢明な青年であれば，当人が望む限り，誰であれ従うことのできる明瞭な指針を示すべきだと考えたのであれば，まさにこの点に徳-規則に固有の弱点があると思ったとしても仕方がなかったのかもしれません。しかし，ディレンマについて議論を重ねた上に，解決困難な局面において人がなすべきことにかかわる知識が，若者たちには決して手の届かぬものであること，しかも，彼らがたとえどんなに賢明で，書物から得た徳倫理学の知識でどれほど立派に理論武装していようともその点に変わりはないことを認識し終えた今，徳-規則適用の難しさはもはや弱点とみなされるべきではありません。それどころか，むしろ反対に，それは格別に望ましい特徴であるとさえ言えるかもしれません。もし，正しい行為を規定する規則が，徳-規則のように，正しく適用することがとても難しいものであるならば，しかもその規則が，たとえば，「それを隠蔽すれば，人に親切を施したことにはならないような類の事柄」や「傷ついた感情の問題を示談に持ち込めるような類の事柄」というように含みのある表現を組み込んでいるとすれば，若者が，一体なぜ，しばしば自らのなすべきことについて（たとえ彼ら自身が知っていると思っていても，実際のところは）何も知らずにいるのかという，その理由はすぐにわかるはずです。実際，若者というものは，たとえどんなに利発であったとしても，そのような含みのある表現をあまりよく理解してはいないものだからです。それにもかかわらず，わたしができることはといえば，あくまで読者の理解力に訴えるようにして，「……のような類の事実」とか「その種の事柄」という

言い方をし続けることでしかありません。なぜなら，「その類の」という含みのある表現がその都度何を意味しているのか，それをもしわたしがもっと明確に規定できていれば，今度こそ，頭のよい学生は教科書だけから道徳的実践知を学ぶことができるはずですが，そんなことは実際にはありえないからです。
　確かに，わたしたちのすべてではないものの，そのほとんどは，そうした「……のような類の事実」という表現に込められた「含み」を完全には摑み取れていないのではないでしょうか。だからこそ，わたしたちは，ディレンマに突き当たったならば，その都度，アドヴァイスを求めるべきであるし，仮に自分なりの解決を見出すなり，それを実際になすなりした後でさえ，賢者として尊敬を集める人々がそれに異議を唱えるのであれば，依然としてその問題に気を留めておくべきなのです。あるいは，そのような人々がしかるべき判断をくだすのであれば，少なくとも一時的にではあれ，それにひたすら聴き従い，特定の領域での彼ら固有のものの考え方自体を身につけるよう努めるべきなのです。
　わたしとしては，ことさらに事を荒立てるつもりはありませんが，ここに至っては，義務論側の諸規則に対していささか攻撃的な表現をとらざるをえません。つまり，わたしがここで敢えて擁護しようと思う主張とは，「実際問題として，徳倫理学の唱える徳ー規則以上に，簡潔明瞭で，しかも容易に正しく適用できる規則は，たとえあったとしても，きわめてわずかでしかない」というかなり強い調子のものなのです。ただし，いくつもの例を挙げることによってその擁護に取りかかろうとしているわけではありません。そんなことを始めだしたら，いくら例を挙げても切りがないからです。だから，その代わりに，ここでは二つのことに触れておきたいと思います。一つは，前にも述べたことですが，成熟した義務論者にとって，他人を害すること，他人の幸福に寄与すること，自律を尊重すること，……等々が，実際にどのような要件から成り立っているのか，その要件を一つ一つ真剣に考慮すべきであるということには疑問の余地がない，という点です。当初，この論点は，義務論規則に含まれる「評価語」に関連して示されましたが，ここでは，判断力の行使が必要な文脈にからめて，この点を強調したいと思います。実際，青年期の子どもたちとの対応で苦労したことのある人なら誰でも

知っていることですが，絶えず留意されねばならないのは，子どもなりに判断力が必要となる場面で彼らが何をどこまで理解できているか，またその理解をよりよいものにするにはどうすればよいか，ということなのです。

　第二の論点は，一見すると単純な「母の膝元で習得する」規則にかかわります。扱う事例が単純明瞭で何一つ問題のないものであれば，「約束を守れ」「嘘をつくな」「本当のことを言え」といった規則の適用も，単純明瞭で問題がないわけです。しかし，扱う事例が「解決困難な」ものになるや否や，そのような単純な規則の理解や適用でさえ，困難で繊細な問題と化してしまいます。ここでもまた，その都度判断力を働かせ，「破ってもよいような類の約束，守る必要のないような類の約束，さらには，守るべきではないような類の約束，そもそも交わされるべきではなかったような類の約束」といった事柄を的確に把握することが不可欠な要件となるのです。

　以上より，暫定的にではありますが，次のように結論づけることができるでしょう。

(i) 今まで述べられてきた論拠により，徳倫理学においては，適正な規範倫理学が必要とするだけの規範のコード化〔つまり規則化〕が確かに見出される。
(ii) 「規範相互の対立問題」は，解決可能なディレンマに関する限りでは，とりたてて問題とはならない。

では，解決不可能なディレンマについてはどうなのでしょうか。それが次章の主題です。

第3章
解決不可能なディレンマと悲劇的ディレンマ

　わたしがここで「解決不可能なディレンマ」と呼ぶのは，行為者が x と y の間で道徳的選択を迫られ，しかも y をなすよりも x をなすことを優先する道徳的な根拠がないような状況のことです[1]。あるいはまた，行為者が x と y の間で道徳的選択を迫られ，しかも「わたしのなすべきは，x か y か？」という問いに対して，合理的で実践的な解答とみなされるものが何一つない，そのような状況と考えてもよいでしょう[2]。ただし，前章のはじめに解決困難とみなされたどの例も，そのままでは議論を呼び起こさずにはおかないものです。なぜなら，わたしにとっては，解決不可能なディレンマに陥らざるをえないと思われる特定の状況も，他の論者にとっては，それが特定の仕方で解決可能とみなされる場合もあるでしょうし，そもそも解決不可能なディレンマなど存在しようがないと考える論者さえ少なくはないからです。

そもそも解決不可能なディレンマなど存在するのか？

　前章のはじめの方で，わたしは以下のように述べました。すなわち，応用倫理学の分野には「解決困難なケース」を扱う有力な文献群がありますが，その執筆者たちはといえば，「自分たちが議論しているディレンマが解決不能であるという可能性を考慮することさえほとんどあり

---

1) R. B. Marcus, 'Moral Dilemmas and Consistency' (1980).
2) David Wiggins, 'Truth, Invention and the Meaning of Life' (1976).

ません。反対に彼らは，そのディレンマに下されるべき一つの正しい解決策があるに違いないと決めてかかっています。そうした解決策を見出し，示すことが彼らの道徳理論〔…〕の仕事である，というように。」果たして，解決不可能なディレンマなどというものが存在するのでしょうか。正しい解決策があるに違いないと彼らが決めてかかるのも当然なことなのでしょうか。もし，当然だとすれば，それは彼らが彼らなりにそう思っているだけなのか，あるいは端的にそうなのか，どちらかであるはずです。まずは，前者から見ていくことにしましょう。

　全般的にみて，いかなるディレンマにも正しい解決策があると行為功利主義者が思うのは，彼らの見解からすればもっともなことです。なぜなら，彼らの理論が規範相互の対立問題を基本的に度外視できる限り，彼らにはそもそも解決不可能なディレンマなどありえないからです。もちろん，功利主義の究極目的，すなわち「最大多数の最大幸福」という古典的な標語一つをとってみても，そこで用いられる「最大」という概念同士が互いに異なり，両立不可能なものを意味するのであれば，そこから解決不可能なディレンマが生じても不思議ではないはずです。また，Aの幸福ないし苦難と，Bの幸福ないし苦難とが共約不能であれば，そこからも解決不能な問題が，事実上，生じることでしょう。さらに，行為xと行為yが唯一の選択肢であり，そのいずれもが正確に同じ量の苦悩をもたらすという場合に，解決不可能なディレンマが生じたとしても，確かに，全然おかしくはありません。しかし，実際に応用倫理学において議論されているような解決困難な事例のほとんどは，それらのいずれにも当てはまりはしません。だとすれば，行為功利主義の考えに立つ限り，そうした事例に正しい解決策が見出されるのも当然なわけです。ごく少数の例外を除き，道徳生活というものは，きわめて単純なものだというのが行為功利主義の信条なのです。しかし，同じことを義務論者について言うわけにはいきません。

　そもそも，義務論者が義務論に惹かれたのは，それが（功利主義とは対照的に）多数の規則ないし原理をもつがゆえにである，と言っても差し支えないでしょう。なぜなら，そのような多数性によってこそ，人生は，功利主義が描くのとはまったく違う，その解きがたい矛盾に満ちた姿を現すからです。功利主義の側は，いつでも，しかもきわめて単純な

手順でディレンマを解決できることを誇ってきましたが，人生というものが，彼らの主張するよりずっと複雑で困難なものだと思っている人にとっては，義務論こそが信頼に足る倫理説と思えたわけです。しかし，一般的にいえば，なにも人生が解決不可能なディレンマに満ちているからという理由だけで，人々が義務論に魅力を感じ，それを信奉しているとは思えません。むしろ，そうしたディレンマを，功利主義のように，しかもそれとは異なった仕方で解決してくれる倫理説体系と信じ，人々は義務論の指示を仰ぐわけです。もちろん，解決困難とみなされる個々のケースを功利主義者があまりに単純化し過ぎていると主張するところに，義務論者の特徴があるのは確かです。実際，功利主義者は，誰かを殺すか，さもなくば（たとえ他の多くの人が死ぬとしても）それを拒否するか，約束を守るか，破るか，本当のことを言うか，嘘をつくか，等々の選択肢を前にして，もっぱらそれらの行為の結果にのみ注意を集中し，その行為自体の本性に関する考察には一向に目を向けようとはしませんでした。しかし，一般的にいって，功利主義が純然たる道徳上の複雑さを見落としていると示唆するだけでは，そこで想定されているディレンマが解決不可能なものだという結論に至ることはありません。諸文献から見出される標準的な見解としては，むしろ，義務論が到達する結論は，ディレンマと想定されているものが実は解決可能であり，しかも，功利主義者とは対照的な仕方でそれが可能だというものです。

　したがって，義務論者が自説を擁護するのも，ディレンマが解決可能な場合であれば，義務論のほうが功利主義者よりもよい解決策を案出するとみなされるからであり，他方，もし解決不可能なディレンマがあるとしても，それはほんのわずかでしかないとみなす点で功利主義者と何ら変わるところがないようにみえるからです。しかし彼らが人生を複雑で困難なものと考えていたことを考え合わせてみれば，疑問はなお残ります。彼らは，なぜ，解決不可能なディレンマがほとんどないと言い切ることができるのでしょうか。

　その答えをどうにか考え出すことはできますが，しかし，それは決して彼らの考えを正当化するものではありません。いずれにせよ，考えうる一つの解釈は，義務論が宗教的な起源をもつ点に着目することによって得られます。実際，過去の義務論者も，現代の一部の義務論者も，次

のような信念を，すなわち，わたしたちが，全知全能にしてまったき善である神によって構築されたこの世界に住み，しかもその命令を聞き分け，それに従うことができるよう神から理性を授けられた，という信念を共有してきたものと思われます。確かに，神の摂理が解決不可能なディレンマと両立することがありえないというのは事実です。ギーチが正しく述べているように，神の摂理を顧慮する限り，神意の忠実な僕(しもべ)が，相反する二つの罪の間での絶望的な選択に晒されることなどありえない，とわたしたちは確信しています[3]。マーカスに言わせれば，いずれの罪をなそうがなすまいが，それが忌まわしい仕業であることに変わりはないからです[4]。

　しかし，神の摂理という想定すら，解決不可能なディレンマの不在を保障するわけではありません。まず第一に，「神意の忠実な僕〔であれば誰も〕」という条件が，実はここでとても大きな意味をもってきます。確かに，神の摂理によって，逃れえぬ罪から無辜の民が保護されることを期待する向きもあるでしょうが，そのような保障は，邪悪な人にはもちろん，実際には邪悪でないにもかかわらず心ならずも罪を犯してしまった人にさえ及ぶことがありません。わたしの理解では，「罪は罪を呼ぶ」という格言は，アリストテレス的な意味合いでの習慣化の問題ばかりでなく，次のような人生の落し穴をも示唆しているものと思われます。すなわち，たとえ一つでも神の命令に背くなら，その者は神の御心による庇護にもはやすがることができず，あろうことか再び罪へとわが身を差し向け，相反する二つの罪の間での絶望的な選択に晒されるはめに陥るのです。それゆえ，たとえば，前章で例に挙げた結婚詐欺師まがいの男の場合，それまでにも散々神意に背いてきたのですから，今さら「A子とB子，どちらと結婚すべきか」と神意にかなう答えを求めても，もはや正しい答えなど望むべくもないわけです。

　第二に，たとえ神の摂理でさえ，ある行為者が自分のせいではないにもかかわらずやむをえず向き合わざるをえない，いかなるディレンマ，いかなる道徳的板ばさみであれ，それが解決可能であるという保障まで与えることはできません。それは，せいぜい，罪を犯すことなく，つま

---

3) P. T. Geach, *The Virtues* (1977), p. 155.

4) R. B. Marcus, 'Moral Dilemmas and Consistency'.

第3章　解決不可能なディレンマと悲劇的ディレンマ

りは絶対的な禁止に背くことがなかったにもかかわらず，彼がそのような状況に陥ったということを保障するに過ぎません。たとえば，ローマ・カトリック教会の教えでは，嘘をつくことは絶対にしてはならないことですが，欺くことは必ずしもそうではありません。（もちろん，それは，どんな欺きでもかまわない，という意味ではありません。嘘は決して許されませんが，欺きは時として許されることがある，という程度のことです。）したがって，〔たとえば，そうすることで人が傷つくにもかかわらず〕真実を語るべきか，それとも欺くべきか，という選択の場に自分のせいではないのに立たされることが人にはあるかもしれませんが，その場合，それが必ずしも〔たとえば嘘をつくことと人を傷つけることという〕二つの罪の間での選択とはならない以上，解決不可能なディレンマとなるかもしれないのです。あるいはまた，殺人は絶対になしてはならない禁止事項ですが，生命維持のための特別な装置を敢えて用いずに死をもたらすことは必ずしもその限りではありません。したがって，自分のせいではないにもかかわらず，わが子の余命をあと6か月延ばすために特別な装置を使用し続けるべきか，それとも今すぐ，その装置をはずすべきか，という選択を迫られることが人にはあるかもしれませんが，その場合，それが必ずしも二つの罪の間での選択とはならない以上，これまた解決不可能なディレンマとなるかもしれないのです。

　このような状況下でなされる決定がいかに痛ましいものであるか，容易に想像できます。そのような状況では，誰であれ，「何がなすべき正しい行為なのか」という問いに確答を得ようと必死になり，あれこれ頭を悩ますでしょうが，ローマ・カトリック教会の教えでさえ，そのような確答がいつでも必ずあるとは保障できないのです。（アクィナスの自然法論によって解決不可能なディレンマは取り除かれる，というよくありがちな主張にもかかわらず，実際はそうなのです）。

　以上のことから，解決不可能なディレンマの不在という前提が一体どうやって義務論に忍び込んできたかが明らかになったことと思います。それはつまり，神の摂理が何をどこまで保障できるかを十分に探究しつくすことができなかった結果としてもたらされたのです。言い換えれば，神の摂理に訴えることによって解決不可能なディレンマの不在を説明しようとしても，その企て自体が正当化される見込みはないのです。

では，有神論者であるなしにかかわらず，自らの道徳理論が上述のような有神論的な前提には決して依存していないと考える義務論者の場合はどうでしょうか。解決不可能なディレンマが存在しえないという前提を彼らはどうやって正当化できるのでしょうか。少なくともその前提は，実践理性にはいかなる場面であれ必ず道徳的な決定根拠が見出されうる，という彼らの確信を具現化したもののように思われます。しかし，神による保障が退けられたにもかかわらず，なぜ，改めてそのように確信せねばならないのでしょうか。

　実のところ，もし彼らの主張が，当初予想されたのとは違う文脈でなされたならば，彼らと同じような確信をもつ人はほとんどいないはずです。確かに応用倫理学の文脈では，ディレンマとは常に，どちらをとっても何らかの害悪を被らずにはいられない選択肢のいずれかを，苦慮の末にやむをえず選択せねばならない状況とみなされています。しかし，解決不可能なディレンマがあるかどうか，というような抽象的な議論の文脈においても，フットがその可能性を手際よく挙げてくれたように，たとえ解決が不可能であっても，あくまで肯定的な意味合いの好ましい選択というものがありうるのではないでしょうか。すなわち，どちらを選択できなくても何一つ損失とならないような二つのよい行為 x と y が選択肢としてあり，しかも，「y よりも x を好む道徳的な理由が皆無である」[5]ような場合に，そのいずれかを選択するよう迫られることがありえます。フット自身は例を挙げていませんが，ここで一つ，例を挙げてみましょう。たとえば，わたしが娘に誕生日プレゼントをあげなくてはならないとしましょう。わたしたちの親子関係，娘の年齢と希望，わたしの財政状況等を勘案すれば，何もプレゼントをあげないというのは確かにあまりにけちけちし過ぎているかもしれません。それどころか，わたしは有り余るほど豊かな財物に恵まれており，それらのうち，いず

---

5) P. Foot, 'Moral Realism and Moral Dilemma' (1983). サイモン・ブラックバーンは，解決不可能なディレンマ（「行為者が直面する動かしがたい苦境」）が一般にどのような実践的推論においても見出されうるという見解を精力的に擁護し，しかるべき後悔の念によって，必要な要件を充たすことができなかったという行為者の認識は必ず示されるはずだ，という一般的な想定に疑問を呈している（わたし自身は，解決可能だが悲劇的なディレンマとの関連でその点を問題にしている）。S. Blackburn, 'Dilemmas: Dithering, Plumping, and Grief' (1996) を見よ。

れを娘にプレゼントしても同じように価値があり，喜んでもらえると仮定しましょう。すると，確かにわたしは解決不可能なディレンマにぶつかります。それは，わたしたちを悩ますこともなければ，最終決定が大きな意味をもつわけでもない，どれを選択しても似たり寄ったりの，しかしだからこそどれを採るべきか決定不能なディレンマなのです。これは，たとえ実践理性といえども，単純に道徳的な決定根拠を見出しえないことがありうるという明白な事例といえるのではないでしょうか。

では，実践理性にはいかなる場面であれ必ず道徳的な決定根拠が見出されうるという確信は，悲惨なディレンマにしか妥当しないのでしょうか。それもまた奇妙な話です。最終的な決定によってわたしたちが苦しんだり悩んだりすることがないようなお気楽なディレンマの場合，実践理性が道徳的な決定根拠を見出しえないことも往々にしてありますが，悲痛な覚悟で決断を下さざるをえないような場面では，そんなことは起こらないという保障があるとでも言うつもりでしょうか。そのような考えは，いかなる苦境においてもわたしたちを庇護してくれる（と漠然と考えられた）神の存在が，ひょっとしたらその確信を正当化してくれるかもしれないという，ただそれだけの楽観主義を表したものに過ぎないと思われます。

義務論者がある種の実在論（ダメットのいう意味での「実在論」[6]）に同意するかもしれないこと，またそのことによって，フットが示したような事例においてさえ，それが真に正しい行為であると言い切れる何かがあるに違いないという信念を彼らがもちうることは，確かに事実といえます。しかし，何が正しい行為かを見出しうるという前提をまったく正当化できないのであれば，この種の実在論はそれを発見ないし認識するためのわたしたちの能力をはるかに超え出た真実の可能性を強調しているに過ぎないといえるでしょう。

したがって，義務論者が，彼らなりの観点から，解決困難な悲惨な事例をすべて解決することができると前提することは正当化できない，というのがわたしの結論です。では，単なる正当化という点に関してはど

---

[6] M. Dummett, *Truth and Other Enigmas* (1978), pp. 102-04 and 145-65. ダメット流の実在論と倫理学における認知主義の区別に関する短いが有益な議論については，P. Foot, 'Moral Realism and Moral Dilemmas' を見よ。

うでしょうか。人生には時として，わたしたちがそれに対して正しい答えを見出すこともなかったし，これからもないであろうような悲惨なディレンマに直面することがある，という考えをわたしたちは受け入れるべきでしょうか。もし，そうならば，その場合にはもう一度，功利主義に対する標準的な反論の一例として，功利主義はわたしたちの道徳的経験の仕組みについて誤った理解を与えてしまうという考えを持ち出すことになるでしょう（本書84頁参照）。既に述べたように，その反論を，功利主義が解決困難な事例を誤った方向で解決しているというごく一般的な反論と区別することは，困難ではありますが，不可能ではありません。実際その反論は，一般的な反論とは違い，いくつかの解決困難な事例についてはそもそも解決すら望んでいません。人生が時にもたらす過酷なディレンマを仮定するならば，わたしたちの道徳的経験を適切に捉えるべき正しい規範倫理学である限り，わたしたちがそのうちのいくつかを実際に解決することができず，またそれをいかになすべきかを示すこともできないという事実に向き合うべきだというその反論は有効だと思います。

　これから先，わたしたちは，解決不可能な悲惨なディレンマが存在し，なおかつ，その存在の可能性を許容するかどうかという点が規範倫理学の適切性を判別するテストとなる，という前提をとることにしましょう。そうなると，そのようなディレンマに関して何を言いうるかが問題となってきます。徳倫理学は一体何と言っているのでしょうか。

徳倫理学における解決不可能なディレンマ

　何よりまず，徳倫理学の擁護者であれば，解決不可能なディレンマに直面する可能性がごくありふれたものであると認めることに何のためらいもないはずです。なぜなら，彼らの場合，およそ行為を導く限りの決定手順のみならず，道徳的実践知をもった者だけが理解し，適用できるような決定手順さえも，とりたてて厳格に求めはしないからです。いかなるものであれ，すべてのディレンマから抜け出るための方法を示すことが徳倫理学の仕事であるなどとは決して考えていない以上，規範倫理

第3章 解決不可能なディレンマと悲劇的ディレンマ　　　105

学はどんな場面でも決定手順をもたらさねばならぬという前提を彼らが否定するのも当然なわけです。

　では，徳倫理学によれば，そもそもディレンマが解決不可能であるとはいかなることなのでしょうか。正しい行為についてこれまでに述べられたことを念頭に置いて考えてみましょう。基本的にはこういうことです。二人の真に有徳な行為者が，まったく同じ状況下で，行為 x と行為 y の間での，まったく同じ道徳的選択に直面しているとします。その時，両者がそれぞれの有徳な人柄にふさわしい仕方で行為するとして，もし一方が x をなし，他方が y をなすとすれば，そのような状況こそが解決不可能なディレンマと言えます。（ここでわたしは，正しい行為を，有徳な行為者一般（the virtuous agent）がなすであろうようなことではなく，あくまである一人の有徳な行為者（a virtuous agent）がなすであろうこととして特定するよう心がけました。言い換えれば，〔一般化を避けるための〕不定冠詞の働きがここでは確かに大きな意味をもつわけです。）

　この規定を，先ほど論じた解決不可能だけれども無害なディレンマの例に当てはめてみましょう。その際にわたしが行為の指針を得るために発した問いは，「わたしは a と b のいずれを娘にあげたらよいか」というものでした。それに対し，徳倫理学がわたしに示した解決策は，もう一つの別の問い，すなわち，「有徳な行為者が，もしわたしの状況に立たされたなら，どのような行為を有徳な人柄にふさわしい仕方でなすだろうか」という問いの答を見つけることができたならば，その問いの答も見つかるだろう，というものです。しかし，この場合，そこでのディレンマを解決不可能と考えることは，以下の可能性を想定することと同じです。それはこうです。ここに二人の有徳な行為者がいます。（まったく非現実的な想定ですが）両者はそれぞれ娘の誕生日祝いとして，a と b の二つのうち，どちらか一つだけ彼女に贈ることができるとしましょう。しかも，どちらか一方が他方よりも好まれる道徳的な理由は皆無です（なぜなら，もしそのような理由があるなら，この二人の行為者は両方とも有徳な〔つまり，必ずよいほうを選ぶ〕のだから，その理由によって好ましいとされるほうを早速買い求めに行くに決まっているからです）。さて，このような状況で，一方が行為 x，すなわち娘への a の贈与をなし，他方が行為 y，すなわち娘への b の贈与をなすということは十分ありえま

す。その場合，徳倫理学はわたしに何一つ行為指針を与えてはいません。ここで具体的な事例として示したかったのは，ある種の規範倫理学は，解決不可能ではあるけれど，無害なディレンマ，すなわち，これこそが道徳的に正しい決定であると決して断定できない状況が現に存在するという事実に何ら抵触しないということです。

　行為評価についてはどうでしょうか。わたしたちは，行為xと行為yとを一体どのようなものとみなしているのでしょうか。徳倫理学が説くところによれば，先ほどの行為者は，所与の選択肢のどちらか一方をなすことに両者の一致が見られなかったにもかかわらず，二人とも正しいこと，その正しさが既に承認済みの事柄をなしている，ということになります。

　そのような（つまり「所与の選択肢のどちらか一方をなすことに両者の一致が見られなかったにもかかわらず，二人とも正しいこと，その正しさが既に承認済みの事柄をなしている」という）言い分が，読者にとって耳障りでなければ幸いです。しかし，もしそれが奇異に感じられるのであれば，その時は，〔第1章冒頭で挙げられた巷間に流布している徳倫理学の特徴づけのうちの一つ，すなわち〕「義務中心の概念（権利，義務，責務）よりも，徳中心の概念（よさ，卓越性，徳）を根本的なものとみなす倫理学」というスローガンにひとまず立ち戻り，再検討してみる必要があるかもしれません。

　既に見てきたように，このスローガンの意味するところは，徳倫理学がもっぱら，よい行為者，有徳な行為者にのみかかわり，正しい行為には一切かかわらない，というようなこととして受け取られるべきではありません。実際，徳倫理学は正しい行為の説明を示すことだってできるのです。しかし，徳倫理学がそのようにして「正しい行為」にかかわるのは，単に状況に迫られて，つまり，「正しい行為」という表現をごく自然なものとして受け入れることのできる，現代道徳哲学における圧倒的多数派と実り豊かな対話を続けていく，という目的があればこそなのです。元来，「正しい行為」という表現には，一意性すなわち，「もし正しくなければ，それは間違っている」という含意があり，「必須の／義務的な」，「許可されない／禁じられた」，「許可された」といった概念との関連性を見出すことができます。しかし，徳倫理学の立場から見れ

ば、それは決して十全な表現とは言えません。「正しい行為」という表現によってよりも、むしろ「よい行為（エウプラクシア）」あるいは「よく〔上手く〕なすこと（まずく〔下手に〕なすこと）」という表現によって語られることを徳倫理学は支持しています。もし、わたしの例における二人の気前のいい親たちの場合、所与の選択肢のどちらか一方をなすことに両者の一致が見られなかったにもかかわらず、二人とも正しいことをなした、という言い分が奇異な感じを与えるのだとしたら、おそらくその理由は読者にはもう既に明らかではないでしょうか。

両者それぞれが正しいことをなした、ただし、そのいずれの行為もその状況に必須の義務的な行為ではないが、二人がそれぞれ「よく」行為したことは確かである、という主張は、言われてみれば、どこか奇異な感じがします。しかし、ここで注意してほしいのは、「両者それぞれがその場で許可されている〔唯一の〕ことをなした」と言うだけでは、事実をつかみ損ねてしまうし、そういう言い方では、二人の行為者を正当に評価したことにはならない、という点です。実際、彼らのなしたことが正当に評価されるならば、両者共に賞賛されてしかるべきなのですが、それは単に彼らがその場で許可された〔唯一の〕ことをなしたからではなく、むしろ、贈り物選びという課題を、彼らの人柄にふさわしく、もの惜しみせずに、上手にこなせたからに他なりません。

では、ここで解決不可能な悲惨なディレンマのほうに戻ることにしましょう。こちらのほうの議論は、もっと長々しく込み入ったものになるはずです。

たとえば、意識不明の母親の生命を、特別な延命装置を用いて、さらにもう一年延ばしてもらうよう医者に頼むか、あるいは、そのような措置を今すぐ取りやめるよう頼むか、そのいずれかの選択が、解決不可能なディレンマになる場合があると（あくまで例として）仮定してみましょう。その際、徳倫理学は、同じ状況下で同じ選択肢に直面した二人の有徳な行為者が、それぞれ違う行為をなす可能性を認めることによって、その例に具体的な肉付けを施していきます。すなわち、一方は、やむをえず医者に延命装置による措置を続行してもらうことに決め（opting for）、他方は、やはりやむをえず、それを中止することを医者に申し出る、というように。しかし、これでは今まで同様に、その場面で待ち望

まれているいかなる行為指針も得られないということになりはしないでしょうか。

とはいえ，ここで一気に行為評価の問題へと突き進むわけにはいきません。なぜなら，この例で有徳者がなすと想定された行為のいずれも，そのわかりやすさという点では，誕生日の贈り物選びという他愛のない例に遠く及ばないからです。とにかく，ここで忘れてならないのは，「有徳な行為者がそれぞれ違う行為をなす可能性」と言われたものは，以下の事実を具体化するために想定されたものに過ぎない，ということです。それはすなわち，そのディレンマが真に解決不可能であり，一方の行為よりも他方の行為を選好する道徳的な理由がどこにもない，それゆえ，もし，一方の行為よりも他方の行為を選好する道徳的な理由があるように見えたとしても，それは単なる思い違いに過ぎない，という事実です。その限りで，わたしたちの言う「可能性」と，ピンコフスの描き出す可能性とがどこまで重なり，どこで食い違うのか，その点が次に問われねばならないわけです。

ピンコフスが強調するのは，以下の二点です。一つ目は，何がわたしにとって価値があり，何がわたしにとって価値がないのか，それを決めるわたしの基準，わたしの理念，つまりはわたしの考え方を参照することが，「わたしの道徳的熟慮が備えもつ，決して偶然的ではない，本質的な特徴である」という点，二つ目は，厳密に同じ基準，同じ理念をもたなくても，二人の人間は，等しく有徳でありうる，という二点です[7]。そこでわたしたちも，早速，そのような二人の人物を想定してみることにします。一方は，彼女自身，医者であり，その立場から，人間の身体があくまで命あるものであり，それゆえまた死すべきものでもあって，決して修繕可能な機械などではないと考えるよう絶えず努めているような人であるとしましょう。したがって，もし彼女の母親が自分の患者であるとしても，彼女はやはり延命措置をやめるよう忠告するはずです。他方は，明らかに延命の希望がもてない意識不明の患者を世話し続けながら，「わたしは決して希望を捨てない。もし，希望を捨ててしまったら，わたしはこの仕事ができなくなるだろう」と自らに言い聞

---

7) E. Pincoffs, 'Quandary Ethics', p. 564.

第3章　解決不可能なディレンマと悲劇的ディレンマ　　　109

かせているような人であるとしましょう。さて，この両者が，少し前で概略を述べたような過酷な選択を迫られたとすれば，どうでしょうか。おそらく，両者はそれぞれ，自分が選択した行為を支持するだけの道徳的な根拠ないし理由が自分にはある，という正しい信念をもって，互いに異なった行為をなすことでしょう。すなわち，一方は，「この患者さんの身体が死すべきものであるということを，わたしは受け入れなければならない」と言い，他方は，「わたしは決して希望を捨ててはならない」と言うに違いありません。

　確かに，そのようなことは可能かもしれません。しかし，それは，解決不可能なディレンマに関して，わたしたちが想定していた可能性ではありません。なぜなら，ここでのディレンマは，それぞれが，彼ら自身の理念や基準に照らして，実際に解決可能だからです。彼らそれぞれが，もう一方の行為よりも自らの選択した行為のほうを支持するだけの何らかの根拠が自分にはある，と考える時，いずれも（「正しい信念をもって」という仮定により）考え違いをしているわけではないのです。確かにここまでのところでは，二人の有徳な行為者が「同じ状況下で同じ選択肢」に直面したと言うことによって，厳密には一体何が意味されていたのか，明らかになってはいませんでした。しかし，今や，それがピンコフスの挙げる事例を考察対象からはずすための条件だった，とはっきり言うことができます。つまり，そこで想定されていたのは，彼ら有徳な行為者自身が，自らの直面するディレンマを，たとえ彼ら独自の基準や理念，あるいは何かそのような類のものを考慮に入れてさえ，もう一方の行為よりも自らの選択した行為のほうを支持するだけの道徳的な根拠を見出しえないものとして，つまり解決不可能なものとして認識している，ということだったのです。だからこそ，わたしはわざと，彼らが別々の行為を「選択する（exercising choice）」と言う代わりに，それを「（やむをえず）決める（opting for）」という言い方をしたのでした。

　しかし，その時，彼らは一体どうやって「決める」のでしょうか。これがわたしたちの当面の問いとなります。よって，ここで一旦，行為評価の問題に戻ることにしましょう。上述の例では，一方はその措置を継続することに決め，他方は中止することに決めました。さて，この異なった二つの決定を，わたしたちは一体どのように評価するのでしょう

か。
　それぞれが正しいことをなした，と言う場合，無害なディレンマの場合と同様に（おそらく，この場合には，それ以上に），どこかぎこちない感じが残ります。自分の母親の死と直結することを敢えてなすことと，彼女の命を何とか保持しようと努力することの両方が，どちらもともに正しいということが，実際にありうるものでしょうか。確かに，二人の行為者がなしたことはそれぞれその場で許容されたものだった，というもっともらしい言い分で，そのような疑念は回避できたかのように思われるかもしれません。しかし，もしそうなら，わたしたちはここで再び，この二人の行為者を正しく評価し損なうことになります。何といっても，普通，彼らほどの勇気も責任感も持ち合わせていない人がそのような場面に置かれたなら決してできないような仕方で，彼らは勇敢に解決に取り組んだのです。彼らは二人とも，その問題を注意深く，入念に，しかもこの上なく賢明に考え抜き，解決を求めて苦闘し続けた末に，ここでは，いかなる解決もこれこそ正解といえるものではありえない，という結論に至ったのです。この点は，この二人の行為者は有徳である，と言われたことによって，すべて上述の例にあらかじめ組み込み済みのことでした。だからこそ，彼らはよく行為した，すなわち，勇敢に，責任感をもって，思慮深く，入念に，正直に，かつ賢明に行為した，と言われて当然なのであって，単にその場で許容されたことをなしただけであるかのように述べられるべきではないのです。単にその場で許容されたことをなすだけなら，どんなに臆病で無責任，浅はかでいい加減な上に，嘘つきな愚か者でさえ，今わたしたちが問題にしているような場面で有徳者と同じように振舞えるからです。
　かくして，ここでは，この二人の有徳な行為者はよくなした，と言われうるし，またそう言われねばならないと考えてよいでしょう。この種の解決不可能なディレンマに直面し，耐えていくことは確かに痛ましいことです。しかし，もっと悲惨なディレンマがないわけではありません。たとえば，課された選択肢がもっとずっと過酷な上に，解決不可能なディレンマがあるとしたらどうでしょうか。ここではそれを，仮に，「悲劇的なディレンマ」と呼んでおきますが，そこからは，よく言われるように，「手を汚さずに抜け出ることはできません」。徳倫理学はこの

ディレンマについて何を言うことができるでしょうか。

悲劇的なディレンマ

　「汚れた手」に関するこのよく見かける言葉は、必ずしも的を射たものとはいえません。なぜなら、「そこから手を汚さずに抜け出ることができないような状況がある」ということと、「そこでは、何をなそうと、必ず手を汚さねばならない〔しかも、必ずそのいずれかをなさねばならない〕状況がある」ということは同じ意味ではないからです。有徳な行為者なら、それをなすよりかは死を選ぶにちがいないような類の行為が確かに存在します。たとえ自分の命を守るために他人を裏切ったり殺したりせねばならぬような場面であっても、必ずしもそのすべてが認められるわけではないということは、ごく一般的な道徳観においても言えることです。実際、そのような場面から手を汚さずに抜け出すことは不可能ですし、だからこそ、もし真に有徳な行為者ならば、そこで彼らが何をなし、また現に何をなしてきたかは、もはや明らかなはずです。彼らは、自ら敢えて死地に赴き、殺される途を選んだのです。ひょっとすると自殺に踏み切ることさえあるかもしれません。いずれにせよ、こうしたディレンマは、その解決策が他に例を見ぬほど苛烈極まるものではありますが、行為者自身がその状況から〔自らの手を汚してまで〕抜け出そうとしないのであれば、解決が不可能というわけではないのです。

　したがって、ここで念を押しておきたいのは、わたしたちが取り組もうとしている解決不可能なディレンマとは、上述のように、当事者自身の死がその解決策となるものではない、ということです。たとえば、自ら手を下すことができない場合とか、死を選ぶことがむしろ卑怯な責任放棄である場合には、そのディレンマが解決されたとは言えないはずです。そのようなディレンマについて、徳倫理学は何を語りうるのでしょうか。まずは、それが解決不可能である以上、以前と同じように、「二人の有徳な行為者が、まったく同じ状況下で、それぞれ別の行為をなしうる」という前提から考え始めるのがよいでしょう。しかしここで、両者がそれぞれよくなした、と言うことは、次のような事実に照らして

まったく不適切であるように思われます。その事実とは（少なくともわたしはそれを事実とみなしていますが），解決不可能な悲劇的ディレンマに関して，二人の行為者が共に正しいことをなしたと言うのは，まったく不適切だ，ということです。むしろ，どちらかといえば，両者は間違ったことをなしたと言いたいほどです。そうであれば，二人の行為者がそれぞれ悪をなした，と言わざるをえなくなっても不思議ではありません。

　ここでは，徳倫理学を現実の困難に陥れる「規範相互の相反問題」の一例が見出されるように思われます。その困難とは，徳倫理学がそのような状況にふさわしい行為指針を与えることができない，というようなことではありません。なぜなら，仮定より，そのディレンマが解決不可能なものである以上，いかなる適正な規範倫理学といえども，行為指針を与えることなどできようはずがないからです。問題はむしろ，徳倫理学が有徳な行為者という概念を用いている限り，以下のような矛盾に陥るかのように思われる，という点にあります。すなわち，

　　有徳であると思われている行為者が，悲劇的なディレンマに直面している。彼は，行為せねばならぬがゆえに，行為するが，〔その状況下で〕彼のなす行為は何であれすべて間違った，許容できない行為である。したがって，彼がその状況を抜け出すことができるのは，ただ自らの手を汚すことによってのみである。しかし，その時，わたしたちは彼のことを一体どうやって矛盾なく有徳であると呼ぶことができるのだろうか。この「有徳な行為者」という概念それ自体が，単なる理想化に過ぎないのではないかというかすかな疑念は，おそらく絶えずあったものと思われる。しかし，今や，そうした理想化が不可能であるということは明らかである。それゆえ，もし，悲劇的なディレンマが存在するなら，有徳な行為者というようなものは存在しえないのである。

　この結論はもはや自明のように思われるかもしれません。しかし，そう思われるのは，有徳な行為者という概念それ自体が，実は，正しい／不正な行為という概念が与えられて初めて意味をもつような，内容空疎

第3章　解決不可能なディレンマと悲劇的ディレンマ

な概念とみなされてきたからに過ぎません。つまり,「有徳な行為者は決して間違ったことをなさない」という命題がわかりきったものに思われるのも,それが「間違った行為」という概念によって初めて意味をなすような同語反復に過ぎないからだというわけです。しかし,徳倫理学において,有徳な行為者という概念は,正しい／不正な行為という概念の後ろ盾なしには意味をなさないような,そんな空疎なものではありません。有徳な行為者とは,たとえば,慈悲,正直,正義……といった性格特性をもつ人のことです。それゆえ,結論はむしろ,「もし,悲劇的なディレンマが存在するなら,誰も慈悲,正直,正義……といった性格特性をもつことができなくなる」となるはずです。しかし,この結論はそれほど自明なものとは思われません[8]。

では,この場合でも,徳倫理学は矛盾に陥っているように見えてしまうのでしょうか。たとえば,以下のように言われたとしましょう。

> 悲劇的なディレンマ,すなわち,行為者がそこから抜け出すために否応なしに手を汚さねばならないような状況とは,慈悲深く,正直で,正しい……と想定された行為者が,無慈悲に,不正直に,しかも不正に……行為せざるをえない状況のことである。しかし,もし,無慈悲に,不正直に,しかも不正に……行為する人がいるとすれば,その人はもはや慈悲深く,正直で,正しい……人ではありえない。そうでなければ,そこには矛盾が生じてしまうだろう。それゆえ,もし悲劇的ディレンマが存在するならば,真に慈悲深く,正

---

[8]　「諸徳の統一」という教説（もし,一つの徳を有していれば,その者には諸徳すべてが備わっているに違いない,という主張）による限り,悲劇的なディレンマはありえないことになる,と一般に言われるのも,単にこの結論を自明視したからに過ぎない。有徳な（と想定される）行為者が悲劇的なディレンマから抜け出そうとすれば,彼は必然的に悪しき振舞いを見せねばならないし,それによって何らか特定の悪徳をもつことにもなるだろう。もし彼が悪徳をもつならば,諸徳の統一という教説による限り,彼は何一つ徳をもたないことになる。したがって,諸徳の統一を前提すれば,有徳な行為者は一人も存在しないか,あるいは悲劇的なディレンマは一つも存在しないか,そのどちらかということになる。しかし,ある人が悲劇的なディレンマに直面し,悪しき行為をなさざるをえなかったからといって,それだけの理由で,一体誰がその人に悪徳を帰したりするだろうか。たとえば,悲劇的なディレンマの文脈において不正直なことをなしたという,ただそれだけで,その行為者が必然的に不正直であり,悪徳を有していると結論づけられたりはしない。それだけでは,彼が悪徳な人であることのいかなる証拠にもならないからである。

直で，正しい……人は存在しえない。言い換えれば，誰もそのような性格特性を真にもつことはできない。つまり，有徳な行為者というようなものは存在しえないのである。

　しかし，そのような状況はそもそも存在しません。上記の主張は，「無慈悲に」，「不正直に」，「不正に」などの副詞的な限定を誤解することによって生み出された概念上の混乱を具体化したものに過ぎません。慈悲深く，正直で，正しい行為者ならば，たとえ悲劇的なディレンマに直面したとしても，無慈悲に，不正直に，しかも不正に，つまり，「無慈悲で，不正直で，不正な行為者がなすような仕方で」行為したりはしないものです。無慈悲な／不正直な／不正な行為者のように，冷淡に，あるいは喜んでなす代わりに，おびただしい後悔と痛みをもって彼は行為することでしょう。したがって，悲劇的なディレンマに直面した有徳な行為者は，必ずや悪しき仕方で行為するだろうなどと言う必要はないのです。有徳な行為者は決して悪しき仕方で行為したりはしません。悪しき仕方でなすのは，彼が悪徳な行為者だからというただそれだけのことです。

　しかし，もし有徳な行為者がそこから抜け出したのが真に悲劇的なディレンマであるとすれば，彼がそのためにこの上なく酷いことをなさざるをえなかったということもまた事実となるはずです。すなわち，無慈悲で，不正直で，不正な，あるいは一般に悪徳な行為者が，その人柄に根ざした仕方でまさになすであろうこと，たとえば，誰かを殺し，死に追いやり[9]，相手の信頼を裏切り，他人の大切な権利を踏みにじるようなことを彼はなしたのです。それゆえ，この有徳な行為者がよくなしたということはもはや不可能でしょう。このことから引き出される結論は，徳の不可能性ではなく，有徳な行為者でさえ自らのよき生を損なわなければ，そこから抜け出ることのできないような状況が存在しうるという

---

[9] これらの例に関して，一般に見落とされがちな以下の点が強調されねばならない。すなわち，殺人は，通常，正義に反するようにみなされるが，それと同様に慈悲にも反するものでありうるし，また，他人を死に追いやることは，たとえ正義に反するとはみなされない場合であっても，慈悲に反するものとみなされるべき場合が決して少なくはないのである。この点に関しては，P. Foot, 'Euthnasia' を見よ。

ことです。
　しかし,「そのような状況の存在は, 一体いかにして可能か」と問う人がいるかもしれません。「そもそも徳倫理学における行為評価は, よいか悪いか, あるいは道徳的に中立か, というようなものであってはならないのではないか」。
　確かにそう言うことはできるかもしれません。なぜなら, 徳倫理学において「よい行為」とは「正しい行為」の単なる代理表現ではありませんし, もっぱら「有徳者の行為」によってだけ規定されるような語でもないからです。徳倫理学は, ある人々が特定の行為を, 正しいか誤っているか, あるいはそのどちらでもなく単に許容されているだけか, そのいずれかとして評価するように, それをよいか悪いか, あるいはそのどちらでもないものとして評価したりはしません。徳倫理学はまた, 他にいい言葉が何もなかったので,（たいていの場合,）有徳な行為者がなしたことを「よい行為」と呼んだわけでもありません。「よい行為」と呼ばれるのは, それなりの意図があってのことなのです。すなわち「よい行為」は, 確かに, 道徳的に誤りのない（「正しい」）決定や「有徳者の行為」という概念に結びついてはいますが, 同時に,「よき生」や「幸福」（エウダイモニア）という概念にも結びついています[10]。
　有徳な行為者が悲劇的なディレンマにおいてなさざるをえなかった行為は, よい行為ではありません。なぜなら, それらの行為をなすことは, いかにそれがいやいや, 不本意になされたものであれ, よき生を損ない, 駄目にすることに変わりはないからです。たとえ有徳な行為者であっても, ただよくなすだけでは決してそこから抜け出せないようなディレンマがあるということは, 言い換えれば, 有徳な行為者でさえ自らのよき生を損なわなければ, そこから抜け出すことのできないようなディレンマが存在するということなのです。しかし, よき生を損なうことになるのは, その行為者が結局は悪事をなすことになるからではありませんし（なぜなら, 仮定より, そうせざるをえなかったからであって, 彼に罪はないから）, また, 正しい, 正当化できる, あるいは許容されたこ

---

[10] 第1章の注5でも述べたように,「よき生」とエウダイモニアに関する一切の議論は, 本書第Ⅲ部の理論的諸章にたどり着くまで, ずっと保留しておくつもりである。ここでも, 必要に応じてそれらの概念を挙げるにとどめた。

とをなしたからでもなく（もし、そうだとしたら、とても奇妙なことになるでしょう）、むしろ、単にこの選択が彼の生によってもたらされ、そのことによって彼の生が損なわれ、おそらくは駄目になってしまったという事実によってなのです[11]。

　ウィリアムズの挙げるジムとペドロの事例が[12]、解決不可能なディレンマを提示していると考える人もいるかもしれません。彼らの言い分はこうです。その二人が自らの手で一人を殺すにせよ、それを拒否して20人もの人が殺されるのをただ傍観するしかないにせよ、その事例において二人が何かなさねばならないとすれば、それは好機が訪れ次第、潔く自らの命を絶つということでしかありません。有徳な行為者であれば、きっとそうするはずです。なぜなら、優れた人物であれば、そのような状況を抜け出た後に、なお生き永らえることなど耐えがたいことだからです。しかし、当然、こうした考え方を否定する人たちもいます。彼らによれば、もし自らの死へと逃げ込むのであれば、それは卑劣きわまりないことであり、有徳な人がそのようなことをするはずがないからです。もしそうだとすれば、その有徳な行為者は悲しみにとりつかれた余生を送らねばならないでしょう。

　ここで「ねばならない」というのは、行為指針のことではなく、以下のような考え方を表しています。すなわち、「真に憐れみ深く正しい人は、自分が20人の命を救えなかった（あるいは、一人を殺してしまった）という事実から目をそらすことは決してできません。しかし同時に、真に勇敢な人は、その事実から逃れるために自ら死を選ぶこともありえないはずです。したがって、憐れみ深く、正しく、しかも勇敢な行為者は、もしそのような状況に置かれ、いずれかの行為を余儀なくされたならば、二度と再び心安らかな日々を過ごすことはないでしょう。彼の人

---

11) プリアモスを襲った不運に関するアリストテレスの議論（『ニコマコス倫理学』1101a5-14）参照。わたしの解釈では、アリストテレスは、有徳な人の人生が損なわれうるという点は認めるだろうが、それが彼の生そのものを駄目にするとまでは考えないだろうと思う。もし、彼が真に有徳ならば、惨めな（*athlios*）境遇に陥ることはありえない。なぜなら、惨めな境遇に陥るということは、「忌まわしく卑劣なことをなすこと」を含意するからである。アリストテレスならば、人の生が駄目にされる唯一の仕方についても、きっと同じことを言おうとするだろう。

12) B. Williams, *Utilitarianism: For and Against* (with J. J. C. Smart) (1973).

第3章　解決不可能なディレンマと悲劇的ディレンマ

生は永遠に損なわれたのです。」

　たとえ有徳な行為者でさえ，自らの生を損なうことなしにはそこから抜け出ることのできないような状況こそ，「悲劇的」という名に値するものだと思われます。もし，そう考えるのが正しければ，そのことが示唆するのは，「悲劇的なディレンマ」と呼ばれる状況を，実際に解決不可能なものとみなすのは誤りだということです。第2章でも述べたように，解決不可能なディレンマの有無を議論する文献のなかには，たとえディレンマが結局は解決可能なものであるとしても，それが「割り切れなさ」や「道徳的なやりきれなさ」という留保つきでのみ解決可能になるに過ぎない，と主張するものが見出されます。では，そのような割り切れなさややり切れなさというものは，一体どのような形で現れるのでしょうか。その点を詳らかにしようとするのが，本書の立場というわけです。

　とりたてて論議の的になるわけでもない単純明快な事例がまず挙げられます。それは，行為者が，y よりも x をなすと正しく選択したことによって，誰の目にも明らかな新たな責務を自らに課すことになるような場合です。たとえば，ある人が敢えて約束を破らねばならなかった場合，その約束の相手にそうせざるをえなかった事情を説明する責務を彼が負うのは当然です。しかし，そこに割り切れなさややりきれなさが生じ，しかもそれらが疚しさや自責の念，さらには後悔とみなされるや否や，激しい議論の応酬が始まるのです。

　自分のせいではないにもかかわらず，やむをえずディレンマに向き合わざるをえない人がいるとしましょう。そのディレンマは，仮定により，解決可能なものです。しかしそればかりでなく，それがどういう意味で解決可能か，つまり，この場合 x をなすこと自体，この上なく酷いことではあるが，x をなす以外には手立てがない，ということも彼にはまったく明らかだとしましょう。そうだとすれば，当然，彼は x をなします。さて，彼は，自分のなしたことについて，疚しさや自責の念を感じるべきなのでしょうか。この問いに対しては，「もちろん，そうだ」と答える論者もいれば，「そんな必要はない」と主張する論者もいるはずです。そもそも「疚しさ」や「自責の念」とは，厳密に辞書の定義通りに言えば，当人が犯した悪事や過失にかかわるものですが，では一

体，彼がどんな悪事や過失をなしたというのでしょうか。彼が x をなしたことがそうなのでしょうか。しかし，彼には，x をなしたことに対する正当かつ動かしがたい理由があります。すなわち，わたしたちの仮定による限り，y をなすことのほうがずっと悪いことであるがゆえに，彼は x をなさざるをえなかったのです。彼にまったく罪はありません（前提によれば，彼は，自分のせいではないにもかかわらず，やむをえずディレンマに向き合わざるをえなかったのです）。しかし，もし彼に罪がないとすれば，一体どうして疚しさや自責の念をもつことができるのでしょうか。

「後悔」についてはどうでしょうか。彼は後悔すべきなのでしょうか。ここでの問題は，「後悔する」ということのうちに，それを x という酷いことをなしてしまったことに対する適切な反応として十分説得できる，しかるべき意味を見出せるかどうかにかかっています。疚しさや自責の念なら，十分に説得的です。そうした感情は，人に付きまとっては，その者を絶望のどん底に追いやり，ついには彼の生を損ない，駄目にすることさえできるでしょう。しかし，後悔の場合はどうでしょうか。自分が実際になしてしまったことを，もしなさずにいたならよかったのに，と強く思うからこそ，その行為者は後悔すると言えるのかもしれません。しかし，それは同時に，x の代わりに y をなせばよかったのに，という彼の願いを示唆しているようにも思われます。つまり，彼は y をなさなかったことを後悔している，とも言えるわけです。しかし，上述のような状況を考慮に入れた時，そのようなことが果たして言えるものでしょうか。なぜなら，仮定により，彼は y をなすべきではなかったし，もしそれをなせば，恐ろしい過ちを犯したことになるだろうからです。

それゆえ，次のように言わざるをえません。すなわち，そのディレンマが解決可能である時（しかも，行為者が，自分のせいではないにもかかわらず，やむをえずディレンマに向き合わざるをえなかった時），もし「割り切れなさ」という感情が現実に生じるとすれば，それは，x をなさねばならぬように仕向けた諸状況を深く後悔する，ただその時だけということになります。こう考えれば，確かに，割り切れなさを疚しさや自責の念からうまく切り離すことができますが，同時に，行為者との繋がり

第3章 解決不可能なディレンマと悲劇的ディレンマ

を断ち切るという代償も支払わねばなりません。xをなさねばならないと認めた上で，その当の有徳な行為者自身が，あくまで第三者的な観点から，xをなさねばならぬよう仕向けた諸状況を深く後悔することがありうるのは明らかです。したがって，行為者との繋がりを取り戻すためには，その行為者が深く後悔するのは，彼自身がxをなさねばならぬように仕向けた諸状況に対してである，と言わねばなりません。

しかし，このように言ったとしても，まだ十分に説得的であるわけではありません。そもそも，わたしがxをなさねばならぬように仕向けた諸状況に対する後悔は，それがどれほど深く，また「わたしが」という点をどれだけ強調したものであっても，わたしを絶望の淵に落とし入れ，わたしの生を損ない，駄目にしてしまうようなものではありえないのではないでしょうか。実際，もしそうだとすれば，今まで議論されてきた事例において，そのような後悔が唯一可能な割り切れなさとして認められるべきだと主張する人は，人生をあまりに楽観的に描き過ぎているように思われます。そうした事例における，疚しさや自責の念の適切さを主張する人たちは，以下のように主張している点で確かに正しいといえます。なぜなら，たとえその行為者のせいではないとしても，xがこの上なく酷い行為であるなら，少なくとも彼が意図的にxをなしたという事実は，その後の彼の人生に付きまとい，決して消えないからです。

ここでなされるべきは，まず「割り切れなさ」という概念を，疚しさや自責の念という意味で，あるいは後悔という意味で記述する試みを断念することです（前者の場合，相応の説得力はありますが，行為者に罪がない時には，不十分ですし，後者の場合，不適切であり，説得力も不十分だからです）。その上で，xをなしてしまったという悲しみから生涯離れることができないからこそ，有徳な行為者の生は損なわれ，駄目になってしまうことさえある，というように考えるべきです。ここでわたしたちは，またもや「悲劇的」と呼ばれるに値する状況にたどり着いたわけです。なぜ悲劇的なのかといえば，そのディレンマが解決不可能だからではなく，むしろ正しく解決されてもなお，有徳な行為者は自らの生を損なうことなしにそのディレンマから抜け出すことができないからです。

ここで，以前に触れた別の解決可能なディレンマに話を戻しましょ

う。有徳者が陥るそのディレンマとは，彼自身が死に追いやられるか，あるいは自ら命を絶つことによってしか妥当な解決が得られないような状況のことです。これもまた，悲劇的と呼ばれるに値するディレンマであり，しかもそう呼ばれる理由，つまり，有徳な行為者が自らの生を損なうことなしにはそのディレンマから抜け出すことができない，という点も同じです。違うのは，生きてそのディレンマから抜け出すことが彼にはできないという点です。彼は自らの生を断念する他ないのです。

「正しい行為」再々論

　行為指針や行為評価の問題からずいぶん離れてしまいました。話を元に戻しましょう。話題が逸れたのは，解決不可能とみなされ，しかも疑いなく痛ましいにもかかわらず，「悲劇的」と呼ばれるのが相応しくないディレンマがある，という議論からでした。「悲劇的」という名に相応しくないという理由は，たとえそのディレンマに陥っても，行為者は依然としてよくなしたと記述されうるのに対し，わたしたちが悲劇的ディレンマと呼ぶ状況から抜け出すためには，いかなる行為者もよくなすことができず，ある意味では，破滅をも免れないからです。いずれにせよ，様々なディレンマについては，ここまでの論述でどうにか説明し終えました。その説明によれば，解決不能であれ可能であれ，およそ悲劇的なディレンマなど人生には一切存在しないという楽観的な見方が許されるわけではありませんし，他方，悲劇的なディレンマが存在するからといって，有徳な行為者などもはや存在しえないと言わざるをえないわけでもありません。悲劇的なディレンマ，つまり，そこから抜け出すためには，有徳な行為者といえども決してよくなすことのできないような状況が，確かに存在します。しかし，それは，そこから抜け出すために行為者が悪をなさねばならないような状況のことではなく，そもそもまったく抜け出すことのできない状況，あるいは，自らの生を損なうことなしには抜け出ることのできない状況のことです。そこでは，有徳な行為者の生は破滅を免れず，自らの死か生涯絶えることのない悲しみを余儀なくされるだけなのです。ただし，このような悲劇的なディレンマ

が，常に解決不可能であるのかといえば，必ずしもそうとばかりは言えないように思われます。

　いずれにせよ，ディレンマが悲劇的である時，正しい行為についてわたしが第1章で定式化していた規定では，もはや間に合いません[13]。念のため繰り返せば，そこでは，「行為は，もし有徳な行為者が当該状況にあるならなすであろう，有徳な人らしい行為である時，またその場合に限り，正しい」と規定されていました。ディレンマが悲劇的で，しかも解決可能である場合，確かにこの規定は適切な行為指針をもたらします（道徳的に正しい解決策は，有徳な行為者が当該状況にあるならなすであろう，有徳な人らしい行為をなせ，ということに尽きます）。しかし，その規定が行為評価をも与えると解されるならば，それは（自己の命を犠牲にする場合を除いて）誤りとなります。なぜなら，有徳な行為者の生を損なうような酷い行為でさえ，あたかもよい行為であるかのようなお墨付きを与えてしまうことになるからです。他方，そうした悲劇的なディレンマが解決不可能である場合，この規定が適切な行為指針を与えることは決してありませんし，それが行為評価を与えると解される限りは依然として誤りなのです。

　この問題を何とか切り抜けようとするなら，「その人らしい（characteristic）」という概念についてのいささか含みをもった解釈が必要かもしれません。たとえば，正しいディレンマの解決が，誰かを殺し，死に追いやり，相手の篤い信頼を裏切り，きわめて重大な約束を破るようなことであるとしましょう。もし，当該状況にあれば，有徳者としてなすべきはそうした行為だというわけです。しかし，いやしくも彼らが慈悲深く，自らの言葉に誠実で，しかも正しい人であるのならば，そんな酷いことをなすなどということは，およそ「その人らしくない」，彼の人柄に似つかわしくないことではないでしょうか。

　こうした言い分は，確かに，特定の状況に左右され過ぎているきらいがあります。正しい行為を定式化する際に「その人らしい」という概念が組み込まれているのも，ごく単純に解せば，たとえ有徳な人であっても時には「その人柄に似つかわしくない」振舞いに及ぶことがあるとい

---

[13] わたしがこの点に気づき，悲劇的ディレンマの重要性を理解するようになったのは，M・スロートとC・スワントンとの討論のおかげである。

う，日常的な意味合いを除外するための限定と取ってよいでしょう。たとえば，有徳者といえども，すっかり疲弊し切り，悲しみに茫然自失することもあれば，病に倒れ，時に（あくまで本人に大きな咎のない状況で）酩酊することも，また大きなショックを受けて自己を見失ってしまうことだってあるでしょう。しかし，悲劇的なディレンマを正しい仕方で解決する際の有徳な行為者が，そのことによって「自己を見失った」と述べられるなら，それは正しい記述とはいえません。それどころか，そのディレンマをともかくも正しく解決せんがために，自らの徳と実践知の一切を総動員することによって，彼はいやがうえにも自己に忠実であったに相違ありません。

　いずれにせよ，第１章で定式化された規定を，ここでむしろはっきりと修正し，以下のように言い換えたほうがよいように思われます。

　　行為は，もし有徳な行為者が当該状況にあるならなすであろう，有徳な人らしい行為である時，またその場合に限り，正しい。ただし，悲劇的なディレンマにおける場合は別である。そこで下された決定は，有徳な行為者が下したものである時，またその場合に限り正しいものではあるが，しかしまた，そこで決定された行為があまりに酷すぎて，もはや「正しい」とか「よい」とはとても呼べないこともありうる。（なお，悲劇的ディレンマとは，有徳な行為者が自らの人生を損なうことなしには，そこから抜け出すことのできない状況のことである。）

　第１章での定式を悲劇的ディレンマとのかかわりで修正せねばならなくなったからといって，別段，驚くほどのことではありません。功利主義者も義務論者も，悲劇的なディレンマに関しては何らかの言い分があるはずですが，それをどう規定するかは彼らに任せておきたいと思います。しかし，間違いなく誰もが認めざるをえないのは，少なくとも解決可能なディレンマが引き起こした状況にあって，自己犠牲のケースを別にすれば，行為指針と行為評価とは分離している，ということです。だからこそ，標準的な事例であれば，難なくその両方を提供できる規定であったとしても，そこに何らかの修正が必要となるのです。また，解決

不可能なディレンマにあっては，いずれの行為をなすにせよ，それらは両方とも明らかに悪しきものである，と主張するどんな規定も，あのわかり切った言い回し，すなわち「有徳な行為者は，その人柄にふさわしく，決して悪事をなさず（ただ正しいことだけをなす）」という主張を放棄せねばならないはずです。したがって，第1章での規定に修正が必要であるからといって，そうすることがその背後にある根本思想に疑いを向けることには決してならないのです。

　しかし，ではその「根本思想」とは何であると，かつて考えられ，また現に何と考えられているのか，ここで問うことができるでしょう。それは，人の性格が行為よりも「優位にある」という考え，すなわち，「いかなる形の徳倫理学であれ，その中核にある」[14]と通常考えられる主張のことなのでしょうか。この問いに直接答えることはできません。なぜなら，「性格が行為よりも優位にある」という主張は，実に多くの意味をもちうるからです。いったいどんな観点からなら，わたしが求めている徳倫理学が「性格の優位」を認めると言えるのか，それがすっかり明らかになるには，本書の最終章まで待たねばならないでしょう。この点で，一般に徳倫理学に当てはまると思われているいくつかの考えをわたしは自分のものとはみなさないつもりです。

　では，まず最初に，スティーブン・ハドソンの考えを検討してみましょう。アリストテレスを引いて，「正しく節度ある人がなすであろうように行為がなされる時，その行為は正しく節度あるものである」と述べた後，彼は以下のように続けます。

　　さしあたり，勇気を道徳的徳の範例とみなすなら，勇気ある行為という概念は，勇気ある人という概念に対して第二義的であり，それに依存したものでもある。前者は後者からその意味を得る。それはどのようにしてかといえば，当該の状況において，勇気ある人であるならなすであろうような仕方で行為がなされる時，またその時に限り，その行為は正しく「勇気ある」と呼ばれるのである。勇気ある人は，その人自身が勇気の具現者であり，その理想型とみなされ

---

14) J. Oakley, 'Varieties of Virtue Ethics', p. 129.

る。もっともよく勇気という特徴を表している行為を選び出すことができるのも，その理想型を参照することによってである。言ってみれば，そのような徳の具現者を一旦手に入れてしまえば，その具現者がなすであろう行為を参照することによって，わたしたちや他の者たちがなすことが，実際に勇気あることであるのかどうかを決めることができるわけである。行為のうちに勇敢さがあるかどうかを見究める仕事の可否は，本質的には，勇気という特性，すなわちあるタイプの人がもつ性格をわたしたちが理解できるかどうかにかかっているのである。[15]

徳の具現者，つまり有徳な性格をもった行為者を（いわば）手に入れて初めて，わたしたちは「有徳な行為」（「正直な行為」「誠実な行為」「節度ある行為」「慈悲深い行為」等々）を理解できるようになる，というここでの提案は，まさに「性格の優位」を強く主張するものと言えます。もちろんわたしは，勇気ある人，正直な人，誠実な人であることの本質を理解できて初めて，「勇気あること，正直なこと，誠実なことをなせ」という徳–規則を理解できるようになる，などという考えを自分のものと認めるつもりはありません。年端のいかぬ子どもでさえ，少なくともある程度は，こうした規則をそのまま理解できているでしょうし，よい辞書でこうした形容詞を引けば，「行為について，云々の徳をもった人に特徴的な」とだけ述べて，後は対応する名詞を参照させるようなことは，まずないでしょう。（この点で Pickwickian というような形容詞とは対照的です。この語は，今では「失言への追及を避けるために誤って，あるいは誤解して用いられた（言葉）」という意味にまで広く適用されているので，この場合は，いかによい辞書といえども，語源に遡り「Pickwick の／のような」と言うしかないのです。）[16]

最初にわたしは，徳–規則を，徳と悪徳を表す用語から「生じた」ものと記述しましたが，そうであるからこそ，「徳–行為」という概念が，

---

15) S. Hudson, *Human Character and Morality*, pp. 42-43.
16) これはアンスコムの論点でもある。すなわち，「それは不正なことなのか」「それは不正直なことなのか」という問いに対する答えは，「時として，瞬時に明らかであるだろう」（'Modern Moral Philosophy', p. 33）。

ある意味で，有徳な人「に対して第二義的で，しかもそれに依存してもいる」と言うことに何のためらいもないのです。しかし，この「～に対して第二義的で，しかもそれに依存してもいる」という句を，わたしは，「もっぱら～によって定義され，理解されるしかない」という意味よりも，もっと込み入ったものとして解釈しています。実際，行為に適用される徳‒形容詞には，その適用に当たってなにがしかの自立性が──悪徳にかかわる形容詞の場合は特に──保たれていることは確かです。おそらく辞書を引けばそうした自立した意味合いが見つかるはずですし，母の膝の上で聞き覚えたような規則のうちにもそれは含み込まれていることでしょう。有徳な人，すなわち勇気ある人，正直な人，あるいは誠実な人というような概念は，明らかに「第一義的な」概念ではありますが，その意味するところは，徳‒形容詞がもつ自立的な意味合いだけではどうにも立ち行かない場面で，そうした概念にわずかな補正を施すために，「有徳な人」を第一義に立てる必要がある，というに過ぎません。(「勇気ある人ならば，きっとそうするであろう時，またその時に限って，あなたがたも危険に向き合い，痛みに耐えなさい」，「正直な行為者ならば，きっとそうするであろう時，またその時に限って，あなたがたも嘘をつかないようにしなさい」。)

有徳な人ならきっとこうするだろう，というわたしたちの理解から得られる概念上の補正は，なにも徳を表す用語だけでなく，悪徳を表す用語にも機能するように思われます。実際，見本となるような臆病者や不正直者が必要なわけではありません。反対に，「臆病な」とか「不正直な」という形容詞を用いる時に，その意味合いが補正されるのは，わたしたちが次のようなことを理解するようになってからです。たとえば，勇敢さの大半は慎重さから成り立っており，勇気ある者でさえ命からがら逃げ出す場合があるということを知り，一体どんな場合に彼らの逃亡が臆病とならないのかを理解するに至る時，あるいは，いたって良心的な正直者が嘘をつき，他人を欺く場合だってあるということを知り，一体どんな場合に彼らの欺きが不正直とならないのかを理解するに至る時がそうです。

しかし，悲劇的ディレンマの可能性によって示されるのは，そのような概念上の補正が必ずしもすべての場合に機能するわけではないという

ことです。悲劇的なディレンマにおいては，有徳な行為者さえもが，この上もなく酷く，恐ろしいことをなしてしまうのであり，彼がそのような行為をおこなったという事実だけでも，「残酷な」「ひどく非情／無責任な」「恐ろしく不正な」「まったく不実な」といった概念に何らかの補正が施され，適切な（人が何を適切だと感じ取るかは様々でしょうが）記述に近づくためには十分過ぎるほどです。しかし，それにもかかわらず，「この上もなく酷い」，「恐ろしい」といった概念には，確かに何らの補正もなされはしないのです。実際，その当の有徳な行為者自身が，正当にも，何かこの上もなく酷く，恐ろしいことを，つまりは，おそらく「よ・く・なした」と記述されることは金輪際ありえないようなことを，自らなしたとみなしたからこそ，彼の人生はすっかり損なわれてしまったのです。もし，「性格が行為よりも優位にある」という主張が，本来，この上もなく酷く，恐ろしい行為を，有徳な人にかかわる（あるいは，おそらく悪徳な人にかかわる）何か単一の性格へと還元することによって定義せざるをえないように仕向けるものであるとするなら，わたしは，そんな考えもまた自分のものとみなしたくはありません。

　もちろん，両者の概念的な繋がりまでも認めないと言いたいわけではありません。確かに，上で述べたように，この上もなく酷い行為とは，一般的に言って，もっとも非情で，不正直で，不正で……つまり性格的に邪・悪・な人がなすような，まさにそのような類のものであり，その「ほとんど」が，実行可能なこととして有徳な人の脳裏をよぎることさえないような行為のことです。しかし，普段なら決して有徳な人の脳裏をよぎるはずがないと言えるのは，その行為によってとてつもなく大きな害悪が（あるいは，ひょっとすると甚大な喪失が）もたらされることになるだろうからです。アリストテレスに端を発する徳倫理学は，「よい」や「悪い」という概念を，有徳な行為者の概念へと還元することによって定義するのではなく，ただその両者の密接な関係を維持することだけに努めるのです。ここで，後の章で展開される議論を前もってごく簡単に見ておくために，フットが述べた以下の点についてだけ触れておきましょう。たとえば，慈悲の徳の場合，それは「他人の善と結びつく徳である。しかも，通常，生はよいものであるがゆえに，慈悲もまた，普通

の場合であれば，生が保たれ，延ばされることを求めるはずである」[17]。何が他人の（真の）善を構成し，いつ生がよいものとなり，いつよくないものとなるかは，有徳な人ならそれがわかるし，認識もできるような事柄に属しているのですが，逆にそうした事柄がなぜ有徳な人にわかるのかといえば，それを彼が現に認識しているからというよりは，むしろそれが人間本性にかかわる事実だからと言えるでしょう。

　さて，今一度，一見わかりやすい標語的規定に潜む危険について見ておくことにします。「性格の優位」へのコミットを前提することによって，徳倫理学が，有徳な行為者および悪徳な行為者という概念を道徳哲学に相関する唯一の概念装置だと主張していたかのように，言い換えれば，わたしたちがもちあわせる他のすべての道徳概念の分析は，それらをその二つの概念へと還元させることによって可能になると，あたかも徳倫理学が約束したかのように思ってしまうことは，驚くほどよくあることです。（わたしが他の箇所でも言及したように[18]，フットは先に引用した安楽死に関する論文において，よいことや有益なことという概念を「自分勝手に使っている」と非難されました。その意味するところは，もし彼女が，徳倫理学的なアプローチを安楽死に応用し，正義や慈悲という概念を用いて安楽死を論じようとするならば，それは正当性を欠いている，というものです。なぜなら，こうした概念の分析が有徳な行為者という概念に還元される形でなされた時，初めて，彼女がそれらを用いることができるようになるから，というのが彼らの言い分です。）

　確かに，徳倫理学による正しい行為の規定を見る限り，「正しさ」の概念に関しては，徳倫理学がある種の還元主義にコミットしていると言えるかもしれませんが，他の道徳的概念に関しては，それが大掛かりな還元に手を染めることなど決してありません。それどころか，反対に，徳倫理学は多くの道徳的概念に依拠してさえいます。徳倫理学は，人間が備えもつことのできる「善」（ないし諸々の「善」）の概念や，それによって「慈悲」が定義される，人間を（真に）益するものの概念に依拠しているばかりでなく，人間の生に密接にかかわる概念，たとえば「価値」や「利益」，そして「快楽」などといった概念にも依拠しています。

---

17) P. Foot, 'Euthanasia', p. 54.
18) 'Applying Virtue Ethics' (1995).

もし，何が価値あるもの，有利なもの，快いものであるかについて，わたしが誤った概念をもつならば，わたしは，自分自身や他人にとって何が善く，何が有害であるかについても，誤った概念をもつことになるでしょうし，いくら善意のつもりでいても，それら諸概念を含み込んだ慈悲の徳をわたしは欠くことになるでしょう。さらに，何が人間生活においてこの上もなく大きな害悪であるか，ということについても，事情は同じです。

では，どの点でわたしは「性格の優位」に依拠するのでしょうか。そもそも，わたしが必要としているのは，「性格の優位」を支持するために持ち出されるいかなる基礎づけ的，あるいは還元主義的な性格づけも明示的に否定できるような表現です[19]。したがって，わたしとしては，そのような趣旨に沿った命題として，「有徳な行為者という概念は，倫理学において焦点となる概念である」という主張に賛意を示しておきたいと思います[20]。そうすれば，ここまでの議論を要約して，こう言うことができるでしょう。すなわち，この命題でわたしが意味しているのは，行為指針と行為評価を二つ共に理解するために，あるいは，何をなすべきかを理解することが時としてひどく難しくなるのは何故か，また有徳者の忠告に耳を傾けねばならないのは何故か，その理由を理解するためにも，どう見積もってもそうした焦点的概念が必要だということなのです。さらに言えば，解決不可能で悲劇的なディレンマや徳の統一性を理解するためにも，はたまた，わたしたちの徳と悪徳の概念を補正し，そうすることで十全な理解を得るためにも，それは必要なのです。（この後の諸章では，さらに，いわゆる「道徳的な動機」を理解するためにも，それが必要となるという点が議論されるでしょう。）

---

[19] 古代徳倫理に関するジュリア・アナスの以下の論述を参照せよ。「行為者にとっての終極目的，幸福，そして諸々の徳といった概念を，『基礎的なもの』に対して，『優位にあるもの』と呼んでもよいだろう。それらは，探求がそこから始まる概念であり，同時に理論の枠組みを提供するものでもある。わたしたちが他の概念を導入し，理解するのも，それらによってである。したがって，それらの概念は，およそ何事かを理解するにあたっても，常に優先さるべきものなのである。……しかし，それらは，近代的な意味では根本的なものではない。なぜなら，他の概念がそれらから派生したわけではないし，それらへと還元されるわけでもないからである。」*The Morality of Happiness* (1993), p. 9.

[20] 行為者−基底的な（agent-based）徳倫理学と行為者−焦点的（agent-focused）な徳倫理学の差異に関しては，Michael Slote, 'Virtue Ethics' (1997) を見よ。

第3章 解決不可能なディレンマと悲劇的ディレンマ　　　　129

絶対主義・再論

　悲劇的ディレンマに関して本書でこれまでになされてきた議論，とりわけ，そのディレンマの正しい解決が，敢えて自らの命を差し出すことであるかもしれないという認識によって，徳倫理学をめぐるもう一つの誤解はきっと矯正を余儀なくされるはずです。その誤解とは，何であれ絶対的な禁止規則，つまりそれだけは絶対になしてはならない特定の行為が存在するということを徳倫理学が否定しているという考えのことです。このような誤解のゆえに，徳倫理学は時に批判されることもありましたが，逆に面食らうのは，――しかも危険でもあるのは――徳倫理学が困難な問題に「しなやか」で「状況に適応した」取り組みを見せ，個々の難局をその都度みずからの力で考え抜いたからこそ，義務論ばかりか功利主義にも見出されるような杓子定規な禁止宣告を避けることができたと賞賛される，そうした傾向に対してなのです。これは，教科書においてしばしば他の二つの倫理的立場に帰せられてきた問題点を，徳倫理学が望ましい仕方で回避できているとみなされる時，往々にして起こりがちなことです。そこでの考えの筋道は，およそ以下のようなものです。

　　功利主義によれば，嘘をつくということのうちに，本来，まずいことはなにもない。だからこそ，自分のことを信頼し切っている患者さんに対して，もし，あからさまな嘘をつくことがまわりの皆を幸せにし，よい結果をもたらすような状況でありさえすれば，功利主義は迷うことなく彼に嘘をつくよう勧めるのである。このような事例を見ると，わたしたちは，むしろ義務論が唱えるように，結果のいかんにかかわらず，人は嘘をついてはならない，という規則なり原則を守ることこそが重要であると思えてくる。しかし，一旦そうした立場に立ってみると，わたしたちはたちまちよく取り沙汰される場面，たとえば，自分の家の地下室にユダヤ人を匿い，迫り来るナチスの魔の手から彼らを守らねばならぬような場面を考えないわ

けにはいかなくなる。実際，そのような状況においてさえ，真実を語らねばならないとすれば，その結果のあまりの恐ろしさに，わたしたちは又もや功利主義へと鞍替えしてしまうことになるだろう。そこで徳倫理学の出番となる。一般規則や原則に訴えることを一切拒否し，一元論的な「幸福の最大化」も，「嘘をつくな」という例外を許さぬ命令も，両方とも拒否した上で，徳倫理学がわたしたちに命じるのは，個々の難局をその都度みずからの力で考え抜くことである。有徳な行為者に備わる賢明な眼力によって，上記の二つの事例は明確に見分けられる。まず第一の事例で道徳的に問われるべき「もっとも大切なこと」とは，人は自分のことを信じてくれている友人に対してさえ，時に嘘をつかねばならないことがある，というその事実なのであって，単に〔嘘をついたという〕結果なのではない。それに対して，第二の事例では，問われるべきは〔嘘を避け，真実を告げた〕結果であって，嘘をついてよいかどうかではない。よい行為を可能にするのは，まさにこうした道徳的な〔その都度の状況〕認知能力なのであって，単に規則に従うことなのではない。──いずれにせよ，何とも思慮に富んだ能力ではある。

　確かに，こうした考えがまったくの間違いというわけではないと思いますが，多くの誤解によって肉付けされていることもまた否めません。たとえば，それは，徳–規則の存在を忘れて，「徳倫理学はいかなる規則も原理も編み出さない」という古い考えへと一挙にわたしたちを連れ戻してしまいます。別の例を見れば，たとえ潜在的にとはいえ，ナチスに対する嘘ならばそれを受け入れてもかまわないという姿勢が垣間見える以上，徳倫理学が「〔規則〕絶対主義」を拒絶することはもはや避けがたいと思われても仕方ありません。つまり，徳倫理学は絶えず〔嘘をつくな，というような〕「規則」を状況に合わせて変えていく用意がある，というわけです。しかも，これら二つの事例が結び合わさろうものなら，お次は，危険なまでに人を惹きつける第三の誤解の出番となります。その言い分によれば，徳倫理学は，どことなく柔軟で融和的であり，とりわけ義務論によって押し付けられたどうにも息苦しい多くの桎梏からわたしたちを解き放ってくれるはずだ，というのです。だからこ

そ，時に有徳な人が死や悲嘆の淵に沈むことを余儀なくされ，時にみずから死地に赴くことさえ求められる場合があるのだと聞いて，彼らは驚きを隠せないのです。

そこで，たとえば，「そうすることが正直なことであれば，それをなせ」「そうすることが不正直なことであれば，それをなすな」という二つの規則が，徳倫理学に固有なものであるとしてみましょう。さて，その場合，この二つの規則の実効性が，その都度の状況に合わせて変わるということ，たとえば，徳倫理学が義務論の息苦しい要求からわたしたちを解き放ってくれると言われるような仕方で，それが緩和されるというようなことを，一体どうやったら考えることができるというのでしょうか。

徳倫理学を柔軟で融和的なものだと考えがちな人は，おそらく，正直の徳が，ごくたわいのない嘘と両立可能だとみなすところから説き始めることでしょう。

　　常々，とても正直だと思っていた人が，たまたま小さな社交的な嘘をつくのを聞いたからといって，その人の性格についてわたしがもっていたそれまでの評価が誤っていたとは考えない。礼儀を重んじればこその振舞いだと，わたしにはわかっている。何であれ嘘は決してつかないようにしている人が，その結果，もう一方の人，すなわち重要な事柄にはいつも律儀に真実を語るよう努めているけれど，社交儀礼上，時には他愛のない嘘を許容する，そういう人よりも正直であるというわけではない，そう言ってよいだろう。むしろ反対に，嘘を決してつかない人とは，「嘘をつくな」という規則を何か犯すことのできない神聖なものと考え違いしている人であり，おそらくは，「一つ嘘をつくと，別の嘘をつかねばならなくなる」という誤った思い込みを，人間心理の避けがたい法則，つまりは人間の条件と思っている人である。

こうした融和的な考え方は，さらに以下のように続くかもしれません。

地下室に匿(かくま)っているユダヤ人のことでナチスに嘘をついたからといって、わたしはその人を不正直だと非難することもないだろう。わたしの考えでは、もし仮に、こうした状況から抜け出す唯一の方法が嘘をつくことであり、しかもここで嘘をついたのが正直な行為者と想定されていたのであれば、この事例はいかなる意味でも当人の不正直さを反映したものとは（つまり、彼の行為が不正直だとは）いえない。もちろん、それが正直さの行使だというわけではないけれども。だから、わたしはこう続ける。「そう、ここでは正直さの保持が取り沙汰されているわけではない。なぜなら……」。かくして、正直さをもつことは、公然と嘘をつくこととも整合的となる。わたしたちは、自分たちの徳概念（と悪徳概念）を、感得されるままの世界像にうまく適合するようその都度作り変えているように思われる。つまり、真に有徳な人が時に義務論者の規則を破ることがあるような世界、そんな世界が存在するとわたしたちは考えているのである。

　ここで取り上げられている問いとは、わたしたちが世界をまさにどのようなものと考えているのか、たとえば、世界を神が創造したものと考えているのか否か、といった問いなのです。しばしば、義務論が有神論者にとって唯一可能な規範倫理であると考えられてきましたが、こうした考えは、トマス・アクィナス、さらにアンスコムやギーチらが、皆、義務論者であるよりむしろ徳倫理学者であるという事実とくいちがってしまいます。彼らは皆、「嘘をつくな」という命令を絶対的な禁則ととり、それゆえ、上述の多くを否定することでしょう。思うに、彼らはまず何よりも、正直の徳が他愛もない嘘をつくことと整合的である、という命題を否定するはずです。あるいは、別の文脈において、律儀に真実を語る人が〔それでも嘘をついてしまうのは〕、しかるべき時にためらわず嘘をつく人がそうであるような意味で不正直なのではなく、むしろまだ正直さを欠いているに過ぎません。「嘘をつくな」という規則は、犯すことのできない神聖なものであり、しかも、一つ嘘をつくと、別の嘘をつかねばならなくなると考えることは、決して誤りではありません。小さな社交儀礼的な嘘をつくことを習慣化していくことが、「わた

第3章　解決不可能なディレンマと悲劇的ディレンマ　　133

したちの実践知を蝕んでいくのです」[21]。

　ギーチはこう言っています。「もし，嘘をつく以外に方法が見つから・・・・・ないならば，嘘はあなたが選り分けることのできる選択肢のうちでは，邪悪さの程度がもっとも低いものかもしれない。〔しかし，〕そこには邪悪さがまだ十分に残っている。だから，嘘をつくことなしにその状況を抜け出すための，聖ヨハンナや聖アタナシオスがもっていたような知恵を欠いていることにこそ，あなたがたは責任を感じるべきなのである」[22]。ここでの彼の議論は，神は自らの忠実な僕(しもべ)に対して，罪と罪の間での選択を決して求めはしない，という主張を背景に，嘘をつくことの絶対的な禁止を説いています。それゆえ，もし，あなたが悪いわけではないのに，そのような状況に陥り，しかも，嘘をつくことが罪であるにもかかわらず，嘘をつくという選択肢しか見つけることができない・・・・・・・・ならば，そこから言えることは，あなたには徳が欠けており，おそらくは個々の道徳的徳目の本質である実践知までもが失われているということなのです。確かにわたしたちは，自分たちの徳概念（と悪徳概念）を，感得されるままの世界像にうまく適合するようその都度作り変えてはいます。しかし，真に有徳な人が嘘を禁じる規則を破ってかまわない，そ・んな世界が存在するなどとは考えてもいません。わたしたちは，そのような世界がありはしないことを知っています。

　要するに，彼の考えは，一つは，嘘の絶対的な禁止に，もう一つは，ユダヤ人を裏切ってナチスに売るようなひどい仕打ちをせずとも，真に有徳な人なら嘘を回避できるという神的な保障にかかわっています。多くの人が，こうしたギーチの考えに同意できないのも，もっともです。しかし，彼の主張に同意しないからといって，それが，まったく一般的に「真に有徳な人が，時に義務論者の規則を破ることがあるような，そんな世界が存在するとわたしたちには思われる」と主張することになるわけでは全然ありませんし，だからと言って，徳倫理学の本来の正しい行為規定によって，有徳な人が行為する時にはいつでも，「正しいことがなされる」と考えられるわけでもありません。

　少なくとも以下の点については，ギーチの主張は確かに適切なものだ

---

21) P. Geach, *The Virtues*, p. 113.
22) Ibid., p. 121.

と思われます。そもそも，何をなすべきか，その決定が極めて困難に思われる状況とは，なにもこれ見よがしに悲惨で悲劇的なディレンマというラベル付きでやってくるようなものではありません。自分の置かれた状況を，二つの大きな悪のいずれかを選択せざるをえないものと，いともたやすく思い込んでしまい，第三の方途があるなど夢にも思わないのは，徳を欠いた人の特徴と言えるでしょう。したがって，そうした状況において，「適切」で「際立った」第三の方途に気づきさえすれば，真に正直な人が公然と嘘をつくこともありうるという考えなど，直ちに誤りであるとわかるのです。同様に，たとえもっと大きな被害を防ぐためとはいえ，真に慈悲深く正しい人が殺人を犯すことがあるという考えもまた誤りです。わたしたちの世界は，しばしば人が嘘をついたり殺人を犯さねばならぬようなものとみなされることがありますが，そう考えるのは，有徳な人ではなく，むしろ著しく徳を欠く人なのです。（次のアンスコムの言葉と比較せよ。「無実の被告に死刑を執行するような行為が，わざわざ熟慮する必要もないほどのもの〔すなわち自明な悪〕であるのかどうか，そこにはまだ検討の余地がある，そう実際に前もって考えている人がいるとすれば，……そこで明らかなのは，彼の心が蝕まれている，ということである。」[23]）

　というわけで，徳を欠いた人にとって，絶対的禁則の存在が不可欠と

---

23) Anscombe, 'Modern Moral Philosophy', p. 40. 放送大学のわたしの教え子たちが次のような夫殺しの例を持ち出すのを見て，ちょっと恐ろしい気がした。その例とはこういうものだ。自分の子どもたちに執拗に性的虐待を繰り返す夫に，その忌まわしい行為をなんとか止めさせようとして，結局，妻は夫を殺害し，こう呟く，「有徳な人だって，きっとこうするはずよ」と。この例で彼らが言いたかったことは，おそらく，こうだろう。「わたしは彼女を非難したくないし，彼女に徳が欠けているとも言いたくない。もちろん，彼女のやったことは正当だったと思う。なぜなら，彼女は，自分に可能なただ一つのやり方で子どもたちを守ったのだから」といった具合に。しかし，こうした考え方には，ある種のごまかしがある。そもそも，「ただ一つのやり方」と言っているのは誰なのか。この例を持ち出した人たちは，件の女性が，「子どもたちを守るのに，他に方法がなかった。わたしには，他にどうしようもなかった」と言うものと想像し，自分たちもまたその言い分を直ちに受け入れてしまうのである。しかし，彼らはそれを受け入れるべきではない。「それがどんなに酷いことでも，わたしにはそれしかできない，わたしにはそれ以外の道がない」というように，あまりにも安易に考えてしまうことは，それ自体，悪徳の特徴であり，性格上の欠陥を示している。このように，ある考え方を（たとえば，「わたしには，他にどうしようもなかった」と），よきにつけ悪しきにつけ，人に強いているのは，その人の性格である。そのことをわたしは以下で論じている。'Acting and Feeling in Character: *Nicomachean Ethics* 3. 1' (1984).

なるのも，もっともなことなのです。ここで，誤解を恐れずに言いたいのは，わたしたちが考える世界では，真に有徳な人が，快楽のために幼児を性的に虐待するようなことは決して起こらない，ということです。アリストテレスに倣っていえば，そのような行為は，「この上なく醜悪なこと」に他ならないからです。

第Ⅱ部
感情と動機づけ

第 4 章
アリストテレスとカント

　前章では，有徳な行為者が特定の場面で感じ取るであろう感情，とりわけ，なすべきことをなしてなお残る後悔の念と深い心の痛みに言及がなされました。しばしば徳倫理学は，感情の道徳的意義に関して，他の倫理学的な立場，特にカントの義務論に比して，より優れた説明をもたらし，わけても「道徳的な動機づけ」についてはカントよりも魅力的な説明を与えると称揚されてきました。しかし，そのような説明とは一体どのようなものなのか，また，カントにとって，さらに一般的には義務論者や功利主義者にとって，そうした論題に関して十分な説明を与えることは不可能なのか，はたまた仮にそうだとして，それはどうしてなのか，その答えは明らかになっていません。既に述べられたように（本書第2章 73-74 頁），義務論者や功利主義者が，単に行為者よりも行為に重きを置くからという理由だけで，後悔のもつ倫理的な意義を認識できずにいるとはわたしには思われませんし，おそらくはその両者のいずれもが，本来，感情のもつ道徳的な意義を自らのうちに組み入れることができずにいるなどということはないものと思われます。確かに，わたしは常々，徳倫理学が他の二つの立場よりもよい説明を与えてくれると思ってきました（そもそもわたしが徳倫理学に魅了された理由の一つがそれだったのですから）。しかし，思想史上のこれまでのいきさつがたまたまそうであっただけで，それ以上の意味がそこにあるなどとは，もはやかつてのように確信をもって言うことはできません。

　そもそも感情の道徳的意義に関して優れた説明をもたらすのが徳倫理学だと言われる時，人々が真っ先に思い浮かべるのは，慈悲深い行為を

なす人が備えもつ感情の問題でしょう。それはまた，カントが『道徳の形而上学の基礎づけ』第1章で述べている義務と傾向性に関する周知の説や，アリストテレス倫理学の主題とそれとの間にある明白な矛盾とにかかわっています。いずれにせよ，徳倫理学について人々が真っ先に思い浮かべるのが実際そのような問題であるならば，そこから生じうるいくつかの誤解について，本題に入る前にひと言注意しておかねばなりません。第一に，感情に関して，徳倫理学が義務論ばかりか功利主義にも優っていることを示そうとしても，その試みはほとんど望み薄と言えましょう。なぜなら，功利主義は，そもそもそのもっとも単純な基本理念からして，行為者が行為に際してもつ感情に一切関与していないからです。第二に，感情問題に関する一般通念は，非カント的な要素を含み込んだ義務論の可能性を理解し損ねています。実際，カントによるいくつかの論点を拒否したとしても，その義務論はなおカント的なものと認識されうるでしょう。第三に，感情というものの道徳的意義をごく一般的に主張しさえすれば，それで事足りるというようには思われません。たとえそうした主張が，同情や憐れみ，さらに愛という感情の道徳的な意義を示しえたとしても，そのことによって恐れや怒り，喜びや悲しみ，さらには希望，誇り，恥辱，絶望，賞賛，感謝，困惑などといった諸感情の道徳的な意義まで示されたわけではないはずです。しかし，こうした問題があるにせよ，新アリストテレス主義的な徳倫理学の理解を深めるために，またそれが『道徳の形而上学の基礎づけ』においてカントとどの程度まで対立しているのかを探るためにも，ここで感情の問題に立ち入った考察を加えることは十分価値あることと思われます。

『ニコマコス倫理学』第1巻の最後で，アリストテレスは，「抑制のある人」（「自制心のある人」）のタイプと「徳をもつ人」のタイプとの区別を導入します。わかりやすく言えば，抑制のある人とは，一般になすべきことが何かを知っていて，しかもそれを欲してはいないにもかかわらず自らの欲求に反してなす人のことであり[1]，他方，徳をもつ人とは，

---

[1] 抑制をこのような仕方で一般的に記述する点で，わたしは現行の慣例に従っている。しかし実際に，アリストテレスが抑制と「無抑制」（意志の弱さ）を『ニコマコス倫理学』第7巻で論じる際には，「節制やふしだらがかかわるのと同じものにかかわる状態だけが，〔限定なしに〕抑制や無抑制とみなされなければならない」〔1148b10-12〕と明言している。彼は

一般になすべきことが何かを知っていて，しかもそれを欲してなす人のことです。有徳者の欲求は，自らの理性との「完全な調和」のうちにあるわけです。それゆえ，有徳者がなすべきことをなす時，彼は自ら欲することをなしているのであり，欲求の満足という報酬さえ得ているのです。かくして，「徳によって生まれる行為は徳を好む人にとって快い」（1099a12），すなわち，徳をもつ人は，彼らが（自らの性格に従って）なすことを，実際に喜びをもってなすのです。

　このようにして，アリストテレスは二種類の人，すなわち抑制のある（自制心のある）人と徳をもつ人とを区別した上で，さらに上述のような意味で，徳をもつ行為者の方が単に自制心のある行為者よりも道徳的に優るという重要な相違をそこに見出します。

　他方，『道徳の形而上学の基礎づけ』において，カントは次のように述べています。

> できるだけ善行を心掛けることは，義務である。だが，それにもましてたいへん情け深い気持ちの持ち主が幾人もいる。そういう人たちは別に見栄や損得勘定がらみの動機があるわけでもないのに，周りの人々を一人でも多く喜ばせることを内心から楽しみ，自分のしたことで他人が満足するなら愉快でいられる。しかしながらわたし

「無抑制」という言葉が，類比によって，他のこと，たとえば，気概，名誉や利益，さらには家族といったこと（ここに恐れが含まれていないのは興味深い）にかかわる状態についても使用されることを認めている。しかし，彼がこれら「類比によるだけの無抑制」について，そうでないものほどには興味をもっていないことは明らかである。ここで奇妙なのは，そのようなことを「過剰に欲する」人が，自らなすべきでないと知っている仕方で行為する可能性を，彼が見落としていたように思われる点である。当該テキスト（1148a20-b15）を見る限り，確かに，過剰に欲する人は，自らの過剰さに気づいて（また知っても）いるのだが，限定抜きでの無抑制とは違って，「そこには実際にいかなる邪悪もない」が故に，そのような過剰は非難されるようなものではないかのように読める。しかし，それらの多くが実は邪悪な行為に他ならないのではないかと思われる。なぜなら，そのように過剰に欲する人は，理性に反し，感情に駆り立てられて不当な復讐をなし，名誉や利益あるいは自分たちの家族のために不正や不正直なことをなしているからである。もしアリストテレスが本当にこうした可能性を見過ごし，もつべきでない程度の感情をもっているにもかかわらず，常になすべきことをなし終えている人のことだけを考慮しているのだとしたら，彼の言う「類比による無抑制」のケースは，現代的な意味合いでは，むしろ抑制概念の下に含まれることになるだろう。そのような現代版の抑制概念には，たとえば相手が幸福になることに一切喜びを見出すことなしに援助するようなケースも含まれる。

は言いたい。その場合そうした行為は，たとえそれがどれほど義務に適い親切なものだとしても，真の道徳的価値をもたないのだと。そうした行為は，むしろ他の傾向性と同列に置かれてよい。例えば名誉への傾向性は，たまたま運よく公共の利益に合致し，義務にも適い，それで名誉に値するというのであれば，当然ながら賞賛と奨励を受けるが，しかし尊重されるわけではない。なぜなら，その場合，信条〔個人的な行動原則〕に道徳的内実がないからである。つまり道徳的内実があるなら，そのような行為は傾向性からではなく，義務に基づいてなされるべきなのである。それゆえ，もしも前述の慈善家の心情が自分自身の悲嘆のために曇らされ，その心痛のあまり他人の運命に対する同情心をすっかりなくしてしまったとしよう。それでも依然として彼は，困窮している他人に善行をなすだけの能力資力をもっているはずであるが，しかし自分自身の苦悩にかかずらうのに精一杯なので，他人の窮状に心を動かされなくなっているとしよう。さて，それで，もはやどんな傾向性も彼を善行へと誘わないのに，それにもかかわらず彼が，この極度の感情麻痺状態を振り切って，一切の傾向性なしに，ただただ義務に基づいて善行をなすとしたなら，その時こそ初めて，彼の行為は正真正銘の道徳的価値をもつのである。さらに別な場合を想定してみよう。もしも生まれつきまったく同情心に乏しい人がどこかにいたとする。彼は（他の点では誠実な人物なのだが）気質が冷淡で，他人の苦しみに対して無頓着だとしよう。多分それは彼が並はずれた忍耐心と耐久力に恵まれていて，自分自身の苦しみさえ物ともしないので，誰彼問わず他人をも自分と同じだと思い込んでいるせいであろうし，あるいは更に，他人にも自分と同じことを要求するせいであろう。さて，（自然が生み出した最もひどい産物であるはずもない）このような人物は，もともと慈善家に生まれついていなかったからといって，はたして，温和な気質がもちうる価値よりも遥かに高い価値を自分自身に与える源泉を，なお自分のうちに見出さないものであろうか。無論，見出す。まさしくその源泉において性格の価値が始まるのである。道徳的であり一切の比較を絶した最高の価値である性格の価値とは，要するに，傾向性からではなく義務に基づいて善行を

することなのである[2]。

　この箇所をごく標準的に読み取るならば，カントは確かにアリストテレスと同じような区別をしているものの，そこに込められた意味合いはまったく逆転し，アリストテレス的な意味で徳をもつ行為者は，自らの行為を欲求するものでもあるがゆえに，〔自らの欲求に反してなす〕自制心のある行為者のほうが彼らより道徳的に優っていると主張されます。カントは，「周りの人々を一人でも多く喜ばせることを内心から楽しみ，自分のしたことで他人が満足するなら愉快でいられる」ような同情心に富む人達の善行を「真の道徳的価値」をもたぬものと述べ，さらに彼らとは対極にある二人の架空の人物，すなわち同情心によっては決して心を動かされることなく「一切の傾向性なしに，ただただ義務に基づいて」行為する者たちの善行と対照させることによって，後者の行為こそが「正真正銘の道徳的価値」をもつことを明らかにしようとします。こうした説明は一見するとカントに分が悪いようにみえます。なぜなら，それは，病院にいる知人を「その人がまさに友人であるが故に」見舞いにいく人のほうが，単に「義務感から」見舞いにいく人よりも道徳的に劣るという，ひどく信じ難い主張のように思われる（し，また現にそう主張されてもきた）からです[3]。確かにわたしも，かつては『道徳の形而上学の基礎づけ』の当該箇所をそのように読んでいましたが，今では，アリストテレスとカントは通常思われている以上にずっと近い考え方をしているのではないかと思うようになってきています[4]。

---

　2)　I. Kant, *Groundwork of the Metaphysics of Morals*, tr. H. J. Paton (1964), p. 66；(『人倫の形而上学の基礎づけ』平田俊博訳，岩波書店，2000 年，19-21 頁)．
　3)　この例は，今では，このように簡略化された形で語られるのが標準的である．本来の形は，行為者の性格づけが細部にわたってもっと豊かで明瞭なものであった．Michael Stocker, 'The Schizophrenia of Modern Ethical Theories' (1976) を見よ．
　4)　'Kant's Virtue Ethics' における Robert Louden や，'From Duty and for the Sake of the Noble' における Christine Korsgaard もまた，標準的な解釈で認められているよりもさらに多くの一致点をアリストテレスとカントの間に見出している．

フィリッパ・フット『徳と悪徳』

　前述箇所でのカントの主張に関して，最初にわたしの考えを変えたのは，『徳と悪徳』においてなされたフットの洞察に富んだ議論です[5]。フットは，道徳に関するわたしたちの日常的な思考のうちに潜む明白な矛盾を指摘することから自論を展開し始めます。

　　有徳な仕方で行為することが困難であればあるほど，その行為が首尾よく成し遂げられた際には，より一層の徳が示されることになる，そのように考えることも考えぬことも共に可能である。なぜなら，一方で，卓越した徳は，有徳な仕方で行為することがとりわけ困難な場面でこそ求められるものだからである。しかし他方，有徳な仕方で行為することに困難を感じる行為者は，実は徳に関して未熟であるに過ぎない，という主張もまた可能である。アリストテレスによれば，有徳な行為に喜びを見出すことは，真に徳をもつことのしるしであるが，その一方で，有徳な行為の実現に困難を感じる人は，単に抑制のある人に過ぎず，徳をもつ人よりも劣ると言われる。さて，一体どうしたらこの矛盾は解決されうるのだろうか。

　この難問に対して，あまり有効とは言えませんが，フットによって考察されていない一つの解答の可能性をまず最初に見てみましょう。それによれば，常識的な道徳観というものは実はその内に様々な矛盾する見解を抱え込んでいるものであり，また様々な立場（たとえばカント的立場やアリストテレス的立場）はそれぞれ互いに異なる問題の局面を取り上げているのであるから，道徳哲学者がなしうる唯一のことは，その都度それらの一方の立場を他方よりも劣るものとして批判し，それに応じて常識的な道徳観の一部を放棄するか，あるいは書き直すことだといえます。そのようにして，たとえば，もっとも勇敢であるのは，「本当は

---

[5] 'Virtues and Vices' (1978), p. 10.

その場から逃げ出したいのに，しっかり踏みとどまった人」のことであるというように，勇敢な行為に関してはカント的な立場が現に常識的な見解となりえたのであるし，他方，もっとも慈悲深く思いやりがあるのは，「他人の善を容易に自らの目的となしうる人」のことであるというように，慈悲深く思いやりがある行為に関してはアリストテレス的な立場が常識的な見解となりえたわけです[6]。的確な道徳理論の教示によって，勇気や慈善に関するわたしたちのまだ十分に理論的な整理のなされていない観念は改訂されねばなりませんし，そうすることによって，少なくとも当初懸念されていた矛盾はどうにか取り除かれたという思いに安らぐことができるはずです。

　しかし，フットの解答はもっと優れています。なぜなら，それはアリストテレス主義者が同意でき，また実際，同意すべきでもある論点をカントのうちに見つけ出すことができたからです。確かに，彼女の議論によって，抑制のある人と徳をもつ人との区別を適用するにあたって必要となる慎重さ，さらには「徳によって生まれる行為は徳を好む人にとって快い」と主張するために求められる注意深い留保が，わたしたちにはっきり認識されるようになったのです。しかも，後ほど見るように，彼女が論じている以上にアリストテレスとカントの間には一致点が見出されます。

　さて，「有徳な仕方で行為することが困難であればあるほど，その行為が首尾よく成し遂げられた際には，より一層の徳が示される」という考えと，「有徳な仕方で行為することが困難であればあるだけ，その行為者の徳の欠如が示される」という考えとの間に存する矛盾は，いったいどうすれば解くことができるのでしょうか。フットによれば，様々な事例において，それらを首尾よくなすのを「困難にしている」ものが一体何であるかに応じて，そのどちらもが真となりうる，というのがその答えです。一方では，首尾よくなすのを「困難にするもの」がその行為者の性格に付随するがゆえに，その行為が困難であればあるだけ，「（彼のうちにある）徳の未熟さ」[7]，つまり彼が十分な徳にはまだ至っていないということが明らかになる場合があります。こうしたケースでは，

---

6) Ibid.
7) Ibid. p. 11.

「有徳な仕方で行為することが困難であればあるだけ，その行為者の徳の欠如が示される」ということは真であり，抑制のある人と徳をもつ人との区別は，あくまでも両者が異なった性格であるという前提で用いられています。しかし他方では，首尾よくなすのを「困難にするもの」がその行為者の性格に付随するものではない場合があります。それはむしろ，たとえ行為者が徳をもっていたにしても，その徳がそこにおいて「厳しく吟味され」，そこを何とか切り抜ける以外にないという状況そのものを意味します。こうしたケースでは，「有徳な仕方で行為することが困難であればあるほど，より一層の徳が示される」ということは真であり，抑制のある人と徳をもつ人との区別はほとんど意味をなしません。

　もっと具体的に見るために，まず勇気について考察してみましょう。というのも，抑制のある人と徳をもつ人とを区別するという観点からは，勇気という徳目は常々扱いにくい厄介なものと思われてきたからで，こと勇気に関する限り，アリストテレス自身も，必ずしもすべての徳について，「徳を実際に働かせることが快い」と言えるわけではない(1117b10)と認めていたことは重要です。そこでの彼の見解には様々な解釈が可能ですが[8]，とはいえ，わざわざ危険を冒し恐ろしい苦痛や死に瀕することを欲する人，あるいはそうすることに喜びさえ感じるような人は，もはや勇気ある者ではなく，ただのマゾヒストないしは狂気じみた命知らずに過ぎぬということに議論の余地はないでしょう。他方，危険に際して〔抑制のある人のように〕「逃げ出したい」，「自らの身を守りたい」という自身の欲求に反する仕方で行為をなすのではない勇気ある人の場合でさえ，ごく普通の意味で「自らの欲することをなす」わけではありませんし，そのことによって欲求充足の快を得るわけでもありません。

　こうした厄介な留保にもかかわらず，抑制のある人と徳をもつ人との区別に関する新アリストテレス主義的な解釈がなお妥当する事例が（戦

[8) たとえば，ジョン・マクダウェルによれば，徳をもつ人は，徳が必要とする限りでの犠牲は損失とはみなされないという形で，「利益，利得，有害，損失など」の観念を理解しているとされる（'The Role of Eudaimonia in Aristotle's Ethics', 1980）。なお，この見解については本書第8章で議論がなされる。

場の外にも）あるように思われます。たとえば，目の前で危機に瀕しているわが子の救出に際して，自身にも及ぶであろう危険への恐怖のあまり，その行為の実行に少なからぬ困難を感じる親がいるとしましょう。他方，自らの身の安全など一顧だにせず，急いでわが子の救出に駆けつける親がいるとして，両者を較べてみるならば，そこに何らかの違いがあることは確かです。あるいは，ヒュームがその晩年の平静な振舞いによって友人たちを驚嘆させた事例を挙げることもできます。友人の一人ボズウェルによれば，人生の終幕を前にしてなお，彼の振舞いは，「死が陰鬱なものではないかのような」，まして死に対する微塵の恐れも感じさせぬほどのものであったといいます。このような事例にあっては，恐怖心の克服よりもむしろ恐怖心のなさのほうが，行為者の価値観，ひいては性格を反映するがゆえに，最高の徳として評価されるのです。しかし，克服すべき恐怖心が，その当人の価値観にかかわるものではなく，以下で見るようにむしろ病理的なものであるとすれば，評価は逆転します。フットが指摘するように，「もし，閉所恐怖症や高所恐怖症の人ならば，他人にあっては勇敢でも何でもない行為をなすにあたっても勇気が求められることがあるだろう」[9]。何らかの恐怖症に陥っているということは，その当人が勇気を要求される状況にある，ということなのであり，もしそうした状況を切り抜けることができれば，その人は高く評価されるのです[10]。

　次に正直さについて考察してみましょう。たとえば，誰かが札束で膨れ上がった財布を落としてそのまま立ち去るのをたまたま見かけたとしましょう。すぐにその財布を拾って持ち主に返してあげれば済む話ですが，わたしのうちにはたちまちネコババしたいという強い欲望が沸き起

---

9) P. Foot, 'Virtues and Vices', p.12. こうした細やかなフットの分析にもかかわらず，R. B. Louden, 'Kant's Virtue Ethics' は，彼女の主張を「危険に際して逃げ出したいとは思わない行為者のほうが，逃げ出したいと思うがそうすることのない行為者より勇気あるものである」というごく大雑把な仕方でしか扱っていない。

10) これは「新アリストテレス主義的な」主張である。アリストテレスがもし仮に閉所恐怖症というものを認知していたなら，おそらくはそれが勇気という徳を得にくくさせる欠陥だとみなしたことだろう。しかし，病理的恐怖という概念は明らかに現代のものである。同様に，中毒症と闘い，それを克服した人々のもつ賞賛すべき勇気，不屈の精神，さらに希望といったものを，わたしたちなら認めることができるのだが，おそらくアリストテレスは認めはしなかっただろう。

こり，その誘惑に抗わねばならぬがゆえに，その行為の実行には少なからぬ困難が伴ったとします。もしそうであれば，わたしを真に正直なものとみなすことはできません。他人のものをネコババしようという考えなど微塵もなく即座に財布を返してあげる人と較べるなら，わたしは確かに道徳的に劣っています。しかし，このように即座に財布を返してあげる行為者についても，さらに踏み込んで，一方は当の本人の財布も見事に中身がずっしり詰まった富者，他方は日々の暮らしにも事欠く貧者，という対照的な想定が可能です。一見すると前者は後者と同じようにまったくの正直者ですが，もし前者の事例を厳しく吟味するなら，少なくともその人にとって，他人の財布を当てにする必要など一切ない以上，それを持ち主に即座に返してあげることもごく容易いことなのだから，その限りではその人の行為がとりたてて人柄の正直さを表しているとはもはや言えません。他方，貧困に苦しむ行為者にとっては，その人が過酷な状況に置かれ続ける限りは，拾った財布をそのまま返すことには少なからぬ困難を感じることでしょうし，それにもかかわらず躊躇することなく即座にそれを返すならば，その人が貧困に苦しんでいればいるほど，つまりネコババの回避が難しくなればなるほど，それだけ一層その人の正直さは明らかとなります。ここでもまた，「徳の愛好者にとっては，徳を実際に働かせることが快い」と無条件に言えるわけではないことに注意しなければなりません。財布を拾ったのが貧困に苦しむ人で，それを返してもらった持ち主のほうが，明らかに「どうしようもなく浪費好きな放蕩者」だったとしましょう。この場合，拾ったものを持ち主に返してあげるためのいかなる「自然な動機」も見出すことができないというヒュームの考えは，確かに一理あります。後ほど強調するように，アリストテレス主義者なら，ここでヒュームの言葉をそのまま受け入れる必要はありませんが，それでもやはり，「死んでもやりたくないことだが，それでもやらねばならなかった」と考えるような正直者がひとりもいない，などとは言えないはずです。たとえ，真っ正直な人がこの特定の行為から「快」を引き出したとしても，それはあるかないかわからぬほど希薄化されたものに過ぎず，決して徳の実践がもたらす性格に根ざした快ではないからです。

　ここで，フットが論じている，（非アリストテレス主義的な）慈悲や慈

愛の徳について考えてみることにしましょう。確かに，こうした徳を実際に首尾よく発揮できたなら，その徳が真に備わる者には，偽りのない喜びが訪れると思われて不思議はありません。なぜなら，他人の善に真に配慮していれば，他人の喜びを自ら喜び，他人の快を自らの快とみなすのは当然のはずだからです。しかし，本当にそうなのでしょうか。またその逆に，ごく一般的に言って，他人を手助けすることに「困難を覚える」人は，慈愛の徳を「抑制〈エンクラテイア〉」によって劣った仕方でしか持ち合わせていないというのが実態だと言ってはいけないのでしょうか。いずれも答えは否です。なぜなら，ここで問題になっているのは，他ならぬカントのあの慈善家，すなわち，その心情が「自分自身の悲嘆のために曇らされた」人物だからです。ずいぶんと苦労して，しかも喜びを感じることもなく，慈悲深い行為をただなすだけにとどまる時，彼はそのことによって，果たして真に善行をなしたと言うことはできないのでしょうか。言い換えれば，彼自身の行為は，同じ行為を喜びをもってなす人に比べて，慈悲の徳の点で不完全であることを示しているに過ぎないのでしょうか。もし，そう思われるとすれば，それは誤りです。なぜなら，彼がここで善行をなすことに「困難を覚える」のは，彼の徳が不完全だからではないからです。

　この悲嘆にくれた慈善家には，格別に尊敬すべき点がある，というカントの考えに，いやしくもアリストテレス主義者が同意すべきではないという理由などありません。なぜなら，ここで有徳な行為をなそうとする彼の前に「立ちはだかる困難」とは，多くの徳にとって，その卓越ぶりを際立たせるための「機会をもたらす」，そのようなタイプの困難です[11]。彼の場合，他人の要求に気づき，それに応えることをとりわけ困難にしているのは，彼の深い悲嘆です。フットが正しく述べているように，彼が今もって慈悲心から善行に及んでいるとすれば，この悲嘆こそが，彼の「徳をもっとも際立たせている」のです。なぜなら，「これこそ，そこにおいて人が善行をなそうと思うならば，それだけ強い徳の力を必要とするような類の状況」だからです[12]。悲嘆によって心が暗く沈み込んでいる時，なにをなすにも難儀であり，どんなことにも喜びを感

---

11) P. Foot, 'Virtues and Vices', p. 11.
12) Ibid. p. 14.

じることができないというのは事実です。この男が善行におよぶ際に感じた困難や喜びの欠如は、彼の悲嘆から発したものであって、彼の性格からではありません[13]。徳が不完全であることを示すのは、その者自身の性格から発した困難だけです。したがって、もし、「どうしてこの人は、他人の善を実現しようと目指すことに困難を覚えるのか？」という問いに対して、「彼の心が悲嘆によって暗く沈み込んでいるから」という答えが与えられるなら、その時、彼がそこで困難を覚えたという事実は、おそらく、彼の徳の有無を反映したものではないはずです。彼はいまだに、完全に有徳とみなされうるのであって、単に「抑制がある」というわけではないのです。

　そこで、わたしたちも、フットに倣って、以下のような結論を下すことができるでしょう。すなわち、あの悲嘆にくれた慈善家に対するカントの評価は、抑制と完全な有徳の区別をアリストテレスが重視していたことを直ちに否定するものとして読まれるべきではありません。それどころか、アリストテレスのその区別と、それに付随する「有徳な行為は徳の愛好家に喜びをもたらす」という主張は、カントの事例の長所を認めるような仕方で詳細に条件づけや特殊化が施されたうえで解釈されるべきです。

　しかし、カントが例として挙げたもう一人の人物についてはどうでしょうか。義務に基づいてではなく、傾向性に従って行為し、「周りの人々を一人でも多く喜ばせることを内心から楽しむ」幸福な慈善家について、カントが述べていることを果たしてわたしたちは退けることができるのでしょうか。確かに、そのような者の慈善的行為に「真の道徳的価値」などありはしないとカントが明言する時、慈悲の徳は彼によって誤って理解されていたのかもしれません。フットが言わんとするのはまさにその点です。「なぜなら、慈悲とは、行為のみならず愛情の徳でもあり、その徳の部分をなす同情心によって、慈悲のある行為がより一層

---

[13]　あるいは、少なくとも好意的にカントの言葉を読む限り、そのような想定になるだろう。もしわたしたちが彼のことを、ひどい自惚れ屋で、些細なことで他人から認めてもらえないだけで絶望してしまい、それが故に「もはや他人の求めによって衝き動かされることのない人」と想像するなら、それだけでずいぶんと違った印象になってしまうはずである。そうなると、悲嘆それ自身が彼の性格の欠陥を露わにするようになるだろうし、他人の求めに応じることの困難さも性格の欠陥の故だということになるだろう。

容易になるからである[14]」。実際，彼女の言うとおり，カントは慈悲の徳を誤って理解していたのですが，同時にわたしは，カントが考えていた幸福な慈善家とは，その行為が「道徳的価値を欠く」ものとして切り捨てられるのが当然な者だったのかもしれないと思っています。この点でわたしはフットの議論とは袂を分かち，カントとアリストテレスの考え方には，むしろ彼女が考えているよりもずっと多くの一致点があるということを示そうと思います。

「傾向性から」行為するということ

　そもそもカントは，先に挙げた引用文の冒頭に登場する幸福な慈善家を，どのような人だと考えていたのでしょうか。「義務に基づいてではなく，傾向性から」行為するような類の行為者であるとは，一体どのようなことであるのでしょうか。このうち，二番目の問いの答えが最初の問いの答えと同じではないということについては，後に触れるつもりです。しかし，とりあえず今は，ここでの論点を以下のように取りまとめておこうと思います。
　まず，特定の感情，たとえば同情，憐れみ，愛などを，優しい，よい感情とみなすところから始めてみましょう。感情とは何か，あるいは感情をもつとはどういうことか，といった問いに対しては，特定の立場からあれこれ細々と言いたてることができます。ですが，そうした個々の意見にかかずらうことなく，まずもって確実に言えることは，人はそれぞれ，各自の性格に応じて，他人を助けたい，苦しむ人を楽にしてあげたい，人々が望み，必要とするものを与えたい，というような欲求をもつということです。言い換えれば，そのような欲求が，そうした善行を動機づけ，またそれぞれの性格に応じた感情的な反応，たとえば，心に痛みを感じ，他人の痛みや悲しみを自らも悲しむ，あるいは快さを感じ，他人の楽しみや喜びを自らも喜ぶといった反応をもたらすのです。
　とはいえ，人は次のような点で互いと少なからぬ違いをもっていま

---

14) P. Foot, 'Virtues and Vices', p. 14.

す。すなわち，このような〔対人相関的な〕感情をとても感じやすい人もいれば，その一方で，ほとんど感じない人，あるいはまったく感じない人もいるわけです。（中にはその中間の人もいますが，そういう人たちのことはここではさしあたり考えに入れないことにします。）これは彼らの性格の違いであるようにも思われますし，〔あくまでも相対的に〕前者は慈悲深く（あるいは慈愛に満ち），後者は冷淡で利己的というある程度の偏差が見られます。したがって，慈悲（ないし慈愛）の徳をもつということは，しかるべき場面でこれらの感情をとても感じやすいということなのかもしれません。ではさらに，人は以下のような意味でも互いと異なると言うことができるでしょうか。つまり，これらの感情をとても感じやすいが，それによって多くの行為に駆り立てられることのない人もいれば，逆にそうやって行為へと駆り立てられる人もいる，と言えるものでしょうか。もし，当該の感情が行為への欲求の有無にかかわるのもまた，その人の性格の違いに応じてであるという意味でそう言われたのだとすれば，この言い分に見込みはないと思います。この点に関して念を押すためにも，ここでもう一度しっかりと整理しておかねばなりません。すなわち，慈悲の徳をもつということは，同情，憐れみ，愛といった感情をとても感じやすいというだけでなく，それらの感情によって，それらと結びついた欲求に駆り立てられて行為する傾向もまたあるということなのです。

　では，はたしてこれは慈悲や慈愛の徳についての適切な概念なのでしょうか。二つの点から見てみます。まず第一に，この考え方によって，確かに，抑制のあることと十分に有徳であることの区別は基礎づけられます。つまり，他人を助け，周りの人々を一人でも多く喜ばせようとする傾向性をもちながら，助けた相手の喜びを喜びと感じることもなければ，助けることができずに悲しいと感じることもない人は，そのような傾向性をもたない人よりも明らかに求める徳に近づいているにもかかわらず，その徳を欠いていると言わねばなりません。第二に，この概念によれば，慈悲の徳とは，フットが求めたように，「動機の欠如」を補正するために人間本性に共通に備わる「愛情の徳」であるとみなすことができます。わたしが思うには，これはそれほど珍しい考えではあ

第 4 章　アリストテレスとカント　　153

りません[15]。ヒューム自身のものとはいかないまでも[16]，少なくともそれは，明らかにヒューム的であり，先に掲げた引用文でのカントの矛先がヒュームに向けられていたと考えても何ら不思議ではないほどです。

「もし冷たい無関心さや偏狭で身勝手な性質をもった人が，人間の幸福や悲惨というイメージに心動かされないとしたら，彼は悪徳と徳のイメージにも同様に無関心であるに違いない」[17]と言ったのは，ほかでもないヒュームその人です。この言葉の言わんとするところは，こうです。そのような人は，慈愛に満ちたことをなしたり冷酷で残虐な行為に走らずにいることは決してないでしょう。なぜなら，彼の傾向性すなわち「感情」は決して彼をそのような行為に突き動かしたりはしないからです。それに対して，カントならこう答えるでしょう。もし仮にある人が，カントの言葉で言うなら「気質が冷淡で，他人の苦しみに対して無頓着」であるとしても，それでもなお彼は，間違いなく彼自身のうちに慈愛に満ちた行為をなしうるための源泉を見つけることでしょう。つまり，彼はそれを傾向性からではなく，義務に基づいてなすのです。そうだとすれば，カントのいう幸福な慈善家は，おそらくヒューム的慈悲の類をもっていることになるのではないでしょうか。

再びカントの言葉を借りれば，彼ら幸福な慈善家が「たいへん情け深い気持ちの持ち主で，別に見栄や損得勘定がらみの動機があるわけでもないのに，回りの人々を一人でも多く喜ばせることを内心から楽しみ，自分のしたことで他人が満足するなら愉快でいられる」というのは，実

---

15)　これは，わたしの見るところ，Lawrence Blum の考えである。*Friendship, Altruism and Morality* (1980) の終りの方で，彼はこう言っている。「この本でなされた議論の多くは，性格と徳の両方の言葉によって語ることが可能である。なぜなら，わたしは，憐れみ，同情，気遣い（ないし心配）を，同じ語で示された感情と結び合わせ，有徳な性格特性とみなしてきたからである。」つまり，彼の考えによれば，もしわたしが，憐れみ深い性格であるなら，わたしは憐れみの徳をもっているのであり，あるいはまた，もしわたしが，しかるべく心を打つ場面で憐れみの感情を感じ，それによって行為する傾向性をもつとするなら，わたしは憐れみ深い性格であるということになるのである。さらに，このような考えから，Frankena は次の言葉を導き出したのではないかと思われる。「性格特性（徳）なき行為原則は無力であり，行為原則なき性格特性は盲目である。」*Ehics*, p. 65.

16)　わたしは，これがヒュームの考えであるとは主張しない。奇妙なことに，ヒュームは，徳をもつことの本質が何であるのか，また，適切に示された「冷静さ」が大きな話題となる時に，ヒューム的感情が徳とどのようにかかわるのか，決して明言しはしない。

17)　D. Hume, *Enquiry Concerning the Principles of Morals* (1902), §183.

際，真実なのだと思います。まさにその種の性格が，彼らを，一目でとても魅力的にしてしまうので，人は，自分も病院にいる誰かを見舞いに行きたくなるほどです。その上，彼らが実際になした行為が，たまたま運よく「公共の利益に合致し，義務にも適う」ならば，その行為は賞賛と奨励を受けるに値するのです。しかし，問題がないわけではありません。というのも，多くの場合，彼らは誤った方向に向かいがちだからです。一体どうしてそういうことになるのでしょうか。

　カントの立場から見るなら，彼らが誤った方向に向かいがちなのは，よき行為の源泉としての感情が信頼に足るものではないからです。しかし，この点でアリストテレス主義者が異議を唱える必要はありません。アリストテレスの立場から見るなら，確かにもっと詳細に，しかも異なった理由からであるにせよ，結局は同じ結論に至るからです。

　同情や憐れみ，そして愛は，他人を利することを欲し，害することを避けることによって，他人の「善」へと人をかかわらせる，そう言ってよいでしょう。しかし，もっと慎重に言葉を選ぶなら，そうした感情は他人の「見かけ上の善」（さらにそれに応じた「見かけ上の利益」や「見かけ上の害」）に人をかかわらせる，とわたしたちは言うべきです。「見かけ上の善」とは，そうした感情を抱く人がまさに思い描くところの他人の「善」なのです。とはいえ，他人にとって何が「善」であり，何が彼らを利し，害するのかを誤解してしまうことで，結果として，誰かが前述の感情によって誤った仕方で行為するよう促されるかもしれません。（たとえば，他人の「善」を誤解することで間違って導き出された憐れみのために，相手が知らねばならない痛ましい真実を本人に告げるよりも，むしろ嘘をつくように促される人がいるかもしれません。）さらに，相手の善について正しい理解に導かれている場合でさえ，よくよく考えれば反対するしかないとわかる行為へと，感情によって駆り立てられることがあるかもしれません。たとえば，ひょっとすると今自分が相手にしている人は，同情や慈悲深い行為にはさほどふさわしくなく，むしろまだ気づかれてはいないけれど，別にもっとふさわしい人がいるかもしれません。あるいは，もし落ち着いて考え直さなければ，善よりも害を及ぼす羽目に陥るかもしれません。ことによると，自分以外の人のほうがその仕事をもっとよくやりとげられるかもしれません（誰か人を助けたいと思う

時には，往々にして，貪欲さや虚栄心の類が顔を出すものです。）あるいは，肉体的に不可能だからではなく，道徳的に不可能だから人を助けられない，ということだってあるかもしれません。というのも，人を助けるためには，約束を破るか他人の権利を侵害するしかない場合もあるからです。さらにはまた，憎悪，羞恥，自己憐憫，あるいは個人的な悲しみといった別の感情が邪魔する時，同情や憐れみなどの感情を抱き損ね，（したがってそれらによって行為に駆り立てられることもできずに，）その結果として，しかるべき仕方で行為することができないということさえあるかもしれません。

　要するに，同情，憐れみ，愛といった感情は，単に心理的現象として見る限り，正しい行為やよい行為を保証するものではないということです。言い換えれば，そのような感情が，自然な傾向性として「理性との完全な調和のうちに」，すなわち，アリストテレスの徳概念が求めているように，生ずべき時に，またその時にのみ，しかるべき感情を引き起こす状況に置かれた人に対して，常に合理的な理由に基づいて，適切な度合で生じることを保証するものは実は何もないのです。さらに，そうした感情が「たまたま運よく公共の利益に合致し，義務にも適う」場合でさえ，それらは依然として，思慮すなわち実践知（フロネーシス）によって統御される必要があります。そのような感情は確かに人を善なる目的へと促すかもしれませんが，（理に適った仕方での）目的達成を確実にするためには，行為者はさらに熟慮にも秀でていなければなりません。しかも，他人の善は，善なる目的ではあるものの，よき行為において求められる唯一の善というわけではないのです。

　したがって，もしカントの言うところの，義務に基づいてではなく傾向性から行為する幸福な慈善家が，彼の記述した通りの人物であるなら，そのようにもともとカントによってアリストテレスとは異なった仕方で規定されていた人物が，アリストテレスの徳規準に見合うような慈悲や慈愛の徳をもっているとみなされることなどありえません。カント主義者もアリストテレス主義者も，この種の行為者がよい行為をなすかどうか，まったく当てにできないという点では一致しているのです。そこで次の問いとなります。彼らの行為が，たまたま運よく「公共の利益に合致し，義務にも適う」場合でさえ，そのような行為には，それが義

務に基づいてではなく傾向性からなされたが故に，真の道徳的価値が欠けると主張するカントに，はたしてアリストテレス主義者は同意できるのでしょうか。言うまでもありませんが，その言葉遣いのままでは無理でしょう。なぜなら，「義務」とか「道徳的価値」というのはカントの用いた術語であって，それらに直接相当するようなものは，アリストテレスにおいて何一つ見出せませんし，新アリストテレス主義によって再構成されることもできないからです。しかし，言葉遣いを改めて語り直せば，合意に至る有効な方策を見つけることは可能かもしれません。

　忘れてはならないのは，カントとアリストテレスが，行動（または広義の「行為」）の原理または源泉について，強硬な反ヒューム的前提をはっきり共有しているということです。ヒュームによれば，〔広義の〕行為には，他の動物と共有している原理，すなわち感情ないし欲求というただ一つの原理しかありません。他方，アリストテレスとカントによれば，二つの原理があり，その一つは他の動物と共有している原理であり，もう一つは理性的存在であるが故にわたしたちに備わる原理です。もちろん，わたしたちは皆，理想的なカント的行為者が傾向性からではなく義務観念に基づいて行為するということを知っていますが，もし「傾向性」が，他の動物と共有している行動の原理ならば，アリストテレス的な意味で有徳な行為者もまた，傾向性からではなく「選択意思(プロアイレシス)」という形で働く理性(ロゴス)に基づいて行為をなしていることになります。

　『エウデモス倫理学』の中でアリストテレスはこう語っています。「他の動物の場合，強制する働きは（無生物の場合と同様に）単純である。なぜなら，動物は相反する理性(ロゴス)と欲求とをもっておらず，欲求によって生きているからである。しかし，人間にはその両方が内在する。ただし，それはある年齢に達してからであり，わたしたちはその年齢に至った者に〔厳密な意味での〕行為を帰するのである。なぜなら，わたしたちは子どもが行為するとも獣が行為するとも言わず，ただ理性的推論によってなす人だけが〔厳密な意味で〕行為すると言うからである」[18]。したがって，アリストテレスの立場から見るなら，カントからの引用文において「ヒューム的な」慈愛をもつ者と想定された，あの幸福な慈善家

---

18) *Eudemian Ethics,* 1224a25-30.

は，その語の厳密な意味において，まったく行為してはいないと言えるでしょう。彼は子どもや獣のように「パトスによって」，すなわち傾向性によって生きているのです。彼の「行動」は，「選択(プロアイレシス)」ではなく感情や情念(パトス)から発しているのです。彼の（広義の）「行為」には，それが義務からではなく傾向性からなされるが故に，道徳的価値が欠けているというカントの主張に，アリストテレス主義者が付け加えることのできる独自の意味づけがここにはあります。有徳な（あるいは悪徳な）ものとして評価されうるのは，あくまでも理性に基づく厳密な意味での行為なのです。しかるに，あの幸福な慈善家の「行動」は行為ではありません。だからこそ彼は，有徳なものと言われることも，そう評価されることもできないのです。

　それゆえ，カントからの引用文の標準的な読みとは大きく異なり，わたしは以下のように主張したいと思います。すなわち，彼が悲嘆にくれる慈善家に与えた高い評価や，（それとの比較で）幸福な慈善家につきつけた否定的評価は，そのどちらもが，アリストテレスによる「抑制」と「完全な有徳」の区別をもたらすものとも，（ありそうにもないことながら）それら両者の優劣を互いに入れ替えてしまうほどのものともみなされるべきではありません。（フットの示唆によれば，）高く評価された悲嘆にくれる慈善家が，単に抑制しかもっていない者とみなされねばならないわけではありませんし，否定的に評価された幸福な慈善家が，完全な徳をもっているとみなされるべきでもありません（なぜなら，彼は「理性に基づいて」行為していないのですから）。

　しかしながら，この引用文におけるカントの根本的な欠陥に気づいた人であれば，「結局，カントは感情の道徳的重要性について正確に説明することができない」という言葉で，このテキスト箇所を結論づけたいと思うかもしれません。徳倫理学ならば，どうにかしてもっとましな説明をするだろうという考えは，まんざらまったくの間違いというわけではなかったのです。この引用文の中で，鍵となる例は第三の慈善家です。彼は「気質が冷淡で，他人の苦しみに対して無頓着（！）」であるが，それにもかかわらず，何とか善行をなそうとする。そのような彼の性格をカントは，「道徳的であり一切の比較を絶した最高の価値である性格の価値」をもつと記しています（傍点は著者）。しかし，アリステ

レス的な区別という点から見れば，第三の慈善家は，完全な徳というよりは，よくても抑制があるという程度に過ぎないことは明らかです。せいぜい抑制があるに過ぎない彼の性格に最高の道徳的価値を付与することで，カントは，アリストテレスによる抑制と完全な徳の間の優劣が逆転することを示そうとしたわけではありません。むしろそうすることによって，そのような区別が存在すること自体の認識がカントにおいて完全に欠落していることが明らかになったものと思われます。さらに，この認識の欠落をはっきりと示すのが，カントによる感情の扱いです。言い換えれば，抑制と徳の区別を生み出すような感情についての理解が，彼にはもともとなかったのではないでしょうか。問われるべきは「道徳的動機」についてでも，公平性と友情や愛との対立をめぐるカント的問題でもなく，むしろ完全な徳の本性とそこにおいて感情が果たす役割についてなのです。

　新アリストテレス主義の見地から言えば，実のところ，完全な慈悲の徳をもつ行為者は，カントからの先の引用文中に現れはしません。にもかかわらず，わたしはそのような完全な有徳者があたかもそこに登場しているかのように敢えて偽った時がありました。完全な徳をもつ行為者がよい行為をなすことは時に困難であるという主張について，アリストテレス主義者であればそれを受け入れることが可能だとはっきり示すために，悲嘆に暮れる慈善家について，フットの解釈に従った時がそうです。しかし，あくまでもテキストに忠実に言えば，悲嘆に暮れる慈善家とはヒューム的な意味での慈悲をもつ者であって，多くの場合，彼は誤った方向に向かいがちです。彼は，これまではただ傾向性からのみ行為をなしてきたわけです。ところが今，「初めて」「ただ義務のためだけに」行為をなすのです。彼は，幸福な慈善家と対照するために導入された新しい種類の慈善家なのではありません。アリストテレス的見地から言えば，これはほとんど一貫した主張とは言い難いものなのです。

　「義務感」や理性，あるいはそのようなものに基づいてではなく，「傾向性によってのみ」行為するような類の行為者であるとは，一体どのようなことであるのでしょうか。つまり，特定の場面においてだけでなく，ずっと継続して「傾向性によってのみ」行為する人とはどんな人なのか。その点についてもう一度問うてみることにしましょう。(この問

第4章　アリストテレスとカント　　　　159

いに対する答えは，既に予め触れておいたように，「カントはこの幸福な慈善家をどのような人であると考えているのか」という問いへの答えと同じものとはなりません。）アリストテレス的見地から見るなら，つい先ほど述べたように，それは，子どもや獣のように「情念によって」，つまり子どもや獣がしているような仕方で生きている行為者であるはずです。しかし，まったく普通の大人のうちで，一体誰が獣や子どものように生きているというのでしょうか。

　アリストテレス主義者ならば，この問いに対する答えは，「自然的な徳をもつ大人」であると考えられるかもしれません。しかし，『ニコマコス倫理学』第6巻の最後近くでこの点について述べられた彼のじれったいほど簡潔な所説でさえ，このことをはっきりと裏付けているわけではありません。アリストテレスによれば，自然的な性向（たとえば，節制や勇気を目指す自然的な性向）は，（いくらかの）子どもや獣に見出されますが，「知性」[19]がなければ，それらは有害なものになりがちです。さらに，もしも自然的な性向をもった主体が「知性」を獲得するなら，その性向は，自然的なものに依然として類似しつつも，その時点でもはや十全な意味での徳である，とも言われています。しかし，彼は，自然的な徳が大人のうちに見出されうると明言しているわけではありません[20]。また，第4巻での浪費に関する彼の主張を見ると，その簡略さが故意によるものとさえ思われるかもしれません。それによれば，浪費家は気前がよく，何でも与えたがり，ケチで物惜しみする人よりも，ずっと気前のよさという徳の会得に近い，と言われています。もし，彼が（「正しい程度と仕方で」授受をおこなうように）教え込まれるか，あるいは別の仕方でそのように変わることができるとしたなら，その時彼は気前のよさという徳をもつことになるでしょう。しかし，気前のよさが，あくまで自然的な徳として彼にもともと備わっていたとは言われていま

---

19) アリストテレスが，通常よく用いられるような，つまりわたしたちが用いているような意味で，「知性」という語を用いているのか，それとも，それ以前に彼が議論していたような専門的な意味で用いているのか，それは明らかではない。しかし，いずれにしても，それは子どもや獣がもっているようなものではない。

20) アリストテレスがここで，大人は自然的な徳をもつことができる，と示唆しているとする解釈の可能性をわたしは否定しているわけではない。しかし，もしそれが最も妥当な解釈であるというなら，わたしはそれを認めない。

せん。反対に，〔物惜しみすることよりはずっと気前の良さに近いと言われていた〕浪費は悪徳であると言われているのです。

　では，「気前がよくて，何でも与えたがる」子どもの場合はどうなのでしょう。そのような子どもは，確かに，自然的な徳としての気前のよさをもっていることでしょう。その子はまだ「理性が働く年齢」まで至っていないので，金品の授受に際しての過ちは，責められるべき無知の現れとは言えません。しかし，いったん大人になれば，そのような過ちは責められるべき無知を露わにし，その者は非難されて当然ということになるはずです。大人ならば，自らを省みて，「わたしは子どもの頃の無邪気さをずっと保ち続け，自分がよい行為をなしているかどうかなど考えもせず，ひたすら傾向性のままに行為している」などと言うことはできませんし，そう言ったからといってそれが是認されるわけでもありません。それどころか，不届きにもそんなことを言えば，分別もなく，無責任で身勝手だと咎められることは必定でしょう。しかも，〔もう大人である以上，〕このような考えに至ったのも，傾向性に従って行為することが，一般的には，よく行為することなのだと（何らかの理由で）自ら判断し，「傾向性から」ではなく「選択に基づいて(プロアイレシス)」行為しているからだとみなされることでしょう[21]。たとえ「理性が働く年齢」に

---

　21) これは，Gary Pendlebury がかつてわたしに指摘したように，ヘーゲルが「人が自然であることを意図する時，それはもはや自然ではない」という彼のよく知られた言葉によって主張していることである。Christine Korsgaard（'From Duty and for the Sake of the Noble'）は，カントについてこの主張の妥当性を認めているが，「傾向性によって」行為する幸福な慈善家を，アリストテレスの言う「自然的な徳」をもつ大人と強引に同定するあまり，アリストテレスが自分たちと同じ洞察をもっていることを認めていない。コースガードによれば，「反省的選択の能力は，それが訓練されていようがいまいが，すべての行為に差異をもたらす，というのがカントの見解だと思われる。つまり，大人の行為は，反省思考のいわば光の中でなされるのであり，子どもや獣の行為とはもはやまったく似ても似つかぬものである」(p. 234, n. 21)。対照的に，「アリストテレスの見解によれば，「衝動的になされた」単に自発的なだけの（しかし選択されてはいない）行為は，道徳的判断の適切な主題ではない。なぜなら，その行為者はただ自然本性に従っているだけであり，性格を顕在化するのは選択であって，単なる自発性ではないからである。」(ibid.)。これに反して，わたしが言いたいのは，アリストテレスにおいて，選択によらず自発的になされた大人の行為が道徳的判断の適切な主題ではないと示唆するようなものは何一つない，ということである。むしろ話はまったく逆である。なぜなら，そのような行為の主要な例として挙げられているのは，彼が確実に〔道徳的に〕非難されるべきだとみなす行為，すなわち抑制のない，つまり意志の弱い人のなす行為だからである。

なった人々が，たまたま，「傾向性によって」行為しているとしても，その時，彼らが小さな子どもたちと同じ状態で行為しているわけではありません。というのも，そのような行為が，その状況下で，無邪気なこととして，あるいは嘆かわしいこととして，すなわち，正当化できるのかできないのか，そのいずれかとして評価されることを，もはや子どもではない彼らは知っているからです。ひとたび人が理性をもったならば，その者が理性によってではなく「傾向性によってのみ」行為するような者であるということは，その者が「抑制のない」，つまり「意志の弱い」性格の持ち主であることに他ならないのです。

　わたしは，マルシア・バロンの（いわゆる）「徳の倫理学の諸種」のうちの最初の項目に見出されるある種の行為者[22]についての記述が，「傾向性によってのみ」行為するまったく普通の行為者の理解に失敗した有益な例だと考えています。彼女によれば，この行為者は，「他人を助けることを欲する」が，「抽象的な道徳概念をもたず」，「善……の概念をもたない」（傍点は著者）。しかし，まったく普通の大人，つまり言語の使用を習得し，質問されれば自分の行為を説明し，正当化しようとする人が，「善の概念を一切もたずに」他人の救済を欲することなど果たしてできるものでしょうか。小さな子どもが，傾向性によって，つまり他人を助けたいという欲求によって行為し，しかも，誤った思い込みをもったせいで，たとえば，「赤ちゃんが包帯をほどいてほしいみたい」などと言いだす時，わたしたちはそれをその子どもが善の概念を誤認したせいになどしません。その子は，善の概念をもつにはまだ若すぎるのです。だから，たとえば「君が赤ちゃんのために何かよいことをしてあげたかったのは分かるよ。でも傷口から包帯を取ってしまうことは，赤ちゃんにとって決してよいことじゃない。包帯はそのままにしておかなくちゃね」といった具合に話しかける時，わたしたちはその子に善の概念を教え始めているのです。しかし，同じようなことを大人がした場

---

[22] 'Varieties of Ethics of Virtue' (1985). バロンは，ローレンス・ブルームが有徳な行為者についてのこの主張に惹かれていると考えている。ブルームの考える同情心のある行為者は善の概念をもたない，という彼女の考えが正しいかどうか，わたしにはよくわからない。しかし，正しい概念と誤った概念があり得，そのことによって，徳としての同情と，思いやりの感情によって行為を引き起こす傾向性としての限りの同情の間に違いがありうるという事実に，ブルームがまったく気づいていないとみなす点では，彼女は確かに正しい。

合，たとえば，「わたしは助けようとしていたのです。でも，わたしには，自分がしたことがその赤ちゃんを利するか害するかわからないし，そもそも人間にとって何が善で，何が悪なのかも知りません」といって言い訳することなど，そもそもできようはずもないのです。

したがって，大人だけがもつことのできる完全な徳は，実践知という形で理性が付け加わった子どもの自然的な徳ではありえません。「傾向性によって」（広義の）行為をなすと言うことが意味をもつのは，子どもや獣，そして意志の弱い人たちの行為（さらには，おそらく，有徳な人が，時たま感情にかられてなす，その人らしからぬ行動）に関してだけです。

では，「友達だから」という理由で友人を見舞いに行く者と，「義務感から」見舞いに行く者との単純な対比について，何が言われるべきでしょうか。今になってみれば，この問いが「道徳的動機」に関するカントの批判と同様，決して単純ではないことは明らかです。もしわたしたちがその二人の対比を，傾向性，すなわち愛情（友情や同情，そのいずれであれ）に動機づけられた子どもと，理性（完全な徳か抑制のいずれか）によって動機づけられた大人との対比と考えるなら，子どもの方が大人よりも道徳的に劣っているということがありえなくもないでしょう。しかし，もしわたしたちがその対比を，抑制と完全な徳の間のアリストテレス的対比を具現化したものとして理解しようとすれば，その対比は誤った仕方で提示されたことになります。「動機」という語でもってアリストテレスの考えを語ることになにがしかの意味があるとすれば，抑制のある人と完全に有徳な人とは同じ「動機」をもつ，とは言えるでしょう。つまり，両者はどちらも「選択」（プロアイレシス）という仕方で理性に基づいて行為するわけです。他方，両者の違いは，彼らの行為の「動機」や理由にあるのではなく，彼ら自身の性向にあります。言い換えれば，完全に有徳な人は，自己抑制する人よりも，自分の感情に関してよりよい性向をもっているのです。

「道徳的な動機」の問題については，第6章と7章で主題的に考察することになります。ただし，それに先だって次章では，感情が完全な徳において果たす役割を記述しておきたいと思います。そうすることによって次章では，後悔や悲嘆，さもなければ同情や愛といったような，

ほんの一握りの感情ではなく，むしろ感情というもの全般がもつ道徳的重要性の理解に，徳倫理学の説明がどれほど貢献できるか，その点が明確に示されることになるでしょう。

第5章
徳 と 感 情

———————

　本章では，完全な徳において感情が果たす役割について考察を進めていきたいと思います。そもそもアリストテレス主義者によって「感情は道徳的に重要である」と言われる場合，少なくともどれだけのことがそこで意味されているのでしょうか。まずは議論の余地のないところから見ていくことにします。この言明は基本的に以下の3つの主張から成っています。

1　徳（と悪徳）は道徳的に重要である。
2　徳（と悪徳）とは，行為をなすためだけでなく，感情を抱くためにも必要な，つまり，行為への衝動であると同様に行為に対する反応でもある，あらゆる性向のことである。（アリストテレスは，繰り返し，徳は行為ばかりでなく感情にもかかわっていると述べている。）
3　徳のある人において，このような感情は，しかるべき場面で，しかるべき人々または対象に向かって，しかるべき理由によって，抱かれる。この場合の「しかるべき」とは，「ニュージーランドの首都はどこか？」という問いに対する「しかるべき」答えが「ウェリントン」であるというのと同様に，「正しい」という意味である。

　ここで最初に注意すべきは，二番目の主張が，実質的には，「総じて感情は道徳的に重要である」という一般的な主張を，論理的に適切な仕方

で根拠づけているという点です。それゆえ，このようなアリストテレス主義の立場と，「(愛と同情，あるいは後悔と誇りといった)一握りの感情が道徳的に重要である」ということしか正当化できない局所的取り組みによってそうした一般的主張を裏付けようとする貧弱な試みとは，まさに対極にあります。

次に注目すべきは，1～3を結合した主張が，以下のような見解に実質的な価値を与えるという点です。すなわち，ある場面で，何らかの感情を抱くということが，単なる手段的価値やその他の独りよがりな価値ではなく，むしろ，道徳的な価値をその本質としてもつ，という見解がそうです。感情を抱くということは，それが徳の表出でありさえすれば，「道徳的価値をその本質としてもつ」と言いうるわけです。後悔という感情に関する(始めは，かなり軽微にみえた)問題が，実はそのように軽んずべきものではないとわかるのも，そのためではないかと思われます。つまり，苦悩や悲劇的ディレンマから後悔を引き起こす状況も，「感情の道徳的重要性」という文脈で見るならば，感情にかかわる状況，すなわち「ここではどんな感情を抱けばよいのか／このことについてどう感じるべきなのか／善良な人なら一体何を感じるのだろうか」という問いが発せられるきわめて広い範囲の状況の一事例として把握できるのです。いずれにしても，感情的反応がしかるべき，つまり正しい，合理的内実をもつ限り，その感情には道徳的価値がその本質として内在しているというわけです。

最後にもっとも重要な注意点は，三番目の主張において，しかるべき正しい感情を抱くということの認知面での意義の大きさが示されたことです。ヒューム的な意味で慈愛によって動かされる行為者やごく自然な徳をもった子どもは，既に明らかにされたように，どんな場面でも常に正しい感情を抱くことができるというわけではありませんでした。そのことを思い起こしてみれば，およそ徳というものが，単に「すばらしい」と感じる一握りの性向によって，つまり行為の動機となりうるよう付け足された同情的(あるいは，おそらく共感的な)反応によって，善行へと性格づけられることなどではないということが理解されるでしょう。たとえば，アウグスティヌスの有名な言葉，「愛せよ，そして欲することをなせ」というのは，何でも心のままになすことを認めているの

第5章　徳と感情

ではなく，真に愛とみなされるものについての極めて厳格な指令を表したものです。ちょうどそのように，完全な徳が正しい感情を抱くことを必要とするという主張は，（総じて）理性からの影響なしに正しい感情を抱くことなどありえないということを明示したものに他なりません。

　では，感情についてどう説明すれば，この主張が真実であるといえるのでしょうか。もし，その説明が感情をわたしたちの理性的本性の一部と認めないものであるなら，それは確かに不可能です。たとえば，カントにおいては，そう思わざるをえない点が多々見出されます。確かに彼は，人間の行動原理が一つだけではなく二つだと考える点で，アリストテレスと見解を一にしていますが，そのほかの点では，彼の哲学的心理学はむしろヒューム的といえます。人間の感情，あるいは傾向性は理性的本性の一部ではない，と考える立場にカントは立っているように思われます。〔そのようなカント的立場から見れば〕感情や傾向性は，人間の自然本性における非理性的・動物的側面から生じ来るものといえます。たとえ感情や傾向性が，何をなすべきかについて，たまたま理性の判断に従って行動するようわたしたちを促すとしても，それはただ運よくそうなっただけのことに過ぎません。他方，もしそれらがわたしたちを理性に反する行動へ向かわせようとするなら，たちまちわたしたちは葛藤に陥るでしょう。その場合，もし仮に感情の方がしかるべき方向にわたしたちを促したとしても，それでもって感情の合理性が示唆されたというわけではありません。いずれにしても，この説明による限り，感情は理性的ではないのです。

　対して，こうした説明とは異なり，ストア派に始まる伝統によれば，感情は確かにわたしたちの理性的本性の部分とみなされます。というのも，そもそも感情とは判断，ないしは判断から成るものであり，そうした判断の少なくともいくらかは価値評価を含み込んだものだからです。一見すると，この説明は，感情がしかるべく適正に抱かれうるという主張にとても密接に結びついています。つまり，大雑把に言えば，感情を（部分的に）構成している判断（あるいは一連の判断）が真である時（あるいはおそらく，それ相応の証拠がある時），その感情は適正に抱かれている，ということになるからです。多くの研究が明らかにしてきたように，このような立場に立つ「認知説」は多くの難問に直面しています。

しかし，当面の課題にとっては，次の二点について述べれば十分でしょう。第一の点はこうです。自分の感情がともすれば不合理なものであることを熟知しているにもかかわらず，その感情にすっかり囚われている己の姿をいやというほど思い知らされている人がいるとしましょう。果たして，そのような人の感情構成のために彼／彼女に帰されるべき適正な判断（あるいは一連の判断）などがあるのでしょうか。たとえば，わたし自身，虫は無害だとよくわかっているのに，相変わらず虫を恐がっているし，缶切りが食いついてきたり，わざとわたしの親指を切ったりすることなどあるはずがないとわかりきっているのに，缶切りに腹を立てることがよくあります。自分の連れ合いがどうしようもなく役立たずだということは百も承知なのですが，それでも彼を愛しているのだから，もうお手上げです。第二の点は，たとえ，よちよち歩きの幼児や知能の高い動物がいくらかの信念をもっていると認めるとしても，彼らが判断，とりわけ価値判断をおこなうと主張するには，実のところ，かなりの無理があるのではないかという問題です。しかし，もし，幼児や高等動物が何らの判断もおこなわないとするならば，認知説による限り，彼らは感情ももたないということになってしまうでしょう。これら二つの反論は，もっと一般的な一つの論点に要約することができます。すなわち，認知説による限り，感情はあまりにも理性的であり，理論理性がもたらす判断にあまりにも近似し過ぎているのではないか，というものです。

　必要なのは，この二つの極，すなわち動物などの非-理性の側と完全な理性の側それぞれの極端を回避する主張であるように思われます。確かに，ヒュームやカントの人間本性の見方によれば，この両極の区別は厳密なものであり，その両者が交わる余地はないはずです。しかし，アリストテレスによる魂の理性・非理性の区分はそれほど厳格なものではありません。彼によれば，魂の欲望的な部分は栄養的な部分と共に，非理性的なものとして分類されます。その場合，単に栄養的であるだけの〔植物的〕魂が理性に与ることはありませんが，欲望的部分のほうは理性に与ることによってそれと識別されるので，同じ魂の非理性的部分ではあっても，両者は区別されねばなりません。あるいは，こう言うこともできます。魂の欲望的な部分は，そのもの自体の内に理性をもつ〔本

来的な意味での理性的〕部分と共に，理性的なものとして分類されます。その場合，魂の理性的部分は二つに分けられ，欲望的部分は本来的な意味での理性的部分の言うことを聞き，従うものとみなされねばなりません[1]。

　人間本性に関するアリストテレスの見方によれば，魂の欲望的部分のうちにある感情は，いわば二つの顔をもっているとみなすことができます。一つは動物的もしくは非理性的な顔，もう一つは理性的な顔です。この両義性によって，わたしたちは，人間が非理性的な動物に備わる感情に動かされると同時に，非理性的な動物には著しく欠如している（たとえば，誇り，恥，後悔といった）感情にも動かされるという事実をしかと受け入れることができるようになるのです。しかし，それ以上にもっと注目すべきは，たとえば恐れのように人間が動物と確かに共有しているはずの感情を，理性がまったく別ものに変えてしまうということです。正義や真実のために苦痛に耐え，命を懸ける時，あるいは大学の試験に怯える時，さらには栄誉のために死ぬ覚悟があるのに屈辱を受けるかもしれないと恐れおののく時，人間と他の動物との隔たりの何と大きなことでしょうか。他の動物においては，肉体的自己保存や種の保存と本質的に結びついている感情が，人間の場合には，わたしたちやわたしたちの種において最善なもの，もっとも保持するに値するものの保全と結びついた感情に変容しうるのです。こうした見方の正しさ（あるいは誤り）は，人間の理性がどう捉えられるかにかかっています。

　では，どうすれば適切に感情を説明できるのでしょうか。といっても，ここでは細かなことを気にする必要はありません。欲求と忌避の類型的対象として，もっとも一般的で総称的な意味での善と悪に関する何らかの観念ないしイメージ（あるいは思考や知覚）が感情には必要である，というおおまかな主張で十分だと思います。（この文脈で「善」とか「悪」というのは奇妙だと思う読者がいるなら，「価値」や「無価値」と言い換えてもいいでしょう。）

　わたしたちの感情には善悪の概念や思考が必要だという事実には，多くの哲学者たちが注目してきました。その中には，「快と苦」という語

---

1) 『ニコマコス倫理学』1102b10-1103a1.

句を「善と悪」と置き換え可能なものとして（そう推定して）用いる者もいれば、両者を区別する者たちもいます。また、（ほとんどの）感情が、何らかの行為への欲求を自らの部分とするか、あるいは少なくともその欲求を産み出すという事実を強調する哲学者もいます。その際、そのような欲求自身が善悪（あるいは快苦）の観念や思考を必要とするものと解されています。それゆえ、恐れとは「何かから逃れたい」という欲求を自らの部分とするか、あるいはそれを産み出すものであり、しかもその欲求自身が、「逃げずにその場にとどまる」ことを悪や苦とみなす観念を必要とするものだということができます。あるいはまた、愛とは「愛されるものと一緒にいたい」という欲求を自らの部分とするか、あるいはそれを産み出すものであり、しかもその欲求自身が、「愛されるものと一緒にいる」ことを善や快とみなす観念を必要とするものだといえます。こうした考えとは別に、感情の原因や対象が、一体どのように思考され、知覚され、解釈されるのか、あるいはそうされねばならないのか、その点を強調する哲学者もいます。たとえば、わたしたちが恐れ、憎む対象は、何らかの意味で悪（ないし苦）と考えられ、知覚され、解釈されねばなりません。同様に、わたしたちが希望し、愛する対象は、何らかの意味で善（ないし快）と考えられ、知覚され、解釈されねばなりません。それに対して、（いくつかの）感情に特有の欲求が、実際にはそれ固有の対象（や原因）に関与していることに言及し、さらに問題を複雑にした哲学者もいます。たとえば憎悪は、邪悪だと思われている人に悪事が起こることが、それ自体、よいことである（あるいは、おそらくよいことであろう）という考えと切り離すことができない、そう言ってよいでしょう。同様に、怒りは、悪いことをした人に悪いことが起きることが、それ自体、よいことであるという考えと切り離すことができません。さらにその他にも様々なヴァリエーションがあります。

　要するに、意見の多様性や食い違いはあるものの、共通の基盤として見て取れるのは、「わたしたちの感情は、もっとも一般的、総称的な意味での善と悪に関する、観念や思考や知覚を必要とする」という漠然とした見解なのです[2]。

　2）　この漠然とした見解を説得力のある明快な主張へと高めるためには、詳細を極めた説明が必要だが、そうしたテキストのうちで最善なのは、やはりいまだにトマス・アクィナ

他の点では賞賛に値する論文「道徳と感情」において，バーナード・ウィリアムズはこの点を見落としているように思われます[3]。1965年に書かれたその論文において，ウィリアムズは，なぜ「近頃の」英国の道徳哲学者は感情というものを無視するようになったのか，その理由を説明しようとして，その答えの一部を以下の二点に見出しています。すなわち，「道徳言語，もしくは……価値語のもっとも一般的な特徴」の既に広く行き渡っていた偏重と，その結果として生じた「〈よい〉〈正しい〉〈べき〉といった非常に一般的な用語」への過剰依存がそうです。彼によれば，こうした用語への過剰依存が「感情を当時の道徳的状況から駆逐することに大きく寄与した」というわけです。それというのも，「もしあなたが，道徳言語のもっとも一般的な特徴とか連関を述べようとするなら，感情については言うべきことがあまり見つからないであろう。なぜなら，感情と道徳言語の間の非常に一般的な連関は，もしあったとしても，ほんのわずかでしかないからである」。
　しかし，ウィリアムズは先人たちにも同時代の人たちにも少し好意的すぎたようです。なぜなら，感情をきわめて一般的な「善」と「害／悪」という用語に繋ぐ非常に一般的な連関が，彼らの眼前にも見出せたのであり，少なくともプラトン，アリストテレス，ストア派，トマス・アクィナス，デカルト，ロック，ヒュームらの説明においてその点は一目瞭然だったからです。それにもかかわらず彼らが感情を道徳的状況から放逐したのは，感情が，彼らの過剰に依存していた用語との一般的な連関を欠いていたからではなく，むしろあまりにも一方に偏った事例ばかりが取り上げられたからに過ぎません。
　ここで留意すべきは，感情と「善悪」との一般的な連関を漠然と提示するわたしたちの見解と，それよりもずっと明言的な「感情には評価的判断が必要である」とか「感情は評価的判断である」という主張との間には大きな隔たりがあるということです。実際，評価的判断であれ他の

スのものである。『神学大全』第2・1部（第22-30問）の情念論はもちろんだが，第2・2部（第1-189問）全体を通じて論じられる，希望，怖れ，絶望，愛徳（caritas），喜び，憎しみ，怠惰，妬み，怒り，詮索好き，等々の叙述も委曲をつくしている。デカルトも『情念論』において，やや物足りないながらも有益な説明を与えている。
　3）　B. Williams, *Problems of the Self,* (1973) に再録。

何であれ，ともかく判断をなすと言いうる年齢になるずっと以前から，やけどをした幼子は確かに火を恐れ，母親の怒りを悲しむことができるのです。とはいえ，「感情には善悪についての思考が必要である」という主張でさえ，小さな子どもに適用される場合は，何らかの注意を払って解釈されねばなりません。なぜかと言えば，小さな子どもたちが感情を表出する時，彼らの内に何らかの考えを読み取ろうとする対応の仕方は適切ではなく，むしろ，ごく一般的な善や悪という言葉によって彼らに話しかけることの方が適切だからです。

　しかしながら，そうした漠然とした見解は，明らかに，もっとはっきりした主張，すなわちわたしたちの感情はひとつとして他の動物のとは同じではないという主張と関連していて，しかも，たとえ漠然としてはいても，十分にその主張を根拠づけることができるのです。というのも，わたしたちは理性のおかげで，他の動物とは違って，わたしたちにそうあるように思われることと，実際にそうあることとを，言語によって区別することができるからです。他の動物とは違って，わたしたちは一般的な善悪についての自分の観念，思考，知覚を文章の中で表現することもできます。そうした文章とは，わたしたちの言語によって，事物がわたしたちにどう思われるか，つまり事物に関するわたしたちの信念を表現したものであり，それについて真か偽か，正しいか間違っているか，合理的か不合理かの評価が下されるものなのです。

感情の教育

　ウィリアムズの先人たちや1965年当時の同時代人たちが犯したもう一つの過ちは，「評価語のもっとも一般的な特徴」に偏向していたにもかかわらず，そのような一般語こそ何より教育が必要だという当然の事実に考えが至らず，その結果，道徳教育や躾についても熟慮を怠ったことです。わたしたちは，どのように行為すべきかを教わるのと同時に，「善・悪」という（あるいは，それと同義の）言葉やその同族語，同類語を含む文を使用することを，ごく小さいころから教わってきました。この教育の中核にあるのが，感情の教育です。

感情が教育され，それによって価値観が植え付けられていく道筋がどれほど複雑であるかは，悪しき感情教育の実例，たとえば人種差別を植え付ける教育[4]を考えてみればよくわかることです。

　まず最初に，極端な人種差別が一体どのような感情をもたらすかを思い起こしてほしいと思います。それは，単に憎悪や軽蔑だけにとどまりません。さらに，恐れ，怒り，不信，疑心，子や孫が忌むべき人種と結婚することへの悲嘆，彼らに害悪が降りかかった時の喜び，自分たちの人種の一員が彼らに負かされたことへの同情，彼らをうまく騙すことに成功した時の誇り，彼らが受ける屈辱を楽しむこと，彼らのなかに高度な人間性を示す者を見つけた時の驚き，自分に彼らとの仲間意識を発見した時の戦慄と自己嫌悪等々，数限りなくある中で，まっすぐ無垢なままの感情に思い至ることの方が難しいほどなのです[5]。その上，人種差別の影響は欲求にまで及びます。なぜなら，忌むべき人種の食べ物や飲み物はそれだけで嫌悪されかねませんし，そのような相手との性的な関係は倒錯した魅力すらもたらしかねないからです。

　第二に思い起こしてほしいのは，比較的人種的な差別がない人なら，これらの感情的反応のどれであれ，いかなる意味でも自然なものだと考えたりはしないということです。実際，そうした差別的な感情はどれも，幼いころから繰り返し教え込まれねばならないものといえます。たとえば子どもたちは，自分らとは違う人種の，特に大人に対しては恐れを抱き，若者に対しては憎悪や疑心や蔑みの感情をもつよう絶えず教え込まれてきたわけです。同様に，彼らが傷つけられるのを面白がるか，さもなければ喜び，彼らが親切な時は腹を立て訝しみ，彼らが騙された

---

　4)　「人種差別主義」が異なった人種の排斥，もっとはっきり言えば，彼らへの迫害という形での排斥を含意するのかどうかは厄介な問題である。人種差別的な教育がわたしたちの感情にどのような影響を与えるかという論点について，これから挙げるわたしの三つの観点のうちの最初の二つは，差別する側，される側のどちらにも当てはまることである。黒人と白人，キリスト教徒とユダヤ教徒，そのいずれもが同じような教育の影響を受けていると言える。しかし，第3の観点は，必ずや迫害に至るような人種的差別観に向かいがちである。すなわち，迫害する側の，つまり神話や比喩を押し付ける側の人種の方が，その押し付けによってかえって自らの思いやりや正義を誤った方向へ歪めてしまいがちである。

　5)　こうしたことが議論になると，楽観的に愛を挙げる論者がいるものである。しかし，人種差別的先入観に愛が勝利するという心躍る例がある一方で，愛する相手が「汚れた」血をもつことを知って挫かれてしまう愛の例がないわけではない。

と聞けば皆で大はしゃぎし，彼らの没落を引き起こした者を讃美し，彼らがうまくいって幸せならばそれを不快に思い忘れてしまう，そのようにして子どもたちはひたすら教育され続けるのです。

　第三としては，人種差別がどのように植え付けられ，それを取り除くことがいかに困難であるかについて，今，わたしたちがどんなことを理解し始めているのかを思い起こしてください。確かに，ここ30年かそこらで，人種的な固定観念，たとえば多くの神話や比喩，皆がもつイメージや典型例に潜んでいる人種差別的描写からわたしたちがどのような影響を受けるかという認識が徐々に高まってきました。それに応じて，感情的反応にそれとなく表れ出てしまう人種的差別をしっかり認識し，それを根絶するまでは，たとえどれほどひたむきで誠実な思いやりや正義であろうが，いつのまにか歪められ誤った方向に向かわされがちなのだという自覚も不可欠でしょう。実際，そのような感情的反応を，無邪気さの表れだとか，正当で，理性的なものであるとか，あるいは逆にわたしたちの手に負えないものだとする擁護論は相変わらず後を絶ちません。

　このようにして，人種差別を植え付ける教育の実例を思い浮かべるなら，感情教育によってその当人の一般的な善悪の考えが形成される方法は，必ずしも理性的／非理性的という具合にきれいに分けられはしないということがはっきりしたはずです。そもそも，感情による教育を受ける際に，子どもたちは一般的な「善」「悪」という用語の応用の仕方を〔その都度，具体的に〕教わるのですが，その限りでそれは確かに理性的ではあるわけです。(「そういう人たちは危険で，無教養な，変態よ〔つまり悪い人たちよ〕」「彼ったら，あなたを自分のところに来させようとしたのよ／あなたになにかごちそうでもしてくれるっていうの？　何て図々しいの。最低ね〔彼って最悪〕」「彼女は彼とかかわり合いをもう何て思いもしないわよ／彼女は彼を振ったの？　当然だわ。何て勇敢で，分別があるのかしら〔それはとてもよいことよ〕」——これらの言葉はすべて，わたしたちが親の世代から使い方を教わった言い回しです。) さらに，想定される事実の説明や正当化が教育の中に織り交ぜられ，また想定される証拠によってそれらが支えられる限りで，その教育方法は理性的といえます。たとえば，そういう人たちは危険である，なぜなら彼らは情動をコントロール

できないのだから／彼らはわたしたちを憎んでいるのだから／彼らはず
る賢くて、ひねくれているから。あるいは、彼らは勇敢というわけでは
ない、なぜならわたしたちのように痛みを感じることがないのだから、
それに彼らは哀れむ価値もない、なぜならいつもガタガタ騒ぎ立てて
いるのだから、といった具合です。こうした二通りの意味で、感情による
教育は理性的動物にことのほか適したものなのです。

しかし他方、無意識になされた模倣やヒューム的な同情、さらに条件
づけによって事が進んでいく（と言いうる）限りでは、感情による教育
は非理性的といわねばなりません。実際、子どもはただ彼らを育てた親
と同様の感情的な反応をするようになっただけであり、動物の子どもが
情動的反応を親世代から獲得するのと大差ないからです。

最後に、「善」「悪」のような用語の使い方や想定される事実の説明や
正当化、そういったもの全体を一つの体系として見て、そこに虚偽や
矛盾が見出されるという意味でならば、感情による教育はもちろん非理
性的ないし不合理なものといえます。しかし、わたしたちが身をもって
知ったように、それが不合理だという事実を認識しただけでは、いった
ん教え込まれたことを取り消すには不十分です。自分の感情的反応のい
くつかが、単に馬鹿げているばかりか悪意に満ちたものでもあると気づ
くことで、そうした反応をしないようになるかといえば、必ずしもそう
とは限らないのです。

もし慈悲や正義ということをひたすら心がける人ならば、悪しき感情
を根絶し、子ども時代の人種差別的な教育を取り消して、新たな感情的
反応を理性と「完全に調和させる」ことは果たして可能でしょうか。そ
の答えは、実のところ、まだわからないとしか言いようがありません。

理性が、直接的に、ある程度の役割を果たしていることをわたしたち
は知らないわけではありません。自分が感情的に反応していることに気
づき、善悪についての馬鹿げた考えを意識にのぼせ、合理的信念でもっ
てそれを打ち砕くことは可能です。——たとえば、わたしはこの人を恐
れる理由など何もない。わたしを侮辱することも上から見下すこともな
かったし、むしろ理にかなった質問をしてくれたではないか。わたしに
はこの人を信頼するのが至極もっともなことであり、実際、信頼せずに
はおれない。この人が数学者だからといって驚くことなど何もないのだ

――という具合です。さらに，日常的に親密な交際があれば（また，そのようにひたすら心がけるならば），軽蔑し合ったりせずに互いに仲間意識をもち，恐れや憎しみ，疑いや見当違いの驚きを捨て去ることで，実に多くのことが達成されうることもわたしたちは知っています。

　しかしそれにもかかわらず，完全な再教育はまず不可能でしょう。アリストテレスは，自身がプラトンに負っていることを認めた上で，「喜ぶべきことを喜び，苦しむべきことを苦しむように，幼い頃からある一定の仕方で教育されること」の重要性を強調しています[6]。つまり，もし感情の非理性的な面を考えるなら，たとえ理性といえども，幼年期の悪しき教育を完全に拭い去ることはできないでしょう。また，愛と信頼の関係が大人になってから形成されたとしても，人種差別的な感情的反応に依然として表れ出てしまう悪への無意識な期待のようなものを完全に払拭することなどできないでしょう。

　残念ながらそうだとして，では，どういうことになるのでしょうか。もちろん，そのような人種差別的な感情を抱かずにはいられないからと言って，「仕方ない」「自力ではどうしようもない」「そう感じずにはいられないのだ」などと肩をすくめてやり過ごすしか手立てがないわけではありません。なぜなら，再教育がある程度は可能であることをわたしたちは知っていますし，仮に再教育の時期を失することがあるとしても，それがいつだかはわからない以上，まともな人であれば，希望を捨てたりせずに，自分の感情をコントロールする方法を真剣に探すに違いないからです。とはいえ，幼少期に人種差別を植え付けられた人々は，やはり不運だと言わざるをえないでしょう。実際，子どもの頃の優れた実践教育と理性的な原理とに基づいて感情と理性を完全に調和させ，そうすることで完全な徳をもつまでに至った人に比べると，そのような人々は，自分自身の過失によるわけでもなく，多大な努力を払っているにもかかわらず，相変わらず道徳的に劣ったままだからです（だからといって必ずしも彼らが非難されるべきだというわけではありませんが）。

　この避けがたい結果をもし否定しようとするなら，どうすればよいでしょうか。その場合，わたしたちにできるのは，たとえ自分たちが人種

---

6) 『ニコマコス倫理学』1104b11-12（傍点は著者による）。

差別的な感情的反応を抱かずにはいられないとしても，行為や不作為という形でそうした感情を顕わにせずにいる限り（おそらくまた，それを一掃しようとし続ける限り），慈悲や正義という点では他の誰と比べても何ら遜色がないと主張することぐらいでしょうか。確かにそう言うことはできるかもしれませんが，しかし，それは思いのほか傲慢に聞こえる上に，当の排斥される側の人々がその点に果たして同意してくれるかどうかも甚だ疑わしいと思われます[7]。ウィリアムズが「構成的な道徳的運（moral luck）」[8]と命名したものに多くの人々が感じている違和感を拭い去るためには，おそらく具体的例示が必要なのですが，人種差別はそのよい例だと思います。

　もし，カントの挙げた〈第三の慈善家〉が，今仮に，彼の受けた人種差別的な教育のゆえに（そう考えた方が，他人なら誰であれ，いかなる苦しみであっても，まったく無関心でいられるような人を想像するよりずっと易しいからですが），特定の虐げられた民族の「苦しみに無関心な」人物とみなされるとしましょう。もしそうなら，そのような人物が，彼の受けた教育から逃れられないという明白な事実があるにもかかわらず，虐げられた民族のために単に「義務に基づいて」善行をなしたというその理由だけで，道徳的な手本とみなされるとはよもや考えられません。自分の受けた教育の影響を拭い去ろうという努力もせず，「自分のせいではない」とか「感情は自分ではどうしようもない」と言い訳することに甘んじている限り，その者が道徳的に正しいとみなされることはありません。もし彼が，努力をしたけれどもうまくいかなったのであれば，それは努力が足りなかったからですし（なぜなら，わたしたちはある程度の再教育が可能だと知っているのですから），少なくともそう疑われても仕

---

[7]　わたしはここで，ブルームの次のような嘆かわしい主張と自説との間にはっきりと一線を画しておきたい。すなわち，「今は平等を信じているが，以前は人種差別主義者だった男」が，功なり名を遂げ，自身の人種差別主義的な感情反応を根絶しようと努めてきたが，にもかかわらずいまだに「時折，黒人への嫌悪や不信を感じることがある」としよう。その場合，ブルームによれば，「その男のことを，もはやそうした感情と結びつけて考えることはできない。彼は，そうした感情をもっていることで非難されることもない。つまり，そうした感情は，彼の道徳的自我の外面に過ぎないのだ。」L. Blum, *Friendship Altruism and Morality*, p.181. ちなみに，1996年にスタンフォードの大学院の授業でこの箇所を読み上げた時，受講生たちが不快そうに顔を歪めたことは，記録に値するように思われる。

[8]　B. Williams, 'Moral Luck' (1976).

方がありません。あるいは，もし彼がまだかなり若く，やっと努力を始めたばかりなので，まだあまりうまくいっていないとしたらどうでしょうか。その場合，同じように悪しき教育をうけ，長い間それを払拭しようと努力してきた人よりも，当然彼の方が，〔虐げられた民族の痛みに無関心な分だけ，彼らに〕慈悲深く正しいおこないをなすことを難しいと思うでしょう。しかし，〔感情的動機づけに拠らずに〕そうした善行をなすことを難しいと思う者の方が，以前より容易になったと思う者に比べて道徳的に優れているというわけでは無論ありません。むしろその逆です[9]。

そもそも人種差別を植え付けられたにもかかわらず，なぜ，わたしたちはその教育の影響を払拭するよう努力し，しかもその努力を継続せねばならないと思われるのでしょうか。それは，そうすることで慈悲深く正しい行為をなすことが容易になると思われるからではなく（また，実際そうなるとしても），むしろ，そうした努力が今の自分よりももっと慈悲深く正しい，よりよい人間にしてくれると思われるからです。あるいはまた，自分の子どもたちを，なぜ，違ったやり方で育てようとするのか。それは，そうすることで子どもたちの生活がわたしたちの場合に比べてさほどの努力なしに道徳的なものとなることが期待されるからではなく（ただし，人種差別に関しては，そうならなければなりませんが），彼らがわたしたちよりもずっと慈悲深く正しく，よりよい人間になってくれることを期待するからです。子どもらがよくなるか悪くなるかについて教育は何の影響も与えないとしか考えられないならば，彼らによい教育を施すべきだという考えに至ることなどありえないでしょう。しかし，わたしたち自身に関して言えば，よい教育を受けたかどうかはあくまで運の問題なのです。

誰もが皆はっきりと知っている（とわたしには思われる）ことですが，ここで注目すべきは，たとえ見当違いな感情を抱いていようが，個々の

---

[9] 徳倫理学者によってさえ，正義は感情と関係がないとしばしば言われる。しかし，人種差別の例は，このことが間違いであることを示しているようにわたしには思われる。たとえば，マーティン・ルーサー・キングの暗殺によって恐怖に襲われることも悲嘆にくれることもなかった白人，あるいは待望久しかったネルソン・マンデラの国政進出と勝利に大喜びすることのなかった白人は，どれほど彼らの一つ一つの行為が申し分ないものであろうと，正義において完璧とは言い難い。

第5章　徳と感情

あらゆる場面で，行為者はなすべきことをな̇し̇う̇るという考えそのものが，実はまったくの幻想だという事実です。何が傷つけ，攻撃し，痛めつけ，弱らせ，苦しめるのか，何が元気づけ，助け，支援し，支え，同胞を喜ばせるのか，そうしたことに関するわたしたちの理解は，理論的であるに劣らず感情的なものでもあるのです。確かに，慈悲や正義に関する行為規則や原理をひたすら遵守することは少なからぬ成果をもたらしはします。しかし，人種差別が組み込まれた旧弊な教育の影響下にある限り，他の民族に対するし̇か̇る̇べ̇き̇想像力と感受性がありさえすれば，そのような行為規則や原理をうまく適用することができると考えるのは，ただの傲慢で独りよがりに過ぎません。

また，あ̇り̇え̇な̇い̇ことではありますが，仮にそのような行為規則の想像力豊かで，敏感な，しかるべき適用ということ自体が新たな規則としてさらに付加されたとしても，それを理解し遵守しているだけで，なすべきことをなすに至るまでずっとその規則がわたしたちを導いてくれるというわけではありません。なぜなら，時として「わたしたちがなすべきこと」は，よく言われるように，他の人々のために「そこにいること」ただそれだけでいい場合があるからです。自分が何を悩み苦しんできたのかを彼らが語れば，それを聞いたわたしたちの眼には思わず涙があふれ出ることでしょう。これまで何を耐え忍んできたのかを彼らが語り出せば，わたしたちの顔は憤りや怒りで紅潮せずにはおれないはずです。確かに，彼らが被ってきたことはすべて過去の出来事であり，わたしたちがそれを消し去るためにできることは何もありません。行為という形でわたしたちが差し出すことのできる慰めや癒しなど何一つないのです。それでもわたしたちにできる，あるいはなすべき，慰めや癒しというものがあるとすれば，それはただわたしたちの感情的な反応からしか生じないものでしょう。もしわたしたちが正しく感情的に反応できなければ，それは同時に他者への慰めや癒しに失敗したこと，つまりは道徳的な失敗を意味するのです。

同じような考え方は，少し手を加えるだけで，「生まれながらの気質」のゆえに完全な徳を得られないことがあるのかどうかという問いにも

当てはまります[10]。たとえば、精神障害などではなく、あくまで健全な大人として、完全に冷酷非情な人がいるとした場合、彼がそうなった責任が当の本人にまったく帰されないなどということはありえないでしょう。むしろそのような人は、故意に責任を放棄することによって、しかも立派な大人のくせにそれを子どもじみた仕方で生まれや育ちのせいだと責任転嫁しながら、他人の苦しみに対する冷淡さや無関心を自らのうちに抱き続けるのです。あるいは、もっとひどい場合は、カントが（どちらかと言えば啓蒙的な調子で）認めたように[11]、「並はずれた忍耐心と耐久力に恵まれていて、自分自身の苦しみさえ物とも」せず、「他人にも自分と同じことを要求する」ような人物を敢えて持ち出してくることによって、彼らは自らの非情さを捨てるどころか、むしろそういう面を積極的に助長していこうとさえするのです。無垢な子どもや無力な者たち、そして虐げられた者たちが被った苦しみに対して、これ以上に無慈悲で不正な考えを思い浮かべるのは難しいかもしれません。けれども、慈悲や正義を徳として心から信奉しているにもかかわらず、無慈悲で不正であり続けるためには、そのような場面で虐げられた人々のことを考えないようにする以外にありません。わたしたちは、無能で不誠実で自堕落な人々の被る苦しみについて考える時は、彼らを「どうしようもなく救い難い人々」と分類して済ましますが、その一方で、有能で正直で勤勉でありながら幸運に恵まれなかった人々や、劣悪な社会環境を克服するために（わたしたちに欠けているとしか言いようのない）特別な徳を必要とする人々のこと、さらにその子どもたちの被る苦しみのことは都合よくきれいさっぱり忘れてしまうのです。そうやってわたしたちは自分の心を非情なものにしているのです。そうである限り、わたしたちが他人の苦しみに対して冷淡で無関心なのは、すべてわたしたち自身の責任だといえます。

---

10) この見解を詳細に弁護したものとして以下を参照のこと：Gregory Trianosky, 'Natural Affections and Responsibility for Character: A Critique of Kantian Views of the Virtues' (1990). この論文からわたしは多くを得た。

11) 本書141-143頁に引用された文章を参照せよ。

結　論

　アリストテレスが，したがってまたアリストテレス主義者が，感情の道徳的重要性に関してカントより（実のところヒュームよりも）優っているのは，人間理性の働きに関してしかるべき説明を与えてくれる点にあると思われます。それによれば，感情は理性に与り，徳全体の具体化において固有の役割を果たすと説明されています。ところが現代道徳哲学の多くは，義務論にせよ功利主義にせよ，人間の理性に関して，アリストテレスよりもむしろカントやヒュームの教説に従ってきました。そのせいで，アンスコムが1958年に指摘したように，「十分な心理学の哲学」[12]を欠くという過ちに現代道徳哲学はいまだに苦しめられています。しかし，たとえアリストテレス主義者がこの点でカントより優れているとしても，だからと言って，彼らはカント的義務論者より本質的に優れていると即座にみなせるほどの決定的な理由があるわけではありません。アリストテレス主義者が，女性や生まれつきの奴隷に関するアリストテレスの見栄えのしない説を，別に彼の哲学を解体せずとも放棄できるように，カント主義者もまた，他人の苦しみに冷淡な人物に関するカントの見栄えのしない説を同じように退けることができるのです。実際，近年の〔『道徳の形而上学』第二部〕『徳論』に対する関心の復活が如実に示しているように，カントが後期著作において何らか理性的な感情を認めていたことの手掛かりは確かに存在します[13]。しかし，たとえそのようなものがなかったとしても，義務論を奉じる道徳哲学者は（定言命法から始める限り）依然として紛うかたなきカント主義者として，アリストテレス的な感情論を併せもつことができるように思われます。まったく同様に，徳倫理学者は，慈悲のような非アリストテレス的

---

　12) G. E. M. Anscombe, 'Modern Moral Philosophy', p. 26.
　13) R. B. Louden, 'Kant's Virtue Ethics' を見よ。さらに，以下に注目せよ：Kant, 'Sympathetic Feeling is Generally a Duty' (*The Doctrine of Virtue,* §34) . ここで，カントは，「他人と感情を分かち合う能力と意志」を，適切な感情として推奨している。なぜなら，「人間は単に理性的な存在としてだけでなく，理性を授けられた動物ともみなされる」(p. 204) からである。

な徳を併せもち，アリストテレスの性差別主義を拒んではいても，（アリストテレスの徳に関する教説から始める限り）依然として明白なアリストテレス主義者なのです。あるいはまた，功利主義者がアリストテレスの感情論を併せもったとしても，そこにいかなる矛盾も見出されはしません。すべての人が，しかるべき時に，しかるべき程度で，しかるべき人または対象に対して，しかるべき感情を抱くように育てられ，教育されるということが，どれほど望ましいことであるか，道徳哲学者がそのことにひとたび気づくならば，感情に関するこうした考えを彼らが歓迎しないはずはありません。

　アリストテレス的な感情論を併せもたせるという試みが完全に遂行されるならば，義務論や功利主義が実質的には徳倫理学と何ら変わらぬようになるかもしれません。そうなれば，確かにわたしたちは，徳倫理学がこの点で本質的に優れていると主張できるでしょう。しかし，そのような試みがどのようなものとなるのか，それがわかるまでは，拙速に判断を下すべきではありません。現在，この領域において徳倫理学がどれほど卓越した存在であるのかは，おそらくは，いずれ歴史的な回顧という形で明らかになることでしょう。

第6章

有徳な行為者にとっての行為の理由

　そもそも何ゆえに人は道徳的に行為するのでしょうか。そう問われたならば、たとえば、〈義務（感）に基づいて〉、〈（道徳）原理に従って〉、それとも〈自分が（道徳的に）なすべきだと思うから〉、あるいは〈そうなすように（道徳的に）要求されているから〉、さらには〈それが（道徳的に）正しいと思うから〉などのいくつかの答えが浮かびます。本書では、こうした様々な表現のすべてを当面の目的にとっては同義とみなし、「道徳的動機づけ」と呼ぶことにします。その「道徳的動機づけ」を、どういうわけか徳倫理学は明らかにすることができないと一般には思われています。確かに、徳倫理学を支持する人たちでさえ「道徳的動機づけ」はうまく説明できないと考えがちですし、時には開き直って、何かにつけて「道徳的動機づけ」というのはつまらない考えだと言い張る人がいないわけではありません。

　しかしながら、道徳的動機づけというのは、むしろわたしたちの倫理的思考がもつ有効な考え、重要な特徴であるとわたしには思われます。そこで、本章と次章では、徳倫理学が道徳的動機づけをどのように説明しているのか、その点を明らかにしていこうと思います。

　そもそも、どうして徳倫理学はそのような説明をすることができないと一般に思われているのでしょうか。おそらく、第4章と第5章で一掃されたはずの理由によるところが大きいと思われます。一般的な見方に反して、徳倫理学は、これまで見てきたように「道徳的動機づけ」の問題に関して、カントやその後継者たちに真っ向から反対しているというわけではありませんでした。行為を論ずるにあたって、ヒューム哲学

よりもむしろアリストテレス哲学に依拠する徳倫理学者にとっては，有徳な行為者が理性に反して「欲求によって」行為すると言う必要もなければ，またそう言うべきでもありません。なぜなら，既に見たように，アリストテレスとカントは，唯一のではなく，二つの行動原理がわたしたちにはあるという非ヒューム的な前提を共有しているからです。アリストテレスの言う意味での有徳な行為者に特徴的なのは，「わたしたちが−動物と−共有する−行動の−原理」〔すなわち欲求〕に従ってまるで子どもがするように行為することではなく，「選 択」(プロアイレシス)という形で理性(ロゴス)に従って行為するということに他なりません。

いったんこの点が認識されるならば，有徳な行為者は，有徳な仕方で行為する時，その行為を「義務（感）に基づいて」「原理に従って」「それが正しいと思うから」（これらの表現は目下の目的にとっては同義とみなす）なすのかどうかという問いは，理性に従ったかどうかで決着がつくような問いではなく，むしろ，さらなる検討が必要な問いだとわかるはずです。少なくとも徳倫理学はそう考えています。

では，カントに従おうとしない道徳哲学者は，なぜ「道徳的動機づけ」をつまらない考えだとみなしてきたのでしょうか。一つには，繰り返しになりますが，第4章，第5章で一掃されたはずの理由によります。彼らは，本書141-143頁に引用された『道徳の形而上学の基礎づけ』の一節を正しく認識せず，そこで問われているのが，完全な徳の本性と，感情がそのうちで果たす理性に準じた役割の問題ではなく，単に動機づけの問題に過ぎないと誤認してしまったからです。

しかし，「道徳的動機づけ」という考えを否定する理由はそれだけではありません。問題のカントからの引用文自体も，そこで用いられる語彙も，ひとつを除いてすべてが明らかに「道徳的」という言葉に頼っていて，そのひとつの例外（「義務（感）に基づいて」）でさえ，暗黙にはその言葉に依拠しています。ある特定の仕事にはそれ固有の義務が伴う以上，たとえば，ごみ収集作業をする人が（あるいは強制収容所の役人が）自らに要請された仕事をなす時，その行為が必ずしも「道徳的な動機をもつ」とは考えられません。そうであれば，先のカントの文脈における「義務（感）に基づいて」は，「道徳的な義務（感）に基づいて」と理解するしかありません。しかし，アンスコムが論文「現代道徳哲学」を公

第6章　有徳な行為者にとっての行為の理由

刊して以来，その主張に共感する哲学者たちは，「義務や責務つまり道徳的義務や道徳的責務という概念，あるいは何が道徳的に正しいか間違っているかという考えや〈～すべき〉という道徳観念は放棄されねばならない」(p.26)という要請を聞き入れてきました。

彼らの挙げる理由の中には，確かにアンスコムが指摘した点，すなわち「〈道徳的〉という用語は，その現代的な意味による限り，アリストテレス倫理学の説明とは折り合いがつかないように思われる」という懸念が見出されます。たとえばバーナード・ウィリアムズは，古代ギリシアの思想には，「基本的に，他とはまったく別種の理由や要求という意味での道徳性という概念が完全に欠落している」[1]と主張しています。他方，フィリッパ・フットは，古代ギリシア思想に注目するのではなく，むしろ「道徳的」という形容詞に，独特の魔術的な理由づけの力を与えようとする試みに対して長期戦を挑んできました。かくなる次第で，あたかも徳倫理学は「道徳的動機づけ」という考えとは無縁であるかのように思われてきたわけです。その場合，「道徳的動機づけ」という考えは，義務という特殊で怪しげな観念に依存するようなものではないのでしょうか。それはカントによってわたしたちに押し付けられただけのものだと言って済ますわけにはいかないのでしょうか。もしそれがアリストテレスの考えの中にないとしても，それだけでは，わたしたちがそれを必要としていないということを十分に示せたことにはならないのではないでしょうか。

たとえ「道徳的動機づけ」という用語とその様々な解説が，カントやその後継者たちに特に深く結びついているとしても，だからと言って，その考えがアリストテレスや，もっと一般的に古代ギリシア哲学の中には見出せないというわけでは決してありません[2]。確かに，「その」考えには今までに既に多くのことが付け加えられてしまっていて，それぞれの用法がまったく同じものであると言えるほどの正確さを期すことはもはやできないかもしれません。しかし，少なくとも同じ語句，同じ解説と言いうるほどには十分確実に類似していると思われます。

---

1) B.Williams, 'Philosophy'(1981), p. 251.
2) Williamsから引用された主張に対するジュリア・アナスの応答(*The Morality of Happiness*, pp. 121-24)を見よ。

そうした道徳がらみの語句や注釈を扱う際に、不適切で時に危険だとさえみなされるのは、「道徳的」という語が実際に用いられているかどうかということではなくて、むしろ何か特別な理由によって行為がなされるかどうかが問われているということをそうした表現が示唆する仕方にあると思われます。わたしがこれから試みようとしている説明によれば、「道徳的に動機づけられている」と言われる場合、ウィリアムズが述べているような「他とはまったく別種の理由」はもちろんのこと、何らかの特別な理由によって、ある特定の機会になされる行為だけが問題になっているのではありません。むしろその場合には、徳に基づいた行為、すなわちよい性格が定着した状態でなされる行為が何よりも第一に主題化されていると言えます。本章および次章において中心となるのは、「それが正しいと思ったから」（あるいは「義務（感）に基づいて」等々）というような理由づけが、行為の瞬間のみならず、それをはるかに超えて作用する力となっているという考えです。そうした理由づけの表現は、文法的にそう思われるかもしれないように、単にその瞬間に行為者とその人の理由づけが当該の事態にどうかかわったかを主張しているだけのものではありません。そこには、（将来にわたって信頼できるかどうかという点での）将来に関する実質的な主張や、さらにもっとも重要なものとして、その行為者がどんな人間なのかという「およそその者の生の全行程にわたる」主張までもが含まれています。そうだとすれば、「これは正しい／有徳だ／高貴だ／わたしの義務だ」といった類のその都度生じる考えは、「道徳的動機づけ」の単なる必要条件でないばかりか、十分条件でもないということになります。わたしにはこの考えが、善意志に基づいて行為する「道徳的に動機づけられた」行為者に関するカントの主張と、必ずしも明らかに矛盾するものだとは思われません。実際わたしには、彼の言い分の多くがそのことを必然的に含意しているとさえ思われます。しかし、その点でカント主義者たちが同意するかどうか、そうすべきかどうか、あるいはそこから生じるとわたしが主張する結果に同意するかどうかは、彼ら自身の決定に委ねるしかありません。

有徳な仕方で行為するということ

　さて，ある特定の場面で，有徳な仕方で，あるいはよく行為するとは，そもそもどういうことなのでしょうか。

　(1) 第一に，それはある種の行為をなすことである。どのような？「有徳で，よい行為」，そう一応は言うことができるだろう。確かにその答えは正確だ。しかし，有徳な仕方で，あるいはよく行為するとはどういうことかを規定しようとしているのに，このような言い方では，およそ啓発的な方法とは言えまい。そこで，わたしたちとしては，実例を挙げることで理解を図ることにする。たとえば，人を助けること，危険に立ち向かうこと，真実を語ること，借りを返すこと，肉体的快楽を自制すること等々をなすことが有徳でよい行為である。

この条件は次のような場合を考えてみれば，明らかに不十分です。たとえば，誰かが相手を害するつもりで助けるとか，そうとは知らずに大きな危機に瀕するとか，自分では虚偽を語っているつもりが真実を話す，などといったようなことを偶然に，いかなる意図ももたずになす場合，あるいは行為者が，小さな子どもがするように，誰かの指図に盲目的に従って行為しているというような場合がそうです。それゆえ，以下のような条件を付加する必要があるわけです。

　(2) 行為者は，自分が何をしようとしているのか，たとえば，誰かを助けようとしているのか，危険を冒そうとしているのか，それとも真実を語ろうとしているのか，そういったことを知らねばならない。

この条件については，さらに，行為者は何らかの理由に基づいて行為する，という条件を付け加えるのが標準的なやり方です。わたしとして

は、「何らかの理由に基づいて」行為すると言われる場合、そこで何が意味されているのかをめぐって細部にわたって展開された多くの論争に首を突っ込んで身動きがとれなくなることは避けたいと思っています。そこで、ウィリアムズに従って[3]、十分中立的であることを願いつつ、この条件に簡単な注釈を付けておこうと思います。たとえばわたしたちが、行為者に向かって、あなたはいかなる理由で人を助けたり、真実を語ったり、その他何であれそういうことをするのかと尋ねたとしましょう。その場合、少なくとも事態が明瞭である限り、この状況でこの行為をなすことが、なすべき適正な事柄であると彼らに思われるような状況と行為について、それがどのようなものであるかということを、わたしたちが理解できるような仕方で、彼らが誠実に答えることができるならば、その行為は「何らかの理由に基づいて」なされたと言えるはずです。

では、この条件を加えることによってどんな効用があるのでしょうか。その効用は実に多様です。そのひとつとして、自分が何をしているかを知ってはいても、「特に何の理由もなく」おこなわれた行為、たとえば、衝動的にとか、気まぐれに、あるいはただその時そうしたい気分だったからとか、意志が弱いせいでおこなわれたような行為をこの条件で除外することができます。「何らかの理由に基づいて」行為することと「傾向性によって行為する」こととはまったく異なっているからです。また、自分がしていることを理解してはいるけれども、それが盲目的、条件反射的に行動指令に従う行為である場合も除外できます。アンスコムが正しく指摘しているように、「彼がわたしにやれと言ったから」というのは、行為者が、指令者に従うことが自分のしたことについてよいと言えることだと考える限り、確かに何かをする際の理由となりえます。しかしそれはまた、せいぜい「心的原因」(mental cause) を与えることぐらいにしかなりません[4]。

この条件にはさらに詳しい説明が必要です。完全な形で記述すれば、以下のようになるでしょう。

---

3) B.Williams, 'Acting as the Virtuous Person Acts' (1995).

4) G. E. M. Anscombe, *Intention* (1963), p. 23.

(3) 行為者は，何らかの理由に基づいて，しかもさらに，「正しい理由」に基づいて，行為する。

この条件によって，何か隠れた理由に基づいて，あるいは強制によってなされた，たとえば人を助けたり，危険に立ち向かったり，真実を語ったりというような行為が除外されます。そのような事例を，「間違った理由に基づいて正しいことをなすこと」と記述するのが普通ですが，その言い方には多少誤解を招きやすいところがあるかもしれません。この言い方で誤解される恐れがあるのは，行為者がある意味で「正しいことをなして」はいないという事実をあいまいにしてしまうところにあります。実際，間違った理由に基づいて行為者がなしているのは，たとえば，見物人にいい印象を与えたいとか，人の感情を害したいとか，あるいは制裁を免れたいという隠れた理由に基づいてなされた行為に他なりません[5]。

　これらの他にも必要な条件がまだ何かあるでしょうか。「道徳的に行為する」ための条件としては，おおよそのところ，これでもう十分だと言う人もいるでしょうし，それは至極もっともなことです。しかし，ここでわたしたちは，「道徳的に行為する」ことと「よく行為する」こととの間にある興味深い違いに目を向けてみてもよいかもしれません。たとえば前者には，「かなり」「きわめて」「とても」あるいは「完全に」といった修飾語を付すことにどこか違和感がありますが，後者ではそんなことはありません。だからこそ，「とてもよく，あるいは完全に（「すばらしく」）よく行為しているとか，単にかなりよく行為しているとか言われるための条件は，今まで挙げられたものだけで十分だろうか」という問いが可能となり，その結果，第四の条件もまた考えられるようになるわけです。

　たとえば，先の三つの条件を満たした行為者の内，一方はずいぶんと難渋し，しぶしぶ仕方なく他人を助けたり，借りを返したりするのに対して，他方は同じことをいともたやすく，喜んでおこなうとしましょう。同様に先の三つの条件を満たした行為者の内，一方は発覚すれば

---

5) これが，「正しい行為」に関して本書第1-3章で一旦棚上げされていた厄介な問題である。

人を傷つけるかもしれない真実をやけに熱心に楽しそうに語るのに対して，他方は同じことを必要に迫られてやるせない思いで語るとしましょう。いずれの場合も，最初に挙げられた方の行為者の感情がいささか不適切であるので，そのせいで彼らの行為が本当に正しい理由に基づいた行為なのかどうか疑わしいと思われてもおかしくはありません。しかし，不適切な感情をもって行為したからといって，必ずしもそうした疑いが生じるとは限りません。そうだとすれば，不適切な感情をもった行為者が「道徳的に行為する」，あるいは（かなり）よく行為するということをひとまずは認めざるをえないのかもしれません。しかし同時に，適切な感情をもった行為者のほうがよりよく行為していると主張することもまたできるはずです。実際，徳倫理学の立場からすれば，不適切な感情をもった行為者は，有徳な行為者がするような仕方で有徳に行為するわけではありません。かくして，（本当に）よく，すばらしく，あるいは有徳に行為するということを把握するためには，さらなる条件が必要となります。

　(4) 行為者は，行為する際に，適切な感情ないしは適切な態度をもつ。

　先にわたしたちが挙げた三つの条件の場合，『ニコマコス倫理学』第2巻第4章において，有徳者がなすような「仕方で」なされた有徳者の行為の条件としてアリストテレスによって挙げられた最初の二つと比べると，確かにそれらはまったく同一ではないものの，少なくとも関連し合っていると言うことはできます。アリストテレスによれば，たとえば，正しい行為や節度ある行為がなされたとするならば（前述の条件 (1) と比較せよ），その場合，行為者が (i) 自分が何をなしているのか知っており（条件 (2) と比較せよ），かつ (ii) その行為を自ら選択し（何らかの理由に基づく行為に関する前述箇所と比較せよ），しかも「その行為そのもののために／ゆえに」それを選択する（条件 (3) と比較せよ）時，その場合に限って，正義や節制の徳をもつ者がなすような「仕方で」その行為者は行為すると言われています。

　では，アリストテレスが挙げる第三の条件はどのようなものでしょう

か。それは，行為者が確固とした揺るぎない状態，すなわち（この文脈では）徳に基づいて行為することだと言われます。この条件に，もし徳に備わる感情的な側面を加えるとしたら，それは確かに上述の条件（4）に関連したものとなるはずです。そのことがさらなる意味をもつのかどうか，もし何らかの意味をもつとするならばそれは何か，といった問題については後ほど考察することになります。

「行為そのもののために」行為を選ぶということ

さて，わたしたちの挙げた条件(3)，すなわち，行為者は「正しい理由に基づいて」行為するという条件には，一体どのようなことが含意されているのでしょうか。カント倫理学の文脈で見るならば，このことによって行為者は，（道徳的）責務や原理に従って／基づいて，あるいは自分のしている行為が（道徳的に）正しい／（道徳的に）なすべきことと考えるがゆえに——ただしこれらの語句をすべて同義とみなす限りで——しかるべく行為するということが意味されていると言えます。それでは徳倫理学の文脈においては，わたしたちはどのようなことを語りうるのでしょうか。

その答えを探すために役だつ箇所が，関連する条件をめぐってなされるアリストテレスの議論の中にあります。そこでは，有徳な人は有徳な行為を「その行為そのもののために」選択し，そのような選択が有徳な行為には必要であると主張されています。こうした主張が文脈上，どのような意味で語られているのかは，ある意味でわたしたちには皆理解できているはずです。それにもかかわらず，この主張がわかりにくいのはなぜかと言えば，そこで意味されていることを，一見すると明らかに同義に見える他の用語で言おうとして，あまりにも哲学的な表現になり過ぎてしまい，その結果として，説得力を欠く恐れのあることを言わざるをえなくなってしまうからです。実際，有徳者が有徳な行為を「その行為そのもののために」選択すると言うことによって，アリストテレスが何を意味していたのか——あるいは何を意味していたはずなのか——を詮索すると，以下のようにごく標準的ないくつかの答えが得られます。

すなわち，有徳な行為者は有徳な行為を，正しい／勇気がある行為として，あるいはもっと一般的に，有徳な行為として，あるいはよい行為の一例として，あるいはさらに，立派(カロン)であるためになす，という具合です。しかし，こうした解釈は，さらなる展開がない限りどれも同じ困難にぶち当たってしまいます。そもそも，行為者が（挙げられたうちのどれであれ）こうした理由で自らの行為を選択するのだとすれば，わたしたちはそのうちの一体何が事実だと主張できるのでしょうか。

もちろんわたしたちは，行為者が，意識的に，まさにこうした記述のもとで行為せねばならない，もっと厳密に言えば，先に見た一連の日本語（ないしはギリシア語）が行為者の念頭になければならないといっているのではありません。それは明らかに間違っています。果たしてわたしたちは，「これは正義である」（あるいは，これは「有徳である」「よいおこないである」「立派なことである(ト・カロン)」等々）といった問題の概念を含んだ考えが行為者の脳裏に浮かばねばならないなどと主張しているのでしょうか。しかし，おそらく，クワインの著したことが無駄でないとすれば，ある特定の言語の具体的な文章を，フレーゲ流の思想や概念，さらに命題へと書き換えることがどれほど困難なことかは，わたしたちにも明らかなはずです。実際，古代ギリシア語を読んだこともない現代日本語圏の話者が，〈ト・カロン〉というような〔ギリシア語の〕概念をもっているでしょうか。真実を語ることが神／神々に命じられたことであり，それが責務だと考えたからこそ，真実を語ることを選択する人は，自ら真摯に語るように，そうすることを誠実なこと（あるいは有徳なこと，よいおこない，立派なこと(ト・カロン)）として選択するのでしょうか。彼らはいつでもそうなのでしょうか，それとも決してそんなことはないのでしょうか。あるいは，いつもではないけれども，時々はそのような場合があると言うなら，それはいつなのでしょうか。もし，古代ギリシアあるいは徳倫理学から由来する概念の理解を，徳を有するすべての人に帰すつもりならば，そうできるだけの根拠をもっと語らなければならないでしょう。

そもそも，有徳な人がある特定の有徳な行為をなす際に挙げるだろうと思われる理由とはどんなものなのか，少し考えてみましょう。その際，わたしたちが有徳な行為を道徳哲学，ましてやアリストテレス的な

道徳哲学の研究者だけの問題にしたくはないという，今さら言うまでもない事実を決して忘れないようにしてください。実際，行為の理由がかなりあいまいな場合であっても，有徳者であれば間違いなくその行為をなすに違いありませんし，すべての有徳者が前述のような理由を即座にはっきりと答えられるわけでもありません。わたしたちは毎回同じ理由（「これがよいおこない／有徳な行為だから」）によって行為するわけではなく，その都度，理由が変わることも覚悟しています。わたしたちはまた，そのように多様な理由が，徳や悪徳に関する十全な語彙群（「これは正直な／勇敢な行為だから」）によって表現できると思わず期待してしまうこともありません。最近では，多くの人たちがそういう言葉をほとんど用いませんし，実際，自分のした行為があらためて勇敢だとか寛大だという形で世間に知られてしまうことを気恥ずかしいと思ったり，あからさまにそうした表現を拒否したりする人もいるほどです[6]。

そういうわけで，ある行為を「その行為そのもののために」選択する際に何が問題になっているのかを，先に見たようにごく一般的な仕方で記述する代わりに，以下のようなやり方で，もっと詳細かつ具体的に説明してみた方がよいかもしれません。

「有徳な行為者が有徳な行為を〈その行為そのもののために〉選択する」とは，「有徳な行為者が，ある特定の理由のタイプないし系列 X のうちの少なくとも一つに基づいて有徳な行為を選択する」ということを意味している。

ここで，「理由のタイプないし系列 X」というのは，当該の徳に典型的な理由のことで，いかなる徳が問題になるかに応じて異なるものです。

では，当該の徳に「典型的な」理由とは何でしょうか。それは，ある特定の徳 V をもつ人であれば，その理由に基づいて必ずや〔有徳な〕

---

[6] こうした事柄の特筆すべき実例が，ホロコーストの時代，自らの命の危険をもかえりみずにユダヤ人たちを助けた賞賛すべき非ユダヤ系の人々の記録文書中に見出される。その中で一人のオランダ女性はこう語っている。「〔わたしのしたことが〕そんなに勇敢な行為だとは思わないわ。ある人たちにとっては，そうするのが当たり前ですもの」。

行為 V をおこなうはずの，そのような種類の理由のことです。たとえば，勇敢な行為者が勇敢な行為をなすために必要とされる理由にどんな種類のものがあるか考えてみるならば，「あそこまで登れば，おそらく彼を救うことができるはずだから」，「誰かが進んでやらざるをえないから」，「独裁者に屈することはできないから」，「危険をおかすだけの価値があるから」というような例を思い浮かべることができるでしょう。あるいはまた，節度のある行為者が節度のある行為をなすために必要とされる理由にどんな系列のものがあるか考えてみるならば，「これが適量だから」，「今は運転中だから」，「あなたにも食べてもらいたいから」，「わたしよりもあなたのほうにそれが必要だから」，「彼女がだめと言ったから」というような例を思い浮かべることができるはずです。さらに，もの惜しみしない寛大な人ならば，「彼には助けが必要だったから」，「彼がわたしにそうしてほしいと頼んだから」，「彼の 21 回目の誕生日だったから」，「彼女がすごく喜ぶだろうから」といった例が思い浮かぶでしょう。よき友人としての徳をもった人ならば，「彼はわたしの友人だから」，「彼がわたしにしてほしいと思っているから」，「彼をがっかりさせるわけにはいかないから」となるでしょうし，正直の理由としては，「それが真実だったから」，「彼がわたしに尋ねてきたから」，「そんな話はすぐに明るみに出すのが一番だから」といったことが，また正義の理由としては「それは彼のものだから」，「わたしは彼女に借りがあるから」，「彼女には決める権利があるから」，「わたしは約束したから」などが思い浮かびます。その他の徳の理由についても同様でしょう。

　もっとはっきりと当該の徳やそれに対応する悪徳への言及を伴った理由として，たとえば，「これをするのは正直なことだから」とか「しないのは臆病なことだから」とか「そんなことをすればケチで強欲だと言われかねないから」といったようなものが挙げられます。こうした理由は，確かに，〔正直や勇気といった〕それぞれの徳の系列に属しているものとみなされます。また，一般的な理由としては，「それをしないのは恥ずべき（あるいは，ちょっと卑劣な）ことだから」とか「有徳な人（あるいは，立派な人）ならそうするだろうから」とか「そうするしかなかったから」といったようなものが挙げられますが，そうした理由はあらゆる徳の系列に属すものとみなすことができます。しかし，それら二

第6章　有徳な行為者にとっての行為の理由　　　　195

つの種類のどちらの場合も，そのようなものとして特に定められた固有の領域があるわけではありません[7]。

　有徳な行為者にとっての行為の理由とは，既に述べたように，どうして有徳な行為者が当該の行為をその状況においてなすに相応しい行為だと思うようになったのかをわたしたちに理解させてくれるもののことです。当該の状況において，他の行為をなすという選択肢がなぜ除外されたのかとさらに問われて，その場にふさわしい声の調子で嘘偽りのない仕方で適切にその理由が答えられたものとみなす時——もちろん，それは当然の前提ですが——，先に挙げられた理由はすべて，何が行為者に当該の行為を引き起こしたのかをわたしたちに明らかにするものだと言えます。つまり，行為や状況のいずれか，あるいはその両方について，行為者が何を適切な，あるいは枢要なものとみなすか，有利不利，良し悪しのいずれと思うか，何をそれ自体で決定的と取るか，あるいは強制されたものとみなすか，そういったことを先述の諸理由は表示しているのです。

　既に前提されていたように，有徳な行為者は，こうした事情を正しく理解しています。だからこそ，有徳な行為者がなすような仕方で，有徳に行為することと，それと同じ行為ではあるけれど，間違った理由に基づいて行為することとの間に対比が成立するわけです。実際，有徳な行為者が何を適切な（あるいは，枢要な，よい／悪い，強制的な，等々）ものと思っているかが表示される時，そこで前提されている理由によっ

---

7) Sarah Broadie は，自著 *Ethics with Aristotle* (1991) において，詳述された個々の事例を抽象化した（とわたしがみなす）ものを以下のように表している。それによれば（p. 87)，「ある記述の下で，正しい，あるいは節度のある人であればそのような種類の行為をなすであろうとみなされる，そのような記述 A は，何よりもまずその行為者を記述したものである。言い換えれば，観察者が〈A〉と記述する行為が，ある行為者によって A として，あるいは A であるがゆえになされる時その場合に限って，その行為者は有徳である。それが，〈それ自身のゆえにその当の行為がなされる〉ということの意味するところである。たとえば，翌日の食べ放題に備えて，今は腹八分しか食べない人がいるとしたら，彼が今なしている行為は，翌日の食べ放題に備えた行為に過ぎないのであって，その記述は節度ある行為の記述とは言い得ない。」他方，わたしの挙げる具体例は，ある特定の徳 V と結びついた理由に基づくという意味で，ウィリアムズによる「有徳な人がなすように行為する」という形をとる。わたしは，放送大学用に倫理学の教科書（*Aristotle: Ethics* (1979)）を書いていた時に，徳に関してよくしつけられた子どもが〔有徳な〕行為 V をなすためにどんな理由に基づくのかを解明しようとして，それと同じ考えに思い至った。

て，有徳な行為者の行為仕方と，臆病な／放縦な／貪欲な／身勝手な／人の言いなりにしか動けない行為者がたまたま同じ行為をした時の行為仕方とははっきりと区別されます。後者のような人たちは，世界を有徳者とは違う仕方で見ており，違う目的を追い求めているのであって，だからこそまったく違ったものを適切なもの（とか枢要なもの等々）と思うようになるのです。たとえば，敵陣へと攻め込まなければ，指揮官に後ろから銃で撃たれるから〔敵陣に攻め込む〕とか，今の満足を先延ばしすると快楽がもっと高まるから〔今の満足を貪欲に求めない〕とか，過失はどうせ必ず発覚するから〔今，その過失を自己申告する〕というような理由が挙げられる場合，彼らは，勇敢な／節度がある／物惜しみしない／正直な／正しい行為を，（その都度の特定の場面における）間違った理由に基づいておこなっていることになるわけです。

　ウィリアムズの言葉によれば（わたしもそのとおりだと思っていますが），わたしたちは，「〔有徳な〕行為者Vは，〔有徳な〕行為Vを理由Xに基づいてなす」（その場合，Xは当該の行為Vに相応しい理由の系列に属する）という命題を，「〔有徳な〕行為者Vは，〔有徳な〕行為Vをあくまでv（たとえば，勇敢さ，寛大さ）として選択する」という命題を正しく理解するための方式だと考えることができます。

　　　わたしたちが，この行為者は（たとえば）寛大なことをなしたと言うのは，それがそこでなされるべき寛大なことだったからである。また，そのことが何を意味しているかがわたしたちに理解できるのは，以下の理由による。それはすなわち，当該の状況と行為に関する限り，その行為がその状況において，寛大な人にとってなすべき適切なことに思われたのは一体何によってなのか，その答えをわたしたちが理解しているからである[8]。

　有徳な行為者は自らの〔有徳な〕行為Vを，たとえば，（「有徳な」とか「立派な(カロン)」ものとしてよりもむしろ）勇敢な，あるいは寛大なものとして選択すると言われた場合，「〔有徳な〕行為Vをその行為そのものの

---

　8)　B. Williams, 'Acting as the Virtuous Person Acts', p.17.

ために選ぶ」という記述への注釈として見る限り，それは以下の点で正しいと思われます。というのは，有徳な行為者は毎回同じ理由に基づいて行為するわけではないということがそこでは正しく含意されていたからです。逆に，そこで間違っているように思われるのは，有徳な行為者ならば，自身がいろいろな徳目を的確に言い当てられるのはもちろんのこと，彼ら自身の行為が人から正しく記述されるのも当然であるかのように（そんなことはありそうにもないのに）ごく自然に思いなされてしまった点です。ここでウィリアムズの言葉に従うならば，わたしたちは，一つ目の正しい論点を保持しつつ，「〔有徳な〕行為VをVとして選択する」という記述を，そこに生じがちな誤解に陥ることなく，理解することができるはずです。

　ウィリアムズはさらに続けて以下のような重要な論点を提示します。

　　このことから言えるのは，様々な徳を哲学的に理解するためには，実際に徳をもって初めてわかることがいくらかは必要となるということだ。このことはもちろん，アリストテレスが主張していることでもある[9]。

有徳な行為者の挙げる理由によって，その者のなす行為が，臆病で，節度がなく，信用できない，不正直な人たちに完全に理解できるなどというはずはもちろんありません。有徳な行為者は，モーツァルトの原譜を火事のただなかから取り出すことに，それだけの危険を冒す価値があると思っています――でも，どうしてそんな風に思えるのでしょうか。有徳な行為者であれば，自分の手に入るものを他の人にもきっと分け与えることでしょう――でも，独り占めしたってかまわないのに，どうして？　自分に災いがふりかかるとわかっているのに，どうして約束を守ろうとしたり，真実を語ろうとしたりするのでしょうか――そうすることに一体どんな意味があると言うのでしょうか。悪徳な人から見れば，有徳な人は，何とも無謀で，馬鹿みたいに自己否定的で，約束を守ることや真実を語ることに憑りつかれている現実離れした人にしか見えない

---

[9]　Ibid.

ことでしょう。

　しかし，これこそわたしたちがまさに言わんとしていることなのです。有徳に行為すること，正・し・い・理由に基づいて行為することのうちに一体何が含意されているのか，その点を詳細に把握することは，それぞれの徳目が含意している内容を把握することなしにはありえませんし，そのような内容把握は，少なくともある程度，個々の徳目に自ら与ることなくしてはありえないことなのです。アリストテレスがその点を正しく述べています。「臆病者は勇敢な人を無謀だと言い，無謀な人は勇敢な人を臆病だと言う。他の場合もすべて同様である」[10]。

　さらにこうした説明のおかげで，有徳な行為者が何かをなすためにもちうる理由の多様性が明示されるだけでなく，そうした諸々の理由がそれぞれの徳目に固有な理由として組み分けられていくことによって，理想的な行為者とは言い難いごく一般的な行為者であっても，すべての徳目のうちのいくつかに関してならばどうにかその典型となりうるということがわたしたちにも明らかになります。その点で人々が一体どのようにして互いと異なるのかと言えば，ひとつには，ある徳目に固有な理由Xにおいて引き合いに出された条件のほうに，別の理由で引き合いに出された条件に対してよりも反応しやすい人がいるという点があるかと思います[11]。しかし，だからと言ってそれぞれの徳目が完全に個々別々に分離した性格特性になるわけではありません。なぜなら，それらは互いに境界が重なり合うだけでなく，何が善くて何が悪いのか，何が利益をもたらし何が危害を加えるのか，さらには何が価値あることで何がつまらぬことなのか，そうした判断もまた至るところで次々と重なり合ってしまうからです。

　以上は，〔有徳な〕行為者Vが〔有徳な〕行為Vを「その行為そのもののために」選択するということに関する確かに魅力的な説明と言えるでしょう。しかし，「行為Vをその行為そのもののために選択すること」の説明が仮に他にもあるとして，そこに一体どんな真実が秘められているのかという問いに関しては，今まで問われずじまいのままでし

　10）　*Nicomachean Ethics*, 1108b25-6.

　11）　ウィリアムズが講義においてこのような主張をしているのを聞いたことがあるが，彼がその内容をどこかで活字にしたかどうかはわからない。

第 6 章　有徳な行為者にとっての行為の理由　　199

た。もし，〔有徳な〕行為 V を理由 X に基づいて選択する際に，有徳者がその行為を（勇敢な，寛大な，等々の〔個々の徳目〕）V として選択するならば，その行為者は同時にまた，その行為を，有徳なものとして，かつ（あるいは？）よい行為の一例として，かつ（あるいは？）立派なこと(ト・カロン)のために，選択しているのでしょうか。この点については少し後で（本書 207 頁）論じたいと思います。

「それが正しいと思うから」行為する

さて，ここで再び，「正しい理由に基づいて」行為するということのうちに，どのようなことが含意されているのかという問いに戻ることにしましょう。そもそも徳倫理学においては，上述されたように〔有徳な〕行為 V をその行為そのもののために選択し，その理由 X のあらゆる事例に留意することが，果たして，ある行為を〔道徳的〕原理に従って／それが公正だと思うが故に／責務であるが故に／「道徳的に」なすべき義務であるが故になすということと何ら変わらぬ意味をもつものなのでしょうか。それとも，そこではカントの考えの中から何かが見失われてしまったのでしょうか。仮にそうだとして，それはわたしたちが倫理学において重要だと思っているものなのでしょうか。

確かに，「原理」「公正」「責務」「道徳的〔になすべき〕義務」といった特定の用語は，先に挙げられた理由 X には一度も用いられていませんでした。そのことで何か重要なことが見失われてしまったと思われるかもしれません。しかしわたしたちは，正しい理由に基づいて行為すると言われる場合，そのことと，行為者の挙げる理由でしばしば目につく特定の用語やそれに対応する概念とをあまり固定的に結びつけたくはありません。まして，当該の行為をその行為そのもののために選択し，その結果として有徳な仕方で行為すると言われる場合については，言うまでもありません。古代ギリシア人には，よく知られているように，（ここで使われているような意味で）「〔道徳的〕原理」「公正」「責務」「道徳的義務」と容易に翻訳できるような言葉はありませんでした。しかしだからと言って，わたしたちは，古代ギリシア人の誰一人として正しい理

由に基づいて行為した者はいなかったなどと言いたいわけではありません。

さらに，あまりに単純化し過ぎたカント解釈を批判する人たちが指摘するように，何かが〔道徳〕原理によって要請されている／公正である／あなたの責務であるという事実が，ある意味で，〔有徳な〕行為 V をなすための「正しい理由」とは決してならない場合があるように思われます。反対に，たとえば，友人を訪ねたり，自分の子どもを助けるために川に飛び込んだり，嘘を否定したりといった行為をするために，わざわざ「これは〔道徳〕原理 A によって要請された行為だから」とか「これはなすべき公正な行為だから」とか「これはわたしの義務だから」などと理由を口にしてから行為する人がいるとすれば，そのようなことをするのは人を寄せ付けないほど独りよがりで自意識過剰な人に違いありません。正しい理由というのは，たとえば，「その友人が一人ぼっちだから」とか「その子はわたしの子どもだから」とか「それは嘘だから」といったようなものであって，そのような状況では，それだけで行為を促すには十分なはずだからです。

そのような事例について，標準的なカント主義者ならこう答えるでしょう。人は，ある特定の場面で，確かに「〔道徳〕原理に従って」／「それが公正だと思うから」／「義務（感）から」行為することができるが，その際，その当の原理について，あるいは何が正しいとか義務であるとかいったことについて，必ずしも実際に何か考えている必要はない，と。このうち，少なくとも最初の二つの言い回しについては，道徳哲学という学究的な領域から一歩外に出た日常的な場面で，それがどのような用いられ方をしているのかを考えてみるならば，その答えは確かに正しいと言わざるをえません。実際，そうした言い回しは，理由 X に基づいて行為する者の行為仕方を記述するために，わたしたちがごく自然に用いている表現に他なりません。もし，誰かが〔有徳な〕行為 V を何か隠れた理由に基づいて，あるいは強制されてなしたのかどうかが問われたとするならば，その問いにわたしたちはどう答えることができるでしょうか。たとえば，「いいえ，その人がその行為をしたのは，……だからだ」といって理由 X を引き合いに出すかもしれません。しかしまた，「いいえ，その人がその行為をしたのは，〔道徳〕原理に従っ

第6章　有徳な行為者にとっての行為の理由　　　　　　201

たからだ」とか「その人がそれを正しいと思ったからだ」と答えるかもしれません。(おそらくもっと前の世紀であれば，わたしたちもごく自然に，「その人がその行為をしたのは義務（感）からだ」と答えたかもしれません。実際，19世紀には，いささか魅力に乏しいそうした言い方が結構使われていたように思われます。)

　では，もし行為者が〔有徳な〕行為 V を理由 X のためにおこなうなら，その人は，実際に，「それが正しいと思ったから」あるいは「原理に従って」あるいは「義務（感）から」行為したのだと言うことができるでしょうか。確かにその人が，単なる欲求や傾向性に基づいて行為したのでもなければ，強制されて行為したのでもなく，また不適切な理由や隠れた理由によってではなく，あくまで有徳な理由で行為したのだとすれば，それ以外に一体どんな「道徳的な動機」を求めることができるのでしょうか。

　行為者が〔有徳な〕行為 V を理由 X のためにするということがはっきりわかる例を考えた時には，たぶんその他にはもう何も必要がないように見えるでしょう。しかし，わかりにくい事例の場合には，戸惑いが出るかもしれません。

　まず手始めに，幼い子どもの場合を考えてみましょう。彼らは，時には〔有徳な〕行為 V を理由 X のためになしたりするものなのでしょうか。確かに，行為 V をするように言われたからというだけでなす場合もあるでしょうし，ただそれをしたかったからというだけでなす場合もあるでしょう。しかし，時には，そうすると約束したからとか，相手がお友達だからとか，他の人を助けたり喜ばせてあげたりしたいからといった理由 X をあげて，その行為をする場合もあります。では，そのとき彼らは「それが正しいと思ったから」そうしたのでしょうか。

　あるいは〔当事者責任能力を問えないほど〕精神的な障害を負った人たちの場合はどうでしょうか。彼らもまた，時には，そうすると約束したから，相手が友人だから，他の人を助けたり喜ばせてあげたりしたいからといった理由 X を挙げる場合があります。その場合，彼らは「それが正しいと思ったから」そうしたのでしょうか。

　さらに別の場合として，行為者が〔当事者責任能力をもった〕立派な大人で，〔有徳な〕行為 V を適切な理由 X のためにおこないはしたもの

の，それがその人らしくない仕方だとしたらどうでしょうか。普段は，その人が意図的になした行為や反応，あるいは話したことが「わがままな」，「不正な」，「臆病な」（あるいはもう少し婉曲にいえば，「寛大さとは程遠い」，「正義にかなうかどうかなどほとんど気にしない」，「勇敢とは言えない」）行為とみなされてしまうようなそんな人物が，その人らしくない行為をしたならば，その唐突さにわたしたちも驚いてしまうはずです。そんな人物が柄にもなく，気前よくしたり，不正な利益の申し出をきっぱりと拒絶したり，嫌われ者の仲間を守るために正々堂々と声を挙げたりした後，なぜそうしたかという適切な理由Xを挙げたとしましょう。実のところは，その時その人物が恋愛中であったとか，最近仕事がうまくいって有頂天だったと後でわかれば，愛や成功が一時的にその人物を変えてしまったのだとひとまずは合点がいきます。しかし，その後間もなく，その人物は元の姿に戻って，以前と同じように〔わがままに／不正に／臆病に〕振舞うようになったとしましょう。さて，理由Xのために有徳な行為Vをなしたその時，果たしてその人は「それが正しいと思ったから」そうしたのでしょうか。

　ここでもう一度，理由Xのために本当のことを言ったり，他人を助けたりする人のことを考えてみましょう。彼らがそうするのは，本当のことを言うことや他人を助けることが神に命じられたことだから，あるいはもしそうすれば天国に行けるから（もしそうしなければ地獄に落ちるから）と本気で思っているとしたらどうでしょうか。あるいは，人生において大切なものや，追い求めたり所有したりする価値があるものに対する，心の奥底へと抑圧された（と思われる）欲求や思いに反して，小さい頃から教え込まれた掟に彼らがただ盲目的に従っているだけだとしたらどうでしょうか。果たして彼らは，「そうすることが正しいと思ったから」それをしているのでしょうか。もしあなたが「そうだ」と答えようとしているなら，こう考えてみてください。もし，わたしが次のような条件をその事例に付け加えたとしても，たとえば，もし彼らが神への信仰をなくしたり，掟が必要だという信念を失ったりしても，あなたは今と同じように答えられるでしょうか。むしろ，（それまで抑圧されていた欲求や思いのことを考えれば）彼らはもう決して〔有徳な〕行為Vを理由Xのためにしなくなるのではないでしょうか。

第 6 章　有徳な行為者にとっての行為の理由　　203

　それでもまだ,「そうだ」と答えたい人がいるかもしれませんし，少なくとも他の例の中には「そうだ」と答えたいものがあるかもしれません。しかし,（自分は神の命令に従っているだけだと思っている人々については，後ほど触れますが，それ以外の）すべての場合について，わたしは「そうではない」と言いたいと思います。なぜなら,「それが正しいと思ったから」「義務に基づいて」等々の理由で行為に及んだ行為者について語る時，わたしたちは，上記のすべての場合に明らかに欠落しているものを行為者に帰していると思われるからです。その場合，道徳的な行為者であること，すなわち道徳的な当事者責任能力が欠落していると言っているわけではありません。実際，そうしたものは，幼い子どもや〔当事者責任能力を問えないほどの〕精神障害者の場合に欠落しているとしても，他の場合にそうした欠落は認められません。また，それは「道徳的に行為すること」でもありません。少なくともわたしの考えでは，それが意味していることが何であれ，上記のすべての場合に明らかにそれが欠落していると言いうるためには，それはあまりに曖昧な概念だからです。では欠落しているものとは一体何なのでしょうか。
　直感的には，ごくおおまかな意味で，それが信頼性とか予測可能性とかにかかわっているのではないかと思います。そもそも，ある特定の場面で「そうするのが正しいと思ったから」〔有徳な行為〕Vをしたと実際に言いうるような行為者とは，概して似たような場面では似たような仕方で行為するような行為者であるだろうし，他人の行為についてもある特定の判断を下したりそれに同意したりするような人間でもあるはずです。
　わたしはここで，おそらくあまり日常的とはいえないかもしれませんが,「道徳的な理由」や「道徳的な原理」の「普遍化可能性」と「最重要性」に関する，一般によく知られた考えを引き合いに出してみようと思います。このおなじみの考え方についてなされた説明，とりわけ「道徳的」という言葉がもたらしたと思われる魔術的な力に依存した説明には，混乱や明らかな間違いが数多く見受けられますが，こうした説明がいつも引き合いに出す実例にはとても説得力があるように思われます。たとえば，誰かが何かをなしたのは「そうするのが正しいと思ったから」だというようにわたしたちに見えたとしても，その翌日に,（そ

の人の言葉を借りれば)「それをする気になれない」といった程度の理由で，まったく同種の行為をしないで済ますのを目撃したとしたら，前日に「そうするのが正しいと思ったから」なされたはずのことも，実はその人はできていなかったのだと言うしかありません。あるいはまた，誰かが何かをなしたのは「そうするのが正しいと思ったから」だというようにわたしたちに見えたとしても，その当の本人がまったく同種の行為をする誰か別の人を見て，不愉快な気分にさせられたからという程度の理由でその人を非難するのを目撃したならば，最初に「そうするのが正しいと思ったから」なされたと見えたことも，実はその人はできていなかったのだと言わざるをえないでしょう。

　したがって，「道徳的動機」としてわたしたちが要求している，単に〔有徳な行為〕Vを理由Xのためになすということを越えた「より以上のもの」が，信頼性とか予測可能性に関係していると言ってもよいかもしれません。しかし，それだけのことでは，しかるべき理由Xに基づいて〔有徳な行為〕Vをなしているだけでなく，さらに自分たちは神に命じられたからそうしたのだとか，そうしなければ地獄に落ちるとかいうようなことを本気で主張しているような行為者に潜む錯誤が捉えられるようには思えません。そもそも彼らが主張しているようなことは本当に信頼できないのでしょうか。彼らの行為を予測することなどできないのでしょうか。そう問われれば，おそらく次のような答えが返ってくるはずです。「そうですねぇ，実際にどうかといえば，たぶん彼らは信頼できるんじゃないかな。でも，彼らの行為があてにならないということは，必ずしもありえないわけではありませんよ。(あなたが言ったように)もし彼らが神への信仰を失ったとしたら，彼らは〔その有徳な〕行為Vを理由Xのために二度と再びおこないはしないでしょうから」。しかし，こうした答えにもっと説得力を増すためには，盲目的に掟に従う人たちの事例にわたしが付け加えたのと同じような但し書きをこの予測にも当てはめる必要があると思われます。というのも，もし今まで，「追い求めたり所有したりする価値があるものに対する，心の奥底へと抑圧された欲求や思いに反して」〔ただ神に命じられるままにそのように〕行為していたのだとすれば，彼らは，信仰を失ったとたん，二度とよい行為をなすことはできないと思われるからです。しかし中には，以前は「わ

たしがそうするのは，神に命じられたからだ」と常々言っていた人が，今は信仰を失ったにもかかわらず，以前と変わらず理由 X のために〔有徳な〕行為 V をおこない続けている場合がないわけではありません。

したがって，これらの二つの事例では，「追い求めたり所有したりする価値があるものに対する，心の奥底へと抑圧された欲求や思いに反して」という点を強調することに意味があります。それはどういうことかと言えば，まさに「道徳的動機づけ」に失敗した先のような事例にあっては，そうした強調によって，一般に必要とされていること，つまり行為者が自らの〔有徳な〕行為 V の価値に「真にコミットしていること」の欠如が露わになるからこそ意味があるというわけです。かくして，ここまで考察してきたすべての事例，つまり，行為者が〔有徳な〕行為 V を理由 X のためにおこなったにもかかわらず，少なくともわたしならば，その者が「そうするのが正しいと思ったから」そのように行為したのだとは言いたくない事例には，〔有徳な〕行為 V に関するその行為者の評価にかなりおかしなところがあるように思われます。たとえば，一般に幼い子どもや重度の精神障害者の場合，自分たちのために価値があると思えるものではなく，むしろそう行為するようにずっと教え込まれてきたもののほうを有徳なものとみなして，そのような行為 V をなすことに価値を見出している限り，彼らが自分自身の価値観をもっていると言うことはできません。彼らの価値観は与えられたものであって，まだ彼ら自身のものではないのです。あるいは，愛や成功によって一時的に人が変わった結果，〔以前からは予想もできない〕有徳な行為をすることでわたしたちを驚かせるような行為者は，愛や成功によって，いわば飾り立てられた時にだけ〔有徳な〕行為 V の価値を認識しているように見えます。あるいはまた，〔有徳な〕行為 V を理由 X のために，しかもその行為が神から命じられた，もしくは掟によって要求されたものと思うが故になす人々の場合は，以下の 2 種類に分かれるように思われます。一方は，〔有徳な〕行為 V それ自体の価値を認識している人々，他方は，神あるいは掟がそうした行為をその価値ゆえに自らに要求していると信じている人々です。しかし，神への信仰を失ったり掟の必要性を信じられなくなったりしたために，〔有徳な〕行為 V を理由 X のためにおこなわなくなったという人たちがいてもおかしくはありません。そ

のような人たちの場合，〔有徳な〕行為Ｖは，「それ自体として」ではなく，「神ないし掟がわたしにそうなすよう要求するもの」として記述される限りで価値あるものとみなされたわけです。

　しかし，行為者が「自らの〔有徳な〕行為Ｖの価値に真にコミットしている」とはどういう意味なのでしょうか。確かに，それはあまり明快な表現とはいえません。その意味するところは，行為者が，自らの〔有徳な〕行為Ｖを「心の底から」価値あるものとして尊重している，言い換えれば，行為者自らの人生全体，日ごろの振舞いすべてを〔有徳な〕行為Ｖの価値が支配し特徴づけているということかと思われます。確かにそう言えば少しはましですが，それでもまだきわめて明快とまではいきません。わたしの理解によれば，カントの場合，〔有徳な〕行為Ｖの価値に真にコミットするとは，行為者が善意志すなわち常に変わらず道徳法則に対する尊敬を動機として行為する意志をもつことと解されます。また，アリストテレス倫理学の場合であれば，それは行為者がしかるべき徳をもつことと言えます。したがって，ある特定の状況で理由Ｘによって〔有徳な〕行為Ｖをなす行為者が，実際に，また仮定された状況下でも〔有徳な行為をなすと〕信頼できて予測可能であり，しかもそのような行為者である限り「自らの〔有徳な〕行為Ｖの価値に真にコミットしている」と言いうるのは何故かと言えば，それはその者が「不変で永続的な状態に基づいて」，つまりしかるべき徳に基づいて行為するからというわけです[12]。

　したがって，理想的な行為者は「原理に従って」，「義務（感）から」，「それが正しいと思ったから」行為するというカント的な主張を，徳倫

---

12) わたしたちが語りうるのが，せいぜい「ほとんど真実」という程度の事柄でしかない以上，いつものように，徳が永続的な状態であるという主張にもいくらかの例外がありうる。わたしが序（本書19-20頁）で指摘したように，徳（や悪徳）とは行為主体にしっかりと定着した性格特性のことである以上，それが突然に変化したような場合には何か特別な説明が必要である。しかし，時にはそうした説明がうまくいく場合もある。たとえば，宗教上の信仰を失うというような場合がそうである。ただし，仮定された状況下での信頼性は，厳密には徳の必要条件ではない。たとえば，信仰心と価値観が織り合わされたものが敬虔さという徳である以上，敬虔な人が信仰を失って身を持ち崩し破滅に陥ったと仮定された場合，その人が過去になした有徳な行為を後から振り返ることによって，その行為すら徳から生じたわけではなかったというようにして事後的に評価し直さねばならないというわけでは必ずしもない。

理学的に言い換えると以下のようになります。すなわち，新アリストテレス主義の主張によれば，理想的行為者は，〔有徳な〕行為 V を理由 X のために，不変で永続的な状態である徳に基づいて選択する，と言えるわけです。とすれば，カントの唱える理想的行為者と同様に，〔徳倫理学が唱える〕理想的な行為者についても，(その者がたとえ以下のような考えをはっきりと表してはいないとしても)「そうするのが正しい／自らの義務／原理に従っていると思ったから」〔有徳な〕行為 V をなしたという記述は間違ってはいないはずです。つまり，理由 X のために〔有徳な〕行為 V をなし，徳に基づいた行為をなすことこそが，「道徳的動機づけ」にとっての十分条件だということになります。

ここではまた，わたしが先に挙げた問い(「もし有徳な人が，理由 X によって〔有徳な〕行為 V を選択する際に，その行為をあくまで V として〔つまり勇敢さ，寛大さ，などの個々の徳目として〕選択しているのならば，その行為は，有徳なものとしても，かつ（あるいは？）《よくなすこと》の一例としても，かつ（あるいは？）立派なことのためにも選択されているのでしょうか？」)に対する答えは，アリストテレスの文脈で見れば，「はい，その通り」ということになります。つまり，有徳な人は徳に基づいて行為している以上，理由 X によって行為 V を選択する際にも，その行為を有徳なものとして，《よくなすこと》の一例として，さらには立派なことのために選択しているはずだからです。わたしたちは，徳全体を実践的な知恵を備えた行為者に帰すことによって，アリストテレスの用語で言えば，立派なことへの愛や幸福の正しい概念，さらには徳に従った行為としての《よくなすこと》という概念を行為者に帰しているのです。

プラトン的幻想の回避

さて，理想的な行為者が以上のようなものだとすると，サラ・ブローディが「善についての明示的，包括的，本質的な考え方」[13]と記述し

---

13) S. Broadie, *Ethics with Aristotle*, p. 198.

ているものをわたしたちはそのような行為者に帰していることになるのでしょうか。ブローディはこの考え方を「包括的-究極目的説」(the Grand End Theory) と呼び，過度に知性的な解釈として退けていますが，この考え方にはそう解釈されても当然という面が確かにあります。この考え方によれば，有徳者とは，幸福(エウダイモニア)の本質に関して長く厳しい熟慮を重ね，《よくなすこと》(エウ・プラッテイン)に深くかかわるものが何かをきわめて包括的かつ本質的に思い描くことによって，しかるべき場面のすべてにおいて《よくなすこと》ができ，しかもそうすることの正当性を主張できる者だということになります。哲学者たちがこうした考え方を徳の必要条件だとほのめかし始めた時，彼らが「プラトン的幻想」と呼ばれうるものの犠牲になっているのは確かだと思われます。これは，哲学の探求によってしか人は有徳に（あるいは真に有徳に）なることができないといわんばかりの幻想であって，それがあからさまに語られるや否や，もっとも激しく抵抗を受けるに違いない幻想であることは明らかです。言うまでもないことですが，人は，わざわざ幸福について何時間も考えなくても，あるいは徳に従って生きていくことが幸福なのだという結論に到達できなくても，さらには《よくなすこと》の理由を作り上げたりしなくても，有徳に，それどころか真に有徳になることができるはずなのです。それはちょうど，個々人の様々な行動原則が普遍的法則として意欲されうるかどうかを吟味するためにわざわざ長時間を費やさずとも，真によい意志をもつことが可能であるのと同じことです。

　しかし，そうした事実が明らかであり，その幻想が馬鹿げたものであるにもかかわらず，わたしたちのようにアリストテレスに，それどころかカントにも従おうとする者にとって，「道徳的動機づけ」を語る際にそのような類いの考えに陥らないようにすることはとても難しいことです。それができないのであれば，ブローディが記したように，馬鹿げた哲学的幻想を，哲学的な知識をあくまで「潜在的なもの」とする仕掛けを使って，これまで哲学をまったく学んだことのないような人たちにまで拡げていくしかありません。どれほどそうならないように努めても，（しかも，多くの道徳哲学者はわたしたちがそのように努める必要があると気づいてさえもいなかったと言わざるをえませんが，）結局のところ，自分たちの理想的な行為者は（おそらくそのように意識されてはいないものの）

あまりにも幻想的な信念とか能力とか思想の持ち主に過ぎないのではないかという懸念に，わたしたち自身，絶えず脅かされ続けるしかないのです[14]。

　少なくとも徳倫理学者にとってこうした過ちを回避するためには，徳が誰に帰されるべきかという観点が（少なくともこの文脈においては）あくまで基本になると主張していくしかありません。立派なこと(ト・カロン)を愛し，幸福(エウダイモニア)の正しい概念をもち，さらには《よくなすこと(エウ・プラッテイン)》を普遍的に理解することは，徳の試金石でもなければ，そうすることが徳をもたらす根拠でもないし，誰もが目指すべき徳の理想を指定したものでもありません。他方，哲学者たちは，それらがごく普通の有徳な人たちに当てはまるものだとみなしています。というのも，わたしたち哲学者はそうした規定が〔誰にとっても〕啓発的で重要なことを示していると思っていますし，ごく普通の有徳な人たちがそうしたことにかかわる「幻想的な」能力をもっているとみなせるのであれば，わたしたちの関心事である様々な話題——たとえば道徳的動機づけ，道徳的推論，実践知，幸福(エウダイモニア)の正しい概念，徳そのものといった話題——についてもよりよい哲学的な理解を得ることができると思えるからです。もちろん，その際に彼らに何が帰せられるべきか，さらには，そうやって彼らに帰せられたものをどのように解釈すべきか，といった点でわたしたちの間に意見の一致は見られません。たとえば，道徳的推論はそれを一般的原理の特殊ケースへの適用とみなせばもっともよく理解できると考えるか否かによってわたしたちの意見は分かれますし，《よくなすこと(エウ・プラッテイン)》に関する普遍的な理解を普通の有徳な人たちに帰すことを，あくまで要請として解すべきなのかどうかによっても意見は異なります。

　ここでは一体何が問題になっているのか，それを明らかにすることが

---

[14] クリスティーン・コースガードは，実際にこうした幻想を回避しようとして，このことに関するカント自身による面白い例を引いている。「この規則によって，実際，誰でもが行為の道徳的な善し悪しを決めている。だから人々はこう尋ねる。もし誰もが，それが自分の利益になると思った時には，欺くことを自身に許容するような，そんな事物の秩序に属しているとするならば，……はたして彼は自分自身の意志がそのような事物の秩序に属していることに同意するだろうか」（傍点は著者による）。この引用は，Korsgaard, 'From Duty and for the Sake of the Noble' において I. Kant, *The Critique of Practical Reason* (V 69) から引かれたものである。

どれほど困難であるかは，ブローディが「包括的−究極目的説」を退けたことに対する二つの異なった反応を見ればよくわかります。まず，テレンス・アーウィンが懸念するのは，ブローディが徳にかかわる十分な能力を有徳な行為者に配していないのではないかという点です。彼の疑念とは，たとえば，ブローディの言う有徳な行為者が，ある時には「見知らぬ他人の利益よりも自分の友人の利益を選り好み，……ある時には友人の利益よりも見知らぬ他人の利益を選り好む」とするならば，いかなる一般的原理も用いることのないその行為者が，そこに見られる不整合を衝いた非難にどうやって答えることができるのか，というものです。

　　（このような二つの状況の）違いがどこにあるのかとその行為者に問うことは，そもそも理に適っていないのではないだろうか。もし，それが理に適っているとしたら，（たとえば）次のように彼が答えることもまた理に適っているように思われる。「第一のケースでは，他人のためにできることのすべてをなせという一般的要求がないの・で，わたしは見知らぬ他人よりも自分の友人のためにパーティーを開こうとしていた。第二のケースでは，友人だからといって詐欺行為に加担することを友情が要求してはいないのだから，自分の友人が保険金詐欺の共謀者であったことについてわたしは嘘の証言を拒否した。」だがこのような応答には，確かに一般的原理が取り入れられている。[15]

　わたしが傍点を付した部分を見れば，当人がどれほど有徳な人であったとしても，哲学をまったく学んだことのない人にそのような応答を期待するのは，明らかにおかしなことです。実際，哲学を学んだことのない人なら誰であれ，友人のためにパーティーを開くことと，詐欺行為に加担した友人に関して嘘の証言を拒否することとの間に「不整合」を見出すのは至難の業に違いありません。だとすると，わたしたちとしては，アーウィンの見解が結局は次のような主張になるとみなさざるをえ

---

[15] T. Irwin, review of S. Broadie, *Ethics with Aristotle* (1993), p. 329（傍点は著者による）．

ません。それはつまり，もしわたしたちが，他人のためにできることのすべてをなせという一般的要求がないという一般的原理に基づいて，見知らぬ他人よりも彼の友人のためにパーティーを開くことを許容できると推論する人こそ有徳な人だと考えるならば，道徳的，実践的推論をもっともよく理解できるのはわたしたち哲学者に他ならないという主張です。しかし，ブローディはその主張に異議を唱えるに違いありません。彼女は，これがアリストテレスの間違った解釈だと考えるだけでなく，道徳的推論に関する的外れな，あるいはまったく誤った考え方でもあるとみなしています。

　このいずれの点に関しても，マクダウェルはブローディに同意します。ただし彼は，たとえ行為者が実践的推論の演繹主義的なモデルを受け入れなくても，あるいはまた，哲学を学んでいない有徳者でさえ，行為者である限り「《よくなすこと》の普遍的な青写真」から具体的な事例へと自らを段階的に導くような一般的原理を作り出せるはずだという前提に立たなくても，わたしたちは「《よくなすこと》の一例として当該行為を選択する」という働きを行為者に帰すことができると考えています[16]。論文「徳と理性」以降明らかになったように，マクダウェルの考えによれば，わたしたちは個々の状況を「読みとる」という観点から，道徳的，実践的推論をもっともよく理解できるはずです。しかも，正しい読みとり結果相互の間に整合性を保つにはどうすればよいかを哲学的に明確に説明しようとすれば，「そうした読みとりからの結果として生じた行為はすべて，普遍的に理解された《よくなすこと》の個別事例である」ということになるでしょう。彼はまた，「わたしたちにとって《状況を正確に読みとる》とは，正しく理解された《よくなすこと》という概念に照らして個々の状況を見ることと言い換えることができるだろう」[17]と述べています。ただし，わたしはこの文中の「わたしたち」を「わたしたち哲学者」という意味で理解しています。いずれにせよ，もしわたしたちが有徳な行為者をこのように考えるなら，最終的に正しい行為へと至る〔実践的〕推論には何が大きくかかわっているのかをよりよく理解できるようになるでしょうし，ことさらに演繹主義的なモデ

---

16) J. McDowell, 'Deliberation and Moral Development', p. 25.
17) Ibid. p. 26.

ルを構築しようとは思わなくなるはずです。

　哲学者たちが有徳な人は幸福(エウダイモニア)の概念を正しく理解できるし，それによって《よくなすこと》を諸々の徳にしたがって行為することだとも理解できるとみなす時，おそらく彼らはプラトン的幻想に陥ってしまっており，つい無意識のうちに「善についての明示的，包括的，本質的な考え方」を有徳な人のものとみなしてしまうのです。しかし，十分用心してさえいれば，有徳な人を性格づける際にも，そのような過ちを犯すことなくアリストテレスに従うことが（できるかどうかはともあれ）可能ではあります。わたしたちにそれができるかどうかは，どんな議論であれ，有徳者の性格づけによってそこで問題となっている事柄がよりよく理解できるかどうかにかかっています。ただ，本章の議論に関する限り，アリストテレスの諸概念が「道徳的動機づけ」の問題により一層の解明をもたらすとは思えませんので，これ以上の言及は差し控えたいと思います。

結　論

　カント的な意味での理想的な行為者，すなわちよい意志をもち，「義務（感）に基づいて」行為する人と，新アリストテレス主義的な意味での理想的な行為者，すなわち徳——よい性格として定着した〔魂の〕状態——に基づいて行為する人とは，かつて思われていたほどには相違がないと考えられるようになってきました[18]。わたしが強調してきたように，こうした傾向は以下のような認識と切り離すことのできないものです。すなわち，理想的な行為者に何らかの「道徳的動機」が見出される場合，そこで明らかにされる諸々の幻想についてどれほど意見の不一致があろうとも，そのような行為者が正しい行為や義務や原理について（さらには，徳や《よくなすこと(エウ・プラッテイン)》や立派なこと(ト・カロン)についてさえも）明確な考

　18）　こうした考えは，Stephen Hudson, 'What is Morality all About?', Barbara Herman や Christine Korsgaard の諸論考（巻末の参考文献表を参照せよ），とりわけ最終的に *Kantian Ethics Almost Without Apology* (1995) へと結実する Marcia Baron の一連の論文によって展開されてきた。加えて Robert Audi, 'Acting from Virtue' (1995) も参照のこと。

第6章　有徳な行為者にとっての行為の理由

えをもっていると主張されるようなことは決してありません。そのような明確な考えをもつことが，道徳的に動機づけられるための必要条件というわけではないのです。

　しかし，前述（本書201-202頁）のように，理由Xによって〔有徳な〕行為Vをなすけれども，「そうするのが正しいと思ったから」，「義務に基づいて」，「原理に従って」行為しているわけではない行為者の例が示唆していたのは，さらに思いもかけない主張です。それを一言で言えば，理想的な行為者がそのような明確な考えをもつことは，道徳的に動機づけられるための十分条件でもない，ということです。それをもっと厳密に言うなら，行為者によってなされた「そうすることは正しい／わたしの義務だ／原理が要請している」（あるいは他の言語によるそれらの翻訳）という誠実な言明も，その時に行為者の脳裏に浮かんでいる〔その命題が真であることを意味する〕断定記号付きの文章（あるいはその翻訳）も，自分たちの行為が正しく，自らの義務であり，原理によって要請されたものであるという信念を彼らに帰すことができるためには十分ではない，ということになります。彼ら行為者が道徳的に動機づけられるためには，言い換えれば，自分たちのしていることが正しく，自らの義務である，等々と思える（信念をもてる）からこそ行為していると言えるためには，何よりまず彼らがこの信念をもたなくてはなりませんから，行為者による「そうすることは正しい，等々」という言明も，そこで表された文章も，それだけでは道徳的動機として不十分だというわけです。

　以上のような主張については，さらに次章で探求していきたいと思います。

第 7 章
道徳的動機づけ

　わたしたちは前章で，徳倫理学によれば，有徳な行為者は有徳に行為する時，「義務（感）に基づいて」，「原理に従って／によって」，「そうするのが正しいと思ったから」——要するに「道徳的に動機づけられて」——行為するのかどうかという問いを考察してきました。その結果，ある意味では「そうする」という結論に至りました。すなわち，有徳な行為者が行為するまさにその仕方で，つまり徳に基づいて有徳に行為することは，「道徳的に動機づけられている」ための，あるいは「義務（感）に基づいて」行為するための十分条件であるということです。しかし本章でわたしは，もっと大胆に，それは理想的には必要条件でさえあるという主張をしたいと思っています。そうすることによってわたしが言いたいのは，完全に有徳な行為者は，その人が有徳に，徳に基づいて行為する時，「そうするのが正しいと思ったから」「義務に基づいて」等々の理由で行為するための，つまり「道徳的動機づけ」のための基準を設けているということです。ここで「基準」と言われているものは，必ずしも完全に有徳とはいえない人が〔完全に有徳な行為者と〕同じ行為をなす時，それに照らしてどの程度有徳にそれがなされたのかを評価するために設けられたもののことです。ある行為者が理由 X によって〔有徳な〕行為 V をなす時，その者の性格が完全な有徳者の性格に似れば似るほど，それだけ一層「道徳的に動機づけられている」と信じることができるというわけです。

程度の問題としての道徳的動機：信念の帰属

　この主張から直ちに導かれる結論は，「必ずしも完全に有徳とはいえない人が〔完全に有徳な行為者と〕同じ行為をなす時，どの程度有徳にそれがなされたのか」という表現に示唆されているように，結局のところ「道徳的に動機づけられている」かどうかは程度の問題だということです。もっとも，多くの人々にとってこれが直観に反する考えだということはわたしもわかっています。「原理に従って」あるいは「そうするのが正しいと思ったから」行為するか否か，つまり道徳的動機をもつか否かは，妥協を許さない二者択一の問題であるに違いないと思っている人は多いはずです。多くの場合，こうした確信は，わたしが誤った心の哲学[1]とみなしているものに根ざしているに違いありません。その考え方によれば，有徳な行為はあくまで原子論的に，他の信念や振舞いからはまったく独立に起こりうるようなものとして説明されます。しかし，わたしが懸念しているのは，一般にそのような立場とは違った考えをもつ人たち，つまり，どんな信念群をもっているかによって，現実の言行であれ反実仮想的な言行であれ，そこに何が含意されるかが決まるということを何らかの形で認識しているような人たちでさえ，「これは正しい／わたしの義務だ／原理に要請されたことだ」といった信念について考える段になると，そのことを見失いがちになるという点です。わたしたちには，行為者の心が，自らの行為の正しさ，義務による神聖な要求，気高き神の栄光，さらには「自分が以前したことよりも，今やっていることのほうが，はるかにずっとよいことだ」等々のいずれも輝かしいまでのその都度の自己評価に満たされていると想像したいという誘惑や，そのように想像するたびにその行為者がその都度いだく，自分のやっていることは正しいとか「義務に基づいて」行為しているといった信念を妥協を許さない二者択一の問題とみなしたいという大きな誘惑が確かにあります（急いで言い添えれば，決してこのことがカント主義者に特

---
[1] 本書序（25-26頁）を参照せよ。

こうした傾向を修正するには，もう一度，子どもの場合を思い出してみなければなりません。前章でわたしが主張したように，かなり幼い子どもさえ，時には〔有徳な〕行為Vをおこない，その上そうしたことの理由Xを挙げることがあります。しかしそれにもかかわらず，彼らは「原理に従って」，「義務に基づいて」，「そうするのが正しいと思ったから」その行為をしたわけではありません。そのような深い意味での，価値を自ら体現するための理由づけが，幼い子どもに（あるいは〔当事者責任能力を問えないほど〕精神的に障害を負った人々に）できるとみなすことは，確かにどこか馬鹿げています。なぜなら，たとえ彼らに価値観があると言われても，それはまだ彼ら自身の価値観ではないからです。

しかし，理由Xを挙げる代わりに（あるいは，そうした上に），幼い子どもが「それはなすべき正しいことだった」とか「それは自分の義務だった」とか「それは原理にかかわる問題だ」というようなことを言うと仮定したところで，この馬鹿らしさはなにも変わりはしません。実際，もし彼らの周囲にいる大人たちがある仕方で定期的に話して聞かせ，彼らがある種の物語をすっかり鵜呑みにしたとしたら，彼らは気高さとか名誉とか道徳法則に関する何とも仰々しい言い回しを口にするかもしれません[2]。理由Xを教わると同時に，そのような言い回しを使うことも教わったとすれば，行為する際に子どもたちの頭にそうした言い

---

[2] 現代英語圏では，かつては多くの子どもたちが，何が気高く，どんな義務や名誉が求められているかを主人公（時には女主人公）が繰り返し話す物語を聞いて育ち，幼くしてそのような語彙を使うことを学んでいたことがいともたやすく忘れられがちである。また他の言語が現代英語とどの程度違っているのかという点も見落とされがちである。信用できる情報によれば，アイスランドでは古くから伝承された有名なサガ〔物語形式の口承文学〕の至るところに名誉とか不名誉という言葉が使われていたが，今日でもそれらは完全な話し言葉として用いられているそうだ。きわめて平易な話し言葉でありながら，そうしたいわば古語を用いた多くの言い回しは，そのまま英語に訳すと不自然な響きがあるため翻訳不可能とされているらしい。確かにそのようなアイスランド国民には感心させられるが，とはいえ，彼らの子どもたちが，英語に（文字通りに）翻訳すれば「わたしの名誉が……するよう要求する」となるような言葉を使って日常的に会話しているからといって，彼らがわたしたちの子らよりも数段道徳的に優っているとは思われない。（この点に関しては，Thorsteinn Gylfason に多くを負っている。「ニャーラ（ニャールのサガ）の基礎をなす道徳概念がわたしたちにも共有されている」という主張の造詣深く熱のこもった擁護として，彼の非常に興味深い著書，Thorsteinn Gylfason, *Introductory essay to Njal's Saga*, Wordsworth classics (1998) を参照されたい。)

回しを伴った考えが浮かんできたとしても不思議ではありません。しかし，わたしたちはそれでもやはり，彼らが自分のしていることを正しい／それが自分の義務だ／原理に要求された，……云々と思った（つまり信じた）からそのように行為したのだとは思っていません。彼らはそのような信念をもつには幼すぎる，ただそれだけのことです。彼らは，そのような信念をもつために必要な他の一切の事柄を語りもおこないもしていないし，もし仮に違った状況に置かれたとしても同じことでしょう。

さらにわたしが主張したいのは，（ほとんどの）青年期の若者に関しても，彼らがまるで大人がするように，「原理に従って」「そうするのが正しいと思ったから」「義務（感）に基づいて」行為していると言いたくはない，ということです。一般に彼らの道徳的信念や価値観は，まだ完全に彼ら自身のものというわけではなく，むしろ彼らの指導者や仲間内のものと思われます。とはいえ，幼い子どもが「そうするのが正しいと思ったから」，「義務に基づいて」，若者がするのと同じように行為し始める，そのような明確な時期があるとは思われませんし，その後成長した若者たちが，大人たちがするのとまったく同じように行為し始める明確な時期があるとも思われません。なぜなら，そのような明確な時期があるとしたら，それは，彼らの価値観が完全に彼ら自身のものとなる時だからです。わたしたちは，人間の道徳的な発達が漸進的に連続するものだと知っています。だからこそ，その行為が正しいと信じるが故にそれをなすといった「道徳的動機づけ」の問題は，程度の問題となるはずです。

実際わたしたちは，物事が「たいていの場合に」真実であるかどうかが問われる領域にいるということを，もう一度思い起こすことが大切です。確かに，子どもたちの中には世間でよく「その年にしては賢い」と言われるくらいに早熟で，幼くして既に「そうするのが正しいと思ったから」という理由で行為できる一人前の道徳的な行為者になる者がいます。たぐいまれな教育を受けた幼い頃のダライ・ラマが，そのように道徳的な行為者になったとしてもわたしは別に驚きはしないでしょう。はっきりした理由もなしにそうしたことが起こっても決して不思議ではありません。たとえば，最近，新聞の死亡記事で知ったのですが，イ

第7章　道徳的動機づけ

　クバル・マシーという名の驚くべきパキスタン人少年は，4歳で絨毯工場主に売り飛ばされ，その後，弱冠12歳で銃弾にたおれるまでの2年間，パキスタンの子どもたちの権利を獲得するために並外れた決断力と勇気をもって（政治集会で演説するなどの）政治運動をしていたのだそうです。（彼はどうにか奴隷状態から逃れ，その後，パキスタンでそのような境遇の子どもたちの面倒を見ている学校に入ることができたのでした。）その死亡記事にはそれ以上のことが書かれていなかったのですが，彼がほとんどの若者たちよりもはるかに優れた精神的能力をもっていたことは，その記事から十分読み取れます。自分の人生，さらには人間の生がどうあるべきか，自分がどんな人になるべきか，そのようなことについてのかなり高尚な信念が彼に備わっていたと考えてもおかしくはありませんし，そうした信念が彼自身のものであり，ある意味では，彼自身の内省によって得られたものだという考えが馬鹿げているわけでもありません。実際彼には，そのような信念を両親や同じ不幸な境遇にあるほかの子どもたち，ましてや絨毯工場を経営していた大人たちから学ぶことなど，ほとんどできなかったはずです。それに前述の死亡記事によれば，彼が買い主の下から逃れ，逃げ込んだ先の学校が，そこで世話されている子どもたちに対して，政治運動家になることによって命を危険にさらすよう奨励したとは思われません。だとすると，確かに彼は自分自身でそう考えたようにも思われます。

　実際のところはどうなのでしょうか。そんな考えを彼はもたなかったかもしれませんし，ひょっとしたら，その話は本当ではないかもしれません。それとも，疑いなく実話なのでしょうか。いずれにせよ，確かに驚くべき話です。しかし，まったく信じ難い話かというと，そうでもありません。「たいていの」11〜12歳児は，「そうするのが正しいと思ったから」とか「原理に従って」という理由で行為したりはしないという主張によって，そのような可能性が排除されるわけではありません。とはいえ，そうした主張の正しさは，イクバルの話がそれほどまでに驚くべき例外であったという事実によって既に立証されたと言ってよいでしょう。つまり，イクバルには当然備わっていてしかるべき高尚な信念が，たいていの11〜12歳児にも備わっていると認められるようなものは，彼らの言動の中にはおよそ何一つないのです。

それゆえ，もし「道徳的動機づけ」の有無，言い換えれば，それが正しいと思ったからそのように行為するのか否かが，その行為の瞬間に行為者の心の中で何が起こっているかによって決まる，妥協を許さない二者択一の問題に違いない，そう思えてしまうならば，どうか今一度，子どもたちの事例を思い起こしてください。というのは，十分な程度で「道徳的に動機づけられた」行為者に帰されるべき観念や思考といえども，日々の道徳教育の一環として十分に高尚な語彙を教えられてきたとするならば，イクバルのような子ではない，ごくふつうの子どもたちでさえ，そうした考えをもてるようになるからです。(さらに，次のようなことも思い起こしてください。哲学的な教養をもった両親に育てられた子どもたちならば，たとえば「他人を助けることや真実を語ることはなぜ正しいのか」といった質問に，問い手が面食らうほど洗練された答えを返せるように教えられてきたかもしれないということを。確かに，ほとんどの子はそのような問いに満足に答えることなどできません。しかし，子どもたちが「道徳法則がそれを要請しているから」とか「共生していくためにはそうすることが必要だから」と答えられるように教えることはできるはずです。わたしの聞いた話では，〔T・S・エリオット『荒地』冒頭の詩句を引いて〕「どうして４月は一番残酷な月なのか」という問いに，「４月は欲望から追憶を生み出すから」と答えられるよう教えられた子がいたそうですが，それと同じようなことです。「どうしてそうすることが正しいことなのか」という問いに対する一般的に優れた答えを子どもに教えることによって，彼らの道徳的発達を早めるということがあるかもしれませんが，よい答えを返せるように教えたからといって，彼らが実際の行為の場面で道徳的な理解を得られるようになったと言えるわけではありません。)

　わたしは，「道徳的動機づけ」を子どもたちに求めるのは，(たいていの場合)馬鹿げていると前提してきました。もちろん，その前提に同意しない読者がいることはわかっていますし，「道徳的動機づけ」の有無が常に妥協を許さぬ二者択一の問題であると確信し続けている人がいることも了解しています。だからこそ，わたしの前提を受け入れてくれる人たちには，「道徳的動機づけ」が程度の問題でありうるということを是非受け入れてもらいたいですし，道徳的発達の連続性という事実についはもちろんのこと，それ以上の事柄についても今後さらに認識して

いってもらえるよう願ってやみません。

どんな性格をもつか

　わたしがこの章で擁護を目指すのは，完全に有徳な行為者であれば，有徳に行為する際に，「道徳的動機づけ」すなわち「そうするのが正しいと思ったから」等々の理由で行為するための何らかの基準を設けている，という主張です。その基準に照らして，必ずしも完全に有徳であるとはいえない人が同じ行為をした時にどの程度まで道徳的に動機づけられているかが評価されるわけです。この主張は確かに前述の見解を取り入れたものと理解できます。ここで有徳な行為者とは，有徳に行為する時，徳に基づいて，すなわち実践知を含む適切な性格特性に基づいて，行為する者のことでした。その限りで子どもたちは，青年期の若者でさえ，たとえどんなによく育てられていても，「たいていの場合に」まだ十分道徳的に動機づけられてさえいません。なぜなら，イクバルのような例外を除けば，彼らはまだ徳をもつことのできる段階にないからです。彼らには個性があるかもしれませんし，自然な徳が備わっているかもしれませんが，彼らにはまだ性格特性といえるものがありません。なぜなら，彼ら子どもたちの性格は形成途上にあり，いまだ形成し終えても定着してもいないからです。

　しかしながら，なされた行為が正しいとかそれが義務だという信念が子どもたちのものと言えるかどうかについて，わたしたちには実のところあまり戸惑いはないのかもしれません。むしろ，わたしが求めているのはもっと大胆で包括的な主張と言えます。それはつまり，そのような信念を「道徳的動機」として大人たちがもっているかどうかをあれこれと考える際に——たとえば，「彼はある意味ではそう信じているけど，別の意味ではそう信じていない」と言わざるをえないような場合に——浮かび上がる様々な難問については，彼らの性格をどのように記述すればよいかを考えることで，最善の理解が得られるのではないかという主張です。「道徳的動機づけは程度の問題である」というわたしたちの考えは，このように主張することによって，「道徳的動機づけの能力は，

子どもが成長するにつれて徐々に発達していく」という前節の主張以上に，新たな重要性をもつようになるものと思われます。

　本書の序で指摘したように，大人がある特定の徳をもっているかどうかは，しばしば程度の問題といえます。なによりまず徳を表す語は，徳の程度をはっきりと示すために非常に多くの修飾語句と共に用いられます。たとえば，「完全にV，並外れてV，徹底的にV，たいていの人がそうだろうと無理なく予測できる程度にV，相当にV，かなりV……」といった具合です。おそらくこれらの修飾語句は，理由Xによって〔有徳な〕行為Vをなす際の信頼性の度合いを示しているに過ぎません（ただしこうした修飾語句はまた，しかるべき感情の程度を示しているかもしれませんが）。しかし，ゲイリー・ワトソンが正しく指摘しているように，ここで問題になっている信頼性とは単なる統計的な概念ではありません[3]。たとえ信頼性をはかり間違えたとしても，他の間違いに比べればそれがたいしたものでないことはすぐにわかることです。なぜなら，徳を表す言葉は「原則的には／基本的にはVだが……」とか「育てられ方や育った社会を考えれば，誰であれそうだろうと予測できる程度にV」などという修飾語句ともいっしょに用いられるからです。さらにそれらの修飾語句を組み合わせて，たとえば，「相当にVだが……」とか「育てられ方や育った社会を考えれば，並外れてV」などと言うこともできます。

　「道徳的動機づけ」については，以下のような難問があります。たとえば，ナチスや他の極端な人種差別主義者，あるいは（たとえば，教えに従わない人を拷問したり，殺害したりする）邪悪な宗教や狂信的教団の教えに一身をささげている人々のように，悪しき道徳的信念をもつ人たちのことを考えてみてください。彼らの多くは，おそらく偽善的で誠実さのかけらもなく，臆病で不正直，放縦で身勝手でとことん利己的な上に，残酷で不正な人物でしょう。しかし，彼らが邪悪な目的を追い求め，自身の性格上，良心の呵責に苦しむことなく，時には喜びさえも感じながら酷いことをするにもかかわらず，それでもなお彼らの中には，（少なくとも見かけ上は）かなり立派な行為，つまり勇気や正直さや寛大

3）　G. Watson, 'Virtues in Excess' (1984), p. 72, n.18.

第 7 章 道徳的動機づけ 223

さが備わっていたからこそできたに違いないとつい思ってしまうような行為をやってのける者が，わずかではありますがいないわけではありません。

　たとえば，そのような者の一人が，見事なまでに自己犠牲的な行為やひどく過酷な行為をやってのけた場合を想像してみてください。彼は，真摯な態度で適切な理由 X を挙げようとします。たとえば，反道徳的なことをなすよう人に強制する暴君に屈してはならないから，あるいはこの種の問題は（たとえ，真相を究明するために自らの命が奪われるかもしれないとしても）それでもなお真相全体を知る必要があるから，さらにはまた，それは有為な機関であり（わたし自身には何の見返りもないとしても）一銭でも多くのお金を必要とするから，などといった具合です。彼の行為は，ある意味で彼の性格がもたらしたものですし，彼をそのように見ている人は誰も彼がそのような行為をしたからといって特に驚きはしないでしょう。では，この例をもっと誇張して，彼が，自分のなしたことはすべて正しく，義務づけられたものであったし，また原理に従う人がその状況にいればまさにそうしたであろうと主張するとしたらどうでしょうか。彼は「そうするのが正しいと思ったから」，「義務に基づいて」，「原理に従って」，つまりは「道徳的に動機づけられて」そのように行為したのでしょうか。

　「そうだ」と答えたくなるかもしれませんが，それでは「この男は邪悪だ」という事実認定と矛盾してしまいます。一体どうすれば，「道徳的動機づけ」や義務感のように気高く高潔な能力をこんな卑劣な人間のものとみなすことができるのでしょうか。この難問から抜け出すには，彼が挙げる理由 X に疑いを向けるのではなく，彼の性格を完全に悪とみなしたわたしたちの評価にあくまでも忠実であろうとする以外にありません。

　かくして，有徳者の性格とは似ても似つかぬ彼の性格は，徳の対極に立つものと言えます。このようなケースでは，わたしは敢えて危険に身をさらしても，そのような人々には徳など微塵も備わっていないと明言する覚悟ができています。つまり，ナチズムや人種差別主義，さらに狂信的教団（これらが極めて悪しきものであるとすれば）によって，彼らの性格は害され，もはや徳とみなせる性格特性は何一つないほどです。わ

わたしが言いたいのは，一見立派にみえる彼らの行為に考察の場面を戻すならば，それは徳に基づいてなされたものではありえない以上（なぜなら，その行為者に徳はないのだから），彼が「そうするのが正しいと思ったから」（あるいは「原理に従って」等々）という理由で行為できるはずがないということです。したがってそのような人たちには，行為において正しさや善さが実際にどうあるべきかという考えも，道徳原理も，道徳的義務に関する真なる観念も何一つない，そう言ってかまわないでしょう（実際，それはほぼ真実だと思われます）。というのも，彼らは自分たちにはそういうものが備わっていると公言し，またそう思ってもいますが，それは単なる思い違いに過ぎず，自らの信念として抱いた邪悪な教義によって救いようもなく堕落してしまったからです。
　同様に，彼らの一人が何か卑劣なことをしておきながら，それは正しかった／自分の義務だった／原理によって要請された等々と何の疑いもなしに主張するとしても，その気高い道徳的動機や義務感のゆえに少なくとも彼が最小限の賞賛や尊敬に値するのではないかなどと悩む必要など毛頭ありません。それというのも，彼は「道徳的動機」や義務感から行為したわけではなかったからです。
　では，こうした事例をほかのケースと対比させてみたらどうでしょうか。たとえば，以前はわたしたちの国に住んでおり，当時の特権的な階層に属していた人たちの場合を考えてみましょう。当時の社会状況にあっては，彼らの不正で冷酷，強欲で傲慢かつ残酷で無思慮な振舞いでさえ，その犠牲となる人々が下層階級だという理由で，それほど悪しきものとはみなされませんでした。けれどわたしたちは，数々の日記や書簡から，彼らの中に貧しい人々や奴隷や女性たちの窮状を知って苦悩し，憤慨する者がいたということを知っています。このような事態を変えようと，ある者は少しの，ある者は多くのことをおこないました。なぜそうするかと問われれば，苦難や不正は克服されるべきであり，それを放置することは過ちであり，何かできることをすることが人の義務だから，そう彼らは答えたはずです。しかし，結局彼らはみな，今日ならば必ずや不正で，冷酷で，強欲……だと非難されるようなやり方で相変

わらずの振舞いを続けていたことが知られています[4]。

　おそらくわたしたちは，自分たちの祖先がおこなった恥ずべき行為とのかかわりを打ち消そうと躍起になるあまり，一見すると有徳な彼らの試みのすべてを単なる偽善として片づけてしまいがちです。「それが正しいと思ったから」とか「原理に従って」という理由で彼らが行為していたわけではないと決めてかかるか，さもなければ彼らが従っていた原理や（本気で）正しいと思っていたことがあまり普遍的ではなく，「道徳的動機づけ」としては偏りがあったと主張せずにはいられないところが確かにわたしたちには見受けられます。

　しかしそんな彼らでさえ，性格の面から見るならば，当時，自らの特権的な立場を不当に享受していた人たちはもちろんのこと，虐げられた人々の苦しみにまったく無関心であった人たちに比べて，有徳な行為者という理想像にはるかにずっと近似していたことは確かです。では，もしわたしたちの子孫が，「20世紀西欧社会を特徴づけていた嘆かわしい物質主義や強欲，さらに第三世界や人間以外の動物への無関心といった当時の傾向を顧慮すれば，わたしたちの中にも極めて有徳な者がいた」と認める代わりに，わたしたちと同じように厳しい目で判断するとしたら，わたしたちのうちに「道徳的に動機づけられた」，すなわち「そうするのが正しいと思ったから行為した」とみなされうるような者は果たしているでしょうか。

　ある社会や宗教，さらには狂信的教団から人々が邪悪な信念を受け入れてしまったのは一体いつなのか，あるいはまた，仮にそうした信念がまさにただ押し付けられただけのものだとしても，そもそもそれはいつのことだったのか，それを確定するのはきわめて困難なことと思われま

---

[4]　「革命の陰鬱な一般的特徴」を議論する際，メアリー・ミジリーは「〔革命の際には〕個々人のレベルを超えた不平等が目に触れがちであるが，その底に横たわる不平等については相変わらず隠されたままであることが多い」と指摘し，以下のような事例を挙げている。たとえば，ストークリー・カーマイケルの「学生非暴力調整委員会（SNCC）において女性に許されたのはただひれ伏すことのみである」という性差別的な発言や，女性の権利獲得のために戦った19世紀の女性たちの「無教養な女使用人には低賃金労働が当然だ」という考え，さらにはアメリカ独立宣言による「すべての人は自由かつ平等に創造されたという誇り高い信念は，その一方で，明らかには女性を，また暗には（調印された限りでの）非ヨーロッパ系の奴隷を除外していた」といった事例がそうである。*Animals and Why they Matter* (1984), p. 72.

す。しかし，そうした確定が難しく，問われている事柄自体に不確定な要素が多過ぎるとはいっても，時にはわたしたちにも，その社会に暮らす普通のちゃんとした人なら当然理解できるであろう一般的な考えや態度と，例外的で型破りな人しか理解できないような考えや態度とを区別する程度のことはできるはずです。たとえば，わたしたちがナチスをこれほどまでに厳しく裁く理由を考えてみましょう。その当時（ドイツやオーストリアはもとよりイギリスやアメリカにも）すみずみまで根付いていた反ユダヤ主義の実態が明らかになるためには，一人の常軌を逸した人物の出現を待たねばならなかったと言うことはできるかもしれません。しかしだからといって，人種に基づいて自国の市民の法的権利を差異づけることが正しい政策だとみなすような考え，さらにはユダヤ人たちを強制収容所に送り込み，大量虐殺をおこなうことが憐れみや正義と一致するというような考えが人々の間に根付いていたと言うことは決してできません。当時のヨーロッパにおいてそれなりにまともな人であれば，たとえその人が反ユダヤ主義の中で育てられようが，それが過ちであることはすぐに見抜けたはずです。

　誰がおこなっても徳の現れとみなされるはずの行為を現になしたにもかかわらず，その者に徳を認めないための適切な理由として，わたしたちはしばしば見落とされがちなある種の欠陥を挙げることができます。とはいえ，たとえ特別な人にしか見抜けないようなそうした見えざる欠陥が社会全体に蔓延し，人々のものとなったとしても，それでもなお人々に徳を帰すためのしかるべき条件さえ整えば，そうした欠陥はまだ補うことができるように思われます。たとえば，人々が日々暮らしている社会のありようを考慮さえすれば，そのような見えざる欠陥をもった人々でさえ，かなり有徳な，あるいは人並み外れて有徳な人となりえます。しかし，だからと言って彼らが完全に有徳というわけではありません。したがって，なにも有徳者ぶった偽善者とみなさずとも，完全に有徳な人が至った程度に比べれば，彼らはいまだ道徳的に動機づけられてはおらず，そうするのが正しいと思ったから行為したわけでも，義務に基づいて行為したわけでもないと言えるかもしれません。

　ともあれ見落とされがちな欠陥とは，必ずしも常にそのように言葉で説明できるものとは限りません。たとえば，自分の家族や友人たちの中

第7章　道徳的動機づけ　　227

には，とても寛大で，思いやりがあって，正しく，心が優しく，正直だとためらいなく言える人が一人や二人はいるものです。しかし，彼らがこうした徳を発揮できるのは，実際のところ，不完全で不可解な仕方でしかありません。確かにわたしたちは，彼らが一般に「そうするのが正しいと思ったから」いつも確実にそう行為できる人だと確信しています。つまり，ほどよく高潔な人であり，おそらくは何事につけてもわたしたちより以上に道徳的に動機づけられている人だと確信しています。それなのに，何てことでしょう，彼らは思いもよらぬことをやってしまうのです。どんなことを？　別にわたしはここでひどく悪徳な行為を考えているわけではありません。むしろ，もしあなたがその人物をよく知っていて，愛してもいるなら，彼がしたその行為を知って少なくともがっかりはする程度のことを考えています。たとえば，自分の先祖のことで嘘をついているが，ほかには何一つ嘘をついていない人とか，自分のよく知らない女性に対しては，些細な点で不公平な態度を示してしまう人，あるいは，（収入の大部分とまではいかずともかなりの額の）お金をあなたがクズだと思うものに浪費してしまう人とか，少し行き過ぎだとあなたが感じるような性的嗜好をもつ人がいてもおかしくはありません。あるいは，もっと瑣末なことを言えば，あなたを招待してくれた家の主人の中では誰よりも寛大で思いやりがあるのに，あなたが冷めたコーヒーの残りをシンクに捨てた途端にひどく恐ろしい形相で，（怒りに震える声で）「もったいないことをするな！」と叫んでしまうような人がいるかもしれません。たいていの場合なら，おそらくあなたは彼らにそうすべきではなかったと（あるいは彼らの言った言葉を言うべきでなかったとか，彼らがしたように反応すべきでなかったというように）認めさせることができるでしょう。しかしその次の機会には，彼らは何事もなかったかのように再び同じように行為したり，言ったり，反応したりするのです。あるいは，あなたは彼らを説得できないかもしれません。あなたはいつも同じ異論を唱え，彼らはいつも同じ答えをし，結局，議論はいつも果てしなく続いていくのです。

　時には，そのような見落とされがちな欠陥について彼らに質問するのも気が引けるようなことがあるかもしれません。なぜなら，彼らにはそうした欠陥があり，そのせいで実際しばしばすこし不快に感じること

や，あきれるほど欠点だらけのことをしてしまうにもかかわらず，なにか深刻な問題が起きた時には，彼らはいつも親切で，ほかのどの知り合いよりも驚くほどよくしてくれるということをわたしたちは十分過ぎるほどよく知っているからです。では，彼らには（彼らがよいおこないをなす時に行為の基準となるような）原理があるのでしょうか，それともないのでしょうか。よいおこないをなす時，彼らは「そうするのが正しいと思ったから」行為するのでしょうか，それともそうではないのでしょうか。わたしたちとしては，一方では「そうだ」と答えたいところですが，他方では「違う」と言いたいところもあります。

　道徳的動機づけの説明をめぐって生じたこのような難問への明快な答はありませんが，どちらかといえば，道徳的動機づけを否定するよりはそれを擁護するほうに分があるように思われます。これまでの説明によれば，わたしたちが愛し尊敬しているこのような人々についてわたしたちが自分に言い聞かせることができるのは，せいぜい以下のようなことぐらいです。たとえば，「そうですねえ，彼らは概してかなり正直で正しく，寛大で，節度があって……，でも，実は彼らには一つ欠陥があってね，それはつまり……」とか，最後の事例のように，「そうねえ，彼らは基本的には有徳だから，深刻な危機が生じた際には全面的に信頼できるわよ。でも，いいこと，彼らが……をしても我慢する覚悟でいてね」といった具合です。いずれにせよ，このように言うことによって思い起こされるべきなのは，わたしたちの身近にいるもっとも親しい人の多くがそんな欠陥をもっているにもかかわらず，わたしたちの方にはそんな欠陥がまったくないなんてほとんどありえないということです。

　人がいかに徳の面では完全ではありえないかという最後の例として，ノミー・アーパリーとティモシー・シュレーダーによって紹介された以下のような興味深い現象を見てみましょう。

　　意志の弱さ（アクラシア）に起因する行為とは，すべてを考慮したうえである行為指針が正しいという信念をもつに至りながら，実行に際してはそれに代わる他の行為指針が選ばれることである。また意志の弱さについてもっともよく議論されている事例は，欲求が判断に優越した結果もたらされるような諸種の不正行為をめぐるものである。たとえ

ば，不都合な真実を語ることを決意しながら，どういうわけか嘘が口をついて出てしまうような場合がそうである．しかしながら，わたしたちにとって興味深いのは，意志の弱さが，ほかにあまりいい表現がないのだけれど，とりあえず諸種の正しい行為と呼ばれうるものに帰着する場合もあるという点である．つまり，意志の弱さに起因するような行為指針が，行為者の最善の判断によって推奨された行為指針よりも優れている場合があるということである．こうした事例は，意志の弱さに起因する行為から普通に予想されるのとはまったく逆の結果になるので，わたしたちはこれを《逆アクラシアの事例》(cases of inverse akrasia) と呼ぶことにする[5]．

この引用文の著者たちは，逆アクラシアに関して，まず三つの例を挙げています．すなわち，ハックルベリー・フィンが逃亡奴隷ジムを（彼自身の立場からすれば）告発できなかったという例，ネオプトレモスがフィロクテテスを欺くことができなかったという例，そしてオスカー・シンドラーが自分のために働くユダヤ人たちからできる限り多くの利益を得ることができなかったという例がそうです[6]．著者たちは，この三人の行為者の行為ばかりでなく動機もまた賞賛に値すると正しく主張した上で，行為や動機が賞賛に（あるいは非難に）値するかどうかは，その行為者の「自己全体」すなわち性格をその行為や動機がどの程度まで表現しているかによるところが大きいと論じています．

わたしとしては彼らの言っていることにほとんど賛成ですが，ここでのわたしの関心が彼らのそれとまったく同一というわけではありません．ハックやネオプトレモスやシンドラーが彼らの賞賛すべき行為のためにどれほど賞賛すべき動機をもっていたとしても，彼らが「そうするのが正しいと思ったから」，「義務に基づいて」，「原理に従って」行為できたわけではなかったということについてはまったく疑いようがありま

---

[5] N. Arpaly and T. Schroeder, 'Praise, Blame and the Whole Self' (1999), p. 162.

[6] ネオプトレモスはソフォクレスの悲劇『フィロクテテス』に登場する人物で，オデュッセウスの命に従うことを拒否した彼の賞賛に値する行為がアリストテレスによって取り上げられている（1146a19）．アーパリーとシュレーダーは，彼らの挙げるシンドラーの動機が，必ずしも著作や実生活におけるものではなく，映画〔『シンドラーのリスト』〕の中で描かれたものである点を強調している．

せん[7]。この点で，これまで標準となっていた前提を，彼ら著者たちは何ら問い直さぬままにきたのではないかと思います。しかし，そこにこそ，わたしが前章で一掃しようとした前提を根絶やしにできなかった原因があるのだと思います。今仮に，理由 X によって〔有徳な〕行為 V をおこなう，つまり徳に基づいて行為するアリストテレス的な意味での理想的な行為者がいるとして，前章で見られたように特定の場面における「道徳的動機づけ」に関する限り，そのような行為者とカント的な意味での理想的な行為者との間にはほとんど区別がないと言って差し支えありません。もし，その点での同意が得られるのであれば，行為者が「道徳的に動機づけられる」ためには，自らの現になしている行為の正しさや，それが義務や原理に要請されたものであるということについて，その者にその時点ではっきりした考えがなければならないとみなされる理由などもはやないように思われます。しかし，ハックやネオプトレモスやシンドラーがこのような考えをもっていなかったという点に同意が得られたとしても，その事実だけでは，彼らが「そうするのが正しいと思ったから」，「義務に基づいて」，「原理に従って」行為することの可能性を排除するには十分ではありません。この限りでは，これは今なお未解決の問題と言えます。では，以下でその点について考察していくことにしましょう。

　上で例示された三人の話がこの問題に当てはまるかどうかは別にしても，逆アクラシアの状態にある三人の心中には，それぞれが行為に及ぶ前後に，自らがなしている行為——たとえば，〔ハックが〕ジムの哀れな老主人に盗みを働くこと，〔ネオプトレモスが〕無礼にもオデュッセウスの命令に従わないこと，〔シンドラーが〕まともな大人には似つかわしくない盲目的な感傷に浸るばかりかそれに屈してしまうこと——が誤りだという考えがいろいろと生じたと思うのが自然です。そうだとすれば，それでもなお彼らが「そうするのが正しいと思ったから」そのように行為していると考えるのは，明らかにまったく無理な話だと確信できるはずです。では，彼らの性格はどのようなものだったのでしょうか。

---

　7) 著者たちは，三つの逆アクラシアを首尾一貫して欲求によって動機づけられたものとして語っている。

この三人の事例を見れば，彼らに自分たちの行為が誤りだという考えが生じているにもかかわらず，それぞれが皆，理由Xのために行為しているということは十分明らかです。ハックはジムが自分の友人であるからこそ彼のことを告発しませんでした。ネオプトレモスはそれが真実であるがゆえにオデュッセウスがなぜ彼を遣わしたのかをフィロクテテスに話しました。そして，シンドラーはユダヤ人たちが保護を必死に求めていたからこそ彼らを助けたのです。さらに，〔有徳な〕行為Ⅴを理由Xのためにおこなう際に，彼らが普段とは違う仕方で行為したわけでないことはこれらの話から十分明らかです。ネオプトレモスはもともと正直でしたし，シンドラーは憐み深く勇敢でした。ハックはいかにも若者らしい彼なりの仕方で誠実なよき友でした。彼らのこうした，ある程度できあがった性格は，その都度あらゆる仕方で現れ出てくるものです。もちろん，ハック以外の二人の大人のありのままの性格がそうだというわけではありません（ハックもまた年の割にはそうではありません）。というのも，必ずしも完全に有徳というわけではない行為者がするような仕方で，彼らも行為したり反応したりすることが時にはあるに違いないからです。とはいえ，彼らが「根はいい奴」であることは言うまでもありません。
　では，ネオプトレモスやシンドラーの性格は，完全に正直な，あるいは完全に憐み深く勇敢な行為者の性格とどの程度まで似通っているのでしょうか。その点については，こう答えたいと思います。彼らは，自身の現になしている行為を誤りとみなしている事実にもかかわらず，両者ともに「道徳的に動機づけられている」，つまり「そうすることが正しいと思ったから」，「義務（感）に基づいて」，「原理に従って（／基づいて）」行為している，と。確かに彼らはともに，自身の現になしている行為が誤りであり，守られるべき義務や原理にある意味で反しているとさえ信じています。彼らが完全に有徳な人ほど有徳でないと言われるのも，まさにこの点においてなのです。だからこそ，彼らは「道徳的に動機づけられ」，「そうするのが正しいと思ったから」，「義務に基づいて」行為しているにもかかわらず，完全に有徳な人が十全になしうる程度にはどうしても達することができないのです。
　ハックもまた，まだ若い上にイクバルとは違うという事実を考えれ

ば，完全な有徳者と同じ程度であるはずがありません。楽観的に見れば，これまでずっと刷り込まれてきた人種差別主義から一瞬解き放たれたことによって，彼は正義について自力で考え始めたわけですし，なかば衝動的とはいえ彼の誠実で親切な心根を考え合わせれば，徳への第一歩を既に踏み出していると言うこともできるかもしれません。逆に悲観的に見れば，この話から読み取れるように，彼は自分が悪い子であり，何かそれとは別のものになろうとしても何の意味もないと決めてかかっている点が指摘されるかと思います。もし，こうした思い込みがなくならず，いつまでも哀れな子として，自尊心や心からの確信に根差した勇気を自分のものにできないなら，結局は，自らの利己的で不正で不正直な行為の一切を「自分はどうせ悪人なのだからどうしようもない」と言い訳するしかなくなり，やがて悪徳へと至る道を歩むことになってしまうでしょう。

徳の統一

　人が倫理的に完全ではありえないということをいろいろな仕方で確認してきましたが，上述の事例によっては，さらに徳の統一，すなわち何か一つ個別の徳をもつためには，すべての徳をもっていなければならないという教説の虚偽性をも例証できるように思われます。しかし，もしその教説をアリストテレスのように解釈するのであれば，必ずしもそれは自明なこととは言えなくなります。『ニコマコス倫理学』第6巻において実践知〔としての思慮〕が論じられた後，アリストテレスは次のように結論づけています。

　　このようにして，徳が互いから切り離されて存すると主張するような弁証論的な議論も解決されるだろう。この議論によれば，同一の人でありながら，すべての徳を生まれつき兼ね備えているほど恵まれた人はなく，したがってある一つの徳は既にもっていても，他の徳はまだもっていないということがありうる。確かに，このようなことは，自然的な徳については可能である。しかし，無条件に「よ

い人である」と言われる場合の徳についてはありえないことである。なぜなら，思慮という一つの徳が備わると同時に，すべての徳も備わることになるだろうからである[8]。

わたしたちが論じてきた事例はすべて，行為者を「無条件によい人」と言うことはできない場合でした。理想的に有徳な行為者という基準に照らして評価するならば，これまで論じられてきた人たちの個々の徳，あるいは徳一般は，何らかの限定句によって，たとえば，「完全ではないけれども，根はいい奴」とか「彼らの暮らしている社会を考えれば，かなり／並はずれて」とか「基本的にはそうだが，しかし……」といった表現によって条件づけられねばなりません。しかしそればかりでなく，徳に関する限り人はほとんど誰も完全ではありえないということを事実として受け入れているにもかかわらず，わたしたちには，人に備わる諸徳の間には何らかの統一があるという認識もあるのです。

では，それはいったいどのような統一なのでしょうか。徳の統一に関する「教説」（と呼べるほどのもの）は驚くほど多様な形をとりうるので[9]，それらのあまり細かなところにまで立ち入ることはできませんが，ここで少しだけその点について触れておく価値はあります[10]。

以前（本書198頁で）既にわたしが否定した徳の捉え方，つまり，諸徳は個々別々に分離した（「独立した」）性格特性であるという考えをもう一度考察し直してみましょう。たとえば，本書第5章で論じられたヒューム的な慈愛とは，単に，他者を気遣いその気遣いによって行為へと促される傾向からなるような性格特性でした。また，勇気とは，ただ

---

8) *Nicomachean Ethics* 1144b32-1145a2（傍点は著者による）.

9) Timothy Chappell はかつて，彼の未公刊の（残念ながら，現在，散逸した）論文において，徳の統一に関する学説には 30（！）もの多様な種類（といえるようなもの）があると論じた。彼がそれをどう論じたのか，今はもう思い出すこともできないが，確か最初の八つは「(i) なにか一つの徳を備えているということは他のすべての徳をも同時に併せもつための必要かつ十分条件（あるいは (ii) 必要条件，あるいは (iii) 十分条件，あるいは (iv) 促進条件，さらには結果的に徳を備えるための以下同様の条件 (v-viii)）である」ということから導かれ，次の八つは始めに「なにか一つの徳（たとえば思慮）を備えていること」という句から始まる，先のと同様の組み合わせによるものだったように思われる。

10) 以下に述べられることについては，徳の統一に関する教説を論じた優れた二つの論文，Gary Watson, 'Virtues in Excess' (1984); Neera K. Badhwar, 'The Limited Unity of Virtue' (1996) から大きな影響を受けている。

の恐れ知らず，あるいは目的追求の途上において自ら進んで危険に立ち向かうことといった意味でごく普通に捉えられています。同様に，節制とはすぐに得られそうな肉体的な快楽を前にして自制し中庸を保つことであり，正直とは自ら進んで欺瞞を避けることである等々と考えられています。（正義についてこのような仕方で考えることができるかどうかはわたしには明らかでありません。）このような考えによれば，個々の徳，少なくとも「勇気」や「節制」の場合には，いろいろな悪徳と容易に共存することができますし，実際にはさらに悪を増長しかねません。その結果，徳の統一に関してどれほどしっかりした教説であろうと，それが明らかに誤りだと思われてしまうかもしれません。

　しかし，本書序章で指摘したように，「個々の徳」をこのように考える限り，問われている性格特性が〔真に〕徳とみなされることは決してありえません。そうしたものは性格の卓越性でもなければ，本来，それをもつことによってよい人となり善行へと結実するような性格特性ですらないのです。それは卓越性というよりも誤りや欠陥でありえますし，それをもった人を悪しき行為に導くことさえありえます。このような徳の考え方によって見落とされているのは，それぞれの徳が，実践的な事柄に関して正しく推論する能力である思慮(フロネーシス)を必要とするというアリストテレス的な考え方です。たとえば，勇敢だけれどもまったく慈悲の心が欠落している人とか，慈悲深いけれどもまったく節制を欠く人などがいてもおかしくないと思われるのは，それぞれの徳が個々に独立した固有の包みのようなものと思われているからです。けれども，理由 X のために行為する行為者 V に関する先の議論において明らかになったように，この能力〔すなわち思慮〕はそのような個々の包みの中に納まるようなものではありません。実際問題として，事の良し悪し，利益と損害，価値あるものと他に比べれば取るにたらないものとをめぐる判断については，それが個々の徳目の範囲を越えてもたらされることがよくあります。（たとえば，他人の苦しみの救済を，追求する価値のあるよいことであり，その達成のために危険に立ち向かうだけの価値があることだと思わない人には，〔臆病と言わないまでも〕勇気という徳が欠落していると言えます。あるいはまた，自ら多大な犠牲を払ってまで進んで他人に多くの善行を施しながら，自身の不倫については「知らなければ傷つくこともないから」

第7章　道徳的動機づけ

と言って喜んで妻を欺くような男には，慈悲の心が欠けているとしか言いようがありません。)

　徳に統一がないなどということをわたしたちが信じていないということは，新聞で時折見かける話題に対してわたしたちがどんな反応をするか見れば明らかだと思います。たとえば，並外れた勇気や寛容がなければできそうにない，誰もが立派だと思うおこないをした人の記事を読んだとしましょう。ところが，彼らは同時に道徳的に忌避すべきこともしていたと知ると，わたしたちは驚き，しばしば戸惑いさえ覚えます。ここでわたしが言おうとしているのは，単に同じ徳目において矛盾があるというようなことではありません。たとえば，実は臆病だとかわがままだとわかった時，即座に，その者を最初に勇敢だとか寛容だと思った時点で既に明らかにわたしたちは誤っていたと言えるような場合がそうです。わたしが言いたいのは，そのようなことではなく，むしろ異なった徳目の間で生じる離齬のようなもののことです。たとえば，燃え盛るビルの中に飛び込み，見知らぬ人を助け出した人物が実は強姦魔だとわかるとか，自分の収入の大半をホームレスの人たちに施していた人物が，実はその人の嘘のせいで無実の人が投獄されていたとわかるといったような場合がそうです。そうやってわたしたちは驚き戸惑ってしまうのです。彼らは一体どうして一つの事例ではそれほど立派なのに，別の事例ではそれほどまでに見下げ果てた輩(やから)となりうるのだろうか，と。いずれにせよ，わたしたちが驚き戸惑うというのは，実に興味深い事実ではないでしょうか。

　もし，わたしたちが最初から諸徳を個々別々に分離した性格特性と考えていたのならば，たとえば，真に勇敢でありながら同時に残酷で放縦な性格の人がいたとしても，真に慈悲深いだけでなく臆病で不正直でもある人がいたとしても，だからといって別に驚いたり戸惑ったりする理由などないはずです。勇敢な行為に関する限り，わたしたちは勇気に基づいて行為する人を信頼できるし，彼がこれから何をなすかを予測することもできますが，彼の親切さや正直さについては期待しようがありません。それにもかかわらず，わたしたちは期待してしまいます。それは，どこかで徳には統一といったものがあると信じているからです。

　しかし，改めてその統一とはどんなものなのでしょうか。前章でなさ

れた議論では，ある特定の徳にふさわしい理由Xが，それとは別の徳にふさわしい理由Xから独立に存することがいかに困難かという点が強調されましたが，それによってさらにウィリアムズの指摘した論点も浮き彫りにされました。それによれば，人々がいろいろと異なった姿を見せるのは，一つには，ある徳をもつための理由Xに示された動機に対するほうが，別の徳をもつための理由Xに示された動機に対するよりも，より一層反応しやすいからです。実際，多くの点で賞賛に値しながら，ほとんど他の人の手本とはなりえないような人のことを一体誰が理解できると言えるでしょうか。さらに，見落とされがちな欠陥についての前述の議論によって，人々は特定の諸々の徳目の内で異なった姿を見せることができるということがさらに示されます。それは，（わたしたちの〔決して見下げはてた輩などではない〕賞賛すべき先祖たちが労働階級の女性たち，それどころか女性一般に対して〔偏見という〕欠陥をもっていたように）体系的に徳目を越えて矛盾を呈する場合か，それとも（他の点では非の打ち所のないほど正直でありながら，先祖に関しては〔女性に対するそんな偏見はなかったと〕嘘をつく人のように）ただ単に特定の徳目の内で矛盾を抱える場合のいずれかです。したがって，わたしたちがその存在を信じているのは，ネーラ・バドゥワーが徳の「限定された統一」と呼んだものであり，ゲイリー・ワトソンが「弱い統一理論」と呼んだものであるように思われます。これは，自身の力の及ぶ範囲に関して，個々別々に独立した徳という〈容器〉の中に思慮はありえないという事実と，それが妥協を許さない二者択一の問題ではないという事実を同時に認識する見方と言えます。この説によれば，一つの徳さえ身につけていれば，誰であれ，時としてかなり限定されてはいるもののある程度までは，他のすべての徳をもつことになるはずです。

　では，この点を「道徳的動機づけ」に関して既に提示された説明に引き戻して見直してみましょう。この説明によれば，「そうするのが正しいと思ったから」とか「原理に従って」等々が，ある特定の場面での行為者の動機として正しく同定されたと信じられる時，わたしたちは，そのように道徳的に動機づけられていることが徳に基づいて行為することなのだと信じています。言い換えれば，弱い統一理論による限り，そのように道徳的に動機づけられている行為者を，いわば全体的なある種

の人柄として同定できるとわたしたちは信じています。実際，行為者が一体どのような人なのかは，一つの行為を見るだけで，ほぼ「隅から隅まで」「心の奥底まで」理解できると思われます。その人に，たとえば，慈悲深さや正直さが根付いていると思える時，わたしたちは，それによって他のすべての徳も同様に，少なくともある程度は，備わっているとみなしています。だからこそ，その人がなにか別の行為をするのを見て，「信じられない，何て残酷なの！」「どうしようもなく不正直な奴だ！」と言わずにはいられない時，わたしたちは驚き戸惑ってしまいます。わたしたちは，その人が人柄全体としては，少なくともかなり有徳な人だとわかったつもりでいたからこそ，驚き戸惑ってしまうのです。

　これでわたしたちの戸惑いが何に起因するか，おおよそ探し当てることができましたが，まだそれが解消されたわけではありません。しかし，原因が突き止められた以上，どこに解決を見出すべきかは既に明らかです。問われるべきは，行為者の性格全体です。もしかしたらわたしたちは，行為者の性格全体と道徳的に忌避すべき行為との関係を取り違えていたのかもしれません。おそらくそれは，その人らしくない行為だということがわたしたちにまだ知られておらず，猛烈な誘惑に直面するとか異常な状況下での意志の弱さ〔アクラシア〕だとかの事例であったのかもしれません。同様に，もしかするとわたしたちは行為者の性格全体と立派な行為との関係を取り違えていたのかもしれません。おそらくそれは，わたしたちも知らなければ，理由 X のためになされたのでもない，むしろあまりにもその人らしい隠れた理由によってなされた行為かもしれません。もしかしたら，それは完全にその人らしからぬ行為であったかもしれません。あるいはもしかしたら，それはただその人らしくないだけでなく，ナチスや過激な人種差別主義者たちの例に見られるように，有徳な人の性格に少しでも似た性格であれば，そこから実際には決して生じることのない行為であったかもしれません。かくして，行為者の性格がひとたび明らかになり，どの程度有徳な人の性格と類似しているかがわかったなら，その人がどの程度まで「道徳的に動機づけられている」とみなされうるか，あるいはそうみなされてはならないかがわたしたちにはわかるようになるはずです。

有徳な行為の初発の場面

　有徳な性格が完全に身についているかどうかにかかわりなく，行為者が正しく「道徳的に動機づけられる」，すなわちそうするのが正しいと思うから行為できるようになるという考えにはもう一つ別の根拠がまだ残っています。それは，正真正銘の「道徳的に正しい行為」，つまり平凡で，どちらかといえば利己的な，おそらく不道徳でさえあった人生において初めて，行為者が「そうするのが正しいと思ったから」なされた正しい行為には，それを引き起こす最初の原因があったはずだという見通しによるものです。わたしは，この見通しが贖罪の可能性に関する宗教的な考えに根ざしているのではないかと思っています。すなわちその考えとは，行為における一切の正義の源泉であり，人を導き正しいおこないを可能にするような神的な光を，自らのうちに見出せなくなるまで堕落した罪びとはいない，というようなものです。しかしその一方で，どう見ても贖罪という考えにまったく影響を受けていないような人たちでさえ，その考えに固執し，そのような事例をいろいろと挙げています。わたしは以下で，そうした事例が詳細に分析されなかった結果として，その考えに混乱が生じていると主張するつもりです。

　好んで引き合いに出される例の一つは，思いがけない勇敢さに関する事例です。たとえば，「まったく普通の」「全然勇敢でない」と言われる人が突然，「その人らしくない」なにかとてつもない英雄的なことをやってのけたという場合がそうで，「そういう話は新聞でよく見かける」と言われるような事例です。しかし，新聞は本当にその人物を，あるいはその人の行為を，そんなふうにその人らしくないと書いているのでしょうか。もしそうなら，一体どんな理由でそんなことが言えるのでしょうか。その人は実際には臆病なドライバーで，ネズミを怖がっていたかもしれません。その人はこれまで勇気という徳が必要とされるような機会が，仮にあったとしてもほんのわずかしかないような，ごく普通の生活を送ってきたのかもしれません。しかし，それだけでは，その人が徳を備えていないと言い切るにはまだ不十分です。たとえばもしその

第 7 章　道徳的動機づけ

人が，独裁者に抵抗したり他人を助けたりするために命を懸けるような人々こそ賞賛すべきであって，決して非現実的でお涙ちょうだいの愚か者だとか無鉄砲な脳天気などではないと思っているならば，あるいは，自分の子どもが勇敢な人になるように育てようとしているならば，さらには，獰猛な大型犬に襲われている子どもを残したままその場から逃げだした親のニュースを聞いて思わず憤慨したというならば，そうだとしたらその人がなした一見その人らしくない有徳な行為も，実は決してその人らしくないとは言い切れないのではないでしょうか。では今度は，以上の点でまったく反対の態度をとる人を想像してみてください。その人のなした行為が，もしその人らしくないとしたらどうでしょう。しかしこの場合もまた，当人が「道徳的に動機づけられている」かどうかはまだはっきりしません。ただ，もし新聞が前述のような様々な点に関してまったく反対の態度がとられたという事実を伝え，しかも当人が「そうするのが正しいと思ったから」その英雄的な行為をなしたのだと報じたならば，わたしはその報道を信じ難い話として片づけていたに違いありません。

　しかし，その人はひょっとして何かにかき立てられてその気になったということはないのでしょうか。この点についても，先のとは別のよく使われる例があります。たとえば前章では，愛や成功によって行為や態度が一瞬にして変化させられ，その人らしからぬ行為に至る事例が議論されました。確かに，単に一時的とはいえ，愛がしかるべき影響を与えることのできるものだということはわたしたちにもわかっています。けれども，愛がさらにもっと深い影響を及ぼし，人の性格を実際に変えてしまえるとまでは信じられていないのではないでしょうか。寓話によれば，このように一瞬にして人を変えてしまう力は善良な婦人の愛に宿り，宗教によれば，それは神の業のうちにあると説かれています。いずれにしても，今でも時には——おそらくきわめて稀だとしても，時には——人々が「かの光を見る」ことができるようになり，人生において何が本当に善で何が本当に悪なのかについてしっかりと目を見開かされ，まばたきする間にすっかり改心させられることがありうると思われているのかもしれません。

　生まれ変わった多くのキリスト教信者がほとんどすぐに再び死に至

り，悔い改めた快楽主義者が元の悪弊に引き戻されてしまうというのは確かによくある真実ではありますが，必ずしもすべての人がそうだというわけではありません。実際わたしたちは，彼らの生まれ変わった新たな生において最初になされた行為が「道徳的に動機づけられた」ものと考えることができます。では，元の悪弊に引き戻されるようなことがない人たちの場合はどうでしょうか。彼らの最初の〔有徳な〕行為 V，つまり，自分本位な贅沢三昧や自堕落な生活の挙句に初めてなされた節度ある／正しい／思いやりのある行為は，そうするのが正しいと思ったからなされた行為ではありながら，すっかり彼らに根付いた有徳な性格に基づいてなされたわけではない以上，結局のところ，彼らは有徳に行為することができないと言うべきなのでしょうか。

　確かにそう言うべきではありません。しかし，だからといって有徳な性格が備わっているかどうかとは無関係に「道徳的に動機づけられる」，つまりそうするのが正しいと思ったから行為することができるというわけでもありません。というのも，行為者の性格がすっかり変わってしまっている以上，その人が自身にすっかり根付いた有徳な性格に基づいて行為しているかどうかがこの種の事例の解明には不可欠な部分となるからです。確かにそのような状態は，突然の回心によって定着し，生じ，できあがったばかりのものに過ぎませんし，その限りで，性格として行為者に根付いた状態となるまでの通常の経緯とはまった異なったものだといえます。しかし，わたしたちがかかわっているのは，物事が「たいていは」真実であるような領域であって，これまでも，性格として完全に根付くようなケースは極めてまれだと言われてきました。もちろん，本当のことがどこまでわかるかということに関して言えば，わたしも過剰に懐疑的にはならないつもりです。たとえば，これまで放蕩の限りを尽くした人物が改心後初めておこなったお世辞にも節度や思いやりがあるとは言い難い行為に関して，いくらそうした人物が元の放蕩者に再び転落しかねないからといって，その当の行為が有徳であるかどうかはわからないなどと言うつもりは毛頭ありません。しかし，もし仮にあなたが，改心後の最初の正しく節度ある行為を絵に描いて，その絵に「改心した人物の最初の正しく節度あるおこない」という標題をつけるとすれば，それに対してわたしとしては，頑なにこう付け加えることが

できるのではないでしょうか。「そうするのが正しいと思ったから，つまり彼の有徳な性格に基づいて，有徳に行為しているパウロ」と。ちなみに，この〔『使徒言行録』の伝える〕いわゆる「パウロの回心」のエピソードによれば，そこでの有徳な性格とは，ダマスコに向かう途中で突如イエスがパウロに現れ，彼を回心させた結果彼に備わったといわれるもののことです[11]。

　しかしながら，もしあなたが，コマ割り漫画のように1コマ目に正しく節度ある行為の絵を描き，続く2コマ目には，その同じ行為者がそのように行為できるチャンスがあるにもかかわらず平気でそれを無視してまったく不正で放縦な行為をしている絵を描いたとしたらどうでしょう。その1コマ目の絵に，もし，あなたが「サウロ〔パウロのユダヤ名〕の最初で最後の〔有徳な〕行為V」という標題をつけるとしたら，そこから示唆されること，つまりサウロが「そうするのが正しいと思ったから」，「原理に従って」，「義務（感）に基づいて」その行為Vをすることができたという考えはどうにも辻褄が合わないように思われます。あなたが1コマ目の絵を見て，「サウロの性格全体は，彼の人生のたった5分間で一転したが，その後また元に戻った」と言えないのと同様に，その絵を見て「サウロはそうするのが正しいと思ったからそのように行為している」と言うこともできないはずです。それというのも，性格の変化とはあくまで奥深く徹底的なものでなければなりませんし，ここで性格の変化が奥深いとは，それが一時的なものではないということを意味しているからです。

　さらに，改心した＝再形成された性格の持ち主が初めておこなう〔有徳な〕行為Vは，神の恩恵によってでもない限り，当初想定された「正真正銘の道徳的に正しい行為」とは言い難いものです。というのも，たとえ突然の性格変化を認めるにしても，超自然的な力の介入でもない限り，これまでまったく徳を欠いていた人を，たとえば「まずまず有徳な」という程度よりもっとよい状態へと変化させることなどできようはずがないからです。昔からの習慣によって身についた振舞い方や物事への反応の仕方はなかなか消えにくいというだけでなく，再形成された性

---

11) この挿話は，前章で考慮された逆の可能性，すなわち，突然信仰を失うことによって性格が一転して悪くなってしまう場合とはコインの表裏の関係にある。

格の場合，完全に有徳になるために必要な感受性，知覚，想像力を獲得する前に，行為者は人々や人生について多くのことを知らねばなりません。大人になるまで自分のことしか考えてこなかった人には，同胞に対する生まれたての愛を実行に移していけるだけの能力が明らかに不足していることでしょう。同様に，大人になるまでひたすら冷酷に金と権力だけを追い求めてきたにもかかわらず，なぜか今それらをクズ同然としか思えなくなった人には，ごく慎ましい願いで満足している人たちとしかるべき仕方でうまく付き合っていくことなど至難の業です。したがって，改心して間もない人がそのような人として初めて有徳な行為をなす時，決して最大限にではなくあくまである程度まで〔道徳的に動機づけられて，すなわち〕「そうするのが正しいと思ったから」，「義務に基づいて」，「原理に従って」行為できるようになるのは，その人が完全にはほど遠いもののまずまず有徳な人であるからこそなのです。

結 論

　前章および本章の中心命題は，有徳な行為が「道徳的に動機づけられている」ために必要かつ十分な条件は，完全に有徳な行為者であればそれに基づいて行為するであろう性格の状態に，適度に類似した性格の状態をもつ行為者がそれに基づいて自らの行為をなすこと，というものでした。その中核にあるのは，最初に述べられたことの繰り返しになりますが，「道徳的に動機づけられる」つまり「そうするのが正しいと思ったから」行為できるようになるためには，行為者の側に，行為の瞬間をはるかに超えて働くもの〔すなわちその人の性格の状態〕があるという考えです。その働きによって，行為者がどのような人柄であるのかが隅々まで徹底的に主張できるようになるわけです。（したがって，わたしの考えでは，それがわたしたちの倫理観の重要な特徴となるのは疑いようもない事実なのです。わたしたちは，行為に関して，それが行為者のどのような性格に基づいてなされたかを明示する以上にその行為者に高い賞賛を与えることはできません。）こうした考えから導き出される一つの結論は，「こうすることは正しい／有徳だ／気高い／わたしの義務だ」などという言

表になにかしら相当する，その都度の行為に随伴する考えは，〔それが行為者の性格ではなくその都度の行為に関するものである限り〕道徳的動機づけの必要条件でないばかりか，十分条件でもない，ということになります。

　結論部において注目に値するもう一つの成果は，一人称によって実践的な推論がなされる場合であっても，上記の結論は，もちろん依然として真であり続けるということです。そもそも，わたしはいかなる理由で行為するのでしょうか。その点に関しては，高度な自己欺瞞や神経症でもない限り，普通はたいていわたし自身が誰よりもよく知っています。けれども，わたしが「これが正しいと思うから」／「原理に従って」／「義務（感）に基づいて」行為しているのかどうかについては，わたしは必ずしもよく知っているわけではありません。それは，わたしが何かを知っていたり理解していたりするのかどうかについて，わたし自身があまりよく知らないのと同じことです。どうしてそうかといえば，「そうするのが正しいと思ったからそうした」ということが，わたしに関して真となるために求められていることは，行為の瞬間にわたしが自分自身について知っていることをはるかに超えて，わたしの性格の状態や，それが完全に有徳な人の状態と十分に似ているかどうかといった，わたしの自己認識による限りは極めて誤り易い点にまで及ぶからです。この点については，誰よりもカント自身が同意してくれることでしょう[12]。

---

　12)「わたしたちはより気高い動機を求めるふりをしてうぬぼれたがるものだが，実際は，どんなに厳しい自己吟味によってさえ，自らの隠れた衝動の奥底にまで完全に立ち至ることは決してできない。なぜなら，道徳的価値が問題となる時，わたしたちにとって重要なのは，目に見える行為ではなく，目に見えない行為の内的原理だからである。」*Groundwork*, p. 75.（『道徳の形而上学の基礎づけ』第 2 章）

第Ⅲ部
合理性

第 8 章

徳をもつことの利益

前　置　き

　さて，本書を締め括る第三部で，わたしたちは，徳倫理学にとって扱いが極めて難しく，しかも偏見をもって見られがちな「道徳の客観性（あるいは合理性）」という領域に挑戦することになります。とはいえ，ここまで冷静に読み進めてこられた読者であれば，残された数章の中で，まさかわたしが「道徳は客観的で合理的に正当化可能だ」などということを立証するつもりだとは思われないでしょうし，思いやりのある読者であれば，わたしがそんなことをもくろむほど愚かだとは思わないはずです。わたしの狙いはむしろかなり控えめで，問題の帰趨はあくまで実地の検証に委ねるしかないというただそれだけのことです。実際，新アリストテレス主義的な徳倫理学の取り組み方というのは独特なもので，道徳の客観性を問う議論にそれが貢献することなどほとんどないと思われていますが，わたしのやろうとしているのは，まさにそうした議論に一石を投じることなのです。道徳を客観的に正当化できるかどうかは，「プリンの味は食べてみなけりゃわからない」わけですから，実地の検証に委ねるしかありません。しかし今のところ，学究的な哲学者たちや彼らの学生たちは，道徳の客観性をあれこれ論じることに汲々とするだけで，わたしが今まさにこれからの数章で述べようとしている方針

に沿って事に当たろうとする者などほぼ皆無というのが現状です[1]。おそらく，彼らがしていることは，たとえ正しい方針に沿っていないとしても，それなりによいものだとは言えるでしょうが，わたしが示す徳倫理学的な方針は，少なくとも将来に希望を繋ぐものであると思います。だからこそわたしはそれが真剣に取り組むに値するものだと言いたいのです。もし多くの哲学者たちが徳倫理学の方針に従おうとするならば，その時，そこでいったい何が起きるのか，わたしたちはただその成り行きを見守ってさえいればよいのです。

しかし，いったいその問題のどのような展開にわたしが関心をもっているのか，そこから見ていくことにしましょう（というのも，その問題は多様な仕方で展開しうるからです）。

まず，本書第一章では，行為功利主義，単純な義務論，そして徳倫理学が正しい行為を定式化する際のそれぞれの仕方を比較しながら，後二者がとりわけ深刻な認識論的問題をはらんでいる点に注目しました。すなわち，義務論者は以下の第二前提，

　　前提2．正しい道徳規則（原理）とは……。

において，「……」の部分を補完せねばなりません。徳倫理学者も同様に，

　　前提2．徳とは，以下のような性格特性である，すなわち……。

において，「……」の部分を補完せねばなりません。いずれにせよ，わたしがそこで述べたかったのは，これらの二つの立場を採る限り，わたしたちは道徳上の文化相対主義，あるいはもっとひどい場合は，道徳懐疑主義の脅威にさらされることになる，ということでした。もしわたし

---

[1] わたしの見るところ，この現状に関する注目に値する例外はフットとマクダウェルである。実際，本章以降の数章で述べられることのほとんどが，彼らに由来するものであるとわたしには思える。しかし，それにもかからず，フットが本書でのわたしの主張の多くに同意していないことはわかっているし，マクダウェルならば，きっと彼女以上にわたしの説に反対するに違いないだろう。

第8章　徳をもつことの利益

たちが，この第二前提の「……」の部分に「以下のリストに挙げられている規則／性格特性である」とだけ代入して，その後に実際に何らかのリスト（たとえば，「約束は守らなければならない」「嘘をつくな」「人を／人類を／無実の人，等々を殺してはならない」といったリスト，あるいは徳倫理学の場合ならば，「節度，勇気，慈悲，正直，等々」といったリスト）を挙示するならば，すぐさま「それは正しいリストなのですか？　どうしてそれが正しいとわかるのですか？」といった問いを招くことになるでしょう。それどころか，そもそもわたしたちには，他のいかなる方法によっても第二前提を補完することなどできないのではないでしょうか。おそらくそうすることができないということが，わたしたちにとっての脅威となるのです。前にも言ったように，おそらくわたしたちには，現に自分たちの文化や社会に受け入れられている規則や性格特性をリストアップする以上のことはできないでしょうし，わたしたちの行為評価それ自体にしても，それが「自分たちにとっては」真であるのに，他の人にとってはそうでないものとして，各自の文化に深く根ざしているということを認めるしかないでしょう。それどころか，もっと悪いことには，ある行為が正しいと知るための〔客観的な〕評価基準など何もないということを認めざるをえなくなるかもしれません。実際，そこにあるのは，その行為が個人的にこれだけはゆずれないと思っている規則に従っているから，あるいは，自分がそうありたいと思っている人物ならばきっとそうするだろうから，という各自の思い込みだけかもしれないのです。

　義務論者たちが，自らのリストアップした諸規則の妥当性を立証できるのかどうか，またできるとすればどのようにしてか，という問いは，あくまで彼ら自身が論議すべき問題です。他方，徳倫理学者にとっての問題は，どの性格特性が徳であるかを見定める特定の見方を，はたしてわたしたちが正当化できるのかどうか，またできるとすればどのようにしてなのか，そう問うことに他なりません。どの性格特性が徳であるのか（また，そうでないのか）を見定める特定の見方について，それが客観的に正しいと確信できるようになることが，はたしてわたしたちに望

みうるのでしょうか[2]。わたしに関心があるのは，まさにこの問題です。

この問いに対するわたしの答えは，（多くの条件付きで）「イエス」です。しかし，誤った期待を抱かれないようにするために，最初に言っておくべきことがあります。それは，この問題領域でなにが十分な答えとなるかについて，哲学者たちがそれぞれ異なった基準を設けているということ，そして，わたしの立てた基準が低すぎると思う者もいるだろうということ，その二点です。ここで敢えてこのようなことを言うのは，倫理的な評価基準の妥当性にかかわる検証は，既に自分のものとなった倫理観によってなされるべきであり，外部の「中立的な」視点からなされるべきではないと考えているからですが，その点でわたしはマクダウェルに従っています。

このような「検証」に対しては，合理的な正当化など不可能であって，循環論法に陥るのが関の山であり，結局のところ，個人的に，あるいは文化によってこれまでに形成されてきた価値観の自己正当化に終わるだけ，という懸念もないわけではありません。こうした懸念は，倫理学の合理性ないし客観性について，何か実質的なことを言おうとすると直面せざるをえない標準的なディレンマだと言ってよいでしょう。もし，わたしたちが自らの倫理観に基づいて，わたしたち自身の倫理的信念の正しさを検証しようとしても，結局はただ自分の倫理観が正しいと言っているだけのことであって，その倫理観自体の妥当性を真に反省的に吟味しているわけではありません。（わたしたちが自らの倫理観の妥当性を真に吟味しているわけでないことは，マフィアの麻薬王や快楽志向の利己主義者，あるいは「道徳懐疑主義者」でさえ，彼らなりの仕方で自分の正しさを言い立てることができるという事実を指摘するだけで，もはや誰の目にも明らかでしょう。）したがって，わたしたちが唯一取るべき道は，わたしたちの倫理観を外部から，つまり「中立的な観点」から語ることであって，それ以外にはないように思えます。しかし，多くの哲学者たちは，そうすることが不可能であり，しかも仮にできたとしても，ほとんど何の益ももたらさないと思っています。

---

2) この表現は，以下のウィギンズの文献から得られたものであるが，ここでは徳に関する見方に適用するために多少手が加えられている。Wiggins, 'Eudaimonism and Realism in Aristotle's Ethics: A Reply to John McDowell' (1995), p. 229.

第8章　徳をもつことの利益

とはいえ，マクダウェルが数々の論文で論じてきたように[3]，このディレンマ〔両角論法〕の二つの角〔すなわち二つの選択肢〕の間をすり抜けていく方法がないわけではありません。それがクワインの支持するノイラートの方法論に倣った，ノイラート的方法論のいわば倫理学版なのです。

どうしたら，わたしたちの概念図式の全体を理にかなった仕方で評価できるかという非常にスケールの大きな問題に関する記述の中で，クワインは次のように語っています。

> われわれは，自身が育ってきた概念図式を離れることはできないという宿命論的結論に飛びついてはならない。われわれは，概念図式を，その一部ごとに，少しずつ変えて行くことができ，その間，われわれを支えるものは，発展して行く概念図式そのもの以外にはない。ノイラートは，巧みにも，哲学者の仕事を，大海原で自身の船を修理しなければならない水夫のそれにたとえた。われわれは，自身の概念図式，自身の哲学を，それに頼りながらも，少しずつ改良して行くことができる。だが，われわれには，それから離れて，概念化されていない実在との客観的な比較をおこなうことはできない。[4]

以上のような，「独立した基礎に基づく知識などない」というノイラートの考えをしっかりと念頭におきさえすれば，根本的な倫理的反省すなわち各人の倫理的信念の批判的吟味が可能となるはずです。確かに，そうした反省や吟味でさえも，既に獲得済みの倫理観に基づきその内部でなされていくわけですが，それは単に自らに備わる倫理観を反復することではなく，真に更新され続けていくことの可能なものなのです。

とはいえ，既に獲得済みの倫理観の内でそれに基づき反省がなされることに対する懸念は，おそらく，人類史上のある特定の時期に，ある特

---

3) （私見では）もっとも明瞭な説明がなされているのは，'Two Sorts of Naturalism' (1995) である。

4) W. V. O. Quine, 'Identity, Ostension, and Hypostasis' (1950), pp. 78-79. 〔W.V.O. クワイン「同一性・直示・物化」『論理的観点から』飯田隆訳，勁草書房，1992年，117頁〕

定の文化圏において，ある特定の生い立ちを経て獲得された倫理観というものが「すべて誤り」であるかもしれない，という点に向けられています。倫理学における基礎づけ主義者たちは，この問題から抜け出るための唯一の方途は（仮にそうした方途があるとすれば），デカルトによる方法的懐疑のある種の修正版しかないと考えています。彼らによれば，わたしがなすべきは，わたしの倫理的信念をいったんすべて放棄し，しかる後に確実な知識（科学や論理といった「中立的な観点」から認識可能な事実）として残ったものを取り上げ，これらを基礎として，その上に自らの倫理的信念の再構築を試みていくことだとみなされます。こうした試みの過程で，既に獲得済みのわたしの倫理観のうち，何が（どちらかといえば）正しく，何が（どちらかといえば）誤っているのかが発見されていくだろう，というわけです。

　しかし，ノイラート的なアプローチでは，既に獲得済みのわたしたちの倫理観がすべて誤っているかもしれないという同様の懸念を退けるようなことはありません。むしろ，そのアプローチが否定しているのは，わたしたちが瞬時に自らの倫理観の是非を看破し，正しい新たな倫理観を用意することができる，というまさにその点です。というのも，理論的にノイラートの船とは，長い年月を経ることによって，ようやく元の板きれ一つ残さない「テセウスの船」のようになりうるものだからです。既にわたしたちのものであった倫理観を，わたしたちやわたしたちの子孫が後から振り返り，回顧的に「すべて誤りであった」と非難することは，確かにある意味では，ありうることかもしれません[5]。

　いずれにせよ，マクダウェルが，抽象的にではあるけれど，前述のディレンマに解決の道があると主張していたのは，まったくもって正しいという前提で，これ以降は話を進めていくことにします。言い換えれば，倫理的基礎づけ主義の行き過ぎた要求や，個人的／文化的に刷り込まれた価値観を単に合理化したに過ぎないような妨害に何ら制約される

---

[5]　ここで「ある意味では」と言われるのは，自分の新たな倫理観によって，わたしたちやわたしたちの子孫が元々の倫理観を，それが「すべて誤っていた」と記述できるほど十分に理解できるかどうかについて，若干，疑問が残っているからである。もしかするとわたしたちは，それが正しいのか誤っているのかがわからないほど，元々の倫理観をまったく理解できないかもしれない。

ことなく，どの性格特性が徳であるかという信念を合理的に正当化する余地がある，そう彼が示しているようにわたしには思われます。各人の倫理観の内で，反省的な吟味によって少しずつ明らかになっていく個々の判断によって，その倫理観自身が表現されるというよりは，むしろそこでの倫理観の変化の方が露わになっていくと言ってもよいかもしれません。そうした個々の判断は，その者の倫理観の一部として反省的な吟味に耐えてきたものである以上，もはや元々の倫理観を単に再表現するようなものではありません。むしろそれらは，自らが吟味に耐え〔少しずつ改良され〕てきた経緯を，いわば，自己表出しているとさえ言いうるのです。

しかしながら，徳にかかわる信念を正当化するための余地を立証することと，実際にどうやってその正当化がなされるかを述べることとは同じではありません。確かに一般には，〔徳倫理学者は〕自身の信念のうちの一つ，たとえば勇気は徳であるといった信念を取り上げ，それ以外の自分の倫理観には触れないままに，ただその信念だけを問題にしていると思われがちです。しかし，本当にそうなのでしょうか。そのような議論は，そこからどこへ向かうというのでしょうか。一体どうすれば，それを正当化する試みに着手できるのでしょうか。わたしたちの出発点である新アリストテレス主義的徳倫理学ならば，こうした問いに対して，徳倫理学の第二前提に目を向けるようにと答えることでしょう。ここで徳倫理学の第二前提と言われるのは，以下のようなもののことです。

　　　徳とは，人間が幸福(エウダイモーン)であるために，すなわち成功する／よく生きるために，必要な性格特性である。

わたしはこの主張を今でも依然として支持していますが，それはふつうに思われているよりも，また，わたしが最初にそれを主張した時[6]に思っていたよりも，はるかにずっと複雑であるということを，ここでしっかりと指摘しておかねばなりません。（この第二前提がどれほど重要

---

6) *Beginning Lives*, ch.6 を見よ。

な役割を担わねばならなかったかを考えれば，そう言ったとしても別に驚くには当たらないでしょう。たとえば，正しい道徳規則とは，普遍的法則として意志されうるものであると主張する場合，そこにはいったいどんな意味が込められているのか，あるいはロールズの言う無知のヴェールの背後で，理性的な行為者はいったいどんな決定に至るのか，あるいはまた，功利主義者の第二前提がはたしてどんなものであるのかについてさえ，どれほど多くの議論が研究者の間でなされているか，よく思い起こしてください。そうすれば，たとえどんなものであれ，徳倫理学者の唱える第二前提が，論争の火種となり，より一層緻密な作業を要求するものになるということは，火を見るより明らかでしょう。）ここで注目すべきは，わたしが（きちんと命名したわけではありませんが）仮に「プラトンによる徳の必要条件」と呼ぶものを，徳倫理学の第二前提が含み込んでいることです[7]。これは，以下の三つの命題から成っています。

(1) 徳はその持ち主に利益を与える。（徳は，その持ち主が成功し，幸福(エウダイモーン)な者となり，幸福な生を送ることを可能にする。）
(2) 徳はその持ち主をよい人間にする。（人間は，よく生きるため，人間として成功するため，あるいはまた，性格がよくて幸福(エウダイモーン)な人間の生を送るために，徳を必要とする。）
(3) 徳に関する上記の二つの特徴は，相互に関連している。

ごく大雑把な例として，たとえば，とても正直な哲学者が「正直であるという性格特性の何がよいのか？」と自問した際に掲げることのできる二つのまったく異なった回答を考えてみましょう。

---

[7] わたしはプラトン研究についてはまったくの門外漢なので，これら三つの命題が，これから本書でなされるような仕方で解釈されるということはもちろんのこと，実際にプラトンの著作中に見出されるとさえ主張するつもりはない。しかし，わたしのこの考えは，それと非常に似た考えをプラトンに帰していた Julius Moravcsik との対話に負うところが大きい。また，「数多の現代正義論において，一般には〔対立する〕どちらの側からも受け入れがたいとみなされている」プラトンの正義論に巧妙に場を与える Julia Annas の議論から多くの恩恵を受けた。*An Introduction to Plato's Republic* (1981)，特に「帰結主義的な議論」という索引項目を見よ。

(i) 正直であることは不正直であることよりもずっと容易である。たえず話すことに気をつける必要もなければ，事細かに何を言うべきかを思い煩う必要もない。ただ本当のことを話してさえいればいいのだ。嘘をつくというのは，たいていは，ひどく無駄で，馬鹿げたことである。間違いを犯していないふりをしたり，本当はそうではないのに立派な人であるかのようなふりをしたりしても，そのことは人にわかってしまうし，自分が愚か者に見えるだけのことである。さらに，あなたたちの間に互いへの信頼があるということは，よい人間関係を形成するためには必要不可欠である。ベーコンが言っているように，「心のつかえを和らげ軽くしてくれること，これが友情の大いなる果実である。……心を開いてくれるのは，どんな高価な金品でもなく，あなたの心に重くのしかかる苦しみを何でも打ち明けられる真の友である。」自分が現にどうあるかではなく，むしろ，うわべがどう見えるかによって，愛され，尊敬されたいと望む人がはたしているだろうか。しかも，正直であることは，自ら哲学をし，またそれを人によく教えるためにも必要不可欠である。実際，〔哲学することの〕喜びは，流行りの思想を追いかけることにではなく，真実の探究のうちにしかないし，他の何よりも真実を大切にしていることを学生たちに確信させることができなければ，彼らの心を動かすこともできないのである。

(ii) 正直であることは，人間生活において重要な役割を果たしている。すなわち，正直であることによって，人間は，互いを頼りにし，互いに信頼し合い，親密な関係を結び，互いに学び合い，共同研究をおこない，様々な有益で，かつ／あるいは価値ある機関を効果的に運営することができる。正直な答えが得られることを当然のように期待して，見知らぬ人に時間や道を尋ねることができるという単純な事実を見るだけでも，人間生活においてそれがどれほど重要かは明らかである。

以上の二つの回答の顕著な違いがどこにあるのか，おわかりいただければ幸いです。最初の回答については，「わたしが正直であることの何

がわたしにとってよいのか」という問い，あるいは「わたしは，正直であることの何を好み，何を喜びとするのか。わたしは，正直であることをなぜうれしく思うのか」という問いに対する回答として説明することができます。対して，二番目の回答については，「正直さは，なぜその性格特性の持ち主をよい人間にするのか」という問いへの回答として説明できるでしょう。最初の回答は命題（1）に，二番目の回答は命題（2）に関連しています。命題（3）については，そうした違いにもかかわらず，回答（i）と回答（ii）が互いに関連し合っていることは明らかであるように思います。回答（ii）では，人間生活において重要なこと，たとえば，互いに信頼し合い，親密な関係を結び，互いに学び合う大学のような様々な機関を運営することなどが，それとなく主張されています。それはまた，何がわたしの成功の部分となるかを示す個人的な考えとして，回答（i）によって暗に承認されている主張でもあるわけです。もし，回答（i）で表されたような個人的な考えをもつのが，まったく常軌を逸した人だけだとするならば，人間生活で何が重要であるかを示した回答（ii）の主張など，およそありえないことになってしまうでしょう。言い換えれば，回答（i）は人間生活がどのように営まれるべきかを主張した回答（ii）に依拠するものでもあるわけです。だからこそ，正直さが緊密な人間関係において現に必要とされ，（少なくとも哲学においては）人間が互いに学び合って研究を進めていくことが必要だとみなされるのです。

　さらに望むらくは，少なくとも回答（i）が，ある特定の倫理観をもった人からだけ発せられた見解であることもまた明らかになってほしいと思います。実際，その倫理観に従ってこそ，（少なくとも，最も近しい人や大切な人に対して，あるいは哲学の研究において）正直であり続けることは，その回答者が〈成功すること〉や〈よく生きること〉とみなすものの一部となるのです。

　いずれにせよ，前述のように，新アリストテレス主義的な徳倫理学の取り組み方というのが何か独特なもので，「道徳の合理性」という問題の打開には役立たないと一般に思われていますが，ある意味で，それは真実ではないとわたしは考えています。たとえば，フィリッパ・フッ

トの論文「道徳的信念」[8]を読んだことのある人ならわかるように、そこでは、徳倫理学に対するそうした一般的な評価が命題（1）によって助長されたものだとみなされています。その他の論者のうちでは[9]、特にウィリアムズによって、アリストテレス的な自然主義が命題（2）に沿ったものであるという考えが広く知られるようになりました。命題（1）であれ、命題（2）であれ、確かにそのいずれか一方は現実に妥当するでしょうが、徳倫理学では、その両方ともが互いに関連する仕方で[10]現実に妥当するよう企図されています。しかし、この点はあまり知られていないようにわたしには思われます。したがって、以下の諸章でわたしが目指すのは、それら両方の命題が互いに関連する仕方で現実に妥当しうるという考えを説得力あるものにすることです。言い換えれば、どの性格特性が徳であるのかというわたしたちの信念を正当化するために必要な、いわば思考枠とでも言うべきものを、その両方が、別々にではなく、互いに結びついた形で提供してくれる、そう思えるようになってほしいのです。

　そのようなわけで、具体的には以下のような仕方で実地の検証が進められます。たとえば、反省的な哲学の方法によって、「Aという性格特性が徳であるというのは真だろうか、また、その結果として、Aという性格の人が、その性格特性に即した行為をなす場合、（悲劇的ディレンマ

---

[8]　（訳者注）Philippa Foot, 'Moral Beliefs', *Proceedings of the Aristotelian Society*, 59 (1958-59), pp. 83-104; repr. in *Virtues and Vices*, incl. additional material.

[9]　その他の論稿としては、特に Gary Watson, 'On the Primacy of Character' を見よ。そこでは、こう述べられている。「人間らしく生きる（人間として十全に機能する）ということは、ある特定の性格特性Tをもち、それを自ら具現することである。それゆえ、Tとは人間のもつ卓越性であり、そうした卓越性をもつ者を人間らしい〔十全な意味での〕人にするものである。」

[10]　フットは、Virtues and Vices (pp. 130-31) に再録された論稿「道徳的信念」に新たに註を付して、そこで命題（1）を退けている。また、ウィリアムズは、命題（2）について説明しはするものの、結局それを退け、アリストテレスの規範的自然観にわたしたちは戻ることができないと述べている。フットは、その後、以下の論稿の執筆時にも、依然として命題（1）を拒否し、精力的に命題（2）を擁護している（彼女のハート講義録 'Does Moral Subjectivism Rest on a Mistake?' (1995) および 'Rationality and Virtue' (1994) を見よ）。また、マクダウェルは、わたしが読み取った限りでは、最終的に命題（2）を（'Two Sorts of Naturalism' において）条件付きで認めるに至ったが、命題（1）に対しては、それがいかなる種類であれ、ある特定の性格特性が徳であるための規準としては決して認めないという立場を変えてはいない。

に陥りさえしなければ）それが正しい，あるいはよい行為であるというのは真だろうか。わたしには，それを真だと信じるだけの，あるいはさらに，わたしがなすべきことは，Aという性格の行為者がその性格特性に即してなすであろう行為に他ならないと信じるだけの合理的根拠があるのだろうか」と自問したとしましょう。その場合，わたしたちがなすべきは，命題 (1) と (2) を両立させることだと思われます。なぜ，それらを両立させる「べき」なのかと言えば，そうすることが真に有望なわたしたちの進むべき途のように思われるからに過ぎません。こうした企ては，前述したように，まだ誰も詳しく解明しようとしたことがありませんし，詳細な計画をたててもいないうちから，わたし自身も含め，その企てが失敗しないという確証をもつことなど誰にもできませんから，ただ実地に検証していくしかないのです。

　以上によって，命題 (1) と (2) が互いに関連しているということは十分に強調されたと思うので，ここからは，それらをまず別々に論じ，しかる後に再び繋ぎ合わせるつもりです。以下，本章では，命題 (1) について見ていくことにしましょう。

徳はその持ち主に利益を与えるという考えに対する反論

　徳によってその持ち主は成功し，幸福な人となって幸福な生を送ることができるのだから，徳はその持ち主に利益をもたらすに違いないという主張は，おそらく多くの人々，ひょっとするとすべての人々にとって，標準的な徳目リストに従って有徳である（あるいは文字通り道徳的である）ことをごく一般的に動機づけるものだと思われています。しかし，それがここで一番言いたいことではないと強調しておくことが，わたしにとってはとても大事なことです。それはあくまでも，標準的な徳目リストを批判的に反省していくための出発点に過ぎないとわたしは考えています。検討されるべきは，どの性格特性を徳とみなせばその考えが正しいことになるかという，まさにその点なのです。

　しかしながら，こうした役目を果たすためには，少なくともその〔徳はその持ち主に利益を与えるという〕主張は，標準的な徳目リストに関

して，一見したところもっともらしくなければなりません[11]。したがって，そうした主張が標準的な徳目リストに関するものだと理解されているにもかかわらず，それが明らかに誤りであると考える人々に対しては，その主張を擁護する必要があります。

　問題の所在を明らかにするために，まずは第一段階として，「有徳である（正直である，公正である，思いやりのある，等々）ことは，そうである人に利益を与えるのか」という問い自体があいまいであることを認識せねばなりません。それは，時には「ある特定の場面で，有徳な行為をなし，有徳であることは，いつでもその持ち主に利益を与えるのか」という意味で理解することができます（これを「具体的な問い」と呼んでおきましょう）。しかし，時には「徳をもち，徳を行使することは，一般的に見て，その持ち主に利益を与えるのか」という意味でも理解することができます（これを「一般的な問い」と呼んでおきましょう）。こうして区別された問いのうちのどちらか一方にふさわしい答えは，もう一方にとってはふさわしくない答えとなってしまうかもしれません[12]。

　続いて第二段階としては，「（標準的な徳目リストに挙げられた）徳は，その持ち主に利益を与えるか」という問いが，まったく異なった文脈で考えられることもありうると認識せねばなりません。わたしたちは，自分の子どもたちをどうやって育てるかというような文脈では，その問いに肯定的に答えておきながら，哲学的な文脈で邪悪な者や道徳懐疑主義者に対して何が言えるかを考える段になると，そのことをすっかり忘れて，否定的に答えざるをえないと感じてしまうかもしれないのです。

　こうした手順を踏まなかったせいで，議論が混乱したものとなってしまいました。そうした混乱を避けるためにも，わたしたちはまず，「（標準的な徳目リストに従って）有徳であることは，そうである人に利益を与えるのか」という問いに見出されるあいまいさの問題から始めることに

---

11) この点では，つまり，もし人が，わたしたちの知っている（知ろうとしている）ような徳の正当化を目指すならば，残酷さや身勝手さ，不正直や不誠実……を徳としてすぐに正当化しかねないようなものから始めないほうがよい，という限りでは，わたしは Sarah Conly, 'Flourishing and the Failure of the Ethics of Virtue' (1988) に同意する。

12) Cf. P. Foot, 'Moral Beliefs', p. 129：「正義が不正よりも利益になると示すことが，ある人たちには，ひどく難しいことに思われる理由は，ある特定の正しい行為を，他の一切から切り離してそれだけを単独に考察しているからである。」

しましょう。

　実は，徳の利益に関する問題が議論される時にはたいてい取りざたされる「どうしてわたしは道徳的（あるいは有徳）でなければならないのか」という問いにも，まったく同じあいまいさが見出されます。また，「ある特定の場面で，有徳な行為（たとえば，正直な行為，勇敢な行為，思いやりのある行為）をなすことは，いつでもその持ち主に利益を与え，その人を成功させること等々ができるのか」というような具体的な問いに対して，「できない」と答えざるをえないのは，考えるまでもなく明白なことではないでしょうか。たとえば，もし正直に言うべきことを言えば，精神病院に閉じ込められ強制的に薬物を投与されてしまうような場面があるかもしれません。勇気ある行為をなすことによって一生回復する見込みのない障害を負う場面もあるでしょう。他人に思いやりのある行為をなすことで自分が死んでしまいかねない場面だってあるはずです。このような場面で先の具体的な問いに答えるとするならば，まさかその答えが，「幸せになりたければ，あるいは成功して上首尾に人生をおくりたければ，正直な，あるいは勇敢な，あるいは思いやりのある行為をまさに今この場面でなすべきである——そうすれば，その行為が利益をもたらすとわかるだろう」というようなものになるはずはないのです。（それは，あくまで非宗教的な世俗的道徳の中での話であって，もしわたしに「死後の生」が可能であれば，もちろん話は違ってきます。また，世俗的道徳の中にあってさえ，自らの有徳な行為によって自らに死や障害が引き起こされた時に，自分に実害が及んだことを否定する人たちもいますが，彼らについては後で論じることにします。）

　さて，具体的な問いはしばらく脇においておくとして（そこにはすぐに戻りますが），さしあたっては，「（標準的な徳目リストにある）徳は，一般的に見て，その持ち主に利益を与え，その人を成功させることができるのか」という「一般的な問い」に焦点を合わせてみることにしましょう。ここでもまた，多くの人たちは，その答えが「否」であるに違いないと思っています。その理由は二つあります。一つ目は，徳が幸福(エウダイモニア)であるための十分条件ではないからという反論，二つ目は徳が必要条件ではないからという反論です。それが必要条件でないというのは，憎まれっ子世にはばかると言われるように，邪悪な者が成功するこ

とはよくあることだからです。それが十分条件でないのは，先ほど，具体的な問いを考察した際に取り上げられたような意地の悪いケースがありうるからです。（そこにはすぐに戻ると言いましたように，具体的な問いにおいては，）ある特定の場面で徳を働かせることによって，自分の人生が断ち切られたり，破滅したりするかもしれない，そう認めるや否や，徳が幸福(エウダイモニア)であるための十分条件であるという主張は切り崩されてしまうのです。

　一つ目の反論に対しては，「徳はその持ち主に利益を与え，その人を成功させることができる」という命題は，決して幸福を保証し，その十分条件とならねばならないわけではない，と応じるのが的確です[13]。

　たとえば，わたしの主治医が，「喫煙をやめ，規則的に運動をおこない，飲酒を控えるという養生法によって，あなたは利益を得るだろう」と言ったとしましょう。その医者がそのように考えた理由は，それこそが，身体がうまく働き，健康になり，長期間にわたって健康的な生活を送るための方法だったからです。しかし彼は，だからといってわたしに健康的に長生きすることを保証してくれたわけではありません。もしも，彼の忠告に従ったにもかかわらず，若くして，あるいは中年になって，わたしが肺がんや心臓病を患ったり肝臓が機能しなくなったりしたとしても，そのことによって，彼の言ったことの正しさに異議を唱えることはできません。その医者のところに押しかけて行って，「あなたは，わたしに喫煙をやめるべきだ，……べきだなどと言ったけれど，それは間違っていました。だってほら，うまくいかなかったじゃないですか」などと言ったりすることはできないのです。その医者もわたしも，彼の言うとおりにすることが完全な健康を保証するものではないことくらい，重々承知していました。それにもかかわらず，完全な健康がわたしの欲するものだとすれば，やはりわたしはその医者の忠告に従うしかありませんし，我が身に不運が訪れないよう願うしかないのです。

　同様に，「徳はその持ち主に利益を与える」という主張は，徳の所有が成功を保証するとは言っていません。たとえわたしが，既に見たよう

---

[13]　「プラトンによる徳の必要条件」を擁護すると明言した際，わたしは，本章の最初の方で述べたような主張を擁護すると言ったのであって，徳を幸福であるための十分条件とみなしていたプラトン自身のことを言ったわけではない。

に，不運に襲われ，まさに自分の徳のせいで死を早める羽目に陥り，人生をすっかり台無しにしてしまったとしても，それが，徳こそ唯一信頼できる手立てだという主張であることに変わりはないのです。

　徳が人を破滅へと導くかもしれないという恐れだけで（あたかも悪徳にはそのようなリスクがないかのように），どうして，人生の成功に関しては徳が唯一の信頼できる手立てだという主張は切り崩されるとみなされてしまうのか，これは実に悩ましい難問です。この論点には，またすぐに戻るつもりですが，今はさしあたり，徳を身につけ，働かせることが唯一の信頼できる手立てであるという主張と健康問題との類比が，わたしたちに第二の反論を招くように見える点に着目し，考察を進めていきたいと思います。実際，どうしてわたしたちは，徳が幸福の十分条件でないにもかかわらず，あたかもそれが必要条件であるかのように，「唯一なすべきこと」は，徳を身につけ，働かせることだという主張を受け入れるべきなのでしょうか。人生が断ち切られ，破滅させられるかもしれないという誰もが身に覚えのある恐れを考えるならば，わたしたちはむしろ，多少でも分別がある限り，他の選択肢を探すべきではないのでしょうか。憎まれっ子世にはばかるというように，実は邪悪な人の生き方のほうがそのもう一つの選択肢となりうるのではないでしょうか。

　この反論に対しても，もう一度，健康との類比を活用して的確に応答することができます。どのように生活していけばよいかを尋ねたわたしの問いに対して，健康で長生きするためには，自分の進める養生法に従うことが必要条件であると答えるのが，医者としての正しい答え方でしょうか。いいえ，そうではありません。もしそうだとしたら，この話は簡単に間違った方向に歪曲されかねないからです。たとえば，医者が健康のために定めた必要条件の少なくともいくつかを無視したにもかかわらず，並外れた長寿をまっとうし，およそ考えうる限りの同世代の誰よりも健康な人たちの生活ぶりを，新聞は事あるごとに記事にしています。（これを書いている最中にも，フランスのあるすばらしい老婦人が120歳という長寿を記録したそうです。しかも，115歳まで喫煙していたにもかかわらず。）たいていの場合，徳はその持ち主に利益を与え，その人を成功させることができると主張することは，徳が幸福のための必要条件

第 8 章　徳をもつことの利益

であると主張することと同じではありません。そこではむしろ，《人は，〔幸福になるために必要な〕しかるべき「条件」をいくら守っていても，よりよい状態になるとは限らない。ましてそれ以外の「条件」などほとんどありえない》と言われているように思います。

　自らの徳によって破滅に至るかもしれない可能性に訴えるのと同様に，この議論においても，成功した悪人の存在に訴える方法には，どこか奇妙なところがあります。確かにそうした例，たとえば，強制収容所の運営に携わっていたナチスの一員が，その後南米に逃亡し，安楽で贅沢な生活を送り，(しかも，おそらくその内の幾人かは今でも生存し,) 自らの過去の悪事によって物質的な利益を得た上に，幸運にもいかなる自責の念に苛まれることもないということはあるかもしれません。しかし，医術との類比を前提すれば，邪悪な人たちの中にも成功する人がいるというのは，単にそういうこともあるという事実であって，取るに足らない些事に過ぎません。たとえ，常習的に喫煙し，浴びるように飲酒する 100 歳の老人がごくわずかにいたとしても，「禁煙，節酒，定期的な運動，等々といった養生法は，それに従う人たちに利益を与える」というわたしの主治医の言葉の正しさを損ないはしません。論理的には，それとまったく同様に，たまたま成功した悪人がいたからといって，「徳はその持ち主に利益を与える」という主張の正しさに異議が差しはさまれたりするわけではありません。その主張の信頼性を失墜させるために必要なのは，単にいくつかの例を挙げることではなく，はっきりと特定可能なお決まりのパターンとでも言うべきものを見出すことです。つまり，しかるべき反論は，「南米に潜伏するごく少数のナチス残党や残忍な銀行強盗犯をどう思うか」ではなく，「わたしたちの誰もが人生において感じ取ることができるような，悪人がいつも決まって勝利し，善人が裏切られてしまうようなお決まりのパターンをどう思うか」という仕方でなされねばならないのです。

　そうであれば，徳がその持ち主に利益を与えるという考えに対して，人生におけるある種のお決まりのパターンを持ち出して反論する人が誰かいるかもしれませんが，そうした反論については後で述べようと思います。しかし，この手の反論は，普通は哲学的文献のうちに見出されたりはしないものです。実際，躓きの石として立ち現れてくるのは，罰を

受けずにうまく切り抜けていく悪人のごく稀なケースのほうですし，そうした事実がわたしたちにとっての二つ目の難問となります。

　ここまでで取り上げられた二つの難問というのは，少なくともその一部をまとめると，おおよそ以下のようなものになるとわたしには思われます。そもそも，邪悪な人や「道徳懐疑主義者」であれば，それがもたらす利益のゆえに有徳な生を勧められたとしても，自らの徳によって自分が破滅に至ることがあるかもしれないという事実〔一つ目の難問〕，かつ／あるいは，邪悪な人が時に成功をおさめ，世にはばかることがあるという事実〔二つ目の難問〕を引き合いに出すことによって，彼らはその誘いを断るに違いありません。とりわけ，そうした事実に注意が引き付けられている人であれば，おそらくは無意識のうちに，そう考えてしまうことでしょう。しかもそのような人たちは，たとえわたしたちが，有徳な生はリスクを負うだけの価値があるが，悪徳な生は（それ相当のリスクがあるのは明白だが）その価値はない，ということを彼らに確信させようとしても，結局，その試みは失敗するだろうと最初から高をくくっています。その結果，彼らは，わたしたちの言い分がまったくありえないことだと決め込んで，わたしたちの懸念を笑い飛ばし，陽気で邪悪な道に自ら踏み出していくことになる，というわけです。

　いずれにせよ，ここまでの議論を踏まえるならば，次にわたしたちが取り組むべき課題は，先に「第二段階」と呼ばれたもの〔本書259頁参照〕，すなわち，徳がその持ち主に利益を与えるという主張について，いくつかの異なった文脈を検討していくということになるでしょう。

異なった文脈に照らして

　たとえ，邪悪な人や道徳懐疑主義者たちに「（徳を身につけることが幸福に生きるための唯一の信頼できる方法だから）徳はその持ち主に利益を与える」という確信を与え損なったとしても，だからといって，そんなことは一般にありそうにもないし，うまくいく見込みもないからその主張は信頼できない，と思い込むのは早計に過ぎます。むしろ，その思い込みの内実がいったん明らかになりさえすれば，そんな思い込みは，も

はや誰からもはっきり真実だとは思われなくなるはずです。だから，わたしたち（すなわち，わたし自身とあなたがた読者）のほとんど誰も，〔そのように思い込んで〕そう簡単に悪に染まったり，本物の道徳懐疑主義者になったりはしないのです。確かに，わたしたちには，彼らを説得できないまま自ら抱え込んでいる多くの信念がありますが，だからといってそれだけで，これらの信念をありそうにもないことだと退けたりはしません。わたしたちは，それを見込みのないものとして放棄する前に，持ち主に利益を与える徳というものが，はたして他の文脈ではどのように考えられうるのかを，しかと考察していかねばなりません。

　R・M・ヘアは，子育てという文脈において，すなわち「子どもに人生の準備をさせ」，彼らの道徳教育を始めるという文脈において，徳の問題がどう考えられているのかを鋭く考察しています[14]。なぜ，わたしたちは，自分たちの子どもに道徳教育を施そうとするのでしょうか。わたしたちの動機は，一体どのようなものなのでしょうか。一つの答えはこうかもしれません。それはすなわち，自分の子どもを，しつけのなっていないわがままな利己主義者よりも有徳な人に育て上げたほうが，自分たち自身の人生が楽になると考えるから，というものです。つまり，わたしたちが自分の子どもを有徳な人に育てようとするのは，〔親である〕わたしたち自身のためだというわけです。また，別の答えはこうかもしれません。わたしたちは，自分自身が誰にでも分け隔てのない高潔な性格であるので，自分の子どもが大きくなった時にも，どうすればその子が他の子どもたちにとって役立つような利他主義者へと成長することができるのか，そのことを考えずにはいられないから，というものです。つまり，わたしたちが自分の子どもを有徳な人に育てようとするのは，他者のため，あるいは社会のためだというわけです。

　しかし，もし，わたしたちがよい親なら，いずれの答えにも満足しないでしょう。もちろん，それぞれの答えには一理あるのですが，よい親を第一に動機づけているものが何なのかをそれらは特定できていません。そもそも，よい親とは，自分の子どもの利益を心の底から願っているものです。親が望んでいるのは，子どもたち一人ひとりにとって最善

---

14)　R. M. Hare, *Moral Thinking* (1981), ch.11.

なこと，あるいはよいことをしてあげることであり，子どもらがよく生き，幸せになって，自らの人生において成功を収めることができるようにしてあげることに他なりません。しかし，心の底から子どもたちの利益を願っているからといって，ほとんどの親は，自分の子どもを完全に自己中心的で不道徳な人間に育てるつもりはありません。それどころか，親は，子どもがもっている自己満足や身勝手さへの自然な衝動を，修正され向け変えられる必要のある衝動とみなし，他方，愛や寛大さ，公正さへの自然な衝動を，さらに伸ばす必要のある衝動とみなしています。言い換えれば，親は，子どもたちに自然に備わる自己中心的な狭いものの見方を，子どもたち自身のために，もっと広げていかねばならないと考えているのです。

　その結果，よい親は，標準的な徳目リストに挙げられた性格特性を伸ばしていけるように，自分の子どもに，幼少期から徳を教え込み始めるのです。それと言うのも，子どもたちに人生への備えがもたらされるのも，彼らのよき生を可能にする基礎が築かれるのも，まさに徳によってであるということを，意識的にせよ，無意識にせよ，親は信じているからなのです。

　これは特筆すべきことです。さしあたってここでは，自分の子育てに関して何の思い煩いもないような無責任な親のことは，気にしないでおきましょう。いくつかの徳，あるいはすべての徳の実践にかかわる事柄について，まったく間違った考えをもっている親がいるという事実も，気にする必要はありません。その代わり，子育てへの意識がかなり高く，極めて有徳な親にはしっかり注目する必要があります。そうすれば，子育ての文脈において，彼らが一方で（a）自分の子どもに徳を教え込もうとしているにもかかわらず，他方で（b）心の底から子どもの利益を願い，彼らに人生への準備をさせたいと思っていることがわかります。こうした事実は，特筆すべきことではないでしょうか。とはいえ，子どもらが徳を身につけ，それを働かせることが，本当によき生を実現するための最善の方法であるのかどうかを哲学的に反省してみるならば，親たちはその点について真剣に心配し始めることでしょう。ひょっとすると，彼らは〔心配のあまり〕，徳が最善の方法であるということさえ否定しかねません。しかし，実際に彼らの子育てのやり方を

見れば，わたしには，彼らが徳こそ最善の方法であると信じていることは明らかなように思えます。

もちろん，わたしは，標準的な徳目リストにある徳がその持ち主に利益を与えるという考えを真とみなせるように，そのための抽象的な議論として，このような話をしているのではありません。むしろ，ここでの議論は，そうした考えは明らかに信じ難いという意見に傾きがちな読者に向けてなされた一種の対人論証と言えます。あなたがたに向けられた以下のような問いかけが，まさにそれです。「あなたは，徳がその持ち主に利益を与えるという考えを，自分が信じていると確信できますか。〔たぶん確信はできないでしょう。しかし〕もしもあなたが，邪悪な人を改心させようとしたり，道徳懐疑主義者を説得しようとしたりしている自分の姿を想像するのではなく，むしろ自分の子どもに人生の準備をさせるためにはどのような子育てがよいのかと，あれこれ思いをめぐらせているとしたならば，その時あなたはもう，実際に徳がもっとも信頼できる手立てだと信じているのではないでしょうか。そうは思いませんか。」

しかし，徳がもっとも信頼できる手立てだと，わたしたちが信じてさえいれば，そのように認められるというのでは，それは極めて限定された局所的な考えではないか，という反論が出るかもしれません。それはこう言い換えてもいいかもしれません。「徳は，今ここで，幸福であるための，つまり，現にわたしたちがそうしているようにまったく安楽で幸運な人生を送るための，唯一信頼できる手立てである，とわたしたちは信じることができます。しかし，もしも状況が変わって，徳がわたしたちを破滅に導きかねないとしたら，わたしたちは，何か別の考えを信じるようになるのではないでしょうか。」

仮に，わたしたちの生活がひどく変わってしまったと仮定してみましょう。たとえば，有徳であることによって，死に瀕したり，悲惨な生活を送ったりするリスクを冒してしまうだけでなく，そうしたリスクを自ら招いてさえしまうような，そんな悪しき社会体制の下で暮らさざるをえないようになったとしましょう。このような状況では，徳は，決して幸福を実現するための唯一の信頼できる手立てではありえない，そう認めざるをえないのではないでしょうか。また，わたしたちは，自分の

子どもたちのためを思って，これから彼らが生きていく過酷な人生に備えられるように，徳を教え込む道徳教育とはまったく違うものを彼らに与えねばならないのではないでしょうか。

　いずれの場合も，答えは単純に「はい，その通り」とはいかないとわたしは思います。確かに，巨悪がはびこる時代には，徳を身につけ，徳を働かせる人が，そのような人らしく，幸福を実現するということは，もはやまったくありえませんし，その結果として，徳は幸福を実現するための信頼できる手段でも到底ありえません。あくまでその限りでは，最初の問いへの答えは「はい，その通り」と言えるかもしれません。しかし，そのような時代においてさえ，いまだに何か他に信頼できる方法があるというわけではありません。悪がはびこる時代にあって，多くの人々にとっての生活は，険悪で残忍で乏しく（あるいは，多分にそうなる恐れがあり），幸福は，もっとよい時代がやって来るまでは絶対にありえないようなものなのです。だからこそ，もっとよい時代がやって来たなら，自分はともかく，少なくとも自分の子どもたちだけは，そうしたよい時代を享受しながら生きていけるだろうという希望を支えにして，多くの親たちは，もっとも過酷で危険な社会体制の下にあってさえ，自分の子どもたちには依然としてなにがしかの徳を教え込もうとしてきたのです。もちろん彼らが子どもたちに教えてきたのは，自分たちが生きている過酷な状況に合った，その時代なりの徳であったはずです。おそらく彼らは子どもたちに，もっとよい社会でならば，信頼もされず，冷淡だと思われるに違いない人を警戒し，その人から距離をおくよう教えるために，ひたすら用心深さを強調しなければならなかったことでしょう。しかし，たとえ時代に合わせた徳であっても，それを子どもに教えていくことは，理想をすべて放棄してしまうことや，他人を犠牲にして生き残る以外に何の希望も見出せないような子どもに育ててしまうこととは，まったくもって大違いなのです。

　自分の子どもらの利益を心の底から願っているよい親が，子どもたち自身のためを思って，敢えて彼らに徳を教え込もうとする真情を改めて思い知り，驚かれる方がいるかもしれません。それとまったく同様に，「なぜ，わたしは有徳／道徳的でなければならないのか」という問いに対して，わたしたち一人ひとりが，「なぜなら，わたしがそうなりたい

から。つまり，そのように〔有徳／道徳的に〕生きることが，わたしの生きたいと思う人生であり，いい人生，成功して生きがいのある人生だとわたしの思う人生だから」と答えるのを知れば，やはりそのことに驚きを禁じえないのではないでしょうか。

　たとえば，裕福で有力な，少なくとも外見上は，完璧に幸福そうでありながら，平気で嘘をつき，人を欺き，自分の都合で他人を容赦なく犠牲にするような人たちの人生を改めて考えてみると，わたしたちは，彼らの人生を，まったく羨ましいとも，望ましいとも思ってはいないことに気づくでしょう。財産や権力は，あればあったなりに素晴らしいものかもしれませんが，こんなふうに人生を犠牲にするほどのものではありません。翻って，わたしたち自身の人生を考えてみると，いろいろ不満はありますが，その原因が，自分たちの身につけた徳にあるのではない，ということに気づくはずです。それどころか，いろいろ不満があるのは，むしろわたしたちの徳の身につけ方のほうに問題があるのであって，時にはそれが不完全な場合もあるからだと考える傾向が，どうやらわたしたちにはあるらしいのです。確かに，「もし，わたしがもう少しわがままでなければ，あるいは，いろいろなものが自分に分かち与えられたことにもう少し感謝していれば，さらには，他人がもたらしてくれる善や彼らの内に見出される善にもう少し関心をもっていれば，わたしはどれほどもっと幸せになれたことだろう」と考えることは，決して珍しいことではありません。自分自身の性格や人生を反省するという文脈に照らして考えてみると，標準的な徳目リストにある徳が，その持ち主に利益を与えるという考えは，ヘアがわたしたちに教えてくれた子育てという文脈におけるのと同様に，十分ありうることのように思われます。

中立的な観点などない

　ともあれ，ここでは，懸案の主張，すなわち，標準的な徳目リストに挙げられた徳がその持ち主に利益を与えるという考えが，明らかに間違いというわけではない，ということにしておきましょう。もちろん，そ

う言えるだけの理由が何かあるのかという問題は，依然として残っています。ヘアについて言えば，確かに彼は（わたしもこの点では同意見なのですが），あくまでも自分らの子どもたち自身のために，彼らが標準的な徳目リスト上にある性格特性をもつように育てるべきだという確信を述べています。しかし，それだけではなく，その理由もまた挙げてくれています。それは，徳，わけても正義がその持ち主に利益を与えるという考えを支持するためにフットが持ち出したものと多くの点で類似しています[15]。理由に関する限り，わたしもほとんどヘアと同じ考えなので，大した違いはありませんが，挙げられた理由をどのように位置づけるかという点で，彼とわたしとは袂を分かつことになります。

　たいていの場合，何のお咎めもなしに悪事をやりおおせることなどありえないのだから，子どもをいくら（用心深い）背徳者に育て上げても，それが子どものためになるわけではない，それがヘアの言い分です。そんなことができるためには，「並外れた才能に恵まれた悪魔」でなければならないでしょうし，子どもにそのような「才能」があるのかどうか，あらかじめ知る術など親にはありません。彼はこう述べています。

　　成功裡に犯罪をやり遂げようとしても，ほとんどすべての人にとって，それは途方もなく困難なゲームであって，骨折り損になりかねない。この見方に対して，過去において，清廉潔白とは言いがたい仕事をして巨万の富を築いた人たちがいたではないか，と反論されるかもしれないが，全体として見れば，彼らはお金によってさほど幸福にはならなかったし，彼らの才能をもってすれば，それほど金儲けをしなくても，もっと社会に役立つ仕方で，より一層うまくやれたはずだ，そうわたしなら答えるだろう。もし，例外があるとしても，そんなケースは非常に稀なので，教育者はそれを予測することができないのだ。

　彼によれば，「正しく見えるための一番簡単な方法は，実際に正しくあること」に他なりません。「互いに協力し合い，愛し合うことを可能

---

15) P. Foot, 'Moral Beliefs'.

にする特性」としての慈悲，寛大，誠実，正直，正義といった徳（と想定されるもの）に言及して，彼は，もしそれらがなければ，「わたしたちのすべての試みは失敗し，人生におけるありとあらゆる喜びや温もりは消え失せるだろう。仲間を愛さない人は，仲間内で幸せに生きようとしても，あまりうまくいかないものだ」と述べています。彼はさらに，「自分の力の及びうる，あるいは，及びもつかないというほどではないにせよ，高い道徳基準に自らを合わせていく人は，それほど高くを目指さない人よりも，概して，より一層幸せであるかのように見える」とも言っています[16]。

　わたしは，この主張に基本的には賛成です。しかし，彼は自分の主張をすべて，よい人生の送り方（「世間並みの生き方」）に関する「経験的」主張と呼んで，それによって，道徳に反する者となることを「利己的な観点から」敢えて選択しないための「非-道徳的」な理由が提供されると考えています。彼が自らの主張をこのように位置づける限り，わたしとしてはその点でヘアに賛成することはできません。こうした主張をする際，おそらく彼は利己主義者と共通の中立的観点から語っているのではなく，むしろ，彼自身がそうであるような人道的で高潔な人の観点，たとえば，アルベルト・シュバイツァーやマザー・テレサを（ただの変人か，さもなければ人生を無駄にした勘違いの愚か者としてではなく）「きわめて聖なる人物」とみなし，オクスフォード飢餓救済委員会（Oxfam）を（山ほどのお金をドブに捨てているのではなく）「驚嘆すべき善行」をなしているのだと思う人の観点から語っているようにわたしには思われます。

　人間の本性と人生の送り方にかかわるこうした主張が「経験的」なものであり，それゆえ誰にでもわかることだと（ヘアがしたように）前提することがなぜ問題なのかと言えば，背徳者や利己主義者がそんな主張に賛成するはずがないということは誰の目にも明らかだからです。背徳者であれば，お咎めなしに悪事をなすための「並外れた才能」の必要性など認めないでしょうし，実際，彼らには十分すぎるほどの理性があるのですから。背徳者は，現に自分がそうしているように富や権力を重ん

---

16) R. M. Hare, *Moral Thinking*, ch. 11 *passim*.

じ，成功裡になされる犯罪が実は割に合わないなどとは思いもしません。そうした犯罪に伴うリスクをヘアが過剰に見積もっていただけの話で，たとえ危険を冒してでも巨額の報酬が得られれば，どんなハイリスクな戦略も正当化されるというわけです。もちろん，中には，仲間をいつも必ず自らの支配下に置いておくという賢明さを持ち合わせず，彼らと個人的に深く付き合い過ぎた挙句，せっかく危険を冒して手にした幸福を投げ捨ててしまうような愚かな者がいるのも事実です。しかし，「全体として見れば」巨額の金銭は人々を幸せにするものだというのが背徳者の言い分です。彼らによれば，必要な時に，正直そうに見せることは，特に難しいことではありませんし，人はたいていの場合，大半の人を欺くことができるというわけです。

　こうしたことは，何か驚くべきことというよりはむしろ当然なことと言ってもいいでしょう。何であれ「非-道徳的」な理由に訴え，まったくの有徳者と邪悪な者に共通する中立的な観点に立つことによって，「道徳性をその外部から正当化する」可能性などないのです。したがって，ヘアと共にこう言ってもよいでしょう。貪欲な人や不正直な人は真に幸せな人ではない，彼らは「喜びや温もり」を失っている，と。しかし，だからと言って，わたしたちは，彼らがみな浮かない顔で「ああ，何て悲しいんだ」と言いふらして回っているのを観察し，それを根拠にして，単に経験的な意見を述べているというのではありません。その限りで，わたしたちの言い分はこうなります。「それは，〔他人はどうであれ〕わたしが幸福だとみなす生き方ではありません。なぜなら，それは徳の実践によってもたらされたものではないからです」。

　この「その限りで」という留保には注意が必要です。というのも，わたし自身は，道徳性を正当化できるような中立的な観点などないという主張に十分納得していますが，D・Z・フィリップスやジョン・マクダウェルが（ヘアに対してというよりは，むしろ論文「道徳的信念」におけるフットの主張に応答して），今問題にしているような文脈でそう主張しているという解釈には賛成しかねるからです[17]。フィリップスやマクダウェルの場合と違って，標準的な徳目リストに掲げられた徳がその持ち

---

[17] D. Z. Phillips 'Does It Pay to be Good?' (1964); John McDowell, 'The Role of *Eudaimonia* in Aristotle's Ethics' (1980).

第 8 章　徳をもつことの利益　　273

主に利益を与えるという自身の見解を支持するためにフットやヘアによってなされた主張には，それなりの価値と役目があるようにわたしには思われます。ごく簡潔に言えば，フットやヘアの説く論拠によって，標準的な徳目リストを正当なものとみなすわたしたちの確信が合理的に裏付けられると思われるからです。そうした裏付けは，その都度，実地に検証されるものにすぎないと思われることでしょうが（なぜなら，リストアップされた個々の徳目を理論的に詳細かつ十全に根拠づけようとしても，できることは，そうやって実地に検証するしかないからですが），決して見込みがないわけではありません。そう，確かに見込みはあります。ただしそう言えるのは，標準的な徳目リストに関するわたしたちの確信を，わたしたちがヘアやフットと共有している倫理観に基づいて正当化しうる，まさにそうした方法としての限りであって，わたしたちと背徳者や利己主義者との間に共通なものとしてある中立的な観点からそうだと言うわけではありません。いずれにせよ，ひとたびこの点が明らかになれば，標準的な徳目リストに挙げられた性格特性が真に徳であるというわたしたちの確信を正当化していくにあたっては，これから論じていくように，そうした方法がある一定の役割を果たしうる考察であるということを否定する理由はないわけです。

　ここでもう一度わたしが強調したいのは，ヘアやフットの主張によって果たされるべき役割が，有徳であるための動機づけの理由を与えることだとは思っていない，という点です。他方，フィリップスとマクダウェルは二人とも，有徳な行為は，それ自体のゆえに，正当な理由によって選ばれるべきだというごく一般的な論点を強調しようと努めています。また，標準徳目リストにあるような徳がその持ち主に利益を与えるという自らの確信を根拠づけるためにフットやヘアがしているようないかなる試みのうちにも，どういうわけかこの論点が無視されていると決め込んでいるふしがこの二人には見受けられます。しかし，人は，（ヘアやフットがそうであるように）あくまでも有徳な人物としての限りで，正当な理由によって，有徳な行為をなすための十分な動機をもつこともできれば，それとはまったく別の問題として，標準徳目リストにある徳がその持ち主に利益を与えるという自らの確信を正当化するための根拠を挙げることもできるのです。もしそうであれば，ここで動機づけ

の問題を扱うことは，かえって論点を逸らしかねないので[18]，その問題は一旦棚に上げておくことにします。

　いずれにせよ，わたしの理解するところでは，フィリップスとマクダウェルが展開しているのは，以下のような主張です。

(1) 「徳がその持ち主に利益を与える」という事実が見分けられるのは，(少なくとも適度に) 有徳な人の倫理観の内でのみである。
(2) 〔有徳な人の〕倫理観から見れば，徳がその持ち主に利益を与えることは，必然的に，いかなる誤りもなく真である。なぜなら，
(3) 有徳な人は，幸福(エウダイモニア)が何を意味し，利益・利得と損害・損失が何であるかも，「利益を与える」や「割に合う」という言葉の意味するところも，そうした概念のすべてを把握しているからである。だからこそ，有徳者にとっては，徳に反した行為によって得られたもので，割に合うもの，真に利得とか利益となるものは何一つないし，徳が要求するいかなる犠牲にも損失とみなされるものなど何もないのである。実際，有徳な行為によって，人は「すべてを成し遂げ」，「道徳的利益」を獲得する。徳の比類のない力によって，人は有徳に行為できるようになり，それを失敗することもない。それゆえ，徳が，その持ち主を幸福(エウダイモニア)すなわち徳に従った人生を実現できる者にし，そうすることによって，その者に利益を与えるということは，まったく確実なことなのである。

　ここで挙げられたような主張を考慮すれば，たとえば，徳と悪徳のどちらに賭ける方が失敗しないのか，人一倍狡知にたけた者であれば犯罪者としての人生も成功するのかどうか，あるいは，富は「全体として見

---

18) マイケル・スロートが言及しているように，道徳的であることが割に合うかどうかについて確固とした保障を得ようとすることと (それは徳の欠如を示している)，その問いを「純粋に哲学的な問題」として扱うことは別のことである。cf. *Goods and Virtues* (1983), p. 113, n.9. わずかながらも後者に取り組んだ研究者の一人として，以下を参照せよ。Brad Hooker, 'Does Moral Virtue Constitute a Benefit to the Agent?' (1996).

れば」幸せをもたらすのではないか，正直そうに見せる一番手っ取り早い方法は実際に正直であることなのかどうか，さらに，人間は他人を必要とする以上，「他人を叩きのめし，ロバのように絶対服従させる」ことなどできないのかどうか，などといった問いを差しはさむ余地はありません[19]。ここに列挙されたような問いはすべて，その賛否にかかわらず，徳がその持ち主に利益を与えるかどうかという問題とはまったく無関係なのです。なぜなら，有徳な人の倫理観からはそうした問いの数々は生じえない，つまり，そうした問いはもう既に解決済みだからです。もし，それらの問いが，徳がその持ち主に利益を与えるかどうかという問題と無関係ならば，それを肯定したり否定したりすることに一体どんな意味があるというのでしょうか。確かに，それは，外側から道徳性を正当化しようとする見当違いの試みに他なりません。

　しかし，フィリップスとマクダウェルは，徳と悪徳のどちらに賭ける方が失敗しないかといったような問題提起をする場合，背徳者や利己主義者の文脈に限定するのが常です。ヘアやフットが引き合いに出している事実が，適切に，それどころかきわめて本質的に，有徳者が子育て中に自らの子どもに向かって語り，反省的な仕方で自分自身に対して語っていることにかかわりはしないのかどうか，そんな問題を彼らは決して考えてはいません。

　その点をさらに踏み込んで論じていくことにしましょう。

　何を利益や利得，損害や損失とみなすかについて，有徳者と背徳者とでは，まったく異なった考えをもつようになるというフィリップスとマクダウェルの主張は，明らかに正当なものです。たとえば，路上に落ちているお金のたんまり入った財布を見つけたとしましょう。背徳者にとって，これは思いもよらぬ儲け物です。しかし，わたしにとっては厄介な代物でしかありません。なぜなら，それを交番に届けなければならないし，そのせいで時間ギリギリに電車に飛び乗るはめに陥るからです。あるいは，誰かから，約束したことを果たさなかったと人前でなじられたとしましょう。背徳者なら，自分が不利な立場に置かれたと考えて，その約束を果たそうとするか，口実を見つけるかしなければならな

---

[19]　P. Foot, 'Moral Beliefs', p. 129.

いでしょう。けれど，わたしなら，これは自分のためになると思います。なぜなら，わたしはすっかりその約束を忘れてしまっていたので，おかげで間違いなくその約束を果たすことができるからです。確かに，わたしたちは幸福(エウダイモニア)に関する様々に異なった概念をもっています。幸福を，富，権力，快楽をめざす生，あるいは科学的真理の発見をめざす生，それらのいずれとみなすにしても，背徳者にとって，これらの目的を達成することが重要なのであって，どんな手段によってそれらが達成されたかは問題ではありません。対して，わたしの考えでは，自分の個人的な目的が何であろうと，徳に反する手段によってそれらは追求されるべきではありません。幸福はそのような仕方で実現されることはできないからです。

しかし，わたしたちの間に違いがあるといっても，まったく重なり合う部分がないというわけではありません。その点については，フィリップスとマクダウェルも触れようとしていたように思われます。彼らの主張するところによれば，有徳者にとって，「卓越した人生に必要とされるいかなる犠牲であれ，真に損失と言いうるものなどない」（マクダウェル）わけですし，有徳者が有徳であることによって自らに招いてしまう災厄は，実のところ〔彼らにとっては〕災厄などではありません（フィリップス）。つまり，たとえすべての財産を失って極貧状態になり，手足や目，さらには自由，知的能力や自分の命まで失ったとしても，そうすることが有徳であるために必要とされるならば，有徳者にとって，それらは損失でも災厄でもない，というわけです。

このような見解を主張することによって，確かに，第3章で論じた解決可能な悲劇的ディレンマの可能性を否定することはできます[20]。もちろん，これほど厳しくストア的な見解が，バラ色の人生を描くように

---

20) マクダウェルは，自身の立場をいくらか修正したかもしれない。というのは，今では彼は，「当該状況下で実行可能なあらゆる行為の内，〈うまくいく〉という概念に照らして，実際にうまくいくとみなされうるような行為が何一つない」，そのような悲劇的なケースがありうると認めているからである（'Deliberation and Moral Development' p. 34, n. 15）。しかし，実際のところは明らかでない。もし，そこで彼が解決可能な悲劇的ディレンマよりも解決不可能な方を考えているならば（それは十分ありうる想定だが），彼は「卓越した人生に必要とされるいかなる犠牲であれ，……真に損失と言いうるものなどない」という主張をまだ撤回したことにはならないだろう。なぜなら，〔損失とはみなしえないとされる〕犠牲的な行為が徳に必要とされるのは，解決可能な悲劇的ディレンマにおいてだけだからである。

記述されることはまずありえませんが，非現実的な人生を描くようには記述されうるはずです。

　わたしなら解決可能な悲劇的ディレンマの典型とみなすであろういくつかの例を，もしかしたら，フィリップスもマクダウェルも，単に見て見ぬふりをしているだけなのかもしれません。実際，以下のような事例を彼らが考察した気配すら見当たりません。それはたとえば，崇高な理由のためというのではなく，狂気じみた暴君に囚われ脅されたにもかかわらず悪事をなすことを拒否したがために死に瀕している場合とか[21]，燃え盛る家の中から我が子二人を救出するために，自らの命をかえりみずに飛び込んでいったものの，結局，一人しか救い出すことができず，もう一人を死なせてしまった場合とかがそうです（どうしてこれが損失や災厄でないと言えるでしょうか）。どうやら彼ら二人には，崇高な理由のために，自分の命を捨てたり大きな「損失」を被ったりする事例しか頭になかったようです。

　わたしには，これが「短いけれども栄光に満ちた生涯」という理想への男性特有の憧れのような気がします[22]。いずれにしても，死や極度の貧困，手足や心的能力の喪失などが，有徳者によって損害・損失，災厄とみなされるべき理由を少なくともその一部でも挙げるとすれば，それは，完全に，あるいは以前と比較して，他人のためにこれ以上何もできなくなってしまうからであり，気遣ってくれる周りの人を深く悲しませてしまうからなのです。実際，このような〔悲劇的〕状況に置かれれば，人は我が身に災いを引き起こしかねない危険を冒し，それどころか絶対避けえない災いを自ら招いてしまうことを覚悟せねばなりません。もし，有徳者がそうした事実を一瞬たりとも忘れないのであれば，前述のような事柄はすべて，損失であり災厄であるとみなされうるはずで

21）デイヴィッド・ウィギンズは，勇敢な人は常に崇高さや善き行為（*eupraxia*）のために行為するというアリストテレスの主張を疑う余地のないものとみなすマクダウェルの姿勢に，何か不自然なものを感じ取り，次のように指摘している。すなわち，卑劣さを避けるために行為することは，崇高さのために行為することと関連してはいるけれども，両者は同じではない。〔その違いに気づくためには〕「（交差点で衝突しそうになった直後の）死なずにすんだ喜びと，活動的に生きていることの喜びとの間に聞き取ることのできる違いを考えてみればよい」。'Eudaimonism and Realism in Aristotle's Ethics', p. 223, n. 2.

22）このホメロス的理念の示唆にとどまらないものがアリストテレス自身の内にあったとしても，驚くには当たらない。*Nicomachean Ethics* 1169a20-26 を見よ。

す。

　ここで述べられた区別，すなわち，災いを引き起こしかねない危険を冒すことと，絶対避けえない災いを自ら招くことを区別することによって，フットとヘアがしたような主張に果たすべき役割があるのかどうか，改めて問い直さねばなりません。フィリップスとマクダウェルの図式に従えば，徳は（有徳者の観点から見る限り），その持ち主がよい行為をなし，その結果，決して損失や災厄を被ることなく「すべてを達成する」ことを可能にするので，その点だけを見て，その所有者に利益を与えるのが当然だとみなされます。しかし，そんなことをわたしたちは自分の子どもたちに教えているのでしょうか，あるいは，そもそもそんなことを教えることができるものでしょうか。

　わたしたちは子育ての際，子どもたちに，徳に従って生きることはバラ色の人生を保証するものではないと認識させ，そのように生きるためには，時に命を犠牲にする必要があるかもしれないと覚悟させる一方で，そのような人生が十分に生きるに値するという考えを教え込みます。しかし，同様の内容を教えるにあたって，危機に直面したからといって人は必ずしも常に命を失うわけではないとか，命の危険を冒したくないと思っている人がしばしば命を落とすこともあるとかいう事実に目を向けさせようとしないなら，話は違ってきます。もっぱら有徳者が命懸けで事にあたって自らの命を落とす話とか，ひたすら自分の保身だけを願っている人がいつも生き残るといった話だけで子どもたちを育てていくとしたら，しかも，そうした話が彼らの注意を引く唯一の新聞ネタだとしたら，子どもたち（それもごく一般的な家庭の子どもたち）に首尾よく徳を教え込むことができるとはとても思えないはずです。

　もちろん，かなり粗悪な子ども向けの道徳譚では，報酬はすべて有徳な行為に与えられるといった考えが助長されがちです。ヒーローは，いついかなる時も人を助け，砂漠では最後に残った一塊のパンを分け与え，自らの命を危険にさらしても真実を語ることになっています。しかも何と驚くなかれ，そうしたエピソードの一切は，最終的に彼が盛りだくさんの報酬を得るために通過すべきいわば試験のようなものに過ぎないのです。対してアンチヒーローはと言えば，悪行三昧で，そうした試験には落第し，お姫様や王国を手に入れ損なうのが定番です。しかし，

第 8 章　徳をもつことの利益

命を危険にさらされたヒロインが結局は無傷で生き延び，アンチヒーローは悪行の果てに陰惨な最期を遂げるといったような現実離れした話ではなく，人がどのようにして生きていくかというイメージを育てていく別種の物語がないわけではありません。確かに，困っている人を助けるというのは，何かをなすための立派な理由となるし，何らかの真実があるという事実は，そのことを話すためのもっともな理由となるということを，子どもたちに教えるだけでなく，それに加えて，子どもたちがよいおこないをしようとして危険を冒したとしても，それによって必ずしも死や災厄を招くわけではないと教えることは，とても大切なことです。

　わたしたちは，ごく当たり前に，もしよいおこないをすれば，事がうまく運ぶと信じることができるように子どもらを勇気づけます。わたしたちが言い聞かせた通りの仕方で，子どもらがよいおこないをし，事がうまく運んだ時は，期待されたとおりに事が運んだことを指摘し，それがとても大切なことだと念を押します。反対に悪いおこないをしたら，そのお返しにひどい扱いを受けると指摘し，その点についても念を押します（「人に親切にしないなら，その人から親切にしてもらえるはずがない」という具合に）。あるいはまた，子どもたちは確かによいおこないをしたのに，その努力に対して真っ向から烈しい非難が浴びせられた時，わたしたちは，彼らがどれほどよいおこないをしたかを強調し，彼らのことを誇りに思っているとはっきり口にします。しかし，〔子どもたちがそんな酷い目にあっているのに〕まるでそうした結果になることが最初から予想され，とりたてて何か言う必要などないかのように，いつも何もせずにいる親というのも，どこか奇妙に思われます。わたしたちなら，その子らに同情するのではないでしょうか。何て酷い，と嘆いた上で，〔子どもたちの行為から何らかの恩恵を受けたにもかかわらず〕何一つ感謝しない人の卑劣さを非難したり，試みてみるだけの価値はあったが運が悪かったのだ，などと言ったりはしないでしょうか。わたしたちから賞賛されるようなよいおこないを子どもたちがしているならば，〔たとえ誰かから非難されたとしても〕彼らがそれを我慢しなければならないという筋合いのものでは ない，そう言って自分の考えを彼らに伝えたりはしないでしょうか。既に述べたように，目先の見返りのためで

はなく，あくまで有徳な理由によって，人々に善がもたらされることを求め，自分の所有物についてもの惜しみすることがなく，真実を語り，公正であるように，わたしたちは子どもらを育てようとしています。しかし，〔よいおこないをすれば，それに〕ふさわしい見返りがごく当たり前に人々から得られるのが世の常である〔そう言ってよければ，人生のお決まりのパターンである〕という事実に目を向けさせないまま，子どもたちを育てようとするなら，話はまったく違ってきます（そのような事実に目を向けさせないとしたら，わたしたちはどうやって子どもたちを，口やかましく，独善的で，ひどく厭世的であるよりも，むしろ友情に厚く，慈悲深く，誠実で，この上なく公正であるように育てることができるでしょうか）。

それゆえ，わたしには，徳に必要とされる犠牲は損失とはみなされないというフィリップスやマクダウェルの考えを受け入れることができません。実際，わたしたちは，幸福(エウダイモニア)，利益や損害，あるいは災厄について，そのような考えをもっているとは思われませんし，それが，徳の点でのわたしたち皆の不完全さのゆえであるとも思われません。損失や損害，災厄について子どもの頃から形成されてきたわたしたちの考えは，背徳者のそれとはまったく異なっているけれども，死や肉体的危害，苦難，さらに〔害悪に対する〕無力さといったことに関しては，重なり合う部分もあると思われます。しかしわたしたちは，背徳者と違って，それがなされることによって，結果的にそうした害悪が生じやすくなるのが有徳な行為の特徴だとは考えていませんし，有徳な行為のほうが利己的な行為よりも，そうした害悪をもっと引き起こしやすくなるとも考えていません（ただし，既に述べたとおり，悪のはびこる時代は除いて）。わたしたちは（たいていの場合，一般的に），よいおこないをすれば，万事は自分にとってうまくいくものだと考えています。しかし，実際にそのようにうまくいかなかった時，幸福(エウダイモニア)が実現できなかったり持続できなかったりした時でも，そうした結果は「最初から覚悟しておくべきこと」などではなく，悲劇的に運が悪かったに過ぎません。

もっと別の観点から見ても，わたしたちの考えは背徳者のものと重なり合います。たとえば，有徳な人生が，楽しく，満足のいくものとして表すことができるのは，「楽しく」とか「満足のいく」といった言葉が

有徳な人だけに理解できる特別な働きをもっているからという，ただそれだけの問題ではありません。もし，わたしたちがまったくの有徳者であるとすれば，わたしたちと背徳者が，多くの場合，同じものを楽しんだり，喜んだり，満足したりすることはありませんが，それにもかかわらず，何であれ自分のものを真に楽しむという事実は，わたしたちのみならず，背徳者にも見出されます。ヘアの言葉を借りれば，わたしたちの人生には誰が見てもわかるほど「喜びや温もり」があり，わたしたちは「幸せに生きて」います。そのようなわたしたちの姿を，背徳者ならば（もし彼が，わざわざそんなことを考えるとすればの話ですが），何か奇妙で可笑しなことと思うかもしれません。確かに，背徳者は自分の目から見て，そんな些細なことに満足しているわたしたちを軽蔑するかもしれません。しかし，わたしたちは，彼には理解できないような不可解な意味で〈楽しんでいる〉とわざわざ彼に言う必要はありません。なぜなら，彼には，自身が完全に理解できる意味で，わたしたちが〈楽しんでいる〉とはっきりわかっているからです。（ここで，「楽しむ」という語が表示している内容について，簡略に述べておく必要があるでしょう。「楽しむ」とは，何かが，強い興味と熱狂をもってなされること，ある種の声の調子や顔の表情，ある種の語彙によって，期待されたり思い出されたりすること，等々です。そこで，わたしはそれらを「微笑みの要素」と呼ぶことにします。）

　派手に酔っぱらった女性が描かれている〔アメリカの漫画家・作家〕ジェームズ・サーバーの面白い漫画があります。彼女は見るからに上機嫌ですが，犬の首輪をつけたいかにも不機嫌そうな男が，凍りつくような非難のまなざしで彼女をにらみつけ，こう言うのです──「何て不幸な女だ！」。この中でわたしが滑稽だと思うのは，この明らかに楽しげな女性を不幸に描くことが，必ずしもまったく不適切というわけではないというところです。というのは，どれほどその時楽しんでいようと，習慣的に浴びるほど酒を飲む人たちを哀れむのは，道理にかなったことだからです。むしろその場面で不自然なのは，彼女をあれほどはっきり不幸だと言った男自身が，微笑みの要素という規準から見れば，まったく楽しげではないということです。もし，彼女が本当に不幸だと言われるだけでなく，彼もまたそう言われうるのだとしたら，いくら彼が，自分の人生は有徳だから最高に幸せだとか，自分は有徳な行為をすること

に（有徳な人だけが理解できる彼らなりの奇妙な仕方で）喜びを感じているとか抗弁しても，その言葉はさぞ空疎に響くことでしょう。もし，微笑みの要素が証拠となるようなわかりやすい仕方で，彼が一度も楽しい思いをしたことがないなら，たとえ彼の人生が節制につらぬかれていたとしても，それは徳のある人生ではありえないのです。

　そして，このことが再び，わたしたちの子育てにおける重要な要素となるのです。わたしたちは，子どもたちに対して，徳に従って生きていく人生が，（たいていの場合）楽しくて満足のいくもの，楽しみや満足という利益や利得を含みもったものだと説明できるし，また現にそうしています。実際，わたしたちは，「子どもらが，喜ぶべきものを喜び，悲しむべきものを悲しむように，幼少の頃から躾け」[23]なければなりません。そのためには，彼らの欲求を改め，育成し，複雑にし，高めていく必要があります。ともあれ，そのような躾の結果，有徳な行為を楽しむことができるようになるという事実は特筆されるべきです。たとえば，他人を喜ばせ，援助し，協力し合う活動や交友関係，相争うのではなく調和していくこと，真実を語ること，さらには（いくらかの）恐れを克服し，（いくらかの）痛みや不快に耐えることについて，わたしたちは子どもたちに対して，それらがよいことであり，賞賛に値し，なされるべきことであるばかりでなく，そもそもそれら自体が楽しいことなのだと教え示すことができます。しかも，自分たちがそうなってきたように，子どもたちもまた，そうすることがきっと楽しいとわかってくれるに違いないという，満々たる自信をもってわたしたちは子どもらに日々接しているのです。

　そう言ったからといって，「有徳な行為は，徳を愛する人に喜びをもたらす」という主張にわたしが本書第4章で付した留保を取り消すわけではありませんし，馬鹿げた話ですが，ただ自分が楽しむためだけに他人に／他人と何かするような子どもに育てなさいと言っているわけでもありません。わたしたちは，子どもらが，目先の満足感のためにではなく，何らかの理由Xによって，有徳さに繋がるような行為をなすよう強く促すのです。たとえば，わたしたちは，大騒ぎすることもなく歯

---

23) Aristotle, *Nicomachean Ethics* 1104b10-11. ここではプラトンが参照されている。

医者に行くというような行為について，それは〔子どもたちが〕どうしてもやらなくてはならないことだからと言ったり，そうすることでわたしたちは安心するからとか，それはすぐ終わるし，そんなにひどいことはないからとか，その治療のおかげで後から恩恵を受けるだろうからと言ったりして，その行為を強く促します。あるいは，他の人にクリスマスのプレゼントをするという行為についても，そうすること自身にやりがいが感じられるのだから〔是非，おやりなさい〕と勧めたりもします。確かに，わたしたちはそのようにして子どもたちを促すのが常であって，単にたまたまそういう言い方をすることがある，というだけのことではないのです。

　中立的な観点から得られる，つまり有徳者にも背徳者にも等しく通用する望ましさの基準によって，有徳な人生をもっとも望ましいものとして示すことができる，そういう主張をマクダウェルは，当然ながら否定したいと思っています。他方，フィリップスもまた，中立的観点から得られる人間にとっての善悪に関する事実に基づいて，有徳な人生について何か同様のことを示すことができるという主張を，当然のことながら，否定したいと思っています。しかし，一般に有害で望ましくない死や苦しみについて，また，一般に望ましく，人間にとってよいものである喜びについて，有徳な人と悪徳な人の間には何一つ共通な考えがないということをわざわざ延々と述べ立てなくても，人はマクダウェルやフィリップスの立場に立つことができるのです。

　マクダウェルとフィリップスは，「道徳性をその外部から，すなわち中立的な観点から正当化することはできない」という主張を，あたかも，有徳な人にも悪徳な人にも等しく認識可能な事実はどれも必然的に無意味である，と主張することによって立証せねばならないと解釈しているかのように思われます。しかし，どうしてそうなのでしょうか。確かに現状では，道徳性をその外側から正当化することができないというのは真実です。しかし，もし，事情が違っていたら——たとえば，もし，徳は健康的であり，悪徳が不健康であるといったことがわたしたちの自然な本性であり，その結果，徳はその特性上，長命をもたらし，悪徳は命取りになるとしたら——「道徳性はその外部から正当化できる」というのが真実であることにはならないのでしょうか。

しかし，これは危険な考えだと思われるかもしれません。なぜなら，もしも逆に，悪徳が長命をもたらし，徳が30歳であなたを死に追いやるとしたら，不道徳で邪悪であることが正当化されてしまいかねないからです。もちろん，わたしなら，以下の章で述べたいと思っている理由によって，「そうなるはずがない」と言うべきところです。それに何より，こうした仮定では筋が通りません。もし，わたしたちの自然な本性がそのようなものであれば，倫理思想史全体が想像もできないぐらい違ったものになっていたことでしょう。なぜなら，わたしたちの徳の概念の根底にあるのは，たとえば，徳は不健康ではないし，悪徳は健康的ではないという事実や，有徳な人は喜びに疎（うと）い人ではないという事実，さらにフットやヘアが，標準徳目リストに挙げられた徳はその持ち主に利益を与えるという主張を支持するために要請した人間本性にかかわる事実だからです。

特定の倫理観の下での事実

（微笑みの要素という証拠に基づいた）有徳な人は喜びに無縁な人ではないという（観察可能な経験的）事実によって，あるいはフットやヘアが唱えているような主張によって，道徳性をその外部から正当化することはほとんどできそうにありません。なぜなら，既に述べたように，背徳者は，確かにある意味では有徳者が自らの人生を楽しんでいるとみなしているものの，その実，有徳者の言うところの楽しみや満足を，取るに足らない，哀れで見下げ果てた，どんなに多く見積もっても自分のためにはならない代物として切り捨てているからです。背徳者の観点から見れば，有徳者の喜びは，背徳者が喜び，満足を見出すような事柄とはこのように著しく異なっているのです。とはいえ，有徳者からすれば，背徳者の方こそがこの点で間違っているのであって，自分たちの楽しみや満足のほうが背徳者のよりもずっと優れている，つまり，もっと容易に手に入り，より安全で，より持続的であり，運命の気まぐれに左右されることもずっと少ない，そう主張したいところでしょう。（ここでヘアならば，彼の考える幸福（エウダイモニア）という徳の概念には訴えずに，多くの周知の例を

第 8 章 徳をもつことの利益

挙げるかもしれません。たとえば，物質主義的で不節制な放蕩者といえども，結局は，精神分析医のソファの上で，「何て悲しいんだ，わたしの人生には何の価値もない，喜びも温もりもない」と嘆く羽目に陥るものだ，というように。)[24] しかし，背徳者がこうした主張を無意味だと切り捨てたり，挙げられた例を特殊な例でしかないと退けたりすることは，あまりにも容易に想像できることです。同様に，彼がヘアやフットのその他の主張にも反対するであろうことは想像に難くありません。あるいはまた，有徳者ならば，寛大で慈悲深い人は，好かれたり愛されたりするという利益をいかにも享受しそうだが，自己中心的で冷淡な人は逆にその機会を逸してしまう，と主張するかもしれません。それに対して，背徳者はきっとこう反論するでしょう。——それが一体どうしたと言うのですか。おそらく，その〔自己中心的で冷淡な〕人には自立した強さがあり，密接な個人的関係を必要としていないでしょうから，人から好かれなくても，そのことをさしたる損失とは思わないでしょう。それに，ひょっとしたら彼は現に誰かから愛されていて，友人に囲まれているかもしれません，というように。——すると，それに応えて有徳者は，彼を取り巻いている人たちなんて，実は本当の友人ではないし，信頼に値する人たちではない，と反論するかもしれません。対して背徳者の側は，有徳な人だって自分の友人を信頼などできない，と言い返すことでしょう。あるいはまた，有徳者は，自分の友人が際立った寛大さと慈悲深さをもって接してくれた時のことを示してくるかもしれません。すると，背徳者のほうは，その友人には実は下心があったのだとか，あなたたち〔有徳者〕は驚異的に運がよかっただけだとか言い返すことでしょう。有徳者が，彼〔背徳者〕のような人生を送る人たちが，友人と自称する者によって背中を刺されるといった例を挙げるのに対して，背徳者のほうは，有徳者が自らに災厄や損失を招く場合を挙げることでしょう。そして，有徳者が，それは単に運が悪かっただけだと言うのに対して，背徳者は，結局そうなるべくしてなっただけだと言い返すでしょう。そんな具合に両者の言い合いは延々と続くのです。

---

24) 悪徳が不幸に，徳が幸福に至るという考えに関する，ある心理療法の開業医による報告については，長年のベストセラーである M. Scott Peck, *The Road Less Travelled* (1978) を見よ。

さて，この種の見解の不一致，あるいはヘアやフットの主張をめぐって想定される意見の相違について，興味深いと思われるのは，わたしの知る限り，そういった考えの食い違いを哲学的なレベルで（あるいは，もし言い換えるならば，理性的な議論のレベルで）どうやって解決すべきなのか，その方策がわたしたちにはまったくわからないということなのではありません。むしろ，そうした食い違いが何にかかわる不一致なのか，その当の不一致の対象をいかに分類すべきかが何ら明瞭につかめないということ，それこそが実に興味深い点なのです。

　わたしたちは，経験的事実のことを，「中立的な観点」から得ることのできる事実と思い描いています。また，ある種の道徳的実在論に同意する人々は，しかるべき程度に形成された倫理観の下でのみ得られる「評価的」ないし「道徳的」事実を思い描くことができます。ただし，ここで言われる評価的／道徳的事実とは，たとえば，それが有徳な行為であるが故に，この状況でしかじかのことをするのが理にかなっているとか，それをすることが人に利益を与える／利益となるだろうとか，そうすればよいおこないになるだろう，といったような事実のことです。こうした道徳的事実という考えを否定する人々でも，評価的信念や予測される態度といった意味から考えて，どうにか類似した観念を作り出すことができます。たとえば，誰が信頼できて誰が信頼できないのか，ほとんどいつでも，たいていの人を欺くことができるのかどうか，簡単に人々を操ることができるのかどうか，人生において手本とすべきものを見分けることができるのか，何を幸運に帰し，何を不運に帰すべきか，何が「起こるべくして起こる」のか，そういった諸々の事柄について——要するに，人間本性や人生のあり方について——思いなされた信念や想定された事実の数々は，結局のところ，どのように分類してみても，決してきちんと収まりのつくものではありません。道徳的事実を認めるにせよ，認めないにせよ，いずれの立場にしても，人生のあり方について，世界的規模ではもちろんのこと，ごく身近な事柄にまで及ぶ観察や統計学的な分析に基づいて得られた自らの信念を，彼らはどう分類すべきか，確信がもてないのです。そのような信念は，彼らの倫理観（あるいは背徳者の見解）の枢要な部分であり，（それをめぐって想定された）意見の不一致は，確かに倫理的な不一致とみなされるものではあり

ます。しかし、だからと言って、そのような信念が明らかにその人の倫理観の一部というわけでもなければ、それが「評価的信念」の自明な候補というわけでもありません。ヘアが自身の議論を経験的／非道徳的なものと考え、フィリップスがフットの議論を「経験的性格」をもつものとみなしているのも、さほど驚くにはあたりません。というのも、それらの議論はほとんどすべて、価値評価に関するものとみなされることはできないからです。

　他にもっと適切な表現がないので、ヘアやフットの議論を、とりあえずは「人間本性と人生のあり方についての、倫理的ではあるが非-評価的な信念」と分類することができるかと思います。しかし、もし彼らの議論がそのように分類されるならば、現代における道徳の合理性や客観性に関する論争の範囲もおのずから変わってくるはずです。そうした論争は、もはや単に、評価的信念について何が語られるべきか、あるいは「あるものは他のものよりもよい、あることはある場面でなされるべきことである、等々」というような評価的事態があるのかどうか、といった（かなり問題含みの）論争ではなくなってきています[25]。もちろん、そうした論争には、わたしたちが分類したような別種の信念も取り込まれねばならなくなるでしょう。

　さて、新アリストテレス主義的な徳倫理学の観点からは、こうした問題は、確かに厄介なものではありますが、とりたてて意外なものではありません。というのは、思慮、すなわち道徳的／実践的な賢明さとは、わたしたち徳倫理学の立場から言えば、一種の知であり、その特性上、若者や人生経験の未熟な者には見出されないようなものだからです。では、若者や経験未熟な者について、わたしたちは——徳倫理学者だけではなく、道徳的な賢明さという概念を用いている人なら誰でもが——一体何を語ることができるでしょうか。彼らの価値観が間違っているとか未熟だということだけでなく——実際、彼らの価値観が見事に機能する場面がないわけではありません——、彼らが人間本性や人生のあり方に

---

25) 同様のことは、倫理学を非-還元的に説明しようとする際に何が関与しうるかを議論する文脈において Barry Stroud が述べている。（なお、還元的説明とは「非-評価的要素だけから構築されたものとして評価を理解」しようとする説明のこと。）'The Charm of Naturalism' (1996), p. 54.

ついてまだ十分には理解していない，と言うことはできるでしょう。つまり，こうした事柄についての価値判断を正しくできるようにすること，それこそが，きわめて一般的に言って，道徳的な賢明さが全面的にかかわっていることなのです。したがって，そうした価値判断を間違ったものにするのは，悲しむべきことに，そこから多くの人間的邪悪さが生じる愚かさなのです。あるいはそれは，思春期の我が子やわたしたちの監督下にある若者が，徳と悪徳がもたらす利得をどうすれば同時に手に入れられるかという空想に惑わされているのを見る時，わたしたちがまさに正そうとしている彼らの内なる愚かさなのです（子どもや若者には，自分が特別に賢いとか，洞察力があるとか，魅力的であるとか，力があるといった自惚れがあるものです）。

　本章の始めで述べられたように，わたしが本章で目指したのは，あくまで問題の帰趨を実地に検証していくことでした。その際，わたしが示したかったのは，徳倫理学が，道徳の客観性ないし合理性について現在なされている論争に独特の仕方で寄与しうるという点です。では，徳倫理学によって一体何が提案されたのかと言えば，その答えが本章でのわたしの結論ともなるのですが，それは，道徳が賢明な利己心（enlightened self-interest）の一種であるという，きわめて馴染みの薄い考え方です。おそらく，現状では，そうした考え方があまり聞き慣れないものなので，そのように記述することは誤解を招く恐れがきわめて高いと言えるでしょう。というのも，現在なされている論争の範囲内では，その記述は以下の二つのどちらも含意できるからです。それはまず，道徳が，中立的な観点から特定された「賢明な利己心」の一種であるという考えを含意することができます──わたしはこのような考え方を否定しています。それはまた，道徳が，ある特定の倫理観の下で「価値負荷的な」仕方で特定された「賢明な利己心」の一種であるという考えを含意することができます。わたしはまだ，この後者の考えから完全に決別したわけではありません──すなわち，有徳者と背徳者は，何が利益や損失，さらには幸福（エウダイモニア）とみなされるかについて異なった意見をもっているという点で，わたしはフィリップスやマクダウェルと同意見でした。──しかし，わたしがこれまで強調してきたのは，「価値負荷的」と「ある特定の倫理観の下で」という二つの表現の外延は，必ずしも一致するわけ

ではない，という点です。ヘアとフットとわたし，そして（わたしの想定では）本書の大半の読者が，人間本性と人生のあり方について共有している（しかし，背徳者は共有していないと思われる）わたしたちに固有の信念群は，間違いなくわたしたちの倫理観の一部ではあります。しかし，現在，理解されている限りで，それらを「価値負荷的」ないし「評価的」信念とみなすことはできません。

　道徳が，おそらく中立的な観点から見た限りでの賢明な利己心の一種であるという考えは，かなり広範に流布しているようです。たとえば，ヘアはその考えを支持しています。デイヴィッド・ゴーティエもそうです[26]。ピーター・シンガーは最近，この考えに転向したようです[27]。この立場をめぐる論争は，賛否両論あいまって活況を呈しています。この考えに批判的な人たち（よいおこないをするための理由づけとして，その考えが不当に間違った理由を与えようとしている点に不満をもらす人々は別として），様々なタイプの背徳者たちが互いにどんな仕方で意見を異にするのかという点に焦点を合わせ，その不一致の原因を，背徳者がもっていると思われる多様な価値観（あるいは欲望，企図，目的）のうちに見出そうとしています。しかし，思慮（フロネーシス）という知のあり方，すなわち，中立的な観点から得られる事実に言及することなしに，人間本性と人生のあり方を理解するという，そういう知のあり方を取り込んでいける範囲で，わたしたちは，道徳が賢明な利己心の一種であるという主張を解釈していかねばなりません。こうした解釈方針は，わたしの知る限り，現在目にすることのできる研究文献において，まったくと言っていいほど認知されぬまま今に至っています。

---

[26] D. Gauthier, *Moral Dealing* (1990).
[27] P. Singer, *How Are We to Live?*

第 9 章
自 然 主 義

　本章では，前章（本書254頁）で「プラトンによる徳の必要条件」とわたしが呼んでいたもののうちの二番目，すなわち，徳はその持ち主を人間としてよいものにする，という命題に取り掛かることにします。前章におけるのと同様，わたしが目指しているのは，この命題が，ある特定の性格特性が徳であるための基準としてうまく機能しうるということを示すことです。徳倫理学，あるいは何であれ少なくともアリストテレスから影響を受けた倫理学は，一般に，倫理学的自然主義の一種と受け取られています。それは，おおまかに言えば，倫理学を何らかの仕方で人間本性の検討によって，あるいは人間としてのよさに関与するものによって基礎づけようとする企てのことです。この企てが果たしてうまくいくかどうか，その点に関する根本的な疑念については，ゲイリー・ワトソンがうまく表しています。彼はこう言っています。

　　現代における我々の疑念の多くは，ディレンマという形で表すことができる。人間本性（あるいは人間らしい生）に関する枢要な理論的説明は，道徳的に不確定なものとなるか，もしくは客観的に確実な根拠をもたないものとなるか，そのどちらかだろう。人間本性について客観的に確実な根拠をもった理論であれば，せいぜい我々がトラについてなしうる程度の，たとえば，このトラは見本にするにはよい・悪いとか，その行動は異常だとかいう程度の評価を裏付けることはできるだろう。こうした判断は健康に関する理論の一部にはなるかもしれないが，我々が抱いている道徳の概念は，健康との

類比，つまり悪を欠陥へと還元することに抵抗するだろう。（この抵抗は，あらゆる種類の自然主義に抵抗する自由意志の概念に関係するのではないかと思われる。）人間本性についての客観的な説明は，おそらく，よい人生がその特性上，社会的なものでなければならないということを含意するだろう。この含意によって，ヘルズ・エンジェルス〔1960年代アメリカのアウトロー・オートバイ・クラブ〕ではなく反社会的人間が，人間として不適格と見なされるだろう。この対比は意味深い。というのも，我々は反社会的人間を，悪人ではなく，むしろ道徳の枠をはみ出た者とみなす傾向があるからである。他方，もし我々がヘルズ・エンジェルスを排除するために，社会性の概念を拡充するならば，この概念は，もはや道徳判断を基礎づけるものではなく，むしろそれを表現するものとなるのではないかと懸念される[1]。

彼はこの懸念を次のような問いの形に要約しています。

客観的理論は，ギャングであることがよい人間であることと両立不可能だということを本当に立証できるのか。

しかし彼は，この問いに「できない」とか「できるはずがない」と答えるのではなく，これは以下のような問題の一つに過ぎないと結論づけます。

〔それは，〕徳の倫理学への見通しが立つようになるために，まずもって我々が直面すべき気がかりな主要問題である。人間本性に関しては，健康との類比が成り立たないと思われていることについてばかりでなく，その客観的説明がそもそもどのようなものでなければならないのかということについても，語られるべきことはたくさんある[2]。

---

1) G. Watson, 'On the Primacy of Character' (1990), pp. 462-63.
2) Ibid. p. 464.

第9章 自然主義

　倫理学との関連において「人間本性に関する客観的説明とは，そもそもどのようなものでなければならないのかということについて，語られるべきことはたくさんある」というのは，決して大袈裟な表現ではありません。本章では，この点についていくらか述べてみたいと思います。しかし，まずは倫理学との関連において「人間本性に関する客観的説明」とはそもそもどのようなもの˙で˙な˙いのか，その点について，前章で述べられたいくつかの論点を顧みながら，確認しておくことにしましょう。

　先に参照されたワトソンのディレンマとは，直前の章の冒頭でわたしが提示した一般的な議論を具体的に詳述したものと見ることができます。倫理学的自然主義の陣営では，人間本性に訴えることで，どの性格特性が徳であるのかという信念を正当化したいと望んでいます。しかし，これは，はかない望みのように見えるかもしれません。というのも，わたしたちは，〔そのような正当化を試みるために〕中立的な観点から，人間本性に関する科学的な説明を用いて語るか――この場合，その試みはなかなかうまくいきそうにありません――，あるいは身についた倫理観の下で語るか――この場合は，自分の倫理的信念を正当化するのではなく，ただそれを繰り返すだけに終わるでしょう――，そのどちらかしかないからです。

　前章と同様に本章でも，マクダウェルの主張，つまり，倫理学におけるノイラート的方法によって，このディレンマ〔両角論法〕の二つの角〔すなわち二つの選択肢〕の間をすり抜けていく一筋の途が示されるという主張は，特段の異議を差しはさむことなしに正しいという前提で話を進めていくことにします。そもそもアリストテレス的自然主義の主張は，通常の術語理解によれば，「科学的」でも「原理的」でもありません。それは，「中立的な観点」から結論を立証しようとするものでもありません。したがって，アリストテレス的自然主義の側にしてみれば，いわゆる自然主義的な結論に賛同するような倫理観とは大きく異なる倫理観や倫理的な見方をもつ人を〔自然主義陣営に与(くみ)するよう〕説得しようなどとは思いもよらないわけです。（だから，彼らにとっては，マフィアの麻薬王も，思いつく限りのどんなに信用のならない邪悪な人物も，それを引き合いに出してどうこうという話になるわけがないのです。）しかし，

とは言うものの，どの性格特性が徳であるかというわたしたちの信念をただ単に言い直すのではなく，それを合理的に裏付けていくためには，その立場は少なからず役立つものと思われます。

　それに関連して，前章から引き継いで本章でも繰り返し述べられる第二の点は，この「合理的な裏付け」こそがなされるべき当の課題だ，ということです。もともと，自然主義的な結論は，人に動機となる理由をもたらすことを目的とするものでは︎あ︎り︎ま︎せ︎ん。たとえわたしたちが（ありえないことではありますが）マフィアの麻薬王をうまく説得できたとしても，そもそも自然主義的結論が彼に動機となる理由を提供するはずはないのです。だから，彼が「よい人間になるかどうかなんてどうでもいい。わたしはよい麻薬王になりたいのだ」と言い放つ場面しか想像できないとしても，自然主義的な結論とは何の関係もないわけです。また，自然主義的な結論は，既に有徳な倫理観をもっている人たちに対しても，動機となる理由を提供するとは思われません。わたしが常々そう生きたいと思っている人生は，正直，節制，勇気，慈悲，正義などに従って生きる人生である，そう思えるような倫理観が身についてさえいれば，その上さらに動機となる理由など何ら必要ではありませんし，わたしが倫理的自然主義の主張を検討する際も，そのような動機となる理由を探し求めているわけではありません。わたしは，どの性格特性が徳であるのかという自分の信念が，自らの反省的な吟味に堪えうるものであり，何らかの合理的な正当性を得られるものであるのかどうかを見定めようとしているだけなのです。

　しかし——前章から引き継いだ第三の点でもあるのですが——，そのような正当化を先に進めていくための余地があると立証することと，実際にその正当化がどのようになされるかを述べることとは同じではありません。既に見たように，マクダウェルは，標準的な徳目リスト上にある徳が，どのようにしてその持ち主に利益を与えるのかを検討するだけで十分であるとは考えていません。むしろ彼は，そのような正当化が倫理的自然主義によってこそ果たされるべきと考えているように思われます。

　いずれにせよ，そうした課題がどの程度果たされてきたかを明らかにする必要は今でもありますし，そのためには，自然主義がどのようなも

のと考えられているのか，その点についてもさらにもっと語られる必要があります。本章では，どの性格特性が徳であるのかというわたしの信念を合理的に裏付けるために，自然主義の立場から見て，一体どのような取り組みが可能なのか，その点をかなり具体的に詳述することによって，「さらにもっと語る」ことが目指されます。わたしの考えでは，徳倫理学者は，徳がその持ち主を人間としてよいものにするという命題(2)に具体化された自然主義の立場を明確にする前に，まずは，自然主義的な研究がどのようにして進められうるのかという点に関して，細目にわたる様々な意見を検討しなければなりません。というのも，そのような検討がなされるまでは，その命題をどこまで実証できるものなのか，つまり，マクダウェルの言うように，合理的な正当化の可能性がどのように実現されていくのか，わたしたちにはまだわからないからです。確かに，そのような正当化が実証可能だと彼は主張しているわけですが，それにもかかわらず，がっかりするほどお粗末な結果しか得られない可能性だってまだかなりあるわけです。あるいは，その正反対に，もはやそれを倫理的信念の正当化とはみなせないほど多くの行き過ぎた結果がもたらされるかもしれません。詳細な検討を試みもしないうちから，一切を自然主義化すればよしとする，たとえば，ダーウィニズム流の社会生物学とでも言いうるような，そんな行き過ぎた結果に至るはずがないという根拠などありえないのです[3]。さらに，自然主義がどのようなものと思われているのかを仔細に検討することなしには，倫理的自然主義に関する評価がどのようにして健康に関する評価と類比できたり，できなかったりするのかを考察し始めることさえできません。それゆえ，そうした事柄について詳細を検討し記述することは必要なことで

[3) 「二種類の自然主義（Two Sorts of Naturalism）」の中でマクダウェルは，アリストテレスの自然主義の主張そのものに賛成しているのではなく，それを適切に理解するよう主張している。マーサ・ヌスバウムも，「アリストテレスの人間本性論と倫理学の基礎（Aristotle on Human Nature and the Foundation of Ethics）」(1995)の中で，人間本性についてのアリストテレスの考えを，現代的な意味で，外在的かつ「科学的」なものというよりは，むしろ「内在的で評価的」なものとして理解することを強力に主張している。しかし，両者どちらも，わたしの理解しうる限り，アリストテレスが，どの性格特性が徳であるかという彼自身の信念を，人間の自然本性に訴えることによって正当化したということを敢えて示そうとはしていない。（確かに彼らは，エルゴン〔人間固有の機能〕論がそのような正当化に当たるとは思っていない。）

あり，そのためには相当のページが割かれねばならないわけです。

　これから考察していく詳細な議論の多くと倫理的自然主義に対する全体的な見方を，わたしはフィリッパ・フットから受け継いでいます。したがって，以下ではまず，この問題領域で彼女が一体何を成し遂げたのか，予めいくらか説明しておく必要があるでしょう。

　出発点となるのは，彼女がこれまで決して見失うことのなかった，また，彼女の初期ヘア批判のうちに登場するある一つの着想です。その着想とは，「よい」という語は，「小さい」という語と同様，限定形容詞であるというものです[4]。その考えに含意されているのは，こういうことです。あなたは，自分の好きなほぼどんな基準に従っても，物事を評価し選択することができます。けれども，あなたが熟慮の上で「よい」と呼ぶものを〔よい何かとして〕記述する際には，そのためにどんな名詞ないし名詞句を使うか，選択しなくてはなりません。なぜなら，そうすることによって《よさ》の適切な基準が決まるからです。ヘアならば，たとえばあるサボテンをそれが病気で死にかけているという理由で，よいものと呼ぶことができるし，その理由でそれを選ぶこともできます。しかし，その時，彼がやってはいけないのは，それを「よいサボテン」と記述することです。なぜなら，サボテンは生き物〔つまり，死にかけていることが決して「よい」こととは記述できないもの〕だからです。彼はその死にかけたサボテンを，「窓台に置くのによい装飾用オブジェ」とか，「憎たらしい姑へのよい贈り物」と記述することはできますが，「よいサボテン」とは記述できないのです。これが，倫理学においてフットの「自然主義」と考えられていたものの骨子です。それによれば，フットは，論文「現代道徳哲学（Modern Moral Philosophy）」におけるアンスコムの後を承けて，「よい」という語やその関連語のこうした文法的特徴が，倫理学の文脈で語られ始めるや否や，突然，神秘的な変化を被ることを決して認めませんでした。「よいサボテン」，「よいナイフ」，「よい騎手」に当てはまる文法的特徴は，倫理学において「よい人間」という語句が用いられる時であっても，同じように当てはまるはずです。それゆえ，フットはごく初期の頃，事実と価値の区別に対し

---

　[4]　ただし，この着想のこうした説明の仕方は，Peter Geach, 'Good and Evil' (1956) に由来するものであることに注意せよ。

て，またそれに伴って，「よい」が非倫理的文脈においては純粋に記述的なものであるのに，倫理学的文脈においては，どういうわけかまったく違った「評価的」なものになるという考えに対して，批判的だったのです[5]。

　これまでのほぼ十年間にわたって，フットは，倫理学において自然主義と呼ばれるもの，すなわち倫理学の基礎を何らかの方法で人間本性の検討に置こうとするアリストテレス的自然主義を探求し続けてきました。その際，彼女は，サボテンのような生き物の評価に関する自身の初期の考えと，アリストテレス的自然主義の課題とを鮮やかに結びつけたのです。彼女は，自身の（残念なことに）未出版のロマネル講義[6]を，「道徳哲学では，植物について考えることが有効だとわたしには思える」という，聴衆の関心を一気に引き寄せる言葉で説き始め，続けて，「よい」「うまく」「欠陥がある」などの評価語の使用に関する話を，まず植物と関連づけ（すなわち，樹木における「よい根」をめぐる初期の議論に立ち戻って）[7]，次いで人間以外の動物，最後に人間と関連づけながら進めていきました。しかし，この話題についての最近の刊行論文では[8]，彼女は植物を抜かして，人間以外の動物からすぐに説き始めています。彼女の主張はこうです。「食べるだけで狩りに参加しないタダ食いオオカミ」や「花蜜のありかを見つけたのに，仲間にそれがどこなのかをダンスによって知らせないミツバチ」は，どこか間違っています。ちょうど

---

　5)　アンスコム（Modern Moral Philosophy, p. 29）は，「'should' や 'ought' や 'needs' といった用語は「よさ」「悪さ」と関係している」と述べた上で，機械や植物が必要とする／持つべき／持つはずのものに関した主張を展開して，次のように続けている。「この考えに従えば，人はだますべきではない（should not）と言われる時，'should' や 'ought' は，もちろん，なにか特別な「道徳的」意味で使われているのではない。」（他人をだます人は悪い人だと言う時，「悪い」という語は特別な「道徳的」な意味で使われているのではない，そう彼女ならば補足したかもしれない。）他方，'Goodness and Choice' (1978, p. 134) においてフットは，「「よい人」と言う時の「よい」に関するヘアの説明がもし正しいとしたら，「よい」という語のこの用法は，「よい何々」と言われる他のすべての場合とは異なっているように思われるだろう」と述べた。その際，彼女が強く示唆したのは，もし，専ら我々の自己評価のためだけにあり，他のすべての物の評価とはまったく異なる，「よい」という語の特別な「道徳的」「評価的」用法があるとしたら，それはなにか非常に奇妙なものだろう，ということである。

　6)　1989年に，アメリカ哲学会の太平洋区域会議で行われた公開講演。
　7)　'Goodness and Choice', p. 145.
　8)　'Rationality and Virtue' と 'Does Moral Subjectivism Rest on a Mistake?'

それと同じように，たとえば，慈悲や正義を欠いた人間も，やはりどこか間違っているのです。「仲間と協働する種の中でこのように《タダ乗り》を決め込む個体は，聴覚や視覚，移動能力などに欠陥のあるものと同じように欠陥のあるものなのである。」だからこそ，「わたしは，いたって真面目に，道徳的評価の基準を動物の行動評価の基準になぞらえていこうとしているのだ」[9]というわけです。ともあれ，彼女は以下のような結論に至ります。

> わたしの考えでは……道徳的評価は事実問題の記述に真っ向から対立するものではなく，むしろ，ある特定の主題にかかわる事実と繋がりをもつものである。それは動物における視覚や聴覚，その他の感覚の類，および，動物の行動の他の側面にかかわる評価が，それらの〔身体的〕事実と繋がりをもつのと同様である。暗闇の中で見ることができないフクロウの視力とか自分のひな鳥の鳴き声を識別できないカモメの聴力には，何か欠陥があるということを，誰もが明白な事実とみなすように思われる。同様に，我々人間の場合にも，自分たちの種に固有な生活形態に基づいた，人間の視覚，聴覚，記憶，集中力といったものの客観的で事実に即した評価というものがあるのは明白である。それなら，一体どうして，人間の意志に関する評価の場合は，人間の自然本性やその種に固有の生にかかわる事実によってそれが決定されるべきだという提案が，それほどまでに奇怪なものと思われるのだろうか。確かに，この抵抗感とでも言うべきものの内には，「よいおこない」における「よさ」というものが，選択ということと特別な関係にあるという考えがかかわっているようだ。しかし，既に示そうとしてきたように，この特別な関係とは，非認知主義者が考えているようなものではなく，むしろ，道徳的な行為は理性的な行為であるという事実，あるいはまた，人間は行為するための理由を認識し，それに従って行為する能力をもった生き物であるという事実に存するのである[10]。

---

9) P. Foot, 'Does Moral Subjectivism Rest on a Mistake?', p. 9.
10) Ibid. p. 14.

フットはここで，ワトソンが述べていたように，トラ（やオオカミやミツバチ）を「よい」もの／「健康な」もの／「該当する種の見本」として評価することが，何らかの仕方で倫理的評価と類比されうると主張しているように思われます。それは，以下においてわたしが彼女から多くを負っている考え方です。ただし，植物から説き起こした彼女のもともとの着想にもう一度立ち戻る点で，以下の論述は，最近の刊行論文での彼女の立場からは離れることになります。なぜなら，そのほうが，生き物を評価する際にそれが見出されるとわたしが主張している，その特殊な構造の発展を，容易に識別することができるからです[11]。

植物と動物の評価

　生き物は，あらゆる種類の基準に従って，選択されたり評価されたりすることができます。たとえば，食べることのできるものとして，コンテストの出品物として，さらには「窓台に置くためのお気に入りの装飾用オブジェ」としてさえ，わたしたちはそれらを評価することができるのです。その際，それぞれの名詞や名詞句は，それ自身の「よさ」の基準をもたらします。また，その道に通じた庭師が植物に対して評価をおこなうように，あるいは動物行動学者が動物に対して評価をおこなうように，わたしたちは自然主義との関連で，個々の生き物をその自然種の見本として評価することができます。以下では，その点に焦点を合わせてみたいと思います。

　個々の植物は，(i) その部分がよいか否か，(ii) その働き（この項目には，関連する反応も含む）がよいか否か，その二つの基準に従って，たとえば，その種（あるいはその亜種）のよい（あるいは悪い／貧弱な）見本であったり，よいバラやよいイラクサであったりします。ここで，植物の部分とは，その葉，根，花弁といったようなもののことです。植物の働きとは，生育し，水を吸い，つぼみを膨らませ，枯れ，種子をつく

---

11) 以下で概説されるその構造を例証する際に用いられる例のほとんどは，フットのものだが，わたしには彼女が考えていた以上の構造が存在するように思われる。その点は留意されるべきだろう。

る，などといったことです。その反応とは，ヒマワリやパンジーが太陽に向かって向きを変えたり，植物の葉が水分を保つための対策として萎れたり，内側にまくれたりするようなことを意味しています。

　個々の植物の部分と働きは，二つの目的に照らして，「よい」と評価されます。すなわち，(1) 当該の種のメンバーにとってほぼ標準的な生息期間中の個体の生存，および (2) 当該の種の存続，その二つの目的に，当該の種のメンバーに特徴的な仕方で貢献しているかどうか，その基準に従ってそれらは「よい」と評価されます。したがって，個体の生存に関して部分を評価する際は，たとえば，(種xの) 木は，当該種に属するものである限り，その木を固定し，養分を吸収することによって生存を補助するような種類の根をもつべきである，と考えられます。また，水分が不足した時は，おそらく，その葉はまくれるべきだと考えられます（個体の生存に関するその木の働きとして）。さらに種の存続に関して働きを評価する際には，たとえばその木は，1年のうちのある時期に（その種のメンバーが種子をつくる典型的な時期に）種子をつくるべきであり，その時期につくられた種子は，成熟して繁殖力がある種子，つまりよい種子であるはずだと考えられます。

　このようにして，わたしたちは個々の植物を評価する際に，二つの目的に関連して，二つの側面，すなわちその部分と働きを評価しているのだということがわかります。よいxとは，その部分と働きに関して，〔それら二つの目的に〕うまく適合したもの，あるいは生来そのようにできているもののことです。言い換えれば，それがうまく適合しているかどうか，あるいは生来そのようにできているかどうかは，部分と働きがxに特徴的な仕方で，その個体の生存とその種の存続という目的を果たしているかどうかで決まるわけです。

　では，よく言われるように，わたしたちが動物の段階へと「自然の階梯を登る」とどうなるでしょうか。その場合でも，やはりわたしたちは，個々の動物をその種や亜種のメンバーとして引き続き評価していきます。つまり，植物の場合と同じ二つの目的に関連して，同じ二つの側面を評価することによって，個々の動物を評価していくわけです。しかし，その階梯を登るにつれて，やがてさらなる二つの側面と二つの目的

にかかわることになります[12]。

　まず，(パンジーやひまわりが太陽光に反応するといったような) 単なる反応について語る段階を超えて，行動／振舞いについて語り始めなければならない，ごく漠然とした境界線とでも言うべきものがあります。実際，魚や鳥でさえ，どの植物もしないような仕方で，行動します。それゆえ，行動する動物を評価する際には，それらがよく働いて〔機能して〕いるかどうかだけではなく，個体の生存と種の存続という二つの目的に照らして，それらがよく行動しているかどうかをも検討していくことになります。

　したがって，ある程度高度な動物は，それらがよい部分とよい働きをもっているかどうかという基準ばかりでなく，その種に特徴的な仕方でよく行動しているかどうかという基準にも従って，当該の種のよい，あるいは悪い／欠陥のある見本として評価されるのです。

　さらに，行動することのできるもっと複雑な生き物については，(これまでの段階と同様に) ごく自然に，二つの目的のもっと複雑な実現の仕方が見出されます。よい鳥とよい植物が両方とも「おこなう」のは栄養の吸収ですが，鳥は植物がしないような仕方で栄養を得るために行動しなくてはなりません。たとえばフクロウの場合，栄養をうまく得るためには，自らのよい部分と働き，すなわち目，羽，爪，しっかりと機能する消化器官などを必要とするだけでなく，うまく狩りができることも必要となります。その種に特徴的な仕方でうまく狩りができないフクロウは，少なくともその点では，悪い／欠陥のあるフクロウなのです。

　さらに，何かをおこなう動物の場合，「種の存続」のためには，いわば，ただ種子を蒔くだけでなく，それよりもずっと多くのことが関係してきます。それゆえ，種の存続という目的に関して言えば，個々の動物の評価は，その目的に必要なこの「それよりもずっと多くのこと」を，その種に特徴的な仕方で，それがおこなうかどうかにかかっています。だから，仲間の卵を捨てる皇帝ペンギンは，その点で，悪い／欠陥がある皇帝ペンギンなのです。子どもに乳をやらず，その後も食物を与えず，狩りも教えない雌ライオンは，その点で欠陥があるライオンという

[12) まさにこの地点から，わたしはフットより以上の構造を導入し始めることになる。しかし，用いられる例の大半は相変わらず彼女のものである。

わけです。

　さて，多くの動物を評価する際にその基準となる第三の側面，すなわち行動についてはこれくらいにして，次に，個体の生存と種の存続を超えた，第三の目的を考察することにしましょう。自然の階梯のどこか，すなわち，以前の段階と同様に，ごく漠然とした境界線とでも言うべきものを超えたところに苦痛が置かれ，さらに——ひょっとしたら，それと同じかもしれないし，違うかもしれないところに——，快楽が置かれます。つまり，苦痛を感じることができ，快楽や楽しみを味わうことのできる動物は，最初の二つの目的だけでなく，三つ目の目的，すなわち，当該の種に特徴的な仕方での苦痛からの解放と快楽や楽しみの享受との関連でも評価されるようになるわけです[13]。

　ここで「特徴的な」という語を強調することは重要です。動物の苦しみに対する功利主義的な取り組み方を否定している動物行動学者たちが常に指摘しているように，動物が被る苦痛の多くは，決して悪しきものではなく，生存のために重要な仕組みなのです。足の裏が切れているのに痛みを感じない犬は，普通の犬よりもよいわけではなく，むしろ欠陥があるとされます。損傷した部分に痛みを感じる動物の種において，その部分の痛みを感じないことは，そのような種の個体にとっては，むしろ欠陥でしかありません。当該の種に特徴的な仕方での痛みからの解放とは，同じ種のメンバーに特徴的な生のうちにこそ見出されるものです。だから，たとえば，捻じれた角をもつ雄羊は，おそらく，どこか異常があるだけのことでしょうが，もしその角が頬にまで伸び，絶え間ない痛みを引き起こすほど捻じれていたならば，それは欠陥に他なりません。それゆえ，痛みを感じずには噛むことができないほど異常な仕方で成長した歯をもつ動物は，確かにその点では欠陥があるのです。

　以上が第三の目的，すなわち，〔当該の種に〕特徴的な痛みからの解放と（必要に応じた）〔当該の種に〕特徴的な快楽と楽しみがそうです。この目的によって，動物をよいとか欠陥があるとか評価する際にわたし

---

13) これと関連しているけれど異なった以下の論点については，フットの論文「安楽死 (Euthanasia)」の最初の部分を見よ。「植物にとって有益なものは，その生存〔ばかりでなく〕生殖にもかかわるものだろう」(p. 38) し，痛みを感じることのできる動物に目を向ければ，快適さとか苦難からの解放といった「新たな事柄が有益とみなされる」(p. 39)。

たちが評価している四つ目の側面に注意が向けられることになります。そもそも苦痛と快楽をより高度な動物に帰属させることと密接に関係があるのは、少なくとも最低限そう呼べる限りでのある種の心理状態、すなわち感情と欲求をそうした動物に帰属させることです。そのような心理状態をもつことができる動物は、他の三つの側面に関してだけでなく、感情や欲求に関しても、よいとか欠陥があるとかいうように評価されます。そのような動物に摂食や生殖への欲求がない場合、彼らにはどこかおかしいところがある、つまり欠陥があるのです。(「捕獲されたため、繁殖しません」という、動物園のいくつかの檻に以前はよく掲げられていた掲示ほど可哀そうなものはありません。）たとえば、ある種の動物は、その種の特徴として、他のいくつかの種を恐れ、それ以外は恐れないとしましょう。そのような種のメンバーが、正しい仕方で恐れを感じないとすれば、その点でそれには欠陥があるということになります。

このようにして、ある程度高度な動物には、四つの側面、すなわち (i) 部分、(ii) 働き／反応、(iii) 行動、(iv) 感情／欲求、が見出されます。また、それらが評価される際の基準となる三つの目的は、(i) 個体の生存、(ii) 種の存続、(iii)〔当該の種に〕特徴的な快楽あるいは楽しみ／〔当該の種に〕特徴的な苦痛からの解放、となります。さて、ここでさらにもう一段登って、次の段階、具体的には社会的動物を考察する段階に至るならば、四つ目の目的、すなわち (iv) 社会集団のよい働き、が新たに加わることになります[14]。

この第四の目的に照らしてどんな動物の部分が評価されうるのか、残念ながら自信をもって例証できるほどわたしは動物生理学について詳しくありません。二つ目の「働き／反応」に関しては、誰にでもわかる例として、ある社会集団のメンバーが自分の仲間を認識する能力が挙げられます。その能力がなければ、その個体には明らかに欠陥があるわけで

---

[14] ミツバチやアリなどの〔ある種の〕社会性をもった生物は、ある程度高度な動物へと連続的に進展していくこの過程のなかでは、ちょっと厄介な存在となる。なぜなら、それらには、快楽はもとより、痛みがあるとも考えられないので、当然、三つ目の目的に照らして評価されることはないわけだが、それにもかかわらず、それらは、ここで「四つ目」と呼ばれた目的に照らして評価されることになってしまうからである。わたしは、ミツバチやアリのような厄介な生物に関しても、あれこれと但し書きをつけて議論を複雑にするよりも、この「四つ目」という表現で押し通していくつもりである。

すし，おそらく，その個体のどこかの部分に欠陥があってそうなったものと思われます。毒針を欠くという点で欠陥のあるミツバチは，種の存続というよりも，むしろ自らの巣が維持され，それがうまく機能するという目的に照らしてみる限りで，欠陥があると言われるかもしれません。しかし，大部分の例は，あくまで行動および感情／欲求という側面に関連するものとして見出されます。

　たとえば，オオカミは群れをなして狩りをします。つまり，狩りに参加しないで獲物に与ろうという「タダ食い」オオカミは，〔集団行動ができないという意味では〕うまく行動できていないわけで，その点で欠陥があることになります。また，オオカミ，ゾウ，ウマなどの社会的集団〔群れ〕にはリーダーがいて，そうした動物の群れの中でリーダーの権威に従わない個体は欠陥があるとみなされます（ただし，当該の種に特徴的なやり方で，リーダーの地位を狙った挑戦がなされるような場合は，その限りではありません）。あるいはまた，社会的動物の中には遊びを好む種もあります。つまり，そのような種のメンバーでありながら，遊びに加わらないものはその点で欠陥があるわけです。もっと強く言えば，遊びに加わろうとするのに適切に遊べない，たとえば，そのゲームのルールに従わない，そういったメンバーも，その点で欠陥があるとされます。また，類人猿の中には，互いに毛づくろいし合うのを好む種がありますが，その種に属しているにもかかわらず，仲間の毛づくろいをしない個体には欠陥があると言えます。恐れや怒りに関しては，同じ群れの他のメンバーと，同種だが同じ群れではないメンバーとの間で異なる特徴的なパターンがあります。つまり，ある種の社会的動物において，感情的な反応が群れのメンバーと調和的なものでないために，群れの担う〔社会的〕機能を阻害してしまうような個体は，その点で欠陥があるということになります。

　ところで，ここで言われる「社会的集団〔群れ〕の担うよい機能」とは何でしょうか。言い換えれば，社会的集団がよく機能するとはどういうことなのでしょうか。その問いに対する答えとして，まず，そのような社会的な集団が担う機能とは，そこに属する個体が（その種に特徴的な仕方で）よく生きられるようにすること，つまり，その種に特徴的な仕方でのその集団の個々のメンバーの生存，種を存続させるためのその

種に特徴的な仕方での貢献，さらにその種に特徴的な痛みからの解放やその種に特徴的な楽しみの享受，そういったことを促進していくことです。そして，これらすべては，集団に属する個々のメンバーに特徴的な能力の発達を促すことを含意しています。これが，社会的集団のなすべきことです。したがって，もし，それがうまくおこなわれていれば，その集団はよく機能しているということになります。

　社会的動物を考察すると，四つの目的が互いに繋がっていることがわかります。この「繋がり」という特徴は，社会的な動物以外の場合においても，決して欠落しているわけではありません。動物は，生殖するためには成熟するまで生き延びる必要があります（植物でさえもそうです）。成熟した後，自らの子どもが養育を必要とする間は，彼らを養育する必要があります。しかし，社会的動物の場合に，この特徴はとりわけ際立っています。

　個々の社会的動物の生存は，一般に，それが属する集団〔群れ〕がうまく機能していれば，その集団との強固な繋がりによって果たされます。種の存続はその集団がよく機能しているかどうかにかかっています。さらに，ある程度高度な社会的動物では，個々の苦痛や快楽は，自らが属する集団に相関したものとなるはずです。実際，そのような社会的動物は，集団内での仲間との交わりを絶たれると，嘆き苦しみますが，その一方で，そのような交わりや相互活動を楽しんだりもするのです。あるいはむしろ，そのように行動することがその種のメンバーに特徴的なことだとするならば，それをしない限りで，その個体には欠陥があるわけです。それゆえ，（互いに毛づくろいをし合うような）類人猿の場合，自らの集団と共にいることや毛づくろいされること，また遊ぶことを楽しめないならば，その個体はその点で欠陥があるのです。

　以上を要約すると，（ある程度高度な種の一つである）社会的動物のうち，よいものとは，(i) その部分，(ii) その働き，(iii) その行動，(iv) その欲求と感情，以上に関して，うまく適合しているか，あるいは生来そのようにできているもの，ということになります。ところで，それがうまく適合しているか，あるいは生来そのようにできているものなのかどうかは，この四つの側面が，(1) その個体の生存，(2) その種の存続，(3) その種に特徴的な仕方での痛みからの解放とその種に特徴的な

楽しみ，(4)その社会的集団が，その種に特徴的な仕方でよく機能すること，以上の四つの目的を果たしているかどうかによって決まります。

今概観したような生き物の評価については，注目すべき点がいくつかあります。それらは，わたしたちが自らに対する「よい人間」という評価を検討する際に，念頭に置いておく必要のあるものです。

第一に，生き物に関するそのような評価の真実性は，決して，わたしの欲望や関心，価値観から得られるものでもなければ，それが「わたしたちのもの」かどうかで決まるものでもありません。そうした評価は，その語のもっとも端的な意味で「客観的」です。実際，植物学，動物学，動物行動学が科学であるなら，それらはまさに科学的と言えます[15]。このような評価に馴染みのない読者や，そうした評価を単なる承認や賞賛と同一視しがちな読者は，テレビでやっているガーデニングや自然の素晴らしさを紹介する多くの優れた番組に注目すべきです。ガーデニングの番組には，「この植物のどこが悪いのか／どこに欠陥があるのか」（あるいは，「このどうしようもないイラクサが，どうしてこんなによく伸びるのか」）といった問いに対する的確な情報があふれています。自然の素晴らしさを紹介する番組では，マイケル・トンプソンによって美しく表現された[16]，「（欠陥のない）xたちはこれこれの部分をもち，（春には／狩りの時には／等々）しかじかの行動をする」といった情報に事欠きません。農夫たちや家畜に関心のある人々は，そうした方面にかかわる評価を正確に入手するために，常に特別な関心を持ち続けています。植物学者や動物行動学者たちはと言えば，あくまで当該科学の目的に即した，真なる評価に到達したいと思っているのです。

第二に，その客観性，明白な科学的立場にもかかわらず，そうした評価は「大体のところ」真であるにすぎず，その上，不正確さと不確定性に満ちています。それらはある特定の種または亜種に属する個体につい

---

15) もしジョン・デュプレが正しいなら，この主張は実際にはいま一つ真実味がない。なぜなら，彼によれば，生物界を分割するための唯一の方法があるわけではないし，様々な分類法も，部分的には，我々の多様な興味によって多様化されているからである。この点に関しては，彼の *The Disorder of Things* (1993) を見よ。しかしながら，確かにわたしは彼が正しいと確信しているけれども，この文脈では，生物科学のより一般的なイメージを許容したとしても無害であると思われる。

16) M. Thompson, 'The Representation of Life' (1995).

ての判断なのですが，それらの種を表示する語はその周縁があいまいな上に，何をその種とみなすかについてはほとんど恣意的ですらあるように思われます[17]。たとえば，この〔発育不良の〕植物をxとして分類すべきか（その場合，それは発育不良の貧弱なxの見本となります），それとも発育の止まったx，すなわち矮性のxという亜種として分類すべきでしょうか（その場合，それはその亜種の優れた見本となります）。あるいは，ある種に備わる「特徴的な働き方」は，その自然本来の環境や棲息地において，その種に特徴的な仕方でそれがどのように働くかによって特定されます。その場合，「種に特徴的な働き方」というような表現は，種を表示する語と同様，実に厄介な代物です（実際，種xに属する個体の一部が，本来はxにとって不利な環境にうまく適合するとしたら，そのこと自体が，それらを亜種として分類しなおす根拠となりうるのです）。したがって，もしも，その種がさらに細かく分類される必要があると判断されたり，その種の一部のメンバーがあたかも新しい特徴的な仕方で成長しているかのように見えたりするなら，種xやxに属する個体の一部に何か不具合があるという植物学者や動物行動学者の当初の判断が，後から取り下げられたとしても別におかしくはないわけです。

諸々の側面を全体としてまとめ上げる評価，すなわち，この個体xはよいxであり，その種のよい見本である，という評価は，当該の種に関連する諸側面の評価すべてに随伴するものです。よいxとは，その部分，働きなどの側面に関して，うまく適合している，あるいは，生来そのようにできているもののことです。つまり，それは，よい部分と働きをもち，よく行動し感じ欲求するという理由で，よいxなのです。そのような側面はまた，（上述されたように，しばしば相互に関連し合う）適切な目的との関係で評価されます。こうした複雑な関係性をすべて考え合わせれば，個体xは，この目的に関しては完全であるかもしれないし，他の目的に関しては欠陥があるかもしれない，しかし，さらに別の目的に照らせばそれなりによいかもしれないのです。したがって，最終的に最善な仕方で記述するとすれば，たとえば，個体xは「しかじかの点を別にすれば，ほぼ完全な見本である」，「年齢を考慮すれば，最高の見本

---

[17] この見解に対する広範な擁護としては，以下を見よ。J. Dupré, *The Disorder of Things*.

である」,「その環境ではかなり劣悪な見本である」等々となるであろうことは明白なはずです。

　ある側面では,とてもうまく適合するように生まれついているのに,他の側面では,少々欠陥があるような個体 x は,全体として,よい x なのか,そうでないのか。また,もしよい x であるとしたら,それは,関連するすべての側面において,著しくという程度ではないけれども,それなりによく適合するように生まれついている別の個体 x と同程度に,あるいはそれ以上によいのかどうか,そういった点が,場合によっては,かなりあいまいなものとなるでしょう。さらに,不自然で不利な環境下にあるにもかかわらず,個体 x が際立ってうまく行動しているとした場合,その個体は〔その理由で〕よい x であるのかどうか,あるいはまた,その個体が,自然な生息場所でよいと評価される個体とは異なった仕方で行動しているという理由で,欠陥があると記述されるべきなのかどうか,そういった点もまた,場合によってあいまいなものとなります。

　諸側面が評価される際には,また,基準として参照される目的同士が対立し合うことがあります。その場合,諸側面の評価を全体としてまとめ上げる判断は,必ずしも常に明確に規定されるというわけではありません。とはいえ,実際はと言えば,むしろはっきりと,しかも当該の種のメンバーに特徴的な仕方で規定される場合がほとんどです。その点に立ち入るために,ここでフットの挙げるもっとも顕著なケース,たとえば,(おそらくは架空の) タダ食い狼,毒針のない働きバチ,自分の子どもを守らない雌ライオンを考察してみましょう。すると,ここで最初に明らかになるのは,そのような個体が,第一と第三の目的の一つ,ないし両方に関しては,うまく適合するように生まれついているのに,他の二つの目的のうちの一つ,ないし両方に関しては,あまりうまく適合しないか,場合によっては不適合でさえある,という点です。しかし,よい x とか欠陥のある x という全体としての評価は,最終的によい x としての生を生きたのか,それとも失敗したのかという評価とともに,その種に特徴的な生き方や特徴的な楽しみ／痛みからの解放を強調することによって,当初の印象を覆します。出産の苦痛から終生解放されている不妊の雌チータは,雌チータに特徴的な出産の痛みからの解放という点

から見れば，それに関してうまく適合するように生まれついているわけではありません。同様に，タダ食いオオカミは，オオカミに特徴的な食べ物を獲得するという楽しみに関して，うまく適合しているわけではありませんし，毒針のない働きバチは，〔たとえ他のハチより長生きできたとしても〕働きバチに特徴的な寿命という点で，それにうまく適合するように生まれついているわけではありません。ヒナのいる巣から捕食者の気を逸らそうとする鳥の場合，そのメンバーが，もしそれをしなければ，欠陥があるわけですし，そうした鳥たちや〔自らの子を守らない〕雌ライオンが，個体の生存と痛みからの解放に関して，よりよく適合できるように生まれついているという事実にもかかわらず，それらには欠陥があるのです[18]。

　第三に，よい x は必ずしもすべてが同じ特徴をもつとは限らないので，むしろ，よい〈f である x〉〔x は f であり，かつ，よい〕とか，よい〈g である x〉というような仕方で評価されるべきなのかもしれません。たとえば，植物の種の中にも雌雄の区別をもつものがあり，よいシキミの雌株には実がなる以上，実をつけないシキミの雌株はその点で欠陥があることになります。しかし，シキミの雄株に実がならないからといって，その点で欠陥があるというわけではありません。ダンスによって仲間に情報を伝えるのはよい働きバチであって，〔専ら生殖に携わる〕雄バチや女王バチではありません。オオカミは，群れのリーダーにならないからといって欠陥があるわけではありませんが，現にリーダーであるオオカミの場合，もしよいリーダーでなければ，そのオオカミには欠陥があることになります，等々。

　第四に，諸側面への個々の評価を全体としてまとめあげる評価，つまり，この x は当該の種のよい見本である，というような評価のことですが，それによって，個体 x は，（種 x に特徴的な仕方で）よく行動し，よく生き，成功し，繁栄することができるように，通常はうまく適合しているか，あるいはそのように生まれついているものと認められます。そもそも生き物が行動するとは，生きることに他なりません。したがっ

---

18) 以下のフットの主張を参照せよ。「個体の評価，すなわちそれ固有の働きの評価は，それ自身にではなく他にとって脅威となる，公的ないし私的な有害性に依拠している。」'Rationality and Virtue', p. 209.

て，まったく一般的なことではありますが，外部から何かによって妨げられない限り，よい生き物はよく生きるものなのです。しかしながら，自身に関連するすべての点で完全に生まれついているような完璧な個体xでさえ，必ずしも常によく生きることができるというわけではありません。環境が汚染されているかもしれないし，自らの天寿をまっとうする前に，偶然出会った何かによって食べられたり殺されたりしてしまうかもしれません。さらに，完璧な個体xは，たまたまそれがまさにその種のよい見本であるが故に，当該の種に特徴的な仕方でよく生きることができなくなるかもしれません。たとえば，痛みをその種に特徴的なやり方で感じることのできる個体の場合，運悪く，死ぬまで苦しみ続けることになるような損傷を被ったならば，ひたすらその苦しみに耐えてゆかねばなりません。他方，体の一部が損傷してもまったく痛みを感じない個体なら，運よく高齢に至るまで痛みを感じずに生き延びることがあるかもしれませんし，たとえ重傷を負った場合でも，個体としては，死の間際の数か月間，その欠陥によって〔痛みの回避という〕利益を得ることがあるかもしれません。しかし，それにもかかわらず，そうした個体にはやはり欠陥があるのであり，種xに特徴的な仕方でよく生きることができるとは考えられないのです[19]。

　第五は，そのように全体としてまとめ上げられた評価の真実性について，少なくともその一部は，当該の種xに特徴的な必要性，さらに（自然の階梯を登るにつれて）その関心や欲求に依拠するようになるという

19）　この点については，人間には自らの手と目を使用する必要があるという主張と関連したフットの初期の考え（「損傷によって，必ずしも常に害ばかりがもたらされるわけではなく，時には，もっと大きな利益が偶然にもたらされるようなことだってありえないわけではないだろう。そのことは，身体的に屈強な男たちに対して徴兵命令が下される場合を考えてみるだけで明らかである。」'Moral Beliefs', p. 123）を，以下の自然主義的文脈における新しい考えと比較せよ。「個体にとって，視力（のようなそれ固有の働き）のよさや悪さが本質的に何であるのかを決定しているのは，……それがたまたまそこに生息している環境ではなく，当該の種の生き方である。なぜなら，動物園で飼育されている野生動物のように，特別な環境に置かれた個体は，その特別な生活にたまたま適合しているという理由で，まさしく欠陥をもっていることになるからである。「よい視力」という表現は，その意味において，当該の種と関係している。もし，特別な環境，あるいはそれに固有の環境において，ある特定の個体に有利であるような視力について語りたいと思うなら，いつだってそうできるのだが，その時，わたしたちはよい視力についてではなく，何か別のことについて語っているのである。」'Rationality and Virtue', p. 208.

点が挙げられます。

わたしたち自身の評価

　もし,「よい」が限定形容詞であり,しかも,わたしたちがわたしたち自身を倫理的に評価し始める時にも,その語法が突然変わったりすることはない,というアンスコムやギーチ,さらにフットによる主張が正しいならば,人間のよさの基準は,人間がそれ自体として何であり,かつ／あるいは,何をなすのか,ということに関係しているにちがいありません。もちろん,わたしたちが何であるのかに関して意見が相違する余地はあります。たとえば,人間とは何であるかと問われれば,それは不死の魂の持ち主である,と言われるかもしれません。つまり人間とは,その不死の魂を通して神を知り,永遠に神を愛することができるようになる存在だ,というわけです。しかし他方,「倫理的自然主義」は,一般には,倫理学をどうにかして人間本性の検討に基づけようとするだけでなく,人間を生き物の自然本性的,生物学的秩序の一部として理解しようとする立場だと考えられています。その標準的な第一前提は,人間とは何であるかと言えば,それは理性的で社会的な動物の一種であり,したがって生き物の一種である,ということになります。それは,「人格」とか「理性的存在」とは違って,特定の生物学的構造と自然本性に即した生の過程を有しています[20]。

　もし,上述したことがすべて大筋で正しいならば,しかも,倫理的自然主義に何らかの真理性があるとするならば,わたしたちの倫理的自己評価には,少なくとも,植物学者や動物行動学者による他の生き物の

---

[20]　わたしの考えでは,「人間」との対照を意図して用いられる「人格」という語を倫理学から遠ざけておくための有力な理由は,それが普通,あまりにも不明確に定義されているために,「よい人格」という表現に明確な意味を見出せないからである。もし仮に,人格の何たるかが,単に〈自己を意識するもの〉としか定義されないならば,一体何を基準にして「よい人格」とか「悪い人格」と評価できるのだろうか。その場合,たとえば,過去から未来にわたって存続するものというような自己概念が,かなり貧弱な概念と対置される限りで,とてもよい自己概念〔つまり,「よい人格」と評価するための妥当な基準〕になるとでも言うのだろうか。

評価の内に見出されるのと明らかに類似した構造が示されねばなりません。言い換えれば，わたしたち自身に対してなされる倫理的評価の構造と，比較的高度な社会的動物に対する倫理的評価の構造との間には，わたしたち人間が社会的であるだけでなく理性的でもあることによって，当然，相違はあるものの，それ以上に両者の構造が類似していることへの期待は大きいと言わざるをえません。これは，倫理的自然主義がマクダウェル言うところのディレンマの解決策としてうまく機能しうるかどうかを見るために，わたしたちが最初に検討しなければならない問題と言えます。

　これまで見てきた評価はすべて，その種における健全な見本としての「よい x」に関係しています。ただ，それらとわたしたち人間に対する倫理的評価が少しだけ違っている一つの明確な点は，わたしたちの身体的諸側面，少なくとも身体的部分やその働きに関する諸々の評価に自ずと随伴する〔人間という種に関する〕全体的な評価が，ヒト生物学，かつ／あるいは医学の領域へと切り離されてしまうところです。誰かある人を，身体的に健全であるという意味で人類のよい見本として評価することは，わたしたちにとって（おそらく，古代ギリシア人にとってではないでしょうが），わたしたちが「倫理的」と呼ぶ評価とはまったく違ったものになります[21]。もしそうだとすれば，単に身体的側面にだけかかわる評価がこのように分離された後もなお，わたしたちの倫理的評価の内に評価されるべき側面として何が残るのか，その点を以下で見ていかねばなりません。

　人間に対する倫理的評価から身体的側面にかかわる評価を分離したならば，その後には，単に身体的なものではない反応，すなわち，行動，感情，欲求といった反応が，評価されるべき側面として残ることになります。その際，評価されるべき側面のリストに合理性を追加すべきであることは，ちょうど植物からもっとも原初的な動物に移行する際に生じた追加の場合と同様に，明白なことと思われます。もし，わたしたちの

21）ひょっとすると，新たな第三の評価が人間心理学の分野で生じるかもしれない。しかし，ある特定の人間を，精神的に健康な〔人間の〕よい見本とみなすような評価が，倫理的評価とはっきり分離できるかどうか，そのような問題を議論するためには，それだけで優に一冊の本が必要になるだろう。

第9章　自然主義

議論が，他の社会的動物からわたしたち人間へとただ単に移行するだけなら，第4章で述べられたように，わたしたちは，他の動物（そして，幼児）が，「理由に基づいて」ではなく「傾向性によって」行為するというごく限定された意味でしか「行為」を評価できなかったでしょう。しかし，倫理的な意味で，わたしたちをよい人間，あるいは悪い人間にするのは，何よりもまず「理由に基づいて」よくあるいは悪しくなされる行為であって，「傾向性によって」なされる偶発的な行為ではありません。その点はまったく確実です。かくして，新たな評価の側面として合理性が追加されることになります。

ここまで，わたしたちはいくつかの段階を追って詳細な記述を試みてきました。その甲斐あって，ようやく，こう尋ねることができます。「〔人間の倫理的評価に関する自然主義的な〕この主張は，どれほどの説得力があるか。見込みはありそうなのか」と。この問いを，わたしたちは，まず先に提示された側面〔すなわち行動，感情，欲求，そして合理性〕との関連で，次いで提示された四つの目的〔すなわち，(1) 個体の生存，(2) 種の存続，(3) 種に特徴的な仕方での痛みからの解放とその種に特徴的な楽しみ，(4) 社会的集団が，当該の種に特徴的な仕方でよく機能すること〕との関連で，考察していく必要があります。

単に身体的なものではない反応，すなわち，わたしたちの「傾向性による」（偶発的な）行動，感情や欲求，さらに理由に基づく行為に関して，よく（あるいは悪しく）適合するように生まれついているかどうか，それを基準にすることによって，わたしたちが倫理的によい（あるいは，悪い）人間であるかどうかが決まると主張する限りで，はたしてそうした〔倫理的自然主義に関する〕主張に説得力があると言えるでしょうか。言い換えれば，今挙げられたような諸側面は，倫理的評価にとって適切なものなのでしょうか。確かに，植物や動物についての考察から明らかになり，次いで，単に身体的であるだけのものを分離し，理由に基づく行為を加えることで得られた評価の諸側面のリストは，どちらかといえば，ただの寄せ集めのように見えるかもしれません。しかし，別の観点から見れば，そこには注目すべき統一性があります。わたしたちの倫理的性格特性をよいものとして，あるいは悪しきものとして明示するのは，まさにそうやってリストアップされた諸側面に他ならないので

す。
　徳をもつということは，これまでの章で見てきたように，理由に基づいた行為についてだけではなく，感情や欲求についても，よい性向が形成されているということです。理由に基づいた行為の重要性が極めて大きなことは言うまでもありませんが，それにもかかわらず，感情もまた道徳的にはとても重要です。感情に対してよい性向が形成されているということは，傾向性による偶発的な衝動的行動に対して，あるいは単なる身体的な反応ではない，感情から引き起こされた反応に対して，よい性向が形成されていることを意味しています[22]。有徳な行為もまた，ある状況で何が適切かを知覚するという形で「単に身体的なだけではない反応」を含んでいます。こうした知覚は，本書冒頭の三つの章で既に見たように，わたしたちには欠くことのできないものです。かくして，徳の概念は，ここで概説された自然主義に従う限り，倫理的に適切なこれら諸側面に関する好ましい評価を一つにまとめ上げるためには，どうやらうってつけの概念であるように思われます。よい人間であるということは，リストアップされた諸側面に関して，うまく適合できるような能力に恵まれているということです。つまり，人間としての徳をもつということは，そのような能力に与るということなのです。人間としての徳によって，その持ち主は人間としてよいものに，つまり，よく生き，成功するために，単なる身体的な側面を除いた他の諸側面に，ごく普通にうまく適合していけるようになるのです。
　ここで注意すべきは，節制，勇気，寛容，正直，正義などが人間としての徳であるかどうかという問題については，これまでずっと不問に付されたままだということです。そのため，わたしたちは，懸案の倫理的自然主義に見込みがあるのかどうかという問題を，新たに別の観点から問い直さなくてはなりません。たとえば，倫理的自然主義は，社会的動

　22）　この文脈においては，以下のわたしの主張（本書160-161頁）が思い起こされるべきだろう。すなわち，わたしたち大人が「傾向性によって」行為する時でさえ，そのような行為は，他の動物の行動とは似て非なるものである。なぜなら，わたしたちは動物たちと同じような性向によって行動しているわけではないからである。実際，わたしたちの性向には，自らの行動が，罪のないものなのか非難さるべきものなのか，その状況にあって不当なものなのか正当化できるものなのか，等々といった評価へと差し向けられることになるという認識が暗に含まれているのである。

第 9 章　自然主義　　　　　　　　　　　　　　　　　315

物に見合った四つの目的に照らして，わたしたちの様々な側面を評価するように主張していますが，はたしてそれはどれほど説得的だと言えるでしょうか。人間以外の社会的動物の場合，自身の部分やその行動等の諸側面に関して，四つの目的，すなわち個体の生存，種の存続，種に特徴的な楽しみと苦痛からの解放，社会的集団が当該の種に特徴的な仕方でよく機能すること，以上が実現されるように，それらはうまく適合するか，あるいはうまく適合できるような能力に恵まれているのです。では，わたしたちの場合，自分たちの性格特性がそれらと同じ四つの目的を実現できるように，何か倫理的な能力に恵まれているのでしょうか。それとも，そのような自然主義的基準によって，どの性格特性が徳であるかを決めようとする試みは何であれ，「よい人間」という特徴づけを，奇妙で理解しがたいものにしてしまうのでしょうか。ともあれ，以下で二，三の例をあげて論じることによって，自然主義的な基準がかなりうまくわたしたちの助けになることが明らかになるはずです。

　たとえば，勇気が人間生活において果たす役割が，それに類するもののオオカミの生活における役割と大差ないと主張することは，それほど無理なことなのでしょうか。よいオオカミは，自分自身と子どもたち，さらに仲間同士を互いに守り，群れが獲物を襲う時には命懸けの行動をとります。そうすることによって，彼らの個体の生存や種の存続，さらには，その社会集団の各メンバーが食物を集団のために確保し，危険から身を守るために協力し合う彼らに特徴的なあり方が，促進されることになります。他方，勇気があるという点でよい人間は，自分自身と子どもたち，さらに仲間同士を互いに守り，自らの属する社会集団にとって価値ある物事を守り，保持するために命を懸けます。そうすることによって，彼らの個体の生存，種の存続，さらには，様々なよさに自他ともに与り，彼らの社会集団がよく機能するための〔彼らに特徴的な〕あり方が，促進されることになります。わたしたち人間が思いやりや慈愛に満ちた行為をなすように，オオカミやゾウのような社会的動物にもまた，同様の行動パターンがあるという記事を読んだことがあります。〔人間と動物の〕生活の形態が違っても，そうした行動パターンが同じような役割を集団内で果たしているという主張には，確かに無理がないように思われます。無力な子どもたちに向けられたそのようなある種の

気遣いは，とりわけ種の存続に役立つことでしょう。そのような気遣いがより広い範囲に向けられるならば，個体の生存，苦痛からの解放，仲間の楽しみを促進することによって，あるいはまた集団の結束を深めることによって，当該の社会集団がよく機能するように役立つはずです。(そうした気遣いは，勇気とは違って，個体の生存に直接役立ちはしませんが，働きバチの針のように，間接的には役立ちます。確かに，個々の働きバチの針はオオカミの鋭い牙とは違って，たとえそれがちゃんと機能したとしても，その個体の生存を促進するが故によい部分であるというわけではありません。なにしろ働きバチは，その針を使うや否や死んでしまうのですから。しかし，働きバチが針をもっているおかげで，ハチを狙う捕食動物は，それで刺されないように彼らを避けることを学び，その結果，他のハチの個体の生存が促進されることになるのです[23]。気遣いも，(今見たように，役立つ面がありうるとはいえ，) 一般に気遣う側の個々の生存を〔直接〕促進するものではありません。しかし，もし社会的グループの各メンバーが互いに気遣い合って生きるなら，他のメンバーが助けてくれるおかげで，彼らはしばしば，より長生きし，苦難を避け，より多くの楽しみに与ることができるのです。)
　さらに，他の動物にはおそらく類似するものがないような他の徳もまた，(他者に害を与えることなく) 四つの目的のいくつかに役立っているはずです。実際，正直さや寛容，さらに誠実さがなければ，わたしたちは，人間に特徴的な喜び，すなわち，愛情に満ちた相互関係の大いなる源泉を失ってしまうことでしょう。正直さがなければ，わたしたちは協力し合うことも，知識を獲得し，それを役立てることができるよう次世代に受け渡していくこともできないでしょう。そして，正義と約束の厳守によって，わたしたち人間の集団活動はこれまでずっと，それがごく当たり前であるかのように，社会的かつ協力的に機能してきたのです。
　わたしには，こうした主張のすべてが説得力に富むばかりか，まんざらわたしたちに馴染みのないことでもないように思えます。たとえば，その主張は，徳がその持ち主および／あるいは他の人に役立ち，かつ／あるいは好ましい特徴であるというヒュームの主張とそれほど隔たりがあるわけではありません。あるいはまた，ある特定の行為や行為原理

---

[23] このハチの針についての優れた指摘は，元々は *The Virtues* において Geach がなしたものである。

を，最大幸福や苦難からの解放を促進する傾向に照らして正しいとか，社会の中でわたしたちが共に生活するために必要であるなどと評価する現代〔倫理学〕の試みともそれほど違いはありません。確かに，現代における倫理学上の論争は，ほとんどが徳倫理学者ではない論者によるものであったため，徳とかよい人間という論点よりも，正しい行為という論点を強調する傾向にあるのは否めません。しかし，たいていの人は，よい人間とは徳をもつ人々のことであり，徳とは，彼らが普段正しい行為と特定している働きを生じさせる傾向のある性格特性であるということを喜んで受け入れてくれるでしょう。また，個体の生存と種の存続という目的は他の二つほど馴染みがないように見えますが，それらの影響についても人はごく普通に認めることができると思います。確かに，種の存続を目的とする主張は，広範囲におよぶ自己犠牲や生命にかかわるほどの一方的寛容が結果として要請されるためしばしば批判を受けますが，よい人間つまり正しい行為を生み出す傾向のある人が，個人の生存についても合理的な期待をもてるように，そうした主張には通常しかるべき修正が施されるものです[24]。種の存続は，生殖に関する問題とみなされる限りでは，かなり扱いにくい問題となるものの（この点については後で触れることになります），それがわたしたちの子どもたちに対する（ちょうど雌ライオンが子どもたちに乳をやり，狩りを教えるような）養育や教育に関する問題とみなされる限りでは，これまでその点について言及される機会は稀だったものの，それはほぼ例外なく一般に前提されている考え方だと言ってよいでしょう。そもそも，子どもの養育や教育を犠牲にしてまで，社会全体の幸福や社会で共に生きる「人格」を育むような行為や行為原理を故意に正当化しようとする道徳哲学者などいるわけがありません。社会的福利を確実にするために，一体どれほど多くの周到な人間の取り組みが必要とされるか，仮にその点に見過ごしがあっ

---

[24] 生命のような善について「行為者中立性」を強調する主張，つまり大雑把に言えば，わたしの生命がわたしのものだという考えによっては，その当の生命にわたしにとっての実践的な重要性が何ら付加されないという主張にはすべて，わたしが自身の生命を保持し守護するために差し向ける特別な〔いわば倫理的な〕努力を許容せざるをえない限りで若干の問題が残る。しかし，そのような主張をする者たちは，この点を彼らに特徴的な仕方で問題として認め，ある程度それを回避しようとしている。つまり彼らは，行為者の個としての生存が倫理とは無関係な目的であるということを認めているわけではないのである。

たとしても，ほとんどの道徳哲学者にとって，今いる赤ん坊が生き残り，将来，彼ら自身やその読者と同じような大人になるという前提に何の疑いもないことは明らかです。したがって，たとえこの自然主義的な企てを続けていったところで，人間のよさに関して，なにか奇妙な特徴づけが生じるなどと考える理由は今のところないとみなしてよいと思われます。

　言うまでもなく，これは重要なことです。もしも，わたしたちが自然主義的企てに着手した途端，慈悲，正義，勇気，正直などの性格特性が人間をよくする特徴ではないかのように見え出したなら，その時は自然主義を完全に諦めた方がよい，そう言うしかありません。だからこそ，本章の始めでわたしはこう言ったのです。マクダウェルが〔ディレンマの二つの選択肢の間に〕作り出した一筋の抜け道は，必ずしも成功の見込みがあるものとは限らない以上，詳細をよく見て理解すべきである，と。

　しかしながら，〔自然主義的企てが〕悪徳よりもむしろ徳を生み出せるかどうかという試験に合格したように見えるだけでは，まだそれに成功の見込みがあると示したことにはなりません。自然主義については，他にも疑わしい点が少なからずあるはずです。けれども，ここでは一旦，かなり分かりやすいいくつかの問題を論じることにして，もっと厄介な問題点については次章に残しておくことにします。

　まず，気がかりな問題の一つとして，よい人間であるとはどういうことかを規定する際に，自然主義的企てによってあまりにはっきりと確定され過ぎてしまうのではないかという恐れが挙げられます。すなわち，よい人間であれば誰もが，何らか重要な仕方で同じでなければならない，つまり，他の動物がそうであるように，毎日，しかじかの同じ「人間に特徴的な生活」を送ることが人間のよさである，そんなふうに規定されてしまうのではないかという懸念です。

　この懸念を払拭するために第一になされるべきは，当該の倫理的自然主義が，間接的にそうなる場合は別として，正しい行為とかよい行為の規準ではなく，あくまでも，ある特定の性格特性が徳であるための規準をもたらすものだということを思い起こすことです。換言すれば，倫理的自然主義とは，決して「自然法則」をもたらす理論ではないという

第9章　自然主義　　　　　　　　　319

ことです。たとえば，自然主義に従って，節制が実際に徳であるということにわたしたちが納得しているとしましょう。さて，この結論を第1章に置き戻すとするなら，節度ある行為者が，そのような人間に特徴的な仕方で，し̇か̇じ̇か̇の̇状̇況̇で̇な̇す̇ようなある特定の行為は，（悲劇的ディレンマの場合を除けば）確かによい行為であり，正しい行為である，ということにわたしたちは十分納得がいくはずです。しかし，それは，たとえばすべてのよい人間は過食を慎むというような記述を〔自然〕法則に仕立て上げてしまうようなことではまったくありません。ある特定の性格特性が徳であるということを，それが可能である限りにおいて立証することと，その徳をどのように応用していくかという問題を解決していくこととは決して同じではありません。しかじかの状況で，しかじかの理由によって，このことをなすことが正しいかどうかを決めるために，ある徳目を特定の場面に正しく応用するにはどうすればよいか，そうした問題を解決していくことは，わたしがこれまでの諸章で示そうとしてきたように，その大部分がまさにその都度個々の場面でなされるべきことなのです。わたしが習得した倫理観から言えば，たとえば，自然主義的な根拠に基づいて節制が徳であるかどうかを考察する時，わたしが吟味しているのはわたし自身の節制概念に他なりません。それはちょうど，他人の善を目指す徳は何かを考察する時，わたしが吟味しているのがわたし自身の慈悲概念であるのと同様です。反省的な吟味によって，しかじかであることが徳であるというわたしの考えを放棄せざるをえなくなるかもしれません。あるいは，ある特定の場面で何が正しい／間違った行為かということについて，自分の考えが多少は変化していくように，徳についての自分の考えもいくらか変更せざるをえないかもしれません。しかし，自然主義から引き出された考察によって，これこそ真の徳だとわたしが請け負ったしかじかの性格特性が，いかなる機会であれ考えうる限りのあらゆる状況や文化背景において，一体どのようにして，よい人の生活に立ち現れるようになるのか，そのことが突然わたしに明らかになるわけではありません。実際，節度ある人間は，様々な状況において，様々な仕方で振舞うものだからです。

　さらに，他の動物における仕事の分担にかかわるちょっとした例を挙げるだけで，自然主義によって含意されがちな考え，すなわち他の動物

がそうであるように，すべてのよい人間は〔彼らに固有の〕「同一の生
活をする」という考えを切り崩すには十分と言えます。というのも，既
に見てきたとおり，他の動物〔今仮にその種を x と呼ぶ〕は必ずしもそ
のすべてが「その種 x に特徴的な同一の生を生きている」のではありま
せん。他の生き物の評価に関してわたしが言及した第三の点（本書309
頁参照）は，よい x は必ずしもそのすべてが同一の特徴をもっているわ
けではない，というものでした。ある種に属する個体をよいとか欠陥が
あるとか評価する際，確かにわたしたちは種のレベルにそのまま定位で
きる場合もありますが，時にはよいオオカミ／欠陥のあるオオカミと
いった評価レベルに立ち戻るために，たとえば，群れのリーダーとして
よい／欠陥のあるオオカミとか，群れの次世代リーダーとしてよい／欠
陥のあるオオカミというように，個体評価のためのより具体的な過程を
経なければならない場合もあります。実際，人間には，他のどんな動物
に見られるよりも，ずっと多くの役割や生活の多様性があります。それ
がわたしたち人間のあり方である以上，人間の自然本性を考察すること
によって，よいオオカミやよいハチという概念よりもずっと〔同一性を
強調した〕限定的なよい人間という概念がもたらされるという懸念は，
自然主義的判断に関する限り，まったくの杞憂に過ぎないのです。

　しかし，すべてのよい人間は，少なくとも彼らすべてが徳を有しそれ
を実行する限りでは，皆同じである，そう言ってもいいような「よい人
間」の概念を目指しているのが，この自然主義的企てではなかったので
しょうか。なるほど，以下でわたしが触れる若干の例外はあるものの，
すべてのよい人間は「同一種の生活」，すなわち徳に従った生活を送る
と主張するところまでは，確かにその通りです。しかし，同一種の生活
という中にも個々の生活の多様性のためになお多くの余地が残されてい
ます。一口に「徳に従った生活」と言っても，たとえば，少なくともあ
る一つの徳を実行することが，少なくとも他の徳の一つよりも，また後
者の実行を犠牲にしてしまうほど，ずっと卓越しているような場合があ
ります。あるいはまた，いくつかの徳目に関しては著しく天賦の才に恵
まれた者が，他の徳目に関してはさほどでもないということはどうやら
避けがたいことのようです。そういうわけで，わたしが支持する類の自
然主義においては，そのような多様性が無視されるようなことはありま

せん。
　確かに，そうした自然主義は多様な評価の可能性を予測していると言ってもいいかもしれません。他の生き物の評価に関して以前にわたしが言及した第二の点（本書308頁参照）を思い出してください。そこで言われていたのは，いくつかの面では著しく天賦の才に恵まれているのに，他の面ではやや欠陥があるような個体 x は，全体としてよい x なのか否か，また，もしよい x だとして，それは，たとえばすべての関連する面においてかなり恵まれてはいるが特に著しくそうだというわけではないような他の個体 x と同じくらいよいのか，それともそれよりよいのか，そうした点がまったく曖昧な場合があるということです。わたしたちには，いざ倫理的評価をする段になると，理論的に明確な答えがあるに違いない，いかなる場合であれ，倫理的なよさに関して人間を比較し序列づけることができるに違いないと考える傾向があるのかもしれません。しかし，自然主義は，決してこのような答えをすべて用意できると約束したり脅したりするのではなく，むしろ逆に，そうした答えが必ずしもいつでも得られるわけではないということを強く示唆します。なぜ，他の生き物の場合とは明らかに違って，わたしたちの場合にはそのような答えが得にくくなってしまうのでしょうか。
　わたしは，少し前の箇所で，よい人間は誰であれ皆しかじかの徳をもちそれを実行する，すなわち，もしある性格特性が徳であるなら，よい人間は少なくとも最低限はそれをもっているに違いない，という考えに「若干の例外」がある可能性について触れました。この考えは，それが冒瀆されることなく否認されうるものであり，アリストテレスでさえそうした考えを抱いたことがない[25]という事実を容易に見落としてしまうほど，きわめて当たり前な，わたしたちの伝統に深く根ざしているものです。確かに，標準的な徳目リスト上の徳のどれか一つを完全に欠くこ

---

25) 『ニコマコス倫理学』第4巻第2章で，アリストテレスは，ごく普通の規模の「気前のよさ〔エレウテリオテース〕」と，壮大な規模の支出を伴う「度量の大きさ〔メガロプレペイア〕」とを二つの徳として区別し，こう述べている。「度量の大きな人は気前のよい人であるが，気前のよい人は必ずしも度量の大きな人ではない」と。その際，度量の大きさに関する彼の議論が示す俗物性はともかくとしても，その徳をもつために必要な資産を欠く人は誰であれ，そうした資産をもつ人ほどよい人ではない，という明瞭な主張はその議論のどこにも見出しえない。

とは，必然的にそれに相応する悪徳に向かっているわけです。しかし，もしかすると，そうした推論に当てはまらないようなあまり馴染みのない徳目があるかもしれません。たとえば，よい親であるというような徳はあるのでしょうか。もしそうした徳があるとすれば，その徳を欠くことによって，悪い親であるという悪徳に向かうようになるので，人は悪しきものとなってしまうのでしょうか，それとも，現に誰の親でもないがゆえに，たとえ当人がよい人間であっても，そのことと矛盾することなくその〔親としての〕徳を欠くことは可能ではないでしょうか。

　性格特性に関するわたしたちの概念は，このことを境界線上でどちらかにはっきりと決められるほど切れ味が鋭いとは言えないようです。おそらく，よい親であるということで意味されているのは，標準的な徳目リストに挙げられているよく知られた諸徳をもち，明確に自分の子どもとの関係において，しかもある特別な仕方で発揮せねばならない状況でそれらを発揮することだと言えるかもしれません。あるいは，周知のように，かなりよい親でありながらほとんど自分の身内にしか徳を発揮しない人たちがいる一方で，逆に，極めて有徳でありながら，自分の子どものことに関しては，たとえば自分が他人に示すような慈悲や寛容，誠実さ，憐みを子どもにはほとんど示さず，子どものことを正しく判断することも他人にするように子どもに正直に接することもできないという奇妙な弱点をもつ人たちがいるということも銘記されるべきでしょう。そこから，よい親だと言えるような人であることと，慈悲深く寛容で正しい等々と言えるような人であることとは，性格特性として区別する必要があると言えるかもしれません。もしそうであるなら，問題となっている〔よい親であるという〕性格特性は，四つの自然主義的目的に照らして徳として評価されるようにも思われますが，実際には，たとえその性格特性を完全に欠いていても，その人がよい人間になり損なうことはありそうにない，そんな徳ということになるでしょう。また，先に述べられたような仕事の分担という論点を仮定するなら，他にも，よい指導者とかよい思想家，あるいはよい芸術家と言われる人であることというように，役割に依拠した徳といったものがあるかもしれません。そのような徳をもつことは，ある人を全体として「よい人」と評価する際に確かにプラスとなるでしょうが，別の人にそれが欠けているからといっ

て，そのことがよい人であるために必ずしも不利となるわけではないでしょう。

わたしたちが考察している自然主義によって，よい人間はその事実自体によってよい親（したがってまた親）であるに違いないという結論がそう簡単に導き出されるわけではないということが明白になった後でも，種の存続という目的が厳然としてあることが相変わらず人々を悩ませています。たとえば，ある種の自然主義に従うと，同性愛者はすべて，少なくとも種の存続という点に関して，いやおうなく悪い，欠陥のある人間だということになってしまわないでしょうか。わたしがそう問われたなら，そんなことはない，と答えます。実際，少なくともかなり強力な前提を一つか二つ付け加えさえすれば，そんなことにはならないはずです。

ここで問題となっているのは，特定の性的行為や〔いずれの性別を恋愛対象とするかという〕性的指向の類ではなく，あくまで性格特性であるということ，そしてわたしたちは，昔からの伝統の中で，様々な性格を表す言葉を手にしてきたということを再び思い起こしてもらわねばなりません。たとえばそのような性格としては，他のことはお構いなしに性的満足それ自体を目的として追求するような性格，いかなる禁欲にも耐え切れず苛立つような性格，パートナーの望みなど無視して自分だけの享楽を求める性格，また，性的快楽に無感覚というのではないけれど，非常に制限されたしかるべき仕方でそれを求め楽しもうとする性格などが挙げられます。以上のうち，（性に関して）最初の三つの性格をもった人は「放縦な」人と呼ばれ，最後に挙げられた性格の人は「節度のある」人と呼ばれます。標準的な徳目リスト上の他の徳と同様，（性に関する）節制は，四つの目的〔とりわけ種の存続という目的〕に照らして評価された場合でも，放縦よりもむしろ徳として際立つように思われます。（実際，性に関する節制は生殖を阻害するわけではありませんし，放縦とは対照的に，若者の養育や教育を促進するものです。節度のある人は，微笑みの要素という証拠に基づくなら，異なった方法によるとはいえ，放縦な人に劣らず楽しみを享受しています。また，人間においては性的行為によって引き起こされがちな激情から，わたしたちを守り，円滑な社会機能を維持するのに役立つのは，この節制に他なりません。今日，そしておそらく近い

将来も，節制は性感染による致命的疾病を回避するのに役立つことで，わたしたち個々人の生存を促進しています。）というわけで，わたしたちとしては，自然主義に従い，性に関する節制は徳であると考えることにします。かくして，節制を欠く人は誰であれ，少なくともその点では，人間として，悪しきものということになります。

　しかし，同性愛者を，同性愛という点に関して，倫理的に悪であるとか欠陥のある人間だと結論づけることは，明らかに時期尚早です。もし，そのような結論に至ろうとするならば，同性愛がどのようなものであるのかについて，あるいは節制と（／もしくは）放縦についてのもっと実質的な前提が必要となることでしょう。たとえば，同性愛者はみな，乱暴で自分勝手でふしだらである（したがって彼らは放縦で，節制を欠いている）などと言わねばなりません。あるいは，同性との性交渉を好むものは，そのことによって節制に欠けるとか，そのことによって（その語の通常の意味とは異なるけれども）放縦であると言う必要があるわけです。そのような前提の出所がどこであれ，少なくともそれが直ちに自然主義から出てきたわけでないのは確かです。（最初の例は，わたしの考えでは，偏見による無知から生じたものであり，二番目の例は，神によって命じられた明瞭な性行為の役割に逆らった自分勝手な仕方で性的な満足を求めているという，同性愛者に対するある種の決め込みから生じています。）とりわけ注目すべきは，ある性格特性が徳であるために参照される基準のうち，種の存続という目的をよりどころにすることによってそのような前提がもたらされたわけではないという点です。

　この点を明確にするために，聖職者の独身制についてちょっと考えてみましょう。もし，種の存続および社会的集団のよき働きという自然主義的目的が厳然としてあるならば，〔生殖機能も社会的機能も果たさず〕もっぱら観想に時を費やす修道士であることと，よい人間であることとは両立不可能ということになるのではないでしょうか。意外に思われるかもしれませんが，それがそうではないのです——少なくとも，明白にまたは直接的にはそうではありません。

　自然主義的企ては，それがもしも完全に遂行されるならば，どの性格特性が徳であるのかという論点について，しかるべき信念を正当化するための助けとなるはずです。したがって，ここはひとまず，自然主義的

第9章　自然主義

企てによって標準的な徳目リストの大半が正当化されたと仮定しておくことにしましょう。その上で，このリストをひたすら観想に耽る修道士の生活に当てはめてみて，その修道士当人が人間として，かかる徳に基づいた生活（すなわち，外部からの妨げが何もなければ，当然，よい人がよい人である限りで送るはずの生活）をしているかどうかを問うてみてください。標準的な徳目リストに挙げられた諸徳についてわたしの考えるところに従えば，確かにそれは未解決の問題であり，その修道士が人間としても有徳な生活を送っているかどうかは，すべて具体的な状況次第ということになるでしょう。修道観想者の中には，慈悲，正直さ，勇気といった徳を欠く者もいるかもしれません。あるいは，そのような生活を送ることが，愚劣な／身勝手な／無責任な行為を続けることになりかねない社会や状況があるかもしれません。そうした場面では，確かに彼らは人間として悪しきものであり，よく生きてはいないと言えるでしょう。しかし，そのような者たちとは異なった境遇にあって，異なった理由で自らの人生を選び，異なった仕方で生きることによって，よい人間となり，よい人生を送る者もまたいるはずです。上述したように，徳に従って生きられた生活は，きわめて多様な形を取りうるものであり，たった一つだけの徳の発揮が何にもまして重要なこともあれば，そのために他の徳の発揮を犠牲にすることさえあるのです。

第 10 章
理性的動物のための自然主義

　本章と次章では，前章で概観された倫理的自然主義という特別な形態について引き続き論じることにします。その際，それと関連するいくつかの非常に根深い問題を検討し，最終的にはプラトンの最初の要件，すなわち徳はその持ち主に利益をもたらすというところに話が行き着くまで議論を押し進めていくことにします。

わたしたちの理性は他とどのように異なるのか

　他の社会的動物の評価からわたしたち自身の倫理的評価へと移行した際に，評価されるべき側面のリストには明らかに新たな項目の追加がありました。確かに他の動物は行動し，わたしたちも時には彼らと同じように行動します。しかし，たいていの場合わたしたちは，動物とは違って，理性に基づいて行為します。わたしたちが倫理的によい人間であるか悪い人間であるかは，何よりもまず理性に基づいた行為によって決まります。しかし，確かに，それだけの違い，たった一つの評価側面の追加だけでは，わたしたち理性的動物とその他の動物たちとの間にある大きなギャップを十分説明しえないように思われます。倫理的自然主義にはもはや見込みがないのでしょうか，それとも，わたしたちに理性が備わっているということは，これまで本書で認められてきたよりもずっと大きな差異をもたらさずにはおかないものなのでしょうか。これは確かに問題です。そこで本章では，引き続き倫理的自然主義の可能性を擁護

しつつ，わたしたちに理性が備わっているということによって一体どのような差異がもたらされるようになったのか，その解明に取り掛かることにしましょう。

　ある生き物の種が重要な新しい能力を獲得した時，その生き物を評価する仕組みの中にその能力に対応した二つの新しい目的，つまりその種の個々のメンバーがもつ働きの諸側面がそれに照らして評価されるような新たな二つの目的が出現したということが，そのような評価の仕組みにおいてとりわけ注目すべき特徴です。すなわち，動物における苦痛（そしておそらく快楽）を感受しうるという側面は，その種に特徴的な仕方での痛みからの解放や楽しみの享受といった第三の目的に照らして評価されます。社会的動物に備わる諸側面は当該の社会的集団がよく機能するかどうか〔という第四の目的〕に照らして評価されます。したがって，理性的な動物に至っては，その側面がこの新たに変容した能力に関連するいわば第五の目的に照らして評価されるのではないかと期待する向きがあるかもしれません。

　しかし，この第五の目的とは一体どんなものなのでしょうか。わずかながらいくつかの候補が古代以来提示されています。たとえば，第五の目的として，わたしたちの魂の来世への準備であるとか，観想，すなわち理論的知性がよく働くこととかが挙げられるかもしれません。しかし，最初の説を採れば，自然主義というより，むしろそれを越えた超自然主義になってしまいます。また，哲学者でさえ，アリストテレスに従って第二の説を支持することにためらいを感じてきました。わたしとしては，自分たちの理性にふさわしい第五の目的など特にないと主張できるような立場にはありませんが，かといって，第五の目的として特にめぼしい候補があるわけでもありません。したがって，かわりに，人間に理性が備わることによって評価の基本的な構造が真に変容した結果として，わたしたちと他の動物の間に存在する「大きなギャップ」が適切に説明されるようになったという考えをひとまずは提示しておきたいと思います。

　わたしたちが他の生き物を評価する場合のことを振り返ってみると，何をその種に（そして／あるいはその種の特別な個体に）特徴的だとわたしたちが特定するかによってそうした評価がどれほど左右されるか，そ

第 10 章　理性的動物のための自然主義　　　　　　　　　　329

の影響の大きさを改めて強く感じます。たとえば，わたしたち以外の高度に社会化された動物たちの場合，それぞれの種に特徴的な平均寿命があり，種を存続するための特徴的な方法，種に特徴的な快や苦難，さらにその苦難からの解放，自らの社会集団を維持していくためのそれぞれに特徴的なやり方があります。そうした動物たちの良し悪しが評価されるのも，やはりあくまで彼らに特徴的な事柄に照らしてなのです。もし，そのような動物種 x の任意の個体がよい x であるならば，なにか外的な妨げがない限り，またほんの少しの幸運が伴う限り，それは，その種に特徴的な仕方で繁栄成功し，x としてよく生きることでしょう。しかし，同じような仕方で考えてみた場合，人間に特徴的なものとは一体何なのでしょうか。確かにわたしたちにも，人間という種に特徴的な平均寿命があります。しかし，その他には何があるのでしょうか。

　まず，わたしたちは，種として見れば，自分たちが多くの鳥類と似ており，魚類やかなり多くの哺乳類とは似ていないと気づくはずです。それはどういうことかというと，わたしたちは種を存続させるために，(a) 比較的少数の子しか産まず，しかも (b) そのようにして産まれた子たちを守り育てるために，幼児期にかなりの時間を費やす必要があるからです。しかし，そのように子を持続的に保護し養育するために，たとえば皇帝ペンギンやカッコー，あるいはシロクマにそれぞれ備わっているような，なにか特徴的な仕方が果たしてわたしたちにあるのでしょうか。もしあるとしたら，それはどのようなものでしょうか。

　他の高等な哺乳類と同様に，わたしたちは自らの種に特徴的な仕方で食事を楽しみ，身体が傷ついた時は苦しみます。あるいはまた，いくらかの他の高等な社会的動物と同様に，わたしたちは自らの種に特徴的な仕方で仲間との交わりや遊びを楽しみ，仲間からの孤立や監禁に苦しむと言うことができるでしょう。しかし，そうしたことで（おそらく肉体的損傷を除いて）わたしたちが他の動物とまったく同様に自らの種に特徴的な仕方で苦しんだり楽しんだりするとは思えません。なぜなら，わたしたち各々が食べ物，仲間との交わりや遊び，孤独，監禁について考えていることは，人によってまちまちであって，それらのどれ一つとして，それ自体として人間一般に特徴的な喜びや人間らしい苦しみの原

因だとは考えられないからです[1]。(人種差別主義者による教育がどれほど悲惨な影響を与えたかを思い出してください。) さらに, 人間が楽しむことのできる事柄の幅の広さ, たとえば, 美術, 音楽, 文学, スポーツ, 登山, 工作, ガーデニング, (宇宙物理学から異国の人々の暮らしぶりとか食べ物事情の詮索に至るまで, およそあらゆる) 知識の獲得, 難問解決に智恵を絞ること, 動物と一緒にいること, 狩猟, 殺戮, 他人への権力の行使, 痛みや屈辱を他人に味わわせること, レイプ, 略奪, 破壊, 等々というように, 人間の楽しみがいかに多岐にわたっているか考えてみれば, 一体どうやって人間に特徴的な快楽という考えを抱き続けることができるのでしょうか。それは, ここで挙げられたものよりずっと多いのでしょうか。あるいは, その一部がそうなのでしょうか。また, わたしたちが痛みを感じることのできるものに関しても, 同じように幅広く多岐にわたっている以上, 人間に特徴的な痛みや苦しみという考えを抱き続けることは, やはり同じように困難だと思われます。

　確かに仮説としては, 人間は自らの種に特徴的な仕方で社会的だと言えるかもしれません。しかし, 実際そうであるためには, 特徴的な仕方で子どもを養育するという事実がわたしたちにあるからと言って, それだけでは十分ではありません。わたしたちには, 社会集団として機能するために, オオカミやゾウやチンパンジーのように自らの種に特徴的な仕方があるのでしょうか。もしあるなら, それはどのようなものなのでしょうか。なるほど, わたしたちには言葉を使って互いに意思疎通し合うという特徴があり, そこに種としてのわたしたち人間に関する事実として何か非常に重要なことがある, と言えるかもしれません。しかし, その重要性が何なのかを理解するのは容易なことではありません。

　したがって, もし倫理的自然主義の成否が, 他の種における快楽や苦痛, あるいはその生息仕方がその種にとって特徴的であるという意味で, 人間の種としての特徴が何と特定されるかに懸かっているとするならば, 倫理的自然主義は失敗する運命にあるように思われます。実際, 人間の「生き方」は, 様々な場所によって, 時代によって, さらに人に

---

1) フットは,「動物が何かよいものを感知し, それを得ようとするのに対して, 人間はよいと思うものを得ようとすると述べた時に, トマス・アクィナスが注目した人間の働きの特徴」に言及している。(Cf. Foot, 'Rationality and Virtue', p. 210.)

第 10 章　理性的動物のための自然主義

よって実に多様なものです。他の種の場合，局所的で一時的な多様化（たとえば，最近よく取り上げられるようになってきた生物種における都会生息型の個体と郊外生息型の個体との間に見られる多様化）や特異性の発現という事態が確かにあるにはあるのですが，わたしたちの間に見出される多様性はそうしたものとはまったく次元の異なるものと言えます。

さらに，この多様性は，わたしたちを他の動物から区別する基準としての理性がわたしたちに備わることの当然の帰結とみなされます。他の動物は，そうすることが彼らにとって自然なことであるからこそ，彼ら自身の「生き方」をしているのです。しかし，わたしたちの場合はそうではありません。他の動物は，わたしたちがそうしているように，他の選択肢を考えたり，生き方を変えようと決心したり，新しい方法を試してみたりすることができないのです。彼らの生き方は生物学的に決定づけられていますが，わたしたちはそうではありません。

多様性についてのわたしたちのこの考え，すなわち人間に特徴的な生き方がないということは，多様性それ自体よりももっと重要です。なぜなら，ワトソンが言っているように，よい（健康で，よく機能している）動物といった生物学的・動物行動学的評価に対して，倫理的評価が厳密な意味で類比可能であるという主張が受け入れ難く感じられるのは，他ならぬこの考えによってだからです。自然は動物のいかにあるべきかを決定しますが，わたしたちに関しては，自然が規範的でありうる，すなわち，わたしたちがいかにあるべきかを自然が決定しうるという考えは，もはやわたしたちには受け入れ難い主張のように思われます。

もし（大部分の）xがある特定の行動をなさないなら，彼らはそもそもその行動をなすことができないということであって，それは他のすべての動物に当てはまる事実と言えます[2]。しかも（驚くべきことに），「〈す

---

2) 明らかにこの点に対する反証と思われる例がある。チンパンジーとオランウータンは言葉を話さない。しかし，彼らの中には，曲がりなりにも言葉を用いることができるようにわたしたちによって教え込まれた個体が存在する。したがって，彼らの中には，種としてはなさないことを，なすことのできる個体も存在することになる。しかし，わたしたちがその種に特徴的な生き方に干渉しなければ，彼らは決してそうすることができなかったはずである。わたしたちによって教え込まれた個体が，わたしたちからのそれ以上の干渉を受けることなしに，次の世代に学んだことを伝えていくかどうかについて，互いに相容れない立場から書かれたいくつかの報告をわたしも読んだことがある。仮に彼らがそのように伝え，さらに次の世代もそうやって，やがてそれが持続したとしてみよう。もしそうだとすれば，そ

べき〉は〈できる〉を含意する」という標語に示されたお馴染みの真理もまた，すべての動物に当てはまります。したがって，たとえば，雄のシロクマが幼い自分の子をまったく保護しようとせず，それどころか彼らが自らの子を殺してしまわないように母シロクマが阻止しなくてはならないからと言って，雄シロクマが悪い／欠陥のあるシロクマだと主張してもまったく意味がないわけです。実際，ごく例外的に子連れの雄のシロクマが自分の子に食べ物を与えていたとしても，それはシロクマとしてはむしろ欠陥があるとしか言いようがありません。もし雄シロクマが今あるようでないとしたら，たとえば，もし仮に雌と協働して雄シロクマが狩りをするとしたら，彼らは今までよりずっと適切に，シロクマに特徴的な仕方での成功，つまりシロクマとしてよく生きることができたはずだと言い張っても意味はありません。なぜなら，シロクマは実際にそのような仕方では行動しませんし，突然変異でもない限り，そのように行動することもできないという，ただそれだけの話だからです。同様に，たとえば，雌のチーターよりも雄のチーターの方がチーターとして，あるいは，働きバチ〔すなわち雌バチ〕よりも雄バチの方がハチとして，より一層成功し，よりよい生を送るという主張は無意味なのです。人間以外の動物種 x に関して，わたしたちが「種 x のよいメンバー」とか「x としてよく生きる」とか言う場合，そこで意味されている内容は，当該の種の任意の個体，あるいは特定の個体群が実際に何をなしているか，その所与の行動によって完全に制約されているのです。

　しかし，わたしたち人間の場合，理性が（お望みなら，自由意志が，と言ってもかまいませんが）備わっているおかげで，他の動物とは事情が異なります。〔わたしたちに課せられた〕明らかな身体的制約と生じうる限りの心理的制約を別にすれば，わたしたちが現になしていることから，わたしたちに何ができるかを知ることはできません。なぜなら，わたしたちは自分がなしていることを評価し，少なくともそれを変えようとすることができるからです。たとえば人間には，あくまで動物行動学的に見て，自分の子を持続的に保護・養育するための「特徴的な」仕方

のようにして伝えられたことは今まさに彼らがなしていることであるに違いない。つまり，わたしたちは，故意にせよそうでないにせよ，これまで多くの生き物の自然本性を変えてしまったように，彼らの自然本性をも変えてしまったことになるのではないだろうか。

第10章　理性的動物のための自然主義　　　333

があり，もっぱら生物学上の母親が自分の子にそれをおこなっていると仮定してみましょう。すると，人間はまさにその点で，いわゆる養育負荷が雄の場合よりもずっと重く雌にのしかかるような他の多くの種と類似していることになります。他の動物種の場合，こうした養育形態は（わたしたちが愚かにも外から介入しない限り）その種にとって必然的と言えます。しかし，わたしたちの場合はそうではありません。なにより，その点をわたしたちにわからせてくれたことが，フェミニズムのもっとも啓蒙的な功績の一つであったかと思います。人間の目から見れば，雌のチーターが雄のチーターに比べて，苦難に満ちた生活を余儀なくされているという，まさにそのことこそが自然のあり方なのであり，チーターの，さらに言えば雌のチーターの自然本性ないしは「本質」なのだというわけです[3]。こうした考え方こそ，フェミニストたちが「本質主義」を否定する時にも，そこで批判の対象となっていたものに他なりません。すなわち，わたしたち人間の場合，女性がこれまでずっとなしてきたことの一切を，これからもなしていかなければならないというのは，わたしたちの自然本性でも本質でもない，というわけです。わたしたちは，今までと違ったやり方でなすことができるのです。「よい人間」や「人間として，よく生きること」の意味する内容が，人間という種の各個体や生物学的に特定されたその個体群が実際に現時点でごく一般的になしている諸々の行為によって，完全に制約されるようなことは決してありません。なぜなら，わたしたちには，自分がもっとよくなり，よりよく生きることができるかもしれないと考える余地があるからです（したがって，人間が（男性が？）その特徴として攻撃性をもつという人間動物行動学的な事実を，倫理学的自然主義に持ち込むことは不適切だと言ってよいでしょう（ただし，ここではその件に関する更なる議論につ

---

[3] かつてわたしは，一頭の野生の雌チーターをその妊娠に至るまでの過程を通して追跡し，出産間近に彼女が（チーターは群れをつくらないので，もちろん単独で）仔ジカを襲って獲物にしようとする異様な光景をすべて捉えることに成功した自然ドキュメンタリーを見たことがある。妊娠によって膨らんだ腹を別にすれば，そのチーターは骨と皮ばかりだった。それでも初めはチーターらしく軽やかにスタートダッシュしたものの，その勢いを持続させることができずに，やがて力尽きて倒れてしまった。そのドキュメンタリーによると，過去数週間，ほとんど獲物らしい獲物にありつくことができなかったそうだ。妊娠期に必死で試みられた狩りの後に襲い来る餓えと極度の疲労とは，まさに雌チーターの運命と言ってもよいほどなのだそうだ。

いてひとまず次章の末尾に保留しておくことにします）。

　これが，人間に理性が備わることによって自然主義的な評価の基本構造が真に変容した結果の大筋です。

　しかし，はたして人間の理性は自然主義的な評価の基本構造を見違えるほど変容させてしまったのでしょうか。他種の動物の快楽や苦痛，さらにその生き方にはそれぞれの種に特徴的な仕方があるように，もし，人間にも種として何か特徴的なものがあり，それに基づいて〔何らかの倫理的な〕評価がなされるとするならば，倫理的な自然主義は遅かれ早かれ失敗する運命にあるように思われる，そうわたしは〔本章の始めでも〕述べました。そもそも，このような仕方で種としての人間に特徴的なものを何か特定しようにも，それがあまりに多様過ぎて，特定できるはずがありません。もし仮にできたとしても，そのような特徴は自分たち次第で変えうると考えられる限り，人間の特徴としていかなるものが特定されようと，それが規範的な負荷に耐えうるとは思われません。だとしたら，結局のところ，倫理的自然主義には見込みがないということになってしまうのでしょうか[4]。

　いや，まだそうとは言えないでしょう。というのも，人間に特徴的なものが何かあるはずであり，わたしたちには特徴的な生き方があるはずだが，それは他の動物に当てはまるようなものではない，というような主張が一般に広く見られるからです。とはいえ，わたしたちに特徴的な生き方というのは数多く，しかもそれらは，たとえば，栄養の摂取，生殖活動，子の養育，狩り，リーダーの選出などに関連して，詳細に記述されなければなりません。つまり，わたしたちの諸々の特徴は観察によって発見されるしかないわけです。その結果言えることは，わたしたちの生き方というのはたった一つであって，わたしたちの全生涯にわ

---

[4]　アリストテレス的な自然主義に対するもっとも鋭く洞察力に富んだ批判者であるバーナード・ウィリアムズは，その考え方に誤りを見出しては，その原因を突き止めようと数多くの試みをおこなってきた。中でも，わたしたち人間には自らの種に特徴的な，「適切な」生き方がないという点が，彼にとっては払拭し難い気がかりであった。「自然主義的な倫理学という発想は，徹底した目的論的な自然観から生まれたものであり，それには実に多くの表現形態があるにもかかわらず，その最善の表現は，今もってアリストテレス哲学の内に見出される。それによれば，それぞれの自然種には，本来，その種にとって適切な行動仕方があるとみなされている。」B. Williams, 'Evolution, Ethics and the Representation Problem' (1983), p. 109.

第 10 章　理性的動物のための自然主義　　　335

たってそれは同一であり続けるということです。言い換えれば，他の一切の動物種から区別されるわたしたちに特徴的な生き方とは，理性的な仕方に他なりません。ここで「理性的な仕方」とは，何であれ適切に，わたしたちがよいものとみなし，なすべき理由があるとみなしうるようなやり方のことです。同様に，わたしたちに特徴的な楽しみとは，いかなるものであれ，わたしたちによってよいものとみなされ，実際に享受されかつ理性によって是認されるべきものとみなされる楽しみのことです。

　さて，ある種の個体が暮らしていくための「特徴的な仕方」として，こうした特徴は，明らかに他のいかなる動物種とも異なっています。他の動物種の場合，特殊だからではなく，むしろ一般的であるがゆえにそうした特徴となりますが，人間の場合，決してそうはなりません。もちろん，「種に特徴的な生き方」という概念は，おそらく他の動物においてさえ，単なる統計的な概念ではありません[5]。しかし，わたしが無謀にも主張してきたように，「わたしたちに特徴的な生き方」とは，自分にはなすべき理由があると正しく理解できる限りのことをなすことであり，そう主張することによって，ほとんどの人が現になしていることをなすことが人間にとって「特徴的」であるという考えは放棄せざるをえません。こうした主張は明らかに〔自然主義的なものではなく〕規範的なものと言えます。実際，多くの人間は「その種に特徴的な仕方で」生きてはおらず，その限りで欠陥をもった人間であると判断せざるをえないのは明白だからです[6]。

---

[5]　それが統計的な概念だという考えに対する反論としては，J. Dupré, *The Disorder of Things*, および M. Thompson, 'The Representation of Life' を参照せよ。

[6]　Annas は，人間が「自然本性的に」理性的であるという考えについて，それがアリストテレスではなくむしろストア派において十分に展開されたものだということをきわめて明快に主張している。「ストア派によって初めて，自然本性に働きかけ，その発達を促すことを強調する倫理学が生み出された。つまり，そうすることによって，彼らは人間の自然本性が発達的で理性的だという論点を第一義的なものとすることができたのである。こうして，わたしたちは自然本性という観念をより一層洗練された形で用いることができるようになった。すなわち，そのような自然本性とは，わたしたち自身の必然的側面としての自然本性という観念と，堕落する可能性も含めた発達という過程の終極目標を指し示すものとしての自然本性とを結合するものである。」さらにその数段落後で，彼女はこう記す。「こうした〔自然本性に関する〕考え方は，古代の倫理学の内で，現代の読者がもっとも共感し難いと思いがちなものである。ひとつには，自然本性に訴えることを非規範的な「事実」であるとわた

しかし，そうしたことこそ，実はわたしたちがしかるべき倫理的自然主義に期待していたことではないでしょうか。そもそも，ほとんどの人間がよい人間だと思っている人が誰かいるでしょうか。諸々の社会団体の集まり，あるいはそれら全体を包括した集まりとしてのわたしたち自身について，自分たちは人間として繁栄し，よく生きていると思っているような人が誰かいるでしょうか。もちろん，そんな人はいません。倫理的に見て，わたしたちの多くがあまり芳しくない個体例であることを，わたしたちはよく知っています。「わたしたち」，すなわち本書のような本を書いたり読んだりできるような環境の中で生きている人間が，他の大多数の人間にとってその生がどのようにあるかを考える時，「わたしたち」は，人間としてはもちろんのこと，健康な動物としての限りでさえよく生きたいという自分たち（人間として）の強い願望が，今なお一般に実現されないままの希望であるということに思い至ります。おそらく，そのような希望をもつことは不合理なことかもしれません（この点については後で述べるつもりです）。しかし，そのような希望を抱いているからといって，わたしたちは，自分たちの大多数が倫理的に欠陥をもつがゆえに，倫理的自然主義に基づいてその希望は実現されえないという結論に至ったとしても，決して驚いてはなりません。

さらに，もし倫理的自然主義が生物学や動物行動学の一部門になるわけではないとしたら，言い換えれば，わたしが最初にマクダウェルからある前提を取り込んだように，もし倫理的自然主義が中立的な観点から入手可能な科学的根拠に基づいて，いかなる結論を導出する資格ももたないとしたら，倫理的自然主義は明らかに規範的なものであると期待してもよいかもしれません。

しかし，こう反論されるかもしれません。もし，わたしたちが「特徴的な生き方」というような規範的な概念を導入するとしたなら，一体どうやって自然主義の体裁を保っていけるのでしょうか。確かに，わたしたちには自然主義的な構造が残っています。だからこそ，倫理的な評価

したちが考えるのに対して，この主張はそれを明らかに規範的なものだと考えるからである。またひとつには，わたしたちが自然本性は経験的に指示可能なものだと考えるのに対して，古代的な主張は極めて明白にそれを修正可能なものとみなしているからである。」(*The Morality of Happiness*, p. 215)

に関係する諸々の側面が，人間という種に特徴的な仕方で，社会的動物としてふさわしい四つの目的を促進する限りで，その通り実際に，そのような人は倫理的によいと言えるわけです。しかも，この四つの目的だけに依拠するという構造は，現に，何がわたしにとって合理的に主張しうる人間の徳であるかということを，実質的に制約しています。何をすれば合理的であり，理性的であるのかという前提から，しかじかの仕方で行為することが理性的であり，だからこそそのように行為する人がよい人なのだという結論に一気に進むことはできないのです。とすれば，そのような行為をもたらすような性格特性（もしそういったものが考えられるとしたら）が四つの目的を促進するのか，それともそれに反するのかをよく考えてみなければなりません。

そのための一例として，〔種差別を含むあらゆる差別に対する〕完全に公平な慈愛こそが徳に他ならないという（おそらくピーター・シンガーならそう言うに違いない）主張を考えてみましょう[7]。これは，種の境界といったものに何ら左右されず，家族や友人関係といった特別な結びつきさえも一切認めないような慈愛だと言ってよいでしょう。このような主張は，ある人たちにとっては，たとえば，動物の苦しみを気にかける理由など微塵もない，まして動物というものは，わたしたちの選んだどんな仕方によっても，たとえ娯楽のために彼らがひどく苦しめられたとしても，わたしたちによって利用されるためだけの存在に過ぎない，そのように確信している人にとっては，まったく信憑性のない主張だと思われるに違いありません。他方，動物にまでその働きが及んでこそ，慈悲や憐みは徳となり，残酷さや虚栄心は悪徳となると考え，昨今のわたしたちの動物に対する扱いの多くがそのような悪徳の産物であるとみなす倫理観をもつ人々にとって，そうした主張は必ずしもまったくの謬説

---

7) 反・種差別の立場をとるシンガーの功利主義の主張を理解するために，倫理的自然主義の立場をとる徳倫理学の話法を用いて話を進めることは，当然，無理がある。しかし，功利主義の主たる関心が誰かある者の行為に影響をうけた他の者たちの被る利害にある以上「功利主義は慈愛にかかわる倫理学である」という標準的な見解を考慮するのであれば，しかもまた，感覚をもつことで上述のような影響を被る限りのすべての生き物の利害に常に平等に配慮がなされるべきだとするシンガーの主張を考え併せるならば，ここでわたしの提案することが根本のところでそうした主張に起因するものであることが望まれる。この点については，特に Singer, *Practical Ethics* (2nd edn., 1995) を見よ。

とみなされるわけではありません。しかし，そのような考えを，自然主義的な構造に裏打ちされた表現だけで，果たして主張することができるものなのでしょうか。

この問いをきちんと考えるためには，公平な慈愛が，単にシンガーの主張するような種による差別を一切持ち込まない功利主義によって規定された行為を生み出す傾向としてではなく，むしろ徳として考えられねばならないという論点を真摯に受け取る必要があるでしょう。言い換えれば，もし，わたしたちが思慮を働かせて自らの生命を優先させなければ，わたしたち一人ひとりの生存は保持されえないという〔自然主義的な〕理由で，公平な慈愛が徳である可能性が却下されるようなことはないということです。（確かに，慈愛あるいは慈悲にかかわるわたしたちの標準的な考えによれば，時には自己犠牲が求められることもありますが，だからといっていつも必ずそうだというわけではありません。）しかし，性格特性としてそのような公平な慈愛を考えるならば，そうした性格特性の持ち主は，自分以外の人間の善を求めるための理由 X として，「その人はわたしの同胞だから」とか「わたしの子ども／親／友人／連れ合いだから」とか考えたりはしない人だと想定しなければなりません。言い換えれば，そのような人であれば，理性と同調することによって，感情の上で自身の同胞や子どもや親に対する特別なかかわりをもつはずはないと考えねばなりません。あるいはまた，そのような人は，感情を伴った他者への強い愛着に囚われることもあってはなりません。なぜなら，私心なき徳に基づいた行為を難しくするのは，他者への強い愛着だからです。

とはいえ，このような〔公平な慈愛のような〕性格特性は，（理性をもったものに「特徴的な仕方」での）個体の生存や生の楽しみを害するわけではありません。たとえば菜食主義者の生き方を考えてみても，確かにそういうことはありません。人間が他のいかなる動物とも争うことなく，自らの天与の寿命をまっとうできるとすれば，それもまた，おそらくはわたしたちが望みうることと言ってよいでしょう。実際，わたしたちが現になしているよりももっとよいことをなしうるのは，確かなことだと思われます。しかし他の二つの目的，すなわち種の存続と社会的集団の十分な機能発揮とを考慮するとなると，シンガーが要求するに違い

第 10 章　理性的動物のための自然主義

ないような仕方で公平な慈愛を主張することは，無理ではないものの疑わしさも残るように思われます。

　そもそも，人間の性格特性として公平な慈愛はこの二つの目的を促進することができるのでしょうか。この問いに答えることは，確かに推測の域を超えはしないものの，一見する限りではむしろ，わたしたちの生物学的，動物的本性の一部である種や血縁といった絆が，この二つの目的を実現するためになにか本質的な役割を果たしているように思われます[8]。しかしそう思われたからと言って，この問いに答えることは，そのように自らの自然本性に安んじて自足状態に陥ってしまうことではありませんし，他方，自分自身の種や子どもたちをもはやとりたてて気遣いもしないような仕方で，わたしたちの自然本性を作り変えることができるという考えを否定することでもありません。実際，わたしたちは自らの自然本性を作り変えることができるかもしれません。ただしその場合でも，種の存続と社会的集団の十分な機能発揮に関して，他人や子どもたちに愛着を感じるという自然的傾向がわたしたちにとってはかなりうまい具合に役立っているように思われるという事実に注目すべきです。一体どのようにすれば，自分の子どもや互いの仲間のことを少しも気にかけないような理性的動物の種が，それでもなお，敢えて自分の子どもを養育し，ましてやその子らにわざわざ道徳教育をほどこし，その子らがやがて親になった暁には今度は自らが公平な慈愛をもてるように育て上げる，そのような社会的動物の種でもありうるのでしょうか。いずれにせよ，そのような問題について誰よりも先に思案をめぐらす責任があるのは，公平な慈愛を徳として推奨している人たちの方であることだけは確かです。

　以上より，「わたしたちの特徴的な生き方」という規範的概念に依拠しているにもかかわらず，倫理的自然主義は依然として自然主義であるということになります。言い換えれば，わたしたちが社会的動物である

---

[8]　このことに関連して，Annette Baier は，社会というものが，愛情にあふれた両親とその子どもたちの間に生じる信頼とその信頼に値することとの関係なしには維持し存続することのできないものだと論じている。'What do Women Want in Moral Theory?' (1985) を見よ。また，Mary Midgley は，わたしたちの生を維持していく際の，家族の（したがってまた，種の）絆の重要性を強調し，穏やかな「種差別」を擁護しながら，このことを啓発的に議論している。*Animals and Why they Matter* の第 10 章を見よ。

がゆえに促進せねばならない四つの目的によって，徳の候補として何が反省的な吟味に耐えうるかが決まるというわけです。

類比が成立する場合としない場合

　さて，わたしたちの議論がどこまで進んだか，ここでいったん振り返っておきましょう。徳倫理学の文脈における倫理的自然主義の狙いは，アンスコムとフットの考えを踏襲することにあります。彼らによれば，倫理的によい人間について語る時，わたしたちは「よい」という言葉を，いきなりまったく新しい「倫理的」ないし「評価的」な意味で使い始めたわけではありません。人間以外の生き物を当該の種において，よい，あるいは欠陥のある個体として，植物学や動物行動学的に評価する時，そこにはある構造が（必ずしもわたしが概要を述べたような種類の構造ではないが，ある種の構造と呼びうるものが）存在しています。そうした構造は，ある特定の目的に照らしてその生き物の部分や行動についてなされた，よい，あるいは欠陥があるという評価にももちろん見出されますが，同時に，わたしたちの性格に関する自らの倫理的な良し悪しの評価にまでも（必要な変更を加えた上で）持ち込まれています。さらには，そのような構造（それゆえ，社会的動物にふさわしい四つの目的）が保持されることによって，わたしたち人間にとって「自然」と呼ばれるべき特別な事柄が保持されてきたわけです。つまり，〔そのような評価の場面では〕わたしたちは自らを，不死の魂をもつ生き物とか，人格または理性的行為者という何者かとしてではなく，あくまで自然において生物学的秩序の一部を成す自然種として，評価しているのです。しかもその限りにおいてのみ，倫理的評価と非倫理的評価の間に類比が成立するのです。

　しかしながら，両者の間に類比が成立しない場合も少なからずあります。中でも，わたしが擁護している種類の倫理的自然主義によれば，もっぱら評価されるのは性格特性であって，直接，行為や生そのものが評価されるわけではありません。（今後の議論においても，この点は何度強調してもし過ぎることはないと思っています。）

第 10 章　理性的動物のための自然主義　　　　　　　　　　　341

　ここでは一例として，菜食主義者になるべきかどうかという倫理的問題を考えてみましょう。同性愛的活動の場合と同様に，菜食主義者であることも雑食主義者であることも，それ自体はいかなる性格特性でもなく実践に過ぎません。わたし自身の考えとしては，「わたしたち」すなわち，本書のような本を書いたり読んだりできる状況にある人々の大部分は，（あらゆる状況でというのではなく，ほとんどの状況で）肉食を拒否する時はそうすべきだからそうするのであり，拒否しないとしてもそうすべきではないからそうしないのだと思います。こう考えるに至った背景には，（単純化して言えば）次のような二つの理由が想定されます。

　(i)　（食べ物がもたらす快に関する）節制は徳である。
　(ii)　「わたしたち」の大部分にとって，肉食は不節制（で貪欲で，身勝手）である。

　この内，倫理的自然主義が関係しているのはもっぱら (i) であって，(ii) ではありません。わたしには，菜食主義についての自分の倫理的な考えを，人間が肉食すること（または肉食をやめること）をどう思うかといった主張から始めるつもりはありません。したがって，肉食については今のところ何も語っていない (i)，つまり人間の節制に関する主張から始めることにします。この主張を正当化するにあたっては，倫理的自然主義が（自らの課題を果たすことができる限りで）大きな助けになるものと期待されます。しかし，もしそうなれば，倫理的自然主義の出番はもうほとんどそれで終わりということにもなるでしょう。というのも，(ii) を正当化できるようなものは（もしあったとしても），その大半が倫理的自然主義から引き出されたりはしないからです。
　ここでは，その出番は「ほとんど」終わりとか「その大半が」引き出されないといった形である種の留保が付されています。それというのも，倫理学におけるノイラート的な方法が関与せざるをえないある種の全体主義を提示するためで，菜食主義の問題はとりわけ有益な例となります。中でも肝心なのは，ある特定の性格特性を徳としてどこまで正当化できるかという可能性と，各人が詳細に規定していく際に徳の概念に加えられる何らかの変容との間に見出される精妙な相互作用という点で

す。(食べ物に関する) 節制が徳であるというわたしの信念を反省的に吟味するならば，節制が「わたしたちの」肉食にかかわるものなのかどうかについて，不確定な考えか，あるいは非常に明確な考えのいずれかに至るものと思われます。人間の現状に照らしてみれば，吟味に耐えて生き残るのは，そのうちのどちらか一方であるはずです。しかるに，も̇し̇仮にかなり多くの人々が，((少なくとも) 何百万人ものヒンズー教徒や仏教徒の生活については著しく無知であるにもかかわらず) 人間は肉食する必要があるとか，それなしには自らの寿命や健康な子孫をつくるための能力が甚だしく損なわれてしまうとか考えているとすれば，肉食を既に〔不節制として〕排除したことで〔節制という徳と肉食との関係について〕明確な立場を打ち出してきた考えがそれから何の影響も受けずに生き残れるはずがありません。そうした考えは徳の説明として棄却されるべきか，あるいは何らか修正されるべきか，そのいずれかとなるはずです。

　さて，ここで再びよい人生をめぐる問題に目を向けて，ワトソンの問い，すなわち，倫理的自然主義は「ギャングであることがよい人間であることと両立不可能」ということを立証できるかどうか，という問いに戻ることにしましょう。この場合，もしこの立証がつぶさになされ，当初の目的を果たすならば，その答えは「はい，立証できます（ただし，説得力のある前提が追加されるならば）」となるはずです。しかし，ワトソンが言っているように「よい人生がその特性上，社会的なものでなければならない」という〔自然主義的な〕前提から考え始めると，そうはうまくいきません。もしある人が，ギャングであるがゆえに，そのような者として，冷酷で，不正で，不正直で，無謀であり，それゆえ（控え目に言っても）慈悲や正義，正直さ，勇気に欠けているとするならば，ギャングは人̇間̇として悪しきものだと言わざるをえません。このことを証明するための第一段階は，慈悲や正義などを徳として正当化することです。少なくともそこまでは，これまで主張されてきたことからも可能だと思われます。さらにその次の段階は，ギャングがどんな性格であるかという（推定上の）知識に基づくものであり，決して自然主義からもたらされるわけではありません。その段階では，ギャングは冷酷で不正で……であるということ（すなわち，説得力のある追加の前提）が立

証されます。こうした段階を経ることによって，ギャングは人間として悪い，したがって，よい人間の生を送ることができないということが立証されるわけです。有徳な観想修道士の場合でも見たように，問われている生が社会的でないという事実にもかかわらず，人間はよい人生，すなわち徳に従った生を送ることができるのですから，「よい人生がその特性上，社会的なものでなければならない」と言う必要もなければ，実際，そう言うべきでもありません。

　以上に関連して，わたしたちには，他の動物と同じような自らに特徴的な生き方がないという点でも，類比は成立しません。わたしたちにとって唯一の特徴的な「生き方」とは，理性的な仕方ということ，言い換えれば，何であれなすべき理由のあることとして正しく理解できるような仕方ということです。わたしたち自身も，「よい人間」とか「人としてよく生きる」というわたしたちの考えも，必ずしも完全に自然によって制約されているわけではないので，倫理的評価を生物学や動物行動学にふさわしい働きとみなすことはできません。他の動物の場合，どの種においても，わずかな幸運さえあれば今後もよく生きていける健康でよい個体が存在することは，全般的に見て（ほとんど）保障されていると言えます[9]。なぜなら，〈よい〉とか〈よく生きている〉とみなされるものが一体どんなものかということは，いわば，自然が彼らのために定めた基準によって決定されているからです。しかし，わたしたちの場合，〈よい〉とか〈よく生きる〉ことが可能であるとしても，果たして

---

[9] ここでは，二つの可能性を考慮して「ほとんど」という言葉を付け加えている。一つ目の可能性としては，ある特定の種の個体すべてが，ある特定の時期に欠陥のあるものになってしまうというような場合が考えられるだろう（たとえば，全員が中毒症状に陥ってしまうというような事情で）。その場合，それらすべてに欠陥があると言われるのは，あくまでもそれ以前に存在していたよい個体と比較しての話である。しかし，その全個体が放射能を被爆したが故に，そうした基準に照らして，現在，それらすべてに欠陥があると言われるような事例を考えてみた場合，その時点では，それ自身の〈よさ〉の基準をもつに至る新たな突然変異種が放射能によって生み出されたのか，それとも元の種の成員すべてが〔当該の種として〕欠陥あるものになってしまうような悪い時期に遭遇したに過ぎないのか，そのいずれであるかは今のところ不確定と言わざるをえないだろう。二つ目のいささか現実味の薄い可能性としては，きわめて単純な生物の中には，おそらくあまりに単純過ぎるが故に，欠陥が生じたらそのせいですぐに死滅してしまうような場合が考えられるだろう。その場合，そうした種においては，よい／欠陥があるとか，健康／不健康といった対比はおそらく成立しないだろうし，それらがどちらの状態にあるかも不確定と言わざるをえないだろう。

どの人間がよくて，どの人間がよく生きているのかということは，あくまで未決問題であって，決して自然によって既に決定づけられたようなものではないのです。

　また，倫理的評価がある特定の倫理観に基づいてなされるという点においても類比は成立しません。ここで倫理観と言われるのは，その人自身の徳の概念，それに関連して何がよいか，有益か，有利か，価値があるか，重要か，喜ばしいか（また何がそれらの反対であるか）について，さらには，なすべき理由があるのはどの行為かということについて，既に定まった考えを有している見解のことです。たとえば，慈悲や節制，あるいは公平な慈愛が徳であるかどうかを，人は何らかの倫理観に基づいて考えます。言い換えれば，そうした性格特性を善悪無記で科学的な規定に基づいて考えることはできません。したがって，〔既述の〕四つの目的を考慮して「よい人」であるかどうかが決められるとするならば，その考慮の結果としてもたらされた，ある人はこの性格特性をもっている限りでよい人間である，あるいは，それを欠いているにもかかわらず悪い人ではないといった判断は，自然と倫理観の双方から課された制約が混ざり合って生じたものと言えます。

　さらに別の観点からは，倫理的評価と非倫理的評価の間に類比が成立するのかしないのか，どちらと言えばよいのかが明確ではない，ということが問題となります。

　前章（本書306-311頁）では，他の生物の評価について「注目すべき」五つの点が挙げられました。第一の点は，そのような評価の真実性が，決して，わたしの欲望や関心，価値観から得られるものでもなければ，それが「わたしたちのもの」かどうかで決まるものでもない，というものでした。そうした評価は，その語のもっとも端的な意味で「客観的」です。さらに補足的に言えば，植物学，動物行動学等が科学である限り，それらはまさに科学的でもあるわけです。対して第五の点は，全体としてまとめ上げられた評価の真実性について，少なくともその一部は，当該の種 x に特徴的な必要性，さらに（自然の階梯を登るにつれて）その関心や欲求に依拠するようになる，というものでした。ではこれら二つの主張は，わたしたち自身を自ら評価する際にも果たして引き続き妥当すると言えるのでしょうか。

第 10 章 理性的動物のための自然主義　　　　　　　　　　345

　まず明らかなのは，第一の点にかかわる補足的部分がわたしたちの事例には当てはまらないということです。実際，倫理的評価は科学的ではありません。しかし，（マクダウェルに倣って，わたし自身もそう思っているように）自然科学が客観的なものの領域を余さず究明し尽くすわけではないとすれば，第一の点の前半部が有効である限り，つまり，そのような評価の真実性が，決して，わたしの欲望や関心，価値観から得られるものでもなければ，それが「わたしたちのもの」かどうかで決まるものでもない限り，科学的でないからといって倫理的評価が客観的でないと示されたわけではありません。しかし同時に，第一の点の前半部が有効である限り，明らかに第五の点は却下されねばならないようにも思われます。

　しかしながら，第五の点が有効であることは動かしようがありません。もし，「よい人間とは，慈悲，正義，正直さ，勇気，等々をもっている人のことである」という評価が真であるなら，それはまさに人間の要求，関心，欲求にかかわる事実に拠って真となったからです。それはちょうど，「よいゾウとは，よい牙をもち，リーダーに従い，他のゾウを攻撃せず，若いゾウの世話をし，水を怖がらない，等々のゾウのことである」という評価が，ゾウの要求，関心，欲求にかかわる事実に拠って真となったのと同様です。そもそも関心や欲求をもつ生き物に関する評価が，たとえその一部であれ，そのような事実に拠って真となることなどありえないとどうして言えるでしょうか。

　しかしそうなると，ほぼ完全に除去されるべきは第一の点であると言うことになるのでしょうか。確かに，倫理的評価が真であるかどうかは，わたしの欲望や関心や価値観に拠るわけではありません。その点で第一の点は，依然としてかなり有効だと言えます。しかし，そうした評価は単に科学的でないばかりでなく，たとえその一部であれ，わたしたちの，つまり人間の関心や欲求に拠って真となることもあります。そうだとすると，そのような評価は客観的ではない以上，この点でもまた類比が成立しないと結論せねばならないのでしょうか。

　明らかに，ここでわたしたちを悩ましているのは，「わたしたちの関心や欲求に拠って真となる」という厄介な（そして使い古された）フレーズに他なりません。というのも，倫理的自然主義の文脈では，こうした

言い回しによって，〔真なる倫理的評価と言っても，結局それは〕わたしたち自身の倫理観の再表現にすぎないのではないかという不安が，またしても呼び起こされるように思われるからです。たとえば，「倫理的自然主義の結論へは，獲得済みの倫理観に基づいてしか到達できないのであって，人間本性についての科学的な説明によってではない。したがって，そうした結論はわたしたちの関心や欲求に拠るものであって，わたしたちの倫理観を再表現するためにしか役立たない」といった具合です。しかし，上述のゾウに関する評価の事例を見ればわかるように，倫理的自然主義の結論は，〔評価者であるわたしたちの〕倫理観に基づいて導き出されているのであって，わたしたちの関心や欲求に依拠しているわけではありません。対して，倫理的自然主義による評価が〔評価者である〕わたしたちの関心や欲求に依拠しているのは，その当の関心や欲求をもった動物であるわたしたち人間がその評価の対象でもある場合です。それはちょうど，人間の心理や実践に関する判断がわたしたちの関心や欲求に拠って真となるのと同様です。部分的にであれ全体としてであれ，人間の関心と欲求に拠って真となった判断が，だからといって客観的なものとはみなされない，というようなことはありえません。そもそもそのような判断が，対象とすべきもののすべて，あるいはその一部に何ら依拠することなしに，一体どうやって真となりうるでしょうか。したがって，ここまでの限りでは，自然主義によってもたらされた倫理的評価を客観的でないと結論づける理由は何一つ見出されません。問題となっていた第一の点もその大半は（さらなる議論の余地は残しているものの）依然として有効であり，その点に関する限り，倫理的評価と非倫理的評価の間には確かに類比が成立しています。しかし，以下の二つの場合に関しては，類比が成立するようには思われません。

　一つ目は，たとえ倫理的評価を客観的だとみなしうる方法があるとしても，その方法の明確化にいささか窮してしまうような場合です。倫理的な評価は多くの点で非倫理的な評価と類比的であり，その限りでは，それが客観的でない理由は確かに（まだ）見出されません。しかし，〔それが客観的だと明確に言えないような〕倫理的評価については，さらに多くのことが語られる必要があります。類比が成立しないと思われる二つ目として，倫理的評価は何らかの意味で客観的であるだけでなく，

「必然的に実践的」であるようにも思われる場合が挙げられます。一つ目の客観性の問題については，最終章で改めて論じることにして，以下では，二つ目の問題について考察していきたいと思います。

必然的に実践的なものとしての倫理的評価

　倫理学ないし道徳は「必然的に実践的」であるという主張は，一般には正しくヒュームに帰せられていますが，同様にそれはまたアリストテレスにも帰されうるものと思われます。実際，理論的なものと「実践的」なものとの区別はアリストテレスに負うところが大きく，ヒュームもまた，彼が区別した意味で「実践的」という語を用いていました。アリストテレスは「実践的」という語によって，倫理学が，非現実的というよりは必然的に現実的で実用的だということを意味していたわけではなく，むしろそれが行為との関係を必然的にもつということを意味していました。(「実践 (praxis)」とは，もともと「行為」を意味する古代ギリシア語であり，わたしたちが用いている「実践的」という語は，それから派生した形容詞 praktikē に由来します)。

　ヒュームは自説を説明するために，何よりもまず道徳は「行為を引き起こしたり阻止したりするために役立つ」と述べています。一見したところでは，この規定はこれだけで十分に明瞭なものと思われます。しかし，「必然的に」という修飾語を付して，しかも説得力を失わないような仕方でこの規定を理解しようとするならば，それがどれほど困難な試みとなるかはおのずと明らかでしょう。たとえば，もし，道徳ないしは倫理的判断が，行為の（あるいは行為を阻む）理由や動機を必然的にもたらすとするならば，どうしてそれらに無関心な悪しき人々が，現にこんなにたくさん存在しているのでしょうか。しかしサイモン・ブラックバーンは，そのような懸念に対して，事の真相を捉えた見事な説明を与えています。「もし，実践的な推論にかかわる領域において倫理的判断を考慮する傾向性が存在しないのならば，社会がそのような倫理的判断を下すものだということをわたしたちが正しく解釈できるということさ

え，想像しがたいことになってしまうだろう」[10]と。

　このことは，医学的判断についてなされる主張と対比するとよくわかるはずです。往々にしてわたしたちには，そうした医学的判断について，理論的な意味だけでなく実践的な意味でも興味があります。わたしたちの行為に関する限り，「Xがマウスに癌を引き起こす」ことと「Xが人間に癌を引き起こす」ことの間には，わたしたちにとって重大な相違があります。確かに後者のような判断は，実践的な推論のかかわる領域において，わたしたちが考慮に入れる傾向が強いものと言えます。しかし，たとえそのような傾向性が人々の中になかったとしても，たとえば極端な話，もしある特定の人々が皆クリスチャン・サイエンス〔というキリスト教系の新宗教の一つであり，人間に病気を引き起こすのは心の中の虚偽や幻想だと主張する団体〕の信者でありながらも，単なる理論的な関心から医療研究を続けていることをわたしたちが知っているとした場合，社会が上述のような判断を下すものだということを彼らが正しく解釈していると想像することは可能です。

　いずれにせよ，他の生き物の評価の場合，このような意味で必然的に実践的であるわけでないことは明らかです。わたしたちが下す自身の医学的評価の場合も同様に必ずしも実践的とは限りません。では，もしわたしたちの倫理的評価が必然的に実践的であるとするなら，一体どうしてそういうことになったのでしょうか。その答えは，「わたしたちに特徴的な生き方」に付随している規範的な意味という点にあります。わたしたちに特徴的な生き方とは，理性的な仕方，すなわち「どんなものであれ，わたしたちにはなすべき理由があると正しく理解できるような仕方」のことだと主張することによって，その実質的な結果として，倫理的評価が，わたしたち自身の言葉によって，なすべき理由があるとはどういうことかに関するわたしたち自身の考えと結びつくわけです。

　たとえば，ユダヤ・キリスト教の神に対する（性格特性の一つとみなされる）敬虔が徳であるかどうかを考えている無神論者のことを想像してみましょう。（このことが目下その者の懸案の項目であって，標準徳目リストに挙がると思われるような他の徳に関してその者が抱くような考えにつ

---

10)　S. Blackburn, 'The Flight to Reality' (1995), p.48.

いては，この時点では特に何も問題がないとしておきます。）心の広い無神論者であれば，こうした敬虔のあり方を寛容な仕方で心に抱き，そのような仕方で考え続けていくことでしょう。たとえばそうした無神論者であれば，敬虔が，妊娠中絶したと疑われる人を殺したり，ヒンズー教徒を迫害したりするような人々がもつ性格特性であるとみなしたりはしないはずです。もし敬虔をそのような行為を引き起こす性格特性とみなすならば，それはちょうど慈悲や慈愛を，しばしば不本意に安楽死を犯すような人々の性格特性とみなしたり，正直さを，思慮深く，あるいは慈悲深く沈黙を守ることのどうしてもできない人々の性格特性とみなしたりするようなものだと言えるでしょう。わたしたちが仮定してきた心の広い無神論者ならば，今も昔も，敬虔を，際立って賞賛すべき人々がもっている性格特性だとみなすことでしょうし，（たとえ諸徳が完全に統一されていないとしても，互いに絡め合い，強め合う傾向にあるように）敬虔が彼らに備わる他の徳と分かちがたく絡み合い，積極的に強化し合っていることを認め損なうことなどまずありえないでしょう。したがって，そのような無神論者であれば，四つの目的に照らしてみても，敬虔が，慈悲，正義，勇気，正直などと変わらぬ程度でそれらすべての目的を促進させるものである以上，それが徳であるという結論に至らざるをえないように思われます。

　しかし，敬虔な気持ちから行為する人たちは，果たして人間に特徴的な仕方で，言い換えれば，理性的な仕方で行為していると言えるのでしょうか。確かに，彼らの敬虔さが，たとえば彼らの慈悲心と分かち難く結びついている限り，上述の無神論者なら，そのとおりだと言うかもしれません。しかし，彼らが自らの敬虔さに駆り立てられることによって，日々祈り，神への冒瀆を避け，教会へ通い，神のことを考えて時を過ごし，神の理解へ少しでも近づこうと努める限り，わたしたちの仮定した無神論者ならば，自身の観点から，彼らは決して理性的に行為してはいないと考えるに違いありません。なぜなら，彼らが（単に習慣的にそうしている人々や，パスカルのいう信仰に賭ける人々としてではなく，あくまで敬虔な人として）こうしたことをするための正当な理由だと考えているものは，実のところ，〔かの無神論者にとっては〕まったく理由とすら言えないものだからです。確かに，その性格特性は四つの目的を

促進させはしますが，それは決してわたしたち人間の種に特徴的な仕方で，つまり理性的な仕方でなされているわけではありません。さらに，第8章でわたしが述べた微笑みの要素という観点から見れば，確かに敬虔さはその持ち主に大いなる喜びと心の平静をもたらしはするのですが，かの無神論者にとって，そのような喜びが「人間に特徴的なもの」，つまりは理性が容認しうるようなものであるはずがありません。なぜなら，敬虔さは，それをもつ人にとってはこの上もなく満足のいくものであるし，完全に無害なものかもしれませんが，無神論者の立場から言えば，それはまったくの幻想に過ぎず，理性がそんなことを容認できようはずもないからです。それゆえ，「わたしたちに特徴的な生き方」という規範的な考えを取り入れる限り，わたしたちの仮定した無神論者には，結局のところ，敬虔は徳ではないという結論しかありえないわけです。

　では，これを別の事例と対比させてみるとどうなるでしょうか。たとえば，仮に〈わたし〉が，徳全般に多少の親しみはあるものの，いろいろな影響を受けたせいで，誠実さが徳であるという確信をすっかり失ってしまった，と仮定してみてください。〈わたし〉は世界中を楽しく放浪し，束の間の友情を次々と結んだり別れたりするうちに，〔友人への〕誠実さとそれに対する感謝の念が実は徳ではないと思うようになった，という設定です。そうした誠実さや感謝は，実は古い交友関係や（〈わたし〉が軽蔑する「同窓会」のような）団体への強迫神経症的な執着の現れに他ならず，いつも過去へと引き戻しては，根拠のない信頼関係にわたしたちを引き入れようとするものに過ぎません。〈わたし〉にとって個々の人間関係は，その都度新たに考察されるべきものです。今ここで誰かある人を擁護すべきだとすれば，それはその人がまさに今ここで共に楽しい時を過ごしている愉快な仲間だからであって，たまたま彼が20年来の知り合いだからというわけではありません。ここにいない人の悪口を考えたり言ったりすることなど別に重要でも何でもありません。今一緒にいる人たちだけが唯一重要な人であり，彼らと友好的に会話して楽しむことだけが大切なのです。〈わたし〉もかつては，自分が何をすべきか，何をすべきでないかの理由として，たとえば，（古い付き合いの）相手が〈わたし〉の友人であり，相手もまた〈わたし〉が

そうであることを期待しているから，というようなことを考えていました。あるいは，それが〈わたし〉のために多くのことをなしてくれた団体だからだとか，もし相手が〈わたし〉の言うことを聞いたらすっかり挫けてしまうだろうから（おそらく彼には聞こえなかったかもしれないことは〈わたし〉にもわかっていましたが，その点が重要なのではありません）とか，あるいはまた，そうすることが相手に対して不誠実になってしまうからとか，そういったことの数々が理由になると思っていました。しかし，今や〈わたし〉には，そうしたことがある意味で何の理由にもなっていないように思えるのです。（もちろん，敬虔な人々がどんな理由を挙げるのかを例の無神論者が知っているのと同じように，それらが人々の挙げる理由だということは，〈わたし〉にもわかってはいるのですが。）

　さてそのような状況の中で，いかにすれば誠実さが，〈わたし〉の考えていたような倫理的自然主義の文脈においても徳として通用するかを指摘してくれる人がいたと仮定しましょう。〔その人が言うには，〕〈わたし〉は若くて，自由気ままで，しかも思慮が足りなかったため，〈わたし〉と同じような仕方で生きている人はそれほど多くはないという事実，人々の多様な生き方によって〈わたし〉の生き方も支えられているという事実，さらには，人々の生き方が，たとえ部分的にせよ，誠実さと感謝によって支えられているという事実を見過ごしてきたのかもしれません。その多くが今もうまく機能し大した問題も起こしていない人間関係や商取引関係，そうしたものから成るネットワークをずっと昔から構築し続けてきた人々が暮らすコミュニティをこうして〈わたし〉が経験できているのも，一つには，〈わたし〉が見失ったその当の理由のために彼らが活動していてくれるからです。〈わたし〉はまた，老人の中には若い頃から付き合いのある人たちとの関係を楽しみにしている人がいるという事実，あるいは，関係当事者の一人ひとりが互いに対して誠実であることで生じる彼らの関係性の成熟や穏やかな確信によって，そうした関係性が何か価値のあるものへと高まっていくことができるという事実，そうしたことをも見過ごしてきたのかもしれません。

　そうしたことが（あるいはそれ以上のことが）もし指摘されていたなら，〈わたし〉もそう思えたかもしれません。しかし，一旦そう思うようになり，誠実さや感謝によってわたしたちの喜びの最大の源泉の一つ

になりうるような社会的関係や人間関係がうまく機能するのだと認識するようになれば，誠実な人たちが何のために誠実に行為するのか，その理由を〈わたし〉でも再び理解できるようになるはずです。誠実であることは馬鹿げたことではない，今なら〈わたし〉もそう理解できます。自分たちが何のために誠実に行為するのか，その理由を知っている誠実な人たちは，理性的な生き方をしているのであって，決して思慮のない生き方をしているわけではありません。彼らの挙げる理由こそが，真に理由と言いうるものなのです。

したがって，それは〈わたし〉にとっての理由でもあります。(〈わたし〉が今そう思っていると想定されたように) 誠実が徳であると思うことは，誠実に行為する人々であれば理性的な仕方で，つまり実践的な合理性に基づいて行為しているに違いないと思うことだと言えます。しかし，たとえばある人の場合，相手が友人であるからという理由でその友人に忠実である時，彼が実践的な合理性に基づいてそうしていると思うことは，もし〈わたし〉が同じ状況で，同じ理由によって，同じことをするとしたならば，〈わたし〉もまた実践的な合理性に基づいてそうしているはずだと思うことと変わりません。つまり，わたしたちが倫理的自然主義に基づいてある性格特性を徳として認識するとは，その性格特性を備えた人たちが彼らに特徴的な仕方で理由としてもつ行為の理由 X をわたしたち自らが認識すること，言い換えれば，それを自分自身にとっての理由として認識することに他なりません[11]。(だから，例の無神論者は，自らの無神論を放棄することなしには，敬虔が徳であると判断することができないのです。)

以上のような主張については，留意しておくべき点がいくつかあります。第一の点は，これまで述べてきたことに強調を加えた単なる繰り返しに過ぎません。行為の理由として認識されるものは，その行為に関連する性格特性を有する人が現に挙げている，あるいは挙げるであろう理由，すなわちその射程の点で当該の性格特性と関連している理由 X で

---

11) フットもこのことを，「道徳が必然的に実践的である方法」についての彼女の説明の一部として挙げている。すなわち，「その方法は，行為をもたらしたり妨げたりすることに役立つ。なぜなら，行為というのは，その理由を理解することによっておこなうことができるようになるものだからだ」と。'Does Moral Subjectivism Rest on a Mistake?', p. 10.

第10章 理性的動物のための自然主義 353

あって，四つの目的のいずれであれ当該の性格特性によって促進されるという事実ではありません。たとえば，誠実な人々が〔敢えて〕友人に忠実な振舞いをしない場合であっても，相手を寛容に扱ってきたことで今酷い目に遭っているにもかかわらずその仕事を続けている場合であっても，さらには，自分の仲間を背後から嘲るようなことを拒む場合であっても，いずれの場合も，そうすることによって，良好な人間関係とうまく機能する社会関係が促進されると彼らが考えていることが理由になっています。彼らはそうした理由 X のために，そして，わたしたちが見てきたように，「彼らはそれが正しいと考えるから」，そのように行為するのです。性格特性 V の核心を見抜くこと，つまり，人間の生活においてそれの何がよいのかを理解し，そのことによってそれを徳として承認するということは，人々が V であることをなすのは，あくまで「それ自身のために」であって，それが人間生活において現にしかるべき役割を果たしているからではないという点をしっかりと見てとることなのです。

　第二の点は，行為の理由を認識することによって，奇跡がもたらされる，もっと有り体に言えば，しっかり根付いたわたしたちの習慣が押しのけられるようなことは期待できないということです。ある特定の性格特性を欠いた一人の人が，倫理的自然主義による検討を通して，当該の性格特性が徳であるという結論に至り，翌朝にはまったくの別人になってベッドから飛び起きるといったようなことを期待できる理由などどこにもありません。そもそも，第7章で言及されたように，有徳な性格特性は，たとえ世界一意志の強い人であろうと一夜にして獲得されたりはしません。しかも，意志とは思いのほか弱いものかもしれません。喫煙者であれば誰もが，単に理由という以上の，決定的で強制的な禁煙すべき理由が自分にはあるにもかかわらず，結局は意志の弱さに引きずられてしまうことを重々承知しています。どうせ煙草をやめるのだから最後にこの1本だけ，あともう1本だけ，あともう1本だけ……という具合に。さらに，これまでもっていなかった性格特性を獲得し，その働きの恩恵を実際に享受できるようになることの難しさは，そのせいで多くの人が元のやり方に戻ってしまうことからもわかるように，これ以上ないほどきついものであることは確かです。先に〈わたし〉として仮定

された若き放浪者の場合も，仮に彼が今の生き方を放棄して，辛抱強く待っていてくれた誠実な両親のもとに帰る決心に至ったとしても，おそらく最初は誠実に生きていくことの大変さを痛感するでしょうし，真摯で持続的な人間関係を構築し始めようとしても，思うようにいかず落胆するに違いありません。その挙句，自らの行為になすべき理由があるかどうか，わざわざ考えたりせずに[12]，（その多くが徳と矛盾するとは思われていない）気楽なその都度の快適さを求める元のやり方へと彼が舞い戻ってしまったとしてもおかしくはありません。

　第三の点は，前述のような放浪者の例はあくまでも一つの例に過ぎないということです。その例では，彼は頭の回転が速い，意欲的な学習者と表されていましたが，もし反対に，わたしが最初に想定したよりももっと徳に疎いとしたら，彼は今よりもはるかに扱いにくい存在であったかもしれません。そう仮定することで，新たにさらなる問いが立ち現れてきます。

　これまで倫理的評価について述べられてきたことと，どんな行為になすべき理由があるのかというわたしたちの主張とを結びつけることによって，第9章の初めの方（本書294頁）でなされた以前のわたしの主張が取り下げられたのではないかと思われるかもしれません。その主張とは，マフィアの麻薬王にも，あるいは，自分の倫理観を反省的に吟味し，たとえば，誠実は徳であると結論づける時の〈わたし〉にも，動機となるような理由が自然主義的な結論によってもたらされたとは考えられない，というものです。実際，倫理的自然主義に基づいて，誠実さは徳であると結論づける人がいたとしても，その結果として，誠実な行為をおこなうための動機となるような理由を彼らが（それ以前にそれをもっていなかったとしたら）獲得したことを，わたしはまだ明らかにできていないのではないでしょうか。また，マフィアの麻薬王についても，理論的には，同様ではないでしょうか。

　自然主義的な企てに対しては，それがどのような効果をもたらすかを

---

12) フットが言っているように，「道徳あるいはその一部を『認める』のか『認めない』のか，そんなことを考えるのを止めるだけで，人はそうした面倒を回避することができると思われる。実際，わたしたちのほとんどは，折にふれてそうしているのだと思う。」'Does Moral Subjectivism Rest on a Mistake?', p. 11.

よく見る前に，多くの人が異議を唱えがちですが，先の主張は，そうした異議を未然に防ぐという文脈でなされました。ただし，そのような異議自体は，正しい洞察，たとえば，マフィアの麻薬王が自然主義的な推論をおこなうことで，慈悲や正義や正直が徳であるという結論に至り，その結果，直ちに改善された性格へと生まれ変わるなどということは想像さえできない，といった洞察から生じたものです。同様に，彼が，ちょうど（基本的にはとてもまっとうな）例の若い放浪者がしたように，忍耐強く，共感的に，わたしたちの誰かによって彼のためになされた同じ推論に耳を傾け，わたしたちに同意するようになるなどということがありうるとは到底思えません[13]。しかし，わたしが明らかにしたかったのは，自然主義的な企てを弁護する際には，こうしたことがまったくありえないというわけではない，ということだったのです。

わたしは必ずしも以前の自分の主張を取り下げたわけではありませんが，ここでは若干の留保を付しておく必要があるでしょう。確かに，動機づけのための理由をもたらすことを意図して，しかじかの性格特性が徳であるという自然主義に基づいた主張を支持する人がいてもおかしくはありません。こうした主張がよく見られるのは，子どもたちに徳を植え付けようと躍起になる子育ての場面です。既に第8章で言及したように，ある特定の性格特性を（したがって，ある特定の理由に基づいて行為できるようになることを）子どもらに植え付けようとする時，わたしたちは，徳がその持ち主に利益をもたらすという話ばかりでなく，徳が人間に善をもたらす特性であり，人間生活において特別な役割を果たしているという話もしています。たとえば，正直であることから得られると期待される個人的な利益について子どもたちに教えると同時に，子どもたちが営む社会生活のなかに正直さによって支え維持されている事柄がいくつもあることをわたしたちは指摘してきました。たとえば，（子どもらの年代や状況にもよりますが）自分の持ち物を学校の机の上に置きっぱなしにできるとか，信頼できる指示を受けることができるとか，（返却日を多少猶予してくれるような）学校の図書館とか，資格や証明書の取

---

[13] アリストテレスによれば，そのような人は「彼を思いとどまらせようとする議論には耳を貸さないだろうし，もし聞いたとしても理解しないだろう」。『ニコマコス倫理学』1179b26-27.

得とかいったようなことがそうです。こうした場面では，確かにわたしたちは，様々な徳にふさわしい理由を，自分のための理由，自分にとって動機となるような理由として，子どもたちに認識させようとしています。時には，ある特定の徳にふさわしい一連の理由を，どういうわけか，見失ってしまったような人に，たとえば例の若き放浪者のような人に，興味が引かれるかもしれません。それというのも，徳に見合った理由によって再び自身を動機づけられるように，彼に徳を認識する力を取り戻してあげることには，確かに価値があると思えるからです。また，非常に長期的な企てとして，彼の悪い性格をゼロから改めさせようとすることさえあるかもしれません。その場合，彼の性格を再形成しようとしているわけですから，ちょうどわたしたちが自分たちの子どもたちをしつける時のように，その他の多くのものといっしょに，きっと自然主義的な議論を用いることもできただろうと思います。

　したがって，様々な道徳教育の場面では，そうした教育を受けている人たちに〔たとえば誠実さが徳であるというような〕結論を説き勧めることによって，彼らの内に動機となるような理由をもたらすために倫理的自然主義に訴える，そうしたことがあっても確かにおかしくはないとわたしも思います。それどころかわたしは，たとえば，言えば嘘になってしまうことだからこそ，嘘をつくのをやめることが人間にとって理性的な振舞いだということを強く自分に言い聞かせ，その分野での自身の動機を補強できるように，自然主義的な推論によってある特定の性格特性に関する結論を導き出しさえするだろうと思います。しかし，これまで見てきた〔子育ての〕ような場面は確かに重要ではあるものの，それにもかかわらず，動機となるような理由をもたらすことが必ずしも目指されてはいない場面，その点でこれまでのものとは区別されるべき場面が倫理的自然主義には明らかに存在しています。そのような場面において，真実の発見，つまりある特定の倫理観の正当性や不当性の立証がノイラート的な仕方で目指されるのであり，それこそがわたしたちがここで問題としている場面なのです。

　本章でわたしは，自然主義的な企てがほんのわずかとは言え実現の見込みがあるという考えに対する，なされうる限りの反論に応答してきました。こうした反論の大半は，倫理的自然主義が非倫理的な自然主義に

あまりにも類似し過ぎているという趣旨のものでした。つまり，倫理的自然主義は，あまりにも斉一性を強調し過ぎて，現にあるがままの自然に甘んじるあまり，受け入れ難い結論に至る恐れがあり，その結果，わたしたちの理性によって自分たちと他の動物の間に作り出された途方もなく大きなギャップや，倫理的評価によって実践が必然的に引き起こされるという明白な論点を示し損なった，そういう反論でした。それらの多くはまた，倫理的自然主義と非倫理的な自然主義の間には類比が成立しないという反論から派生したものともみなされます。確かに非倫理的な評価はすべて，種に特徴的な仕方，つまり自然によって決定づけられているやり方に依存しています。しかし，人間には自然によって決定づけられた特徴的な仕方というものがそもそもありはしないのです。

　自然主義的な企てが実現可能とみなされるべきだというようなことが，ここまでで立証されたとは考えていません。むしろわたしとしては，あくまで本書で出来うる範囲で上述の反論に応答していくつもりです。最後の1章がまだ残っているのも，多くの人によってもっとも深刻な問題とみなされるであろうこと，すなわち先に（本書346-347頁）予め述べられた客観性の問題を論じるためです。わたしは先にこの問題を予告した時，倫理的評価と非倫理的な評価の間に類比が成立しえない以上，そうした評価が科学的であるという理由に基づいても，それがわたしたちの関心や欲求とは無関係に真であるという理由に基づいても，いずれにしても倫理的評価が客観的であるということはありえないと認めてきました。だとすれば，それが客観的であると言えるためには，何か別の理由があるのでしょうか。

第11章
客　観　性

　「倫理の客観性」を論じる際に生じる困難の大半は、文字通りまったく異なった基盤から考え始めた多くの哲学者によってこの問題が議論されてきたという事実に起因しています。たとえば、倫理は客観的ではなく主観的であると主張しているJ・L・マッキーの場合を考えてみましょう[1]。「この行為は正しい／間違っている」という判断は、（正しさ／間違いという）性質が世界内の特定の出来事に帰属しているという事態を主語–述語関係で表現したものです。確かにそうした判断は、その真であることが人間の関心や欲求に依拠することもなければ、人間にかかわることさえないようにも見えます。しかし、もし、わたしたちが判断のもつ主語–述語関係という面だけを重く見て、たとえば「この行為は正しい」という〔倫理的価値〕判断を、「この行為がある物体を動かす」や「この行為は〔やり終わるのに〕5分かかる」といった〔事実〕判断と同じようなものだと考えるならば、〔彼によれば〕わたしたちは明らかに錯誤（error）を冒すことになります。つまり、〔倫理的〕判断の真偽は、何らかの仕方で人間の関心や欲求に依拠するものである、というのがマッキーの主張です。
　徳倫理学は、こうした主張に全面的に同意します。徳倫理学の立場から見れば、「この行為は正しい」という判断が真であるのは、「これは、有徳な行為者であれば、こうした状況において特徴的な仕方でなすであろう行為である」という言明が真であることに依拠しています。つま

---

1) J. L. Mackie, *Ethics: Inventing Right and Wrong*.

り，その判断の真偽は，(i) ある特定の性格特性をもった行為者であれば，そのような状況でどんな行為をなすか，また (ii) その性格特性が徳であるかどうか，という二つの条件に拠ることになります。この内，(ii) の条件，すなわち問われている性格特性が徳であるかどうかは，その性格特性が四つの自然主義的な目的を（理性的な仕方で）達成できるかどうかにかかっていますが，既に述べてきたように，そのことの可否は，たとえ部分的であれ，人間の関心と欲求に依拠せざるをえないというわけです。

　しかし，自分の主張を徳倫理学がどのように解釈したのか，マッキーが予想できなかったことは明らかです。確かに一方で彼は，たとえば「この行為は残酷だ」という主語-述語関係を，真正な性質の出来事への帰属と解するならば（彼によれば，ある行為が意図された残酷さを帯びていることは「自然な事実」とみなされるので），わたしたちは決して錯誤を犯しているわけではない，そう言うことにやぶさかではないでしょう。しかし，他方で彼は，「この行為は正しい／間違っている」という判断に関する（あくまでそうとは知らずに，徳倫理学と共有している）彼の立場から，「道徳は発見されるべきものではなく，作られるべきものである。わたしたちは，どのような道徳的見解を取り入れるべきかを決めなくてはならない……」[2]，言い換えれば，ある事柄の正しさと間違いを「創作（invent）」しなければならない，という結論へと一気に至ることができるとも考えているようです。しかし，自然主義的な徳倫理学の側から言えば，彼の言う「わたしたち」が誰であれ，「わたしたち」は，サボテンにとってよいサボテンであることがそもそもどうあることなのかを決めることができないのと同様に，人間にとってよい人間であることがそもそもどうあることなのかを決めることもまたできません。

　徳倫理学は，確かに，ある種の客観性，すなわちカントが志向するような客観性を倫理学に与えはしません[3]。わたしが擁護している立場か

---

2) Ibid., p. 106.
3) ウィリアムズが指摘しているように，「カントの理論によって提示されているのは，（そう言ってよければ）実在論的ではない仕方での道徳の客観的基礎づけである。道徳的主張は客観的に正しいか正しくないかのいずれかであるが，どうしてそうなるのかを一般的に説明しようとする時，この説明が説き明かそうとしているのは道徳的言明と世界との関係ではなく，むしろそうした言明を是認することと実践的理性との関係である。」'Ethics and the

らすれば，徳倫理学はそれ以外の客観性もまた倫理学に認めません。実際，徳倫理学が根拠にしている事実は，必ずしもすべて「経験的」というわけではありませんし，「中立的な観点」から得られるというわけでもありません。標準的な徳目リストを正当化するという長期にわたる自然主義的な企ては，あくまでノイラート的なものであり，わたしたちの倫理観に基づいて進められるものです。そうした企ては，人間本性とわたしたちに特徴的な生き方とが，あたかも天賦の動物的本性であるかのように，自然という書物から標準的な徳目リストを読み取るようなものでは決してありません。しかしそれはまた，わたしたちの標準的なリストが正しいと予め決めてかかることでもありません。それが正しいかどうかは，リスト上にある性格特性がわたしたちの人生で果たす役割について，自分たちの倫理観のみならず，参照されるあらゆる経験的な事実に矛盾しないような説明がどこまで可能か，その範囲が見出される時に明らかになるはずです。客観性というものを，アプリオリな客観性とか科学的な客観性ではなく，倫理学という主題にふさわしい客観性として捉える限り，こうした説明で十分だとわたしには思われます。

　もちろん，現にある諸問題を棚上げすることによって客観性という論点そのものを避けようとしているわけではありません。確かに，もっと多くのことが語られる必要があります。しかし，わたしには，それが特に「客観性」に関することだとは思われません。

　ウィリアムズは次のように言っています。

〔倫理学において〕客観性の問題として多種多様な事柄が議論されてきた。しかし，そうした議論はすべて何も結論が出ずに終わるか，さもなければ，結局一つの問題に，つまり，どうすれば倫理学上の意見の不一致を適切に理解することができるかという問題に立ち戻りがちである。たとえば，哲学者の中には，道徳的判断に真偽はありうるのかという問いに大いに頭を悩ませてきた者たちがいた。しかし，真になされるべきは，その問いが，何を，どの程度意

Fabric of the World' (1985), p. 175. これまでのところ，新カント派と徳倫理学の両陣営の研究者間に意見の相違が生じたのは，前者が人間の自然本性にかかわる事実を越えてウィリアムズが述べたような客観性の方向へ踏み出そうと欲したその時だけである。

味しているのかを見出すことである。倫理的な善悪や正誤について何か意見を述べれば，それが「真だ」とか「偽だ」と言われるのは，言うまでもないことである。問題は，そう言うことによって，どれだけのさらなる問題が引き起こされるかということである。実際，「真／偽」という概念には，真実を求め，できる限り虚偽を避けたいという大きな願望が絶えず伴っている。とすれば，こうした願望が倫理的な主張に関してどの程度実現されるか，その点が問われずにはいられないはずである。しかし，以下のような問いを問うことなしに，この問題が追究されるとは思えない。たとえば，もし，倫理学上の意見の不一致が生じたら，一方の側が他方を誤っていると考えなければならないのか。そう考える時，そこで一体何が考えられているのか。さらに，どのような議論や探求ならば，ある特定の主題を考える時，両陣営のどちらか一方またはその両方を誤りから抜け出させることができるのか。ともあれ，倫理学における客観性の問題が何らかの内容を獲得するのは，そのような問いを問うていくことの内にしかないとわたしには思われる[4]。

　二，三の但し書き付きではあるものの，わたしはウィリアムズがこの点に関してはまったく正しいと確信しています。倫理学上の意見の不一致をその起源にまで念入りに遡っていけば，結局それが，事実に関する意見の不一致や外から口出しできないような価値観の相違に起因したものだと果たしてわかるものなのかどうか，その点こそが倫理学における「客観性」についての根本的な問題だと言えます。では，わたしの付けた「但し書き」とは何かというと，第一には，倫理学において何も結論が出ずに終わるような・す・べ・て・の客観性の議論が，倫理学上の意見の不一致を正しく理解することへと立ち戻るという，その当の主張自身の普遍性にかかわるものです。たとえば，全員がある特定の倫理的判断に賛成したとしましょう。それにもかかわらず，まだ次のように考える余地があるという声は消えずに残るのではないでしょうか。「なぜ，わたし／わたしたちはその倫理的判断が正しいと思うのか。わたし／わたしたち

---

4)　B. Williams, 'Saint-Just's Illusion' (1991), p. 145.

はその根拠を挙げることができるのか。もしできるとしても，一体どうやったらわたし／わたしたちはその根拠を見つけ出せるのか」（わたしの経験では，なぜ多くの新入学生が美学における客観性を信じられなくなってしまうのかというと，それはシェイクスピアやモーツァルトの作品が偉大な芸術作品であるという彼らの見解に同意しない人々のことが気になったからではなくて——というのも，そうしたクラスでは，その見解に異を唱えるような人はめったにいませんから——むしろ，「だってこの芝居／音楽はこんなに素晴らしいじゃないか！」と言う以外に，どうして自分たちがそう思っているか，その根拠について何一つ確かなことを言えないことに気づいたからです）。とはいえ，それでもなおわたしたちは，そもそも自分が納得できる根拠を探し出すことができるのかどうかという〔根本的な〕問題を，自分に異を唱えると想定された対話者に対してもし言えるとすれば何が言えるかという問題へと，まことしやかに言い換えてしまいかねません。そうであればこそ，ウィリアムズの主張はますます意味をもってくるのです。

　次いで，第二の「但し書き」は，「倫理学上の意見の不一致」という事態の及ぶ範囲にかかわります。ある程度の倫理学上の意見の不一致は，道徳哲学の専門家の間にも確かにありますが，それはたとえあったとしても日常生活において出遭うことが極めて稀な類のものです。たとえば，胎児殺害は，胎児の両親やその他の利害関係者の権利を侵さない限り，道徳的に無害であり，特に正当化を必要とするものではない，と主張する者もいれば，それを認めない者もいます。このような意見の不一致の中には，そのすべてがというわけではないものの，単に理論的なものとしてしか記述しえないようなものも確かにあります。そもそも胎児殺害の是認を主唱するような者は，現実的な意味で自分が何を言っているか本当にわかっているのだろうか，そう訝しまれても不思議ではありません。道徳哲学者は何らかの理論を心に抱いたからといって，必ずしもその結論のすべてを実践に移すわけではありません。他方，わたしたちの間で，とりたてて相手が間違っていると考えているわけではないのに互いに倫理上の意見を異にするような場合，そうした意見の不一致が倫理学における客観性の問題とそれほど関係があるようには思われません。たとえば，相手の倫理学説や倫理的な取り組み方が腐敗してい

て，それがもたらす前提は誤ったものであるとか，相手の議論の出来が悪く，その立場が首尾一貫していないといったようなことに対して，わたしたちの倫理上の学説や取り組み方や前提や議論の方がもっとよいものだというのは，単に客観的な事実だとわたしたちは思っています。しかし，自分自身の倫理学説をどれほど優ったものだと思っていても，わたしたちは依然として，倫理学が客観的であるかどうかについて変わらぬ不安を抱えているのです。

したがって，わたしは（あくまで可能な限りで）哲学的な見解の相違から生じる倫理学上の意見の不一致を一旦脇に置いて，これまで概説してきた徳倫理学と倫理的自然主義の制約の中で生じうる倫理学上の意見の相違だけをこれから考察していきたいと思います。

倫理学上の意見の不一致

以下では，わたしたちとマフィアの麻薬王のようにではなく，たとえば，本書を介して向き合っているあなたとわたしのように倫理観がほとんど同じ人たちの間に生じる倫理学上の意見の不一致から考察し始め，その上で，そうした不一致の原因が，事実と価値観のいずれの不一致にあるのかを考察していくことにしましょう。

もっとも明白な例のいくつかは，意見の不一致の〔事実や価値観に次ぐ〕決定的な原因が宗教的信念の違いにある，そのような不一致に由来するものです。実際，宗教的信念におけるそうした不一致は，倫理観がほとんど一致している者たちの間にも難なく生じます。ヒュームのもっとも教訓的な過ちの一つは，「人間の目的」にかかわるいかなる仮定も掲げることなしに，彼が「独身，断食，その他の修道士の徳」を却下できると確信していたことです。もちろん，実際にはそういうわけにはいきません。もし，彼にそうしたことができるとすれば，それは，人間本性が無神論者によって思い描かれているようなものであり，それゆえ，「人間の（諸）目的」は〔超自然的な存在を信奉する〕超自然主義よりもむしろ倫理的自然主義によって与えられる，そう仮定する場合に限られます。というのも，修道士の徳については（仮にそれがその持ち主に

も他の人にも好ましいものではないとしても），神が存在しないという仮定の下で，そうした徳がこの世においてその持ち主や他の人の役に立たないと言うだけでは，その無用さはまだ十分に示されたことにはならないからです。実際，そのような徳は，この世において人をより一層神に近づけるために，また，来世のためのその者の魂の準備として，伝統的に「有用」なものとして推奨されてきました。

　たとえば，キリスト教の神の存在を信じることは，確かに信者の倫理観の一部とみなされてはいるものの，そのような宗教的信念や魂の不死に関するような信念はいずれも，普段わたしたちが，評価的信念とか倫理的意見と考えているものではありません。言い換えれば，それらは超自然的な，あるいは形而上学的な事実に関する信念や意見に他なりません。しかもわたしたちは，そうした信念にかかわる論争では，知的な上に哲学的にも極めて洗練された人々が，対立する陣営の双方で活躍しており，互いの議論に精通していてまったく動じるところがないということ，したがって少なくともその意味で，そのような論争が「議論の決裂する」領域で展開されているということを知っています。わたしの知る限り，キリスト教徒と無神論者のどちらも皆，明らかに相手が間違っていると思っており，論じられている主題について，両陣営のどちらか一方を誤りから抜け出させることができるような議論や探求は皆無だと考えています。したがって，倫理学上の意見の不一致が確かに宗教的信念をめぐる意見の相違に起因する場合には，どちらの陣営も，互いの意見の不一致を解決する手立てなどないと思ってもおかしくはありません。しかし，そんな場合であってもわたしたちは，「やっぱり思った通りだね。なぜって，倫理学上の意見の不一致というのは，本当は，外から口出しできないような価値観の相違に過ぎないからさ」などと言うつもりはありません。というのも，実のところ，そのような意見の不一致とは，（とりあえずわたしたちが理解しうる限りでは）既に何度も語られてきた以上には何も言いようがないものの，少なくとも形而上学的事実に関する意見の不一致であることは確かだからです。

　わたしたちの倫理学上の意見の不一致の多くは，ある特定の行為が正しい，あるいは間違っていた／いるのかどうかといった問題にとどまりません。徳倫理学によれば，いつでもというわけではないものの，その

ように意見の対立する一方の側が（あるいはひょっとしてその両方ともが）誤っているということが，実際よくあります。また，ここで誤りといわれるのは，徳や悪徳という語の不正確な適用，あるいは有徳な主体の行為に関する不正確な判断にかかわるものとみなされます。こうした場合，対立する陣営の一方または双方を誤りから救い出すためには，そのような用語を適切に適用し，論争となっている当の行為に関して有徳者が何をなしうるかを正しく判断するといったこと以外に手立てはありません。このような手立ては，たとえば，すぐその場で意見の不一致を帳消しにできるにもかかわらず，見過ごしたり誤認されたりしがちな特徴といったごく単純なものから，思春期に我が子が愚行や悪徳に走らぬために継続的に取り組んでいかねばならないような，また時には解決するのに一生涯を要するような複雑な問題にまで及びます。それほど広範な問題の広がりを考えるならば，意見が対立するどちらの側の人たちも，当該状況の特殊性をめぐる骨の折れる議論を積み重ねていくために必要な，時間も，忍耐も，謙虚さも，互いに対する敬意もおそらく持ち合わせていない以上，そうした多くの意見の不一致が，現実問題として真に解決されるとは思われません。しかしだからと言って，そのような議論は，もしうまく立ち上がったとしても，価値観の不一致によって決裂せざるをえないというわけでもありません。

　確かに，徳や悪徳に関する用語，あるいは「有徳な行為者」という概念それ自体が，ある一定の不確定さや程度差を許容しているので，必ずしも常に上述のような意見の不一致が生じるというわけではありません。たとえば，意見の対立する立場の双方が，実際よりも高い度合の確定性を前提するが故に両者とも誤りに陥っているのかもしれませんし，もし彼らを誤りから救い出すようなものがあるとすれば，それによって，実は問われている事柄がそれほど確定的ではないということが明らかになるかもしれません。もし意見の不一致が「正しい」「間違っている」という用語によって明言されているのだとしたら，単にそのような語彙を切り捨てるだけでその不一致が解消するということだってあるかもしれません。おそらく，そこで問題となっているのは，解決不可能な痛ましいディレンマや悲劇的なディレンマ，あるいは有徳な行為者がなすようなことを人が悪しき理由からおこなうような場合であって，意見

の対立する立場の双方がやっていることといえば，当該状況の異なった側面を，それぞれ「正しい」とか「間違っている」こととして互いに強調し合っているに過ぎません。したがって，そうした状況から抜け出すための方策としては，「そのことについてよい面はこれ，でも悪い面はあれ」というように，もっとはっきり識別できるような記述方式を取り入れていくことも考えられます。

　さて次に，もっと規模の大きな問題，たとえば，少なからず性差別主義者であった先人たちと，もしわたしたちが議論を交わすことができたならば，両者の間に必ずや生じたであろう倫理学上の意見の不一致について考察してみることにしましょう。たいていのことについては，今でもわたしたちは彼らと同じような倫理観を抱いていますし，彼らの多くはきわめて有徳な人間だったと思っています。そんな彼らが性差別主義者になったのは，あくまで幼い頃からの教育によるものと考えられます。わたしたちにとって彼らと意見が分かれるのは，その多くが，様々な徳にかかわる用語を彼らの多様な行為へと適用しようとする場合です。たとえば，彼らがこの行為は正しいと言ったとすれば，わたしたちはそれがひどく不正だと言い返します。彼らがこの行為は思いやりがあり慈愛に満ちていると言ったとすれば，わたしたちはそれがパターナリズムの所産であるばかりか，有害であるが故に思いやりに欠けるとさえ主張します。（誰も自然に逆らえない以上）こうするのがまさに分別あるおこないだと彼らが言ったならば，わたしたちはそれが気弱さとか愚かさの表れに過ぎないと言い張ります。しかし，徳に関して共有していたはずの用語の適用について，どうしてわたしたちは彼らに反対したのかといえば，一つには彼らがわたしたちとは異なる適用の仕方，たとえば男性の徳と女性の徳を区別するようなことをしていたからです。〔彼らによれば〕よい人間であるためには，男は男の徳をもたねばならず，女は女の徳をもたねばなりませんでした。

　彼らとわたしたちとの間で倫理学上の意見が一致しない主たる原因は，人間本性についての一連の意見の不一致にあり，それはとりわけ女性の人間本性に関して顕著だと言えます。しかも，今では誰もが分かっていると思いますが，先人たちは，女性の人間本性について中立的な観点から得られる多くの事実に関して，ただ明らかに間違っていただけな

のです。わたしはなにも，そうした事実が当時でも彼らによって知られえたはずだと言おうとしているのではありません。わたしが言おうとしているのは，現在では，単に近代の「個人の自律という自由主義的理念」を奉じる西欧的倫理観によってだけそうした事実が知られうるのではない，という点です[5]。女性の生態（の大部分）が，かつてそうであると信じられていたように，女性の論理的・数学的能力を厳しく制約するものであるかどうかは，実際に少女たちに論理学や数学を教え，そのための社会的な阻害要因を確実に排除した上でその成果を見て初めてわかるものでした。確かに，わたしたちをそうした試みに導いた（そして，社会的な疎外要因らしきものを特定させた）のは，「近代の自由主義的理念」でした。しかし，今では望みさえすれば誰でもその結果を知ることができるのです。男性であれ女性であれ，筋金入りの頑固な性差別主義者は，今でもそうした結果が現に存在しているという事実さえ頑なに否定し続けていますが，わたしたちから見れば，そうした態度は，中立的観点から得られる諸々の事実について，意図的に，あるいは文化的に捻じ曲げられた無知によるものに他なりません。

　ここで比較のために，性に関する節制が自然主義の文脈において徳とみなされるか否かという，さほど重要ではないが分かりやすい意見の相違を考えてみることにしましょう。わたしはそれが徳であり，さらに関連する徳として性に関する自己抑制も挙げられると思いますが，もちろん，そう思わない人もいます[6]。では，わたしたちの意見の不一致の原

---

　5) 'Aristotle on Human Nature and the Foundation of Ethics', p. 94 において，ヌスバウムは，アリストテレスの人間本性という概念が評価的なものだと明言している。ウィリアムズはそれを承けて，「ヌスバウムは，人間本性についての記述が《評価的》だということを立証できなかった」と（正当に）批判している。というのも，彼が言っているように，もし（自然主義化を推し進める）アリストテレス主義者が空虚な議論を避けるはずだとしたら，「彼女としては，人間能力のもっとも優れた理解とみなされうるものに何らかの制約を課さねばならないし，そうした制約自身は，ある程度はっきりした仕方で，倫理的要求や希望から独立していなければならない」(Williams, 'Replies' (1995), p. 200) からである。実際，女性の能力についてわたしたちが今知りうる事実は，まさにこのような仕方で評価からは独立したものである。
　6) 第4章で述べられたことから想起されるべきは，ここで挙げられた「自己抑制」が，節度のある行為者のなすのと同じ行為を，同じ理由Xによって，しかし自らの欲求が理性と一致することのないままになすことを意味していた，ということである。ウィリアムズは，節制を「わたしたちが無視することのできる，現実的で退屈なアリストテレス的な理想」

因は何でしょうか。それは中立的観点から得られる事実についての意見の不一致なのでしょうか。もしかすると，そうかもしれません。たとえば，人間においては肉体的欲求が完全に理性から切り離されている，と考えている（あるいはそう考えるべきだと信じている）人たちがいます。けれども，もし意見の不一致をその原因にまでたどることができるならば，それが単なる間違いによるものだとわかります。何を底知れず楽しいとか胸が悪くなるほど不愉快だと感じるかは文化の違いによるというのは周知の事実ですが，このことが意味しているのは，中立的な観点から見てわたしたちの生理的欲求は，食べたり飲んだりセックスしたりすること，つまりこれこれのことをこの状況ですることが無垢な楽しみなのか，それとも悪い（おぞましい，下品な，汚れた，みっともない，幼稚な）ことなのかどうか，その点に関する自らの判断と多少とも調和するような仕方で，日々訓練されうるものだということです。もし論点がそこにしかないとすれば，意見の不一致は早急に解消できます。さらに，人々が放縦な性的活動を，（性格に基づいて）喜んでさしたる努力もなしに控えることができるかどうか，その点についてわたしたちの意見が分かれるなら，その場合もまた，問題は容易に解決します。第8章で述べられた喜びに関する「微笑みの要素」の証明によって，中立的な観点からでさえ，長年にわたって変わることなくパートナーに誠実であり続けた人が，せいぜい誘惑にほんの一瞬心が疼く以外は，喜んで性的な放縦さを控え，その上，情熱的で楽しい性生活を維持してきたことは明らかだからです。しかし，ここから先，物事はもっと難しくなっていきます。というのも，わたしたちは，それほど容易には解決されないような仕方で，人間本性に関して意見が分かれ始める段階へと歩を進めることになるからです。

　性に関する節制を実現不可能な単なる理想として排除する人たちにしてみれば，どう見ても節度ある仕方で性を楽しんでいるとしか見えないごく少数の人々に対しては，何か特別な説明を持ち出すしかありません。たとえば，そんなことは，性的衝動に突き動かされることが生まれつきないような人間にしかありえないとか，性的欲求を枯渇させたり機

('Acting as the Virtuous Person Acts', p. 18) として退けている。

能不全に陥らせたり誤った方向に向け変えたりするよう常々指導され，人格形成させられてきた人間にしかありえないとか，あるいは重度の自己欺瞞という犠牲を払ってしかありえない，等々と彼らならば言うはずです。わたしはといえば，節制が徳であり，よい人間の特徴であると信じているので，そうした主張に同意はできません。つまり，わたしたちの意見の不一致は明らかに人間本性に関するものです。しかしそれは，中立的観点から現に知られている，あるいは知られる可能性のある事実についての不一致なのでしょうか。どう答えるべきか難しい問題です。

　確かに，かなり漠然とではあるけれども，節度ある人々と単に自己抑制しているだけの人々の性的欲求レベルの統計的調査といったようなことをして，そこに系統だった相違があるのかどうかを決定できるのではないかと思われるかもしれません。あるいはおそらく，そうしたことが「理論的には」可能だと思われるかもしれません（人々がどれほど性について嘘をついているか，どれほど自らを欺いているか，そのことを少し考えてみれば，実際には不可能だとすぐわかることですが）。それはちょうど，理想的な観察者が節度ある人のすべての私秘的な行為と衝動を逐一監視できるとすれば，その者が重度の自己欺瞞に陥っているかどうかをあくまで「理論的には」立証できると言うようなものです。しかし，たとえ「理論的に」であってさえ，一体どうすれば，節度ある人が自らの性的欲求を「枯渇させたり機能不全に陥らせたり誤った方向に向け変えたりする」などということを，中立的観点から立証できるというのでしょうか。もし節度ある人が，まだ50代だというのに，そうした性格の人らしく，ストレス絡みだと思われても仕方のないような病気で急死したとすると，わたしたちにはそう考えるだけの何かがあるのでしょうが，しかし同時に，それを立証する事実がどこにもないこともわたしたちにはわかっているのです。

　しかし，このような人間本性にかかわる意見の相違は，それでもなお間違いなく事実に関する意見の不一致であるように思われます。実際，意見の対立するいずれの側も，何を大切にし，何を欲しているかについて自分の考えをただ頑なに主張するだけでなく，それ以上に相手が間違っていると考えているに違いありません。しかし，どちらかの側の考えを変えるかもしれない「議論と探求」といったものが唯一あるとす

れば，それはとても長期にわたって継続されるべきもののように思われます。言い換えれば，それは人間本性について両者が同意している事実を，どちらの側であれ，どれだけ筋道立てて説明できるか，その点を徹底的に細部にわたるまで探求していく作業かと思われます。そうした説明はまた，たいていの場合，当事者本人のあり方に大いにかかわるべきことのように思われます。なぜなら，節制が実現不可能な理想だと信じている者にとっては，自ら節度ある者になることなど思いもよらないことだからです。したがって，一方の側から見れば，相手の側は，〔自らが不節制でしかありえない事情を〕おそらく真摯に，しかし誤って主張し，その点で自然による制約を被っている以上，自分から何かを変えることもできず，それゆえ（自制しようと思えばできるにもかかわらず）ついつい大目に見てしまった結果，相変わらず節度のない態度や欲求，さらにはそうした考えを持ち続けていることになります。他方，相手の側から見れば，彼の理想主義的な対話相手もまた，生まれながらに節度のなさをもっており，そうした不節制を矯正するための企てによって自らを欺き，何とかしてそのような不節制を取り除こうと，自分の性的欲求を枯渇させたり機能不全に陥らせたりしているに過ぎません。このような議論は，確かに非常に稀なものではありますが，もしありうるとしたら，たとえば，うまくいっている夫婦やセラピストと患者の間でそうした議論が交わされるとしたら，そのおかげで，実現不可能な理想に過ぎない節制をわざわざ身につけようなどとは思いもしないという人も，きっとその過ちから救い出されるに違いありません。

第三の命題：調和的なものとしての人間本性

以上のように，人間本性にかかわる事実をめぐって生じた意見の不一致という問題を踏まえて，わたしたちはついに，「プラトンによる徳の必要条件」（本書254頁）と呼ばれたものの第3命題に取り掛かるところまで来ました。これは，既に論じられた徳の二つの特徴，すなわち，徳はその持ち主に利益を与えるということと，徳はその持ち主を人間としてよくするということが，相互に関連しているという主張です。なぜ

今ここでこの主張が取り上げられるかといえば、倫理的自然主義の制約において生じうる意見の不一致を追究する中で、わたしたちは第8章の終わりで論じられた領域へと足を踏み入れざるをえなくなったからです。それはすなわち、徳がその持ち主に利益を与えるという考えの裏付けとして一体何を言いうるのかという、まさにその問いからもたらされた「人間本性と人生のあり方に関する倫理的な信念」の領域です。単に自己抑制の必要性だけを主張する側の人々を最終的にその誤りから抜け出させるために、節制を徳として擁護する側の人々が彼らに認識させなければならない事実とは、性的に奔放な背徳者であれば、（誰もが容易に想像できるように）たとえわたしたちがどんなに説得を試みても決して同意しえないような事実、すなわち、節制がその持ち主に利益をもたらすということに他なりません。

　このことは、社会的動物の互いに関連する諸側面を評価する際に参照された、あの四つの目的に再び目を向けてみれば、特に驚くほどのことではありません。それら四つの目的は互いに結びついていますが、その事実にもかかわらず、そのうちの二つの目的（個体の生存と個体の楽しみの享受／苦痛からの解放）が、個体に利益をもたらすものと明らかに直接に関係しているのに対して、他の二つの目的（種の存続とその社会的集団がよく機能すること）は（明らかに直接に）そうではないことがわかります。

　わたしがこれまで想定してきた性に関する節制と自己抑制をめぐる意見の不一致については、自己抑制の擁護者が放縦な背徳者というわけではないという点で双方に合意があり、その限りでは取るに足らない不一致と言えます。節制と自己抑制のいずれもが、理性に基づいて同じ行動を引き起こす（あるいは差し控える）ものである以上、両者が四つの目的すべてに貢献し、その結果、節制する者にも自己抑制する者にも人間としてのよき生がもたらされる限り、どちらも徳とみなされるにふさわしい候補ということになり、その点で彼らの意見も一致しています。したがって、彼らに意見の不一致が生じるとすれば、それは、どちらの性格特性が諸目的、とりわけ第三の目的——種に特徴的な楽しみ、かつ／または苦痛からの解放——に関して、その性格特性の持ち主によりよく寄与できるか、その程度をめぐって両者の意見が分かれる場合でしかな

いように思われます。

　自己抑制の擁護者たちは，人間本性に課された制約を考えるならば，彼らが徳の候補として挙げたものが，おそらくわたしたちの手にできる最善の選択肢であると考えているはずです。確かに，それはいくらか厄介な自己拘束とおそらくは辛い後悔を伴わねばなりませんし，勇気の場合と同様に，実際に自己抑制するとなると，いつも楽しいというわけにもいきません。それどころか，わたしたちの動物としての本性のせいで，勇気にも劣らぬほどの制約が自己抑制にも課されてきます。だから，わたしたちが自らの死や苦痛に対する恐怖をまったく違うものに変えることができないのと同様に，わたしたちの性的欲求をまったく違うものに変えることなどできはしないのです。もし仮に，自分の性的欲求をまったく違うものに変えようと試みて，それがうまくいったと思われるならば，それは理性の働きによるものではないから（それどころか自らを欺いた結果だから）なのか，あるいは第三の目的に関して生まれつき恵まれておらず，欠陥のあるものとなるように，自らの性的欲求を枯渇させ，機能不全に陥らせたからなのか，そのいずれかだと言えるでしょう。このように，性的活動の領域におけるいかなる徳の候補であれ，それが第三の目的に貢献する度合は人間本性による制約を受けざるをえません。確かに，わたしたちは自己抑制（したがって，長年にわたって培われた性的な対関係のような人間の生に特徴的な喜び）の段階にまで至ることができますが，その段階にあってさえ，わたしたちは雌のチーターと変わらぬぐらい，自らの自然本性によって拘束されているのです。

　他方，節制の擁護者たちは，実はわたしたちが自らの自然本性によってそれほど制約されてはおらず，したがってわたしたちの性的欲求は様々な仕方で理性と調和することが可能であると考えています。彼らに言わせれば，自己抑制している人たちが自ら抑え込む必要のある，あるいは満足させられずに後悔せざるをえないような欲求というものは，そもそも生じるはずのないものか，あるいは，はじめは魅力的に見えた性的対象も実際はまったく違った仕方で（たとえば，「やれやれ，まだ12歳か！」とか「わたしの父を殺した人」とか「なりふり構わない女たらし」などと）言い表すことができるとわかるや否や，あっさり消えてしまうよ

うなものなのです。(おそらく，本書第4章における「有徳な行為は徳の愛好者に喜びをもたらす」という主張への但し書きを思い起こすならば，節制の擁護者は，節制のある人が自らの性的欲求を理性と完璧に調和させることができると主張すべきではなく，むしろ，節制と（単なる）自己抑制のしっかりした区別を見失わない限りは，ちょっとした情欲や後悔の疼きの可能性ぐらいは許容したほうがよいぐらいです。）

　さて，既に述べたように，こうした問題で意見の対立する双方が（わたしが想像する限りでは）実はかなりの部分で一致した考えをもっていますし，一般的に見ても，多くの人たちが言うように，「プラトンによる徳の必要条件」を構成している三つの命題すべてについて彼らの意見は一致をみています。確かにどちらの側も，自分たちが徳の候補として挙げているものが実際に徳であるのは，それがその持ち主に利益をもたらす（第一命題）からであり，その所有によって，その持ち主が人間としてよくなる（第二命題）からであると思っています。しかも，両者ともに（あくまでもわたしが想像する限りでは）自らが候補に挙げた徳に備わるこれら二つの特徴が緊密に関連していると考えています。その証拠に，既に述べられたように，いずれの側も第一命題が言えるためには第二命題が言えなくてはならないと見ていました。実際，候補として挙げられた徳のおかげでその持ち主が第一と第三の目的に十分貢献しうる者になっているとしたら，その持ち主に利益がもたらされないことなど果たしてありうるでしょうか。

　しかしながら，わたしたちはこの意見の不一致のうちに，もっとずっと大きく恐ろしい意見の対立の萌芽を見ることができます。そのほんのわずかな対立は，性に関する自己抑制が人間の性格特性として，第一〔個人の生存〕・第二〔種の存続〕・第四〔社会集団の機能発揮〕の目的にうまく貢献する仕方と，性的放縦さが第三の目的〔すなわち快楽や楽しみ〕をもっとうまくもたらすであろうと（おそらく）一般に考えられている仕方との間に見出されます。それは，四つの目的の間に，一方は第一と第三の目的（これらは明らかに個人の利益に関連するものです），他方は第二と第四の目的という形で決定的な対立を引き起こしかねないものです。確かに自己抑制の擁護者は，自己抑制が自然本性による厄介な制約にもかかわらず，第一の目的〔すなわち個人の生存〕に関してだけ

でなく，人間という種に特徴的な（つまりは，理性からの承認を得ることのできる）楽しみに関しても，彼が思っている通りにその持ち主に実際に利益をもたらしたとすれば，その「ほんのわずかな」対立を部分的には解決しえたと言えるでしょう。しかし，もし彼がそれほどものわかりのよい人間ではないとしたらどうでしょうか。（たとえば，「タダ食い」オオカミや毒針をもたない働きバチ，さらには生殖本能を欠いた不妊の雌チーターの場合のように）人間の場合においても，自然主義的な目的がそれぞれ第一と第三，および第二と第四の目的群へと分裂し，その結果，第一命題と第二命題の関係が分断されてしまったと主張する人に対して，倫理的自然主義は一体何を言うことができるのでしょうか。

　そもそも，他の動物との類似性を比較するような方法は間違っています。他の動物について議論する際に，当該種の個体に生来備わっているその能力が，当初は，第一と第三の目的の一つ／両方にはよい結果をもたらし，他の目的の一つ／両方にはあまりよくない，あるいはむしろ悪い結果をもたらしているように見えるかもしれない，そのようないくつかの場合についてわたしたちは言及しました。しかし，それらをよい x，あるいは欠陥のある x と全体的に評価することで，つまり，よい x の生をうまく生きられたか，あるいはそう生きることに失敗したかを結果的に評価することによって，その種に特徴的な生き方，あるいは特徴的な楽しみや苦痛からの解放が強調され，そのおかげで，当初，四つの目的の間に見出された分裂の兆しは取り除かれたわけです。たとえば不妊の雌チーターは，確かに〔出産という〕苦痛からは解放されているかもしれませんが，自らの種に特徴的な苦痛からの解放という点に関しては，必ずしもよい生まれつきをもっているわけではありません。同様に，食糧としての獲物を狩るというオオカミに特徴的な楽しみに関しては「タダ食い」オオカミも，あるいは自然によって定められたハチに固有の寿命をまっとうするということに関しては毒針をもたない働き蜂も，決してよい生まれつきをもっているわけではないのです。したがって，人間以外の動物に関する限り，自然主義的な観点から挙げられた四つの目的が分裂することはありえません。つまり，それら四つの目的は，自然によって定められたその種にとって特徴的な生き方によって統合されているのです（もちろん，不確定な部分についてはその限りでないということは，

言うまでもありません)。

　しかし，既に認められてきたように，わたしたち人間には自然によって定められた「特徴的な仕方」などといったものはありません。あるいは少なくとも，「一見したところでは」二つの目的〔すなわち第一と第三の目的〕によい結果をもたらし，他の目的にはよくない結果をもたらすように見える性格特性が，常に「〔人間に〕特徴的ではない」結果に終わらざるをえないものとして排除されるというような，そんなことを保証できるものなど，わたしたちには何一つありません。したがって，わたしたち人間の場合には，実のところ，「四つの目的が分裂しないなんてことが本当にあるのだろうか。仮に分裂しないとしても，ある特定の性格特性が徳であるための自然主義的な基準などというものが，どこかにあるのだろうか」という問いから始めるしかありません。とはいえ，第三命題には，実質的には次のような力強い主張も託されています。「大丈夫，心配にはおよびません。人間本性を前提する限り，第一命題と第二命題は相互に関連し合います。つまり，人間本性を考える限り，自然主義の掲げる四つの目的が分裂することなどありえないのです。」(ちょうど，性に関する自己抑制の擁護者たちのうちに深刻な対立のかすかな兆しが見出されたように，真の節制を擁護する人たちのうちにも，第三命題を力強く擁護するための手がかりが見出されるはずです。一方の自己抑制の擁護者の言い分はこうです。「第三の目的によい結果をもたらすことと，その他の目的にそうすることとの間には，なるほど，ちょっとした対立があることはわかっています。しかし，自然がわたしたちに課した制約を考えれば，全体的に見て，自己抑制は徳といえます。」他方，節制の擁護者はこう主張します。「いかなる対立もありません。人間の本性を考えれば，つまり性的かつ理性的であるものとして，わたしたちは，自らの性的欲求と理性との間に調和を達成することも，四つの目的のいずれにも対立することなくよい結果をもたらすような性格特性を得ることもできるのです。」)

　第三命題によれば，人間本性とは，ごく一般的に言って，第一命題と第二命題に示された二つの基準に適う性格特性をわたしたち自らが発達させていくことを可能にするようなものです。アリストテレスによれば，「わたしたちに〔倫理的な〕徳が備わるのは（わたしたちの）自然本性によるのでもなければ，それに反してでもない。わたしたちは，むし

ろ（わたしたちの）自然本性によって，それらの徳を受け入れるのにふさわしいものとして生まれついているのである[7]。」確かに，わたしたちが生まれつき徳をもっているのであれば，なにも道徳教育などする必要はないはずです。逆に，徳をもつことが自然本性に反することだとしたら，徳を働かせることに何の喜びも見出せないでしょうし，仮にそうした働きに喜びが見出せたとしても，それ以外の面でわたしたちの自然本性はそれらの働きと対立するに違いありません。つまり，ここで「わたしたちは，自然本性によって，それらの徳を受け入れるのにふさわしいものとして生まれついている」と言われているのは，理性的な社会的動物にふさわしい道徳教育や自己改善を通して徳を身につけることによって，わたしたちが喜んで徳を働かせることができるようになるということであり，それ以外の面でも，道徳的に教育され身についた「第二の」本性がそのような喜ばしい働きと対立したりはしないということなのです。フィリッパ・フットが言っていたように，徳は「わたしたちにぴったり合っている」というわけです。実際，〔ある特定の個人にとって〕満足のいく充実した生を可能にし，その持ち主に利益をもたらすような性格特性は，人間という種に特徴的な善をもたらす性格特性と重なり合い，一致します。このように，人間としての自然本性のゆえに，つまり，人間が現にそうであるように理性的な社会的動物であるがゆえに，徳はその持ち主に利益をもたらすのです。

　人間本性をそのように見ることは魅力的（で伝統的）[8]かもしれません

---

　7)　『ニコマコス倫理学』1103a24-26.〔訳者注：引用文中の（　）部分は著者によって付加されたものである。〕

　8)　たとえば，David Clowney, 'Virtues, Rules and the Foundations of Ethics' (1990), p. 61 を見よ。彼によれば，「自ら善であること（徳を獲得し，徳に基づいて生きること）によって，わたしたちの自然本性に必要とされるものが満たされる。したがって，有徳であることはわたしたち人間一般にとってもよいことであるに違いない。……徳は《それ自体が報酬》なのである（すなわち，徳をもち，自ら徳を体現すること自体が，そのことによってもたらされる結果の如何にかかわらず，既に自己充足しているのである）。しかし，〔徳の所有に自足するばかりでなく〕さらに徳を働かせることによって，人間としての可能性は実現され，充実した生を送ることができるようになる。」また，William Galston ('Introduction' (1992), pp. 3-4) によれば，「アリストテレスが示唆しているように，我々の倫理は，単に我々の理性的な能力だけでなく，我々の感情，我々の体質，さらに我々の社会性をも反映している。したがって，人間の徳が置かれた状況もまた，ある種の二重性を帯びざるをえないのであり，この二重性のうちに，徳を理解するための異なった仕方が反映されているのである。すなわち，

が，当然ながら，批判がないわけではありません。こうした見方に対する思想史上もっとも古い反論はプラトン自身に由来するもので，『国家』篇において，グラウコン，アデイマントス，トラシュマコスといった登場人物の口を借りて語られるものです。トラシュマコスという「人物像」は，今日では，あまりに不道徳なためにそんな人間に有徳になる動機づけの理由を与えることができるものかどうか疑わずにはいられないような，そんな邪悪なマフィアの麻薬王の如きイメージを喚起するためにしばしば持ち出されます。しかし，プラトンの作品の中では，このような一般的イメージとはまったく違った性格づけがなされています。〔トラシュマコスに限らず，『国家』篇において〕彼らは自らの個人的な価値観や欲求をただやみくもに主張しているわけではありません。むしろ，彼らは人間本性に関するある特定の主張を提示しています。それによれば，人間本性というものは，生物学的に見る限り，本質的にきわめて利己的なものであるので，第二の本性として徳を教え込むという従来通りの取り決めに基づく道徳教育によっては，むしろ人間本性は歪められ貶められてしまい，その結果，よい人間の代わりに欠陥のある人間が生み出されるということになってしまいます。このような考えによる限り，第三と第四の目的は完全に分裂せざるをえません。つまり，理性によって是認された楽しみの類は明確に非社会的な，あるいは反社会的なものとみなされる一方で，人類に利益をもたらす（利益を得ることができるようにする）性格特性は無慈悲な不正義（そしておそらく，無神経，不正直，不誠実，等々）だということになります。

　しかし，人間本性に関する主張として見れば，そのような反論に異議を唱えるのはさほど難しいことではないと思います。というのも，彼

もし人間本性に目を向けるなら，我々は徳を人間本性に内在する善として，つまり，我々の人間としての卓越や繁栄を構成する性向としてみなすようになる。他方，もし人間の置かれた状況に目を向けるなら，我々は徳を手段的な善として，つまり，その都度の状況によって提示される具体的な課題をうまく実行できるようにする性向として見なすようになるのである」。あるいはまた，J. Schneewind ('The Misfortunes of Virtue' (1990), p. 43) によれば，「徳が人間にとって自然なものだという意味は，だからわざわざそれを学ぶ必要がないとか獲得するのが簡単だということではない。個々の有徳な行為者のほかに，彼らが構成する共同体もまた徳から利益を得るという意味で，徳は人間にとって自然なものなのである。この事実は，我々に備わる社会的本性を指摘している。孤立して生きることも，徳をもたずに生きることも，どちらも共に我々にとっては有害なことなのである。」

らの最初の前提を仮に認めるとしても，その結果として導き出された考え，すなわち，四つの目的を促進するような性格特性をもった人間，その意味でのよい人間が，彼らが思い描いたような者となるはずだという考えは，実に馬鹿げたものだからです。もし，欠陥のない，よい人間であることが，法や道徳に捉われることなく欲するものを何でも手に入れ享受できるような性格特性に生まれつき恵まれることであるとするならば，しかも，（真の）徳を教え込み始める時になされるいかなる訓練によっても，その人の欲求が高められたり修正されたりすることがないとするならば，〔そのような意味での〕よい人間たちの集団にはいかなる法も道徳もありはしないでしょうし，およそ道徳教育と呼ばれるようなことを彼らが自らの子どもに施すこともないでしょう。実際，彼らが自分の子どもたちのしつけに思い悩むなどということがないのは明らかですし，そのような子どもたちは生まれてすぐに育児放棄され，死んでしまうに違いありません。〔彼らの言う意味で〕「人間」は生まれつき，完全に自己中心的な利己主義者であると主張する人がいるとすれば，それはきっと次のような事実，すなわち，もし母親が長年にわたって幼少期の子どもの面倒を一切見ることがなければ，その子が無事に生き延びるはずなどないという事実を見落としていたからに過ぎません。そうした主張はまた，その主唱者が自由に享受できると夢想しているような事態が生じるためには，一体どれほど多くの社会的協力が必要となるかという点をも概して見落としています。なぜなら，社会的な協力体制というものは，法律や「慣習的な」道徳によってだけでなく，単なる慣習以上のものとして道徳を受け入れるように愛情をこめて子どもたちを教育する親たちによってもまた，結合され整えられていくべきものだからです[9]。

---

9)「トラシュマコス，グラウコン，アデイマントスが展開していった一連の考えによれば，最善の状態にあるとされる人間同士の相互関係が実は恐怖と搾取による相互関係に他ならない以上，正義〔他者との関係における限りで正しい行為がいかにあるべきかという広い意味での正義〕は人間の徳ではない」ということになるが，その点について Sarah Broadie は以下のように述べている。「結局のところ，この考えが間違っているのは，それが教育によって我々の内に育成された道徳観を侮辱しているからではなく，自らが最善の状態にあるために教育など必要としない人にしかそれが当てはまらないからである。」(S. Broadie, *Ethics with Aristotle*, 1991, p. 118)

上でも見たように，プラトンの作品の登場人物によって，現実に存在する悪しき人々の考えが哲学的に明確な形で再現されうるという考えは，どう見てもわたしには馬鹿げたものとしか思えませんでした。確かに，すべてのとは言えないまでも大半の道徳哲学者と同様，わたしも真に悪しき人の心がどう働くのかを個人的に詳しく知っているわけではありません。しかし，少なくとも他の人たちと同じ何も知らない立場から言うなら，人間は，あくまでその種の一員として，自らの生まれつきの本性を完全に実現するためにどうあるべきか，その点についての一般的な考えを，たとえ暗にでさえ，自分たちが現にもっていると思うことは不可能だと言わざるをえません。わたしの意見では，彼らのほとんどは，人間のよさや悪さ，その本質，さらに倫理的な判断一般に対してまったく無関心です。彼らはただ自らが欲するものを求め，そう欲するがゆえに，したいことをしているだけなのです。

　しかし，もちろん，不道徳な人物たちが主張していることを理解するための別の方法がないわけではありません。実際，悪しき人間を哲学的に解明することがまったく不可能というわけではありません。少なくともわたしたちには，トラシュマコスを，あるいはもっと明らかなかたちではニーチェやアイン・ランドを，以下のような主張をなす者として解釈する余地がまだあるからです。すなわち彼らによれば，人間は，ミツバチに似て，生まれながらに二つの異なったグループ，つまり弱者と強者（すなわち格別に賢明で才能に恵まれ，「運命に選ばれた者」）に分かれます。そのそれぞれの個体は，働きバチと雄バチ，あるいは女王バチのように，それぞれ異なった仕方で評価されねばなりません。人間の場合，おそらくよい弱者にはわたしたちの知っているような徳が備わっているはずです。しかし，よい強者には何かまったく異なった，彼らの本性にふさわしい，少なくとも標準的な悪徳リストに見出されるような性格特性が備わっていてもおかしくありません。実際，そこまで極端な見方をせずとも，わたしたちにはそのような考えが第三命題に対する疑念を呈したものとみなすことができるように思われます。なぜなら，強者に関する限り，特徴的な楽しみという〔第三の〕目的と自然主義による第四の目的は分裂せざるをえないからです。強者の楽しみは，どこかしら本質的に孤立した自己実現や自己充足という形を取るものですが，だから

といって，彼ら自身が生まれつき反社会的というわけではありません。むしろ，強者に利益をもたらし，自己実現の楽しみに与ることができるようにする性格特性の内にこそ反社会性が潜んでいるのです。その上，自己実現を享受するためには，不正義や冷淡さ，さらにおそらくは標準リスト上の他の悪徳までもが同じように求められるかもしれないのです。

こうした考えが上記のような明白な過ちを回避するためには，人間がある種の動物である以上，幼児期から一人前に成長するまでの期間中はもちろんのこと，社会とのかかわりなしには生きていけない理性的な社会的動物として社会を維持していくためにも，たとえ強者であっても，少なくとも何らかの程度で自らの周りに弱者の存在を必要とすることを認識せねばなりません。しかし，そのような考えを重く受け止めていくならば，論駁は極めて難しいものとなりかねません。唯一の可能な方策としては，その都度の説明を詳細に検討し，それぞれの場合で，どこに疑念，矛盾や不整合，あるいは明らかな誤りがあるのか，念入りに解明していくしかありません。

この作業は，明らかにかなりの長期戦となるでしょう。しかし，幸いなことに利用できる関連文献がないわけではありません[10]。この作業の興味深い特徴は，それがわたしたちの倫理観を多少なりとも作り変えていく，まさにその働き自身のうちに見出されます。たとえば，ニーチェの考えを真剣に検討すれば，自らの倫理観を変えずに済ますわけにはいきません。なぜなら，わたしたちは，自分たちの手持ちの概念，たとえば同情や正義の概念が若干修正させられたことや，（他の動物における労働の分化に言及した時自然主義が予想したように）ごく一般的に人々から賞賛されるような例外的な強者の存在という事実が重視されていたことに思い至るからです[11]。その際，そのような例外的な強者が賞賛される一方で，彼らのうちに少なくともいくつかの悪徳が見出されるとしたな

---

10) 特に，以下を見よ。Philippa Foot, 'Nietzsche: The Revaluation of Values' (1973) および 'Nietzsche's Immoralism' (1991); Neera K. Badhwar, 'Self-Interest and Virtue' (1997); Michael Slote, 'Virtue Ethics and Democratic Values' (1993); Christine Swanton, 'The Supposed Tension Between "Strength" and "Gentleness" Conceptions of the Virtues' (1997).

11) P. Foot, 'Nietzsche's Immoralism' 参照。

らば，そのような者に対してわたしたちが何をどう語るべきかという問題（〔B・ウィリアムズによって取り上げられた〕いわゆる「ゴーギャン問題」[12]）がないわけではありません。しかし，もし仮にそうした悪徳がそのような強者にまったくないとしても，彼らについては問われるべき問題が残っています。実際，わたしたちのうちで（標準徳目リストに即して）有徳者とみなされる人でさえ，そのほとんどが同様の仕方で例外的強者であることを目指すことも叶わないというのに，果たして彼らは，他の誰よりも抜きん出た，もっともよい人間なのでしょうか。あるいはまた，わたしたちの中でのもっともよい人間と同様に，彼らもまた，標準的な仕方ではないものの（とりたてて標準的な徳に恵まれているわけではないにもかかわらず），人間として並外れてよいと言えるのでしょうか。（もしそう言えるとすれば，標準的な仕方であろうがなかろうが，並外れてよい者になりうる人には，標準的な仕方ではなくむしろ例外的な仕方を選ぶ理由があるのでしょうか。）それとも，彼らは（わたしたちのうちでもっともよい人と同じほど天賦の才に恵まれているとしたら），人間としてよいだけでなく，偉大な芸術家，指導者，政治家，その他何であろうと，そういう者としてもまた，並外れてよい人なのでしょうか。目下のところ，わたしたちの間でほぼ共有されている倫理観によっては，こうした問題は未解決のままである以上，当座の間に合わせとして〔わたしたちのノイラートの船を補修するための〕新たな厚板が一，二枚必要でしょう。

　ニーチェの考えを真剣に検討することによって，現行のわたしたちの倫理観が多少でも改善されるのであれば，その限りでわたしは彼の考えを積極的に受け入れるつもりです。しかし，今までのところでは，それが第三命題を覆さずにはおかないほどのものだというしるしを見出すところまでには至っていません。再度強調するならば，わたしが目指しているのはあくまで問題を実地の検証に委ねていくことです。もちろん，ニーチェの考えが（わたしたちの倫理観によって）反証されたわけではありません。フットが主張し続けているように，ニーチェ自身についてはまだまだなされるべき研究がたくさんあります。しかし，たとえ現在なされている試みが最初の一歩に過ぎないとしても，わたしたちは，そう

---

12)（訳者注）自らの芸術の大成という非道徳的価値の追求と，そのためにタヒチ行きを決断し身勝手に家族を捨てるという悪徳との深刻な衝突をめぐる倫理的問題。

することでいくらかでも進歩がもたらされるという事実に，またその試みが具体化されていく仕方に感銘を受けずにはいられません。わたしが示してきた方針に従う限り，〔ニーチェに関する数々の書物の〕著者たちがある特定の範囲内で検討を進めていくのはむしろ当然なことです。著者たちの内には，あくまで中立的な観点からニーチェを利用できるとみなす者がいるかもしれません（たとえば，彼らならば，ニーチェの「力への意志」という主張は，心理学的に見て説得力のあるものとみなされうるのかとか，偉大な芸術家でありながら標準的な徳目リスト上の徳を明らかに所有している者の名をわたしたちは挙げることができないのだろうか，といった問いを検討するかもしれません）。あるいはまた，「強さ」と（「寄生」に対立するものとしての）「自立」の概念を注意深く選り分けていきながら，そのいずれかであるかもしれない事実と，そのいずれでもなさそうな事実とに訴えることで話を進めていこうとする者もいます。（たとえば，憐みや慈悲が自身のルサンチマンや偽善よりもむしろ強さを表しているような人の例を，ニーチェやランドは果たして認めるでしょうか。両者どちらの場合も，ある特定の個人について，ここで問われている徳に新たな名をつけるよう主張するのか，潜在していた動機をそうした徳に帰すのか，あるいは反例を認めるもののそれを単なる例外として片づけるのか，果たして彼らがどう対処するかを予測するのは決して易いことではありません。）いずれにせよ，何の裏付けもないままに，「わたしたちはたまたましかじかを尊重しているが，ニーチェ（あるいは他の誰か）はそうしないだけであって，それ以上何も言うことはない」などという主張にお目にかかることはめったにありません。それというのも，わたしたちは，整合性がなく筋道の通らない事柄についてごく当たり前の哲学者がどのような主張をするか知っていますし，「憐み」「正義」「強さ」「自立」「自足」といった多様な徳を表す語（あるいはその関連語）をわたしたちが正しく適用できるという事実，あるいは人間本性や人間の生き方に関する諸々の事実に訴えることもできるからです。

　確かにニーチェの主張が第三命題にとって問題となることは認めざるをえません。強者に関する限り，第三の目的〔個人の快楽や楽しみ〕はどう少なく見積もっても第四の目的〔社会集団の機能発揮〕と対立することにはなるでしょう。しかし，そうであるからといって，倫理的自然

主義を見限り，第三命題を放棄すべき理由がわたしたちにあるとは思われません。

想定されうる限りでのダーウィン主義からの脅威

　ところで，人間本性に関してバーナード・ウィリアムズによって明確に述べられてきた主張のうち，どうしても反論することができないと思われるものが最後に一つ残っています。反論できないのもある意味では当然で，その主張は，結局のところ，道徳的ニヒリズムに至るものだからです。自然主義的企てに関して自身が最後に呈した疑念との関連で，ウィリアムズはその主張を導入したのですが，彼がそれを，わたしと同じように，道徳的ニヒリズムに至るものとみなしていたかどうかは明らかではありません。その主張とはおおよそこういうものです。社会的動物であるというわたしたちの自然本性に理性を付け加える際，自然はひどく欠陥のある分裂した生物を作り出してしまいました。それは，ウィリアムズの言葉を借りれば，「能力と本能のちぐはぐな寄せ集め」[13]に過ぎない代物でした。

　ごく早い時期からウィリアムズは，アリストテレス的自然主義の企てについて，アリストテレスの自然概念，したがってまた人間本性についての捉え方が規範的であり，科学時代に生きるわたしたちにとってそのような考えは理解しがたいものであるという理由で，悲観的な立場をとってきました。こうした彼の立場は，『道徳（*Morality*）』および『倫理学と哲学の限界（*Ethics and the limits of Philosophy*）』の両著において，アリストテレス的自然主義に対する反論とみなして差し支えないような仕方で裏付けられたものです。そこにはわたしがこれまで考察してきたことのいくつかのことも含まれています。たとえば，今日ではわたしたちと自然本性との間にさしたる関係がないことは自明だとか，文化の多様性について実に多くのことが知られているので，種に特徴的な生き方がわたしたちには存するはずがないとか，等々。その一方で彼の

---

13) B. Williams, 'Replies' (1995), p. 199.

主張はまた，もっと抽象的な考えを含んだもの，たとえば，アリストテレスの自然概念は目的論的であるのに対して，わたしたちの近代的で科学的な自然概念はそうではない，といった反論であるようにも思われます。いずれにせよ，アリストテレス的自然主義の企てに関しては，それが通常の用語理解による限り，「科学的」だとか「基礎的」だというようにはみなされえないと主張されることによって，あるいはまた，自然主義によってもたらされた（とわたしたちが望んだ）倫理的評価が，厳密には生物学や動物行動学の判断とは決して類比されるべきではなかったと指摘されることによって，あたかもそれが退けられうるかのようにみなされました。実際，そうした企てもまた何らかの倫理観によって進められるのであって，単に生物学や動物行動学の一分野に収まり切るようなものではないというわけです。

　ウィリアムズは，かつては，アリストテレス的自然主義の企てが「人間に関して科学的に尊重すべきだとわたしも認める説明から，〈トップダウン式に〉一気に倫理的結論を引き出すよう要求している」と批判していましたが，今ではそれを撤回して，「その企ては整合説や解釈学の観点から理解されるかもしれない。わたしもまた，アリストテレス自身がそのような観点から自然主義的な企てを理解していたという解釈は十分ありうることだと思う」[14]と述べています。とはいえ，彼はまだその企てに懸念を抱いていますし，それは当然なことでもあります。というのも，そうした自然主義的な企ては現代的な意味で科学的でなければならないという考えを拒否しただけでは，規範的なものとしてのアリストテレスの自然概念が無害だということにはならないからです。

　彼はこの点について，倫理的自然主義に反対すべき理由を挙げて，以下のように述べています。

> 第二の，もっと一般的な理由は，人間がそのように進化したかもしれない特殊な仕方にではなく，むしろ人間が自然淘汰によって進化してきたという単なる事実のうちに存する。自然主義的倫理学の考えは徹底した目的論の立場から生まれた。しかも，いろいろな意味

---

14) Ibid. p. 200.

で，それをもっともよく表しているのは，やはりアリストテレスの哲学であると思われる。彼の哲学によれば，それぞれの自然種に固有な，その種の事物に相応しい行動の仕方がある。そう考える限り，この客観的な意味で人間に相応しい仕方で生きるということは，人間の最も深い欲求——あるいは必要，目的，それとも満足？——であるに違いない（種に固有な行動の仕方にかかわる現代語が，このようにいくつもの選択肢に分裂するという事実によって，現代におけるアリストテレス的自然主義の解体は誰の目にも明らかである）。他の自然主義的な立場，たとえばマルクス主義や自らを「進化論的」と称するいくつかの立場は，そのような解体とは無縁だとしばしば公言してきたけれども，彼らが潜在する目的論への依拠をいくらかなかったことにしようとしても，それは基本的に極めて難しいことである。実際，目的論の立場に立たなければ，人間にとってもっとも基本的な要求の一切を同時に充足できる存在仕方があるとは言えないだろう。しかし，ダーウィン主義の第一のもっとも困難な教えによれば，そのような目的論などありはしないし，人間に特別なパートを演奏するよう指示するオーケストラ譜などどこにも見出せはしないのだ。そのように厳しい道ではあるものの，それでもなお，そこから何とかして倫理的な思想が紡ぎ出されねばならないのである[15]。

　この引用文中でわたしたちの注意を引くのは，わたしが既に概説した生物の非倫理的評価について，それがダーウィン的というよりむしろ「アリストテレス的」だという点です。わたしが苦心して強調してきたように，非倫理的評価はそれぞれの自然種に関して，「その種の事物に相応しい（＝特徴的な）行動の仕方」があるという考えに依存するものです。そのような考えに依拠することによって初めて，それらはよいとか欠陥があると評価されます。つまり，自然種に関するこのような非倫理的評価は，ポスト・ダーウィニズム時代の評価がそうであるかもしれないように，それぞれの生物種の各個体を単に自らの遺伝子の自己複製

---

[15] B. Williams, 'Evolution, Ethics, and the Representation Problem' (1983), p. 110.

子として，よいとか，それほどよくないとか，完全に欠陥があるなどと評価しているわけでは決してないのです。

　おそらく，ダーウィン主義によってわたしたち人間がいかに考え，いかに語るかがますます明らかにされるにつれて，こうした評価の仕方は廃れるでしょう。もちろん，あまりに単純に，ダーウィン主義のおかげでそうしたアリストテレス主義的な評価が「すべて間違っている」ことがわかるなどと言う人はいないと思います。実際，そうした評価がなされるにあたっては，何が正しく，何が間違っているかの独自の基準が設けられてきたわけです。しかし，よいものと欠陥のあるものとを識別するこうした基準がいかなる目的のためにこれまで用いられてきたにせよ，ダーウィン主義にできるのは，せいぜいのところ，ダーウィン的な基準設定のほうがそのような目的をより一層うまく果たせると示すことぐらいでしょう。この点に関連して指摘されるべきは，たとえそのことに常に特別な関心が払われているわけでないとしても，ある特定の種における正常な個体例と何らか異常な個体例との識別が明らかに「アリストテレス主義的な」基準に拠るものだということです。もしダーウィン主義の基準が，単に「アリストテレス主義的な」基準を保障するだけにとどまらず，むしろ，それに取って替わるならば，その基準は哲学者の多くがごく普通に想定しているよりもずっと複雑なものにならざるをえないでしょう。こうした議論の中でわたしは，多くの人たちによって，ダーウィン主義における評価が単に第二の目的（すなわち種の存続）に依拠したものとしてか，あるいは「個体の遺伝子の複製」という目的がそれに取って替わる唯一の目的とみなされていることに気づきました。しかし，雌の個体にとって，自らの遺伝子を複製すること，つまり子育てをすることだけが唯一の目的であるとは限りません。少なくとも，そうした子育ての時期を過ぎてもなお雌の個体に期待されうる「当該の種に特徴的な生」をもった種があるはずですし，それはなにも人間という種に限ったことではありません。信頼できる情報によれば，ゾウやクジラについてもそれは確かに言えるそうですし，大型類人猿についてもそう言える場合がありうると言われています（なのに，人間だけがそのこと〔すなわち，子育て後の女性の生の意義〕をまだ知らないというのも変な話ではありませんか）。実際，あくまでも科学的な見地に立つ動物行動学者た

ちにとって，そのような種の内で，いかなる外的要因に拠ることもなく天寿を全うできず，そのかなり以前に死んでしまった雌個体には何らかの欠陥があるに違いないという考えを放棄すべき理由などどこにもありません。むしろその逆に，こうした高齢の雌個体が存在することによって，彼らの属する社会集団がよく機能し，その結果として，その集団内の成員の生存に，あるいは進化論的戦略として見れば，高齢の雌の遺伝子の複製に貢献するかどうか，もしするならどのようにしてか，それこそ彼らが解明しようとしていることに他なりません。

　しかしいずれにせよ，わたしたちが現にアリストテレス主義的な評価をおこない，そのことが「よい」「欠陥のある」「よく生きる」などといったわたしたちの言葉遣いにも反映されている以上，そうした評価がどんな前提を具体化したものであり，そのような前提が人間という種に実際に持ち込まれうるものなのかどうか，その点についてしっかり理解しておく必要があります。そもそもアリストテレス主義的な評価とは，「種 x に相応しい仕方で生きること」が個体 x の「もっとも深い欲求，必要，目的，あるいは満足であるに違いない」という前提を具体化したものなのでしょうか。おそらく，アリストテレス自身は何かそのようなことを考えていたかもしれません。しかしそれは，これまでの本書の解釈に照らせば，そのような評価に不可欠な特徴だとは思われません。というのも，たとえば，種に特徴的ではない仕方での個体の生存，あるいは種に特徴的ではない仕方での苦痛からの解放や楽しみに関する限り，欠陥のある個体 x がきわめてうまく振舞う可能性をそうした評価から排除し切れないからで，その点についてはこれまでも言及されてきました。確かに，そのような評価が排除しようとしているのは，欠陥のある個体 x が現によく生きていると記述されてしまうことです。個体 x にとってよく生きることとは，彼らを妨害するような不都合や外的な要因がない限り，あくまでも現によい x たちが生きているような生を生きることに他なりません。たとえそのような生が，楽しみや満足，あるいは苦痛からの解放をひたすら追い求める人の目から見れば，どれほど惨めでつまらないものだとしても，変わりはありません。

　しかし，そこにこそ倫理的評価と非倫理的評価の重要な違いがあると言えるのかもしれません。もし，倫理的自然主義の背後にある文法的な

構想が首尾一貫した正当なものであるなら，つまり，わたしたちが使っている「よい」「悪い／欠陥のある」「よく」といった用語がわたしたち自身に関して使われ始めた時に，まったく新しい仕方で突然使われ始めたのではないとすれば，よく生きることや繁栄すること（あるいは，わたしたち自身に関してそれを使う場合には，幸福（エウダイモニア））に関するわたしたちの概念は，〔第二命題に示されているように〕わたしたちが人間をよいとか悪いとか評価することに関連しています。しかし，そうした概念は，わたしたち自身に関して使われる時，幸福，すなわちわたしたちの誰もが求めているよき生，つまりは第一命題に示されているように，よく生きている人に利益をもたらす生にもまた間違いなく関連しています。他の動物には，よく生きるということについて自分たちの概念を形成することができません。彼らには，ただ自然が決めた通りに生きるしかなく，人間のように「これこそが，わたしが生きたい生であり，……な生である」と自らに告げて，自らの意志でそのような生を目指すことはできないのです。

　わたしたちに関して言えば，第一と第三の〔個優先の〕目的群と，第二と第四の〔種優先の〕目的群が分裂しない（第三命題）と前提する限りにおいて，倫理的自然主義は，このような二つの目的群が関係し合った「よく生きる」あるいは「幸福」という概念をあくまで実現可能なものとみなしていることになります。他方，他の動物に関する限り，彼らが自然によって定められた仕方でよく生きることによって，「もっとも深い欲求」や何かが満たされるかどうかといった問題は存在しません。まさか彼らが，「わたしは，自分がどう生きるべきかを選択することのできる理性的存在者であり，他のようにではなくまさにこのように生きることを選び取るのである。このようにできることこそ，よく生きることであり，幸福なのだ」などと言うはずはありません。しかし，わたしたちにとっては，まさにその点こそが問題なのです。

　実際，人間に関して自然主義的企てが「科学的」でなければならないという考えが退けられたとしても，そのことによって，アリストテレスが自然概念を規範的なものとみなしたことから生じた問題が雲散霧消するわけではありません。「それぞれの自然種に属する事物すべてに

備わる，自らの完成へと向かう力」[16]という規範的な前提が放棄される時，確かに非倫理的な評価は無傷のまま生き延びていけるでしょうが，倫理的評価が生き残ることはまずありえません。人間として，すなわち理性的な社会的動物としてよく生きること，つまり幸福という自然主義的な概念によれば，人間としてよい人である限り，第一と第三の〔個優先の〕目的に関して，あたかも徳へと「向かう内的な力」といったものが実際に人間に内在しているかのように，生まれつき恵まれた力をもっているものと前提されています。ウィリアムズが述べているように，自然主義が「人間に必要なものとそれを得る人間の能力とが一致するという強い主張」に与(くみ)するのは当然なことです。彼はさらにこう続けます。「そのような前提がもっともらしく思われるのは，あなたがアリストテレスの宇宙論をわざわざ選び取って信奉するような場合ぐらいだろう。逆にそうした前提がまったく信憑性をもたないように思われるのは，人類がその極めて短い〔種としての〕存在期間において手にした進化論上の成功が，自らの能力と本能のちぐはぐな寄せ集めに拠るものなのかどうかは未解決のままだとみなされる場合である。」[17]

　しかしながら，今こそわたしたちは，本書第8章を思い起こすべきです。そこでわたしが主張していたのは，(悪しき人の倫理観にではなく，むしろ程よく徳のある人の倫理観に基づいて検討した場合)標準徳目リストに掲げられた徳がその持ち主に利益を与えるという主張は，決してありえないものではないということです。確かに，科学的で宇宙論的と言ってもよいほどの(想像を絶した)事実に訴えることができれば，わたしたちは不道徳者に対してもそのような主張を「より一層もっともらしい」ものにすることができたでしょう。(たとえば，神がどのようにして世界を創造し，そこでのわたしたちの役割を組織したか，そのことについてのなにか信じられないような事実をもし利用することができるとしたら，わたしたちは彼に対してそのことをより一層もっともらしいものにすることができたでしょう。それと同じようなことです)。しかし，わたしたちはそのようなことを試みようともしませんでした。というのも，そうすることは，またしても道徳性を外側から正当化しようとする試みになってしま

---

16) B. Williams, *Ethics and the Limits of Philosophy* (1985), p. 44.
17) B. Williams, 'Replies' (1995), p. 199.

うからです。その意味では，倫理的自然主義が「人間に関する科学的に尊重すべき説明」に依拠せねばならないというウィリアムズの初期の主張の痕跡は，「もっともらしさ」を目指す限りそうしなければならないという彼自身の前提のうちにも残っているように思われます。

標準徳目リストに掲げられた徳，すなわち，社会的で「他者を尊重する」ような徳はすべてその持ち主に利益を与えるという主張は，明らかに，人間本性が協調的であるという考えを具体化したものと言えます。もちろん，そのような具体化は，それとは別の仕方で倫理的自然主義にも見出されます。（倫理的自然主義がそのような具体化をおこなうことによって，四つの目的すべてを実現しうる事実があると前提されるだけで，いかなる性格特性が徳であるかが知られるようになるわけです。）しかし，標準徳目リストに掲げられた徳がその持ち主に利益を与えるか否かという論争については，それがなされた時代やその特徴に加えて，そうした主張にもっともらしさを与える事実が持ち込まれることになれば，人間本性は決して協調的ではないという考えが「依然として倫理思想のうちに見出されねばならない」というウィリアムズの示唆にも，当然，疑いの目を向けざるをえなくなるでしょう。

彼が示唆しているのは，人間本性が協調的ではないというこの考えはまったく新しいものであり，「ダーウィン主義の第一のもっとも困難な教え」に他ならないということです。しかし，わたしには，ウィリアムズ自身が別の文章の中で示唆しているように，この考えは厭世とか絶望と同じくらいとても古びた考えのように思われます。彼はそこで，現在手にしうるもっとも信憑性のある進化説について以下のように述べています。

〔その進化説によれば〕人間とは，いくらか無目的なものである。人間は，象徴的で文化的な能力の急速で計り知れない発達によって，個人的にも社会的にも，どんな種類の生き方にも決して完全に満足することなどありえない存在となってしまったのだ。もちろん，多くの人々は早くからその結論に達していた。しかし，それを超えてさらに自然主義的な道徳性に至ろうとした人々は，一部が隠され，いまだに実現や完成に至らぬままの人間本性を何とか明らか

にすべく，様々な仕方で歴史的文献を，あるいはそれ以上のものを読み取らねばならなかった。わたしには，進化論の筋書さえもが，現在理解されうる範囲では（また，わたし自身がそれを理解している限りでの，もっと控え目な範囲では），人間本性に関してそれが意味しているかのように見える多くのものが，実は歴史的な筋書によって意味されたものとみなす考えを支持しているように思われる[18]。

　実際に「多くの人々」だったかどうかはわかりませんが，ダーウィンよりずっと以前に，陰鬱な人類史の成り行きを熟視して，人間が無目的なものに過ぎないという結論に至った者がいくらかいたことは確かだと思います。しかし，この結論を深刻に受け止めるなら，結局のところそれは，絶望，さらには前述の道徳的ニヒリズムを意味せざるをえません。

　もし本当に，生まれつき無目的なものに過ぎないのならば，わたしたちはどんな種類の生き方にも決して満足することなどありえない存在だと言えるでしょう。仮に個人的かつ社会的に成功して〔幸福になって〕いる人がいたとしても，それは驚くほど偶然なことですし，（注意してほしいのは）個人的かつ反社会的に成功して〔幸福になって〕いる人もまたそうだということです。どちらの場合もほとんどありえないことだと言ってよいでしょう。それというのも，もしわたしたちが単に無目的なものだとしたら，個人的に驚くほど幸運でもない限り，自分たちの身にこれから起ころうとし，現に起こっていることは，わたしたちに理性が備わり，幸福になりたいという欲求があるにもかかわらず，実はまったく幸福ではないということです。わたしたちは，社会的動物としては，共に生きることの必要性が高いですし，個人としては，個人的な欲求や目標もあります。実際，わたしたちは理性的でもあれば社会的でもあるので，たとえ個人的欲求に従って生きている人たちであっても，そのすべてがというわけではないものの，わたしたちの教育の仕方次第では社会的に生きていける見込みが十分にあるわけです。理性的であり，個人的かつ社会的な存在として，わたしたちは自らの相反する欲求や目

---

18) B. Williams, 'Evolution, Ethics and the Representation Problem' (1983), p. 109（傍点は著者による）.

標を調停し選択していく一方で，選択されなかった他の欲求や目標をそもそも実現不可能なものとして後悔することなく断念することができます。しかし，当然ながら，すべてのことについてこのようにできるわけではありません。人生の終りに自らの一生を振り返って，心底から「満足な人生だった。わたしはよく生きた」と言えるような人は，驚くほど幸運だったしか言いようがありません。たとえ，よき性格特性の涵養に努め，理性的だと思える人生設計をたて，想定しうる限りの自己改善だとか社会の改善を試みたとしても，そうしたことで誰かが少しでも幸運をつかみやすくなるわけではありません。そうした試みはすべて無駄なのです。その持ち主に利益を与える性格特性を探し求めることにも，よい人間をつくりだす性格特性を探し求めることにも何の意味もないのです。〔もし，人間が生まれつき無目的なものだとすれば，〕そんな結構なものなんてあるはずがない，というわけです。

　これらの言葉で表現されている考えは，結局のところ，完全な道徳的ニヒリズムに他なりません。(もし幸福が驚異的な幸運によってしか実現されえないのであれば，他者の幸福を，あるいは幸福の総量の最大化をわたしたちが目的として受け入れるよう求められるはずはないのですから，カントや功利主義者でさえこの悲観論に影響されざるをえません。この点は要注意です。) 協調が人間にとって可能であるという信念，あるいはわたしたちが徳をもつようになるのは，自然によってでも自然に反してでもなく，わたしたちが（自らの）自然本性によって徳をもつのに相応しい者となるからだという信念は，わたしが思うに，最低限の徳を有している人でさえあれば——つまり，倫理とのかかわりでは正しい者であるかどうかが大切だと考えている人でさえあれば——その人自身の倫理観の本質的部分となっているはずです。わたしたちが自分の子どもに徳を教え込もうとする時，そのことは明らかです。わたしたちが自らもっとよい（と自分が思っている）人になろうとする時も，自分や他人の倫理観を改善しようとする時もそうです。わたしたちが社会的変革をもたらそうとする時も，その点は明らかです。わたしたちの倫理観の本質は，わたしたち自らが倫理的に考え，倫理的な話をすることによって，既に明らかになっているのです。

　したがって，以上の話を真摯に受け止めるならば，わたしたちが単な

る無目的なものに過ぎないという考えは，世界中に拡がるある種の道徳的懐疑主義だと言えるでしょう。そうした考えによって，（たとえ最低限であれ）徳をもつ人の倫理観全体が，単なる楽観的な絵空事として退けられるだけでなく，同時に長期にわたってなされるべき何か重要な事柄が実践的合理性によって導き出されるという考えまでもが拒否されてしまうのです。(先に強調されたように，もしわたしたち人間が生まれつき無目的な存在であるなら，わたしも無目的であることになり，わたし自身に固有な，もしかすると不道徳かもしれない仕方によって，自らが満足できるような生を送ろうとすることさえ何の意味もないことになってしまいます。確かに，(もし万が一，わたし自身がそのほんのわずかな幸運者であるとしたら）これから生きていく中で，あるいは短期間の楽しみと苦痛からの解放を確保する中で，自分の実践的理性を働かせることもできるでしょう。しかし，より長期的な目的については，それを目指すべきかどうか，もし目指すならどうやって達成するかといった決定を下すのに，わたしならサイコロを投げたほうがまだましかもしれません。）こうした道徳的懐疑主義のあり方自体は，世界中に拡がるそれとは別種の懐疑主義と同族関係にあると言ってもよいものです。たとえば，（自然は可知的であるという，実際は非科学的な仕方で正当化された前提に基づいた）科学的知識の可能性に関する懐疑主義，あるいは外界や他人の心に関する知識の可能性に関する懐疑主義などがそうです。そのようなものとして，道徳的懐疑主義は，わたしがノイラート的な方法論のマクダウェル（とクワイン）による倫理学バージョンを倫理的（科学的，日常的，経験的）な知識の確立のために適した方法として採用した時，本書が一切考慮する必要のないものとして排除したまさにその領域へと本書の制約をうまく越えて出て行ったものと思われます。

　しかし本書の範囲内では，道徳的懐疑主義は，自らの倫理的信念を正当化しようとするわたしたちの試みに対して本質的な問題を提起するものとみなすことができます。自分たちの倫理的信念を自らの倫理観の内で，一つずつ，批判的に反省していくことによって，わたしたちは次のような信念に行き当たります。すなわち，人間は生まれながらに無目的なわけではなく，むしろ青年期における正しい道徳教育，さらには反省的で理性的な自己改善を通して，わたしたちが個人的にも社会的にもよ

く生きられるようにしてくれる協調性を達成することができるのです。では，当のその信念をわたしたちの倫理観の内で批判的に反省すると，一体何が見つかるのでしょうか。

　ウィリアムズが正しく示唆しているように，人間にとって歴史はかなり陰鬱なものでした。しかし，彼が同様に正しく示唆しているように，それを異なった様々な仕方で読み取ることもまた可能です。確かに，そうした歴史には人間が無目的な存在に過ぎないということが示されていると「読み取ることはできます」。なぜそれがわかるかと言えば，まさにそのように歴史を読み取ってきた人たちがいたからです。彼らの言い分は，決して単なる妄言として（たとえば，歴史書には2000年に世界が終末を迎えるということが示されているといった世迷い言として）片づけることはできません。しかし，ウィリアムズが必ずしも十分には認識していなかったと思われる点は，それとは別の仕方で，つまり，最善の場合，人間本性は協調的だという自分たちの信念を正当だと思っているわたしたちの誰もが現に歴史から読み取っている仕方で，歴史は読み取られることができるということです。

　そもそもわたしたちは，「一部が隠され，いまだに実現や完成に至らぬままの人間本性を何とか明らかにすべく，様々な仕方で歴史的文献を，あるいはそれ以上のものを」読み取っているのでしょうか（傍点はわたしのもの）。それともわたしたちは，歴史的文献やそれ以上のものを読み取る際に，「実現に至らぬままの人間本性」に関するわたしたち自身の信念を既に確証済みのものとみなしているのでしょうか。わたしならば，わたしたちがなしているのは後者だと答えます。たとえば，純粋無垢で非哲学的な道徳懐疑主義者であるわたしたちの子どもたちが，「どうして何もかも悪いことばかりなの。どうしてこんなにも多くの人たちがそんなに恐ろしい生き方からいまだに抜け出せずにいるの」と尋ねてきた時，どのように答えればよいのでしょうか。わたしたちには，「事態はもっとよくなるんじゃないかな。人間の自然本性からして，そうなるに違いないってことは，アリストテレスの宇宙論であれ，神の存在であれ，マルクス主義であれ，ともかく何かそうしたものがわたしたちにしっかり保障してくれているわけだからね。だからこそわたしたちは，そうした前提を踏まえて改めて歴史的文献を読み直し，人間本性を

明らかにしていかなければならないのだよ」といったような答え方しかないのかと言えば，決してそういうわけではありません。なぜなら，わたしたちは，こう答えることもできるからです。「どうしてこんなにも多くの人たちがそんなに恐ろしい生き方からいまだに抜け出せずにいるのか，その理由を詳しく見てみてごらん。そうすれば，時にはまったくの不運が理由でそうなることがあるとしても，そうした生き方に特徴的なのは，むしろ，彼ら，そして／あるいは彼らの仲間や隣人が，標準徳目リストに掲げられた徳を自らに備え，働かせることができずにいるからなのだ，ということがわかるはずだよ」[19]と。

ところで，わたし自身，科学者としてよりはむしろ哲学者として，進化論の筋書を（現状において）どこまで理解しているかについては，ウィリアムズが控え目に抱いたのと同様の懸念を抱かずにはいられません。しかし，それにもかかわらず，そうした懸念から，わたしたちの倫理観に帰せられた人類史の読み取りを科学的に保障された仕方で論駁する立場へと，一体どのようにすれば至ることができるのか，わたしにはまったく理解できません。ともあれ，絶望や厭世が叫ばれた大昔からずっと，広く行きわたった幸福の欠如が，生まれつき欠陥のあるわたしたち人間の自然本性にとっては避けがたい必然的結果であるかのように思わせる人間の歴史を，いわば人間の条件として読み取る方法はあったわけです。他方，その間ずっと，それとは違う仕方で，すなわち，結果的に悪徳から生じたとしかみなしえないものとして物事を読み取る反対意見もありました。ここで悪徳とは，わたしたちに生まれつき内在するものではなく，その気になれば避けることのできるものです。この立場によれば，幸福の欠如は，強欲さ，不正，冷酷，身勝手，愚行，不寛容，うぬぼれた野心，放縦，臆病から生じたものとして読み取られるわけです。こうした（アリストテレスが適切に「魂の偉大さ<small>メガロプシューキアー</small>」に対立する状態として特定したと思われる）欠陥に基づいて「よい人が何かをなすことは決

---

[19] わたしたちがホロコーストを受け入れ難いと思う理由の一つは，わたしが思うに，ナチス以前のドイツ社会が，当時のわたしたちの社会ととても似ていたからであり，もしドイツ社会の成員に徳が欠如していたが故にそれが起きたのだとしたら，わたしたちも同様に徳を欠いていたに違いなく，彼らと同じ道を歩んでいたかもしれないという受け入れ難い結論に至らざるをえないからである。

してありません」。もちろん，そのような読み取り方は中立的な観点から得られはしません。それどころか，ここで銘記されるべきは，単なる神話語りとして退けられることもできなければ，ダーウィン主義に漠然と訴えることで明らかになるわけでもない数多くの詳細な記述に支えられ，しかるべき倫理観に基づいてこそ，そのような読み取りが可能となるということです。

　人間本性は，最善の場合，協調的であるということが，仮に事実であるとしても，それはきわめて偶然的な事実です。わたしたちが個人的に成功し，幸福（エウダイモニア）を達成することができるということも，もしそれが事実であるとしても，偶然的な事実に過ぎません。わたしたちが（たとえば，同じ一連の性格特性をもつことによって）互いと同じ仕方で行為することができるというのも偶然なら，互いを犠牲にすることなく皆で一緒にそうすることができるというのも偶然です。もしもそうでなかったとしたら，倫理学は存在しなかったでしょうし，ひょっとすると想像を絶するほど違ったものになっていたかもしれません。

　無神論者にしてみれば，今日，その点を認めることは困難だと思われるかもしれませんが，人間本性が協調的であると信じることは，希望という徳の一部を成しています。少なくとも，そうした希望と非常に似たものは，かつては（神の）摂理への信仰と呼ばれてきました。摂理を信じることは希望という徳の一部でしたし，それを疑うことは絶望という悪徳に捕らわれることでした。いずれにしても，わたしには，人間本性が協調的であると信じることは正しいことだと思われます。そもそも，自分自身や自らの同胞である人々が，生まれながらにして，情念と理性の，あるいは利己性と社会性の（あるいはその両方の不自然なもたれ合いの）せめぎ合う中に身を置く存在とみなされ，その結果，人間としてよく生きるという希望などどこにも見出せないとしたならば，今ここで，たとえどれほどの理論的かつ実践的な合理性を行使し，将来世代に希望を託そうとしても，それは絶望の裏返しにしか過ぎません。

　しかし希望は，徳として，それ自身に妥当性がないというわけではありません。むしろわたしたちにとって希望は，ある種の「実践の必要条件」という形で正当化できるはずです。たとえば，自然科学の実践は，自然が可知的であるという，科学では検証できない前提に基づかねばな

らないと言えるでしょう。もしそうでないとすれば，その種のすべての実践は崩壊してしまうからです。しかも，その前提については，懐疑論からの論駁がないことはわかっています。実際，〔自然科学上の〕実践はなす価値のあるものであって，わたしたちにはそれに代わるものがない以上，その前提もまた受け入れざるをえません。同様に倫理的思考の実践は，周知のように，人間が，種としては，自身の内でも互いとの関係においても協調することができるという前提に基づかねばなりません。もし，人間がそのようなものでないとしたら，すべての〔倫理的な〕実践は崩壊してしまいます。しかも，この前提については，懐疑論からの論駁がないことはわかっています。実際，〔倫理的な〕実践はなす価値のあるものであって，わたしたちにはそれに代わるものがない以上，その前提もまた受け入れざるをえないというわけです。

　それとは別に（あるいはむしろ，その上に），わたしたちは自分たちにかかわる事実，すなわち人間本性と人間の生き方にかかわる事実を手放さずにいることができるに違いありません。標準徳目リスト上に掲げられた徳がその持ち主に利益を与えるという主張や，わたしたちがこれまで幸福の実現にほぼ失敗し続けてきた理由を自らの悪徳に帰すという人間の歴史の読み取りを支えてきたのは，そうした事実のおかげに他ならないからです。確かに，時にはそうした事実を手放さずに踏みとどまることは容易ではないかもしれません。絶望や厭世に逃げ込みたいという誘惑に駆られるかもしれません。しかし，わたしたちは，そうした事実を手放さず踏みとどまるべきなのです。

　どうか希望を捨てないでください。

訳者あとがき

　本書は，Rosalind Hursthouse, *On Virtue Ethics*, Oxford University Press, 1999 の全訳に，原著者による「日本語版への序文」を付したものである。著者自身が本書を徳倫理学の「教科書」として使ってほしいと望むだけあって，20 世紀半ばから原著刊行時に至るまでの徳倫理学をめぐる現代倫理学動向の回顧や，本書全体の構成，各章の要約など，普通であれば「訳者あとがき」で解説風に叙述されてもおかしくない内容が，本書「序」において手際よく纏められており，実に見通しがよい。訳者としては，「屋上屋を架す」愚を避け，「本書を読み進むにつれて，少しずつ難易度が上がっていくように工夫して」あるという著者の言葉を信用して，読者諸賢が本書を序から順に読み進んでいただくことをひたすら願うのみである（なお，著者ハーストハウスの年譜と業績一覧，さらに近年国内で刊行された徳倫理学関係の著作については，巻末に纏めたものを御覧いただきたい）。

　ただし，いざ本書を読み始めてみると，読者はきっと本書で述べられている内容が「意図的に不明瞭で不完全に，時には整合性を欠くように書かれていることに気づく」（26 頁）はずである。そうすることで，著者はわたしたちが無意識のうちに共有している倫理的な通念のようなものにあらゆる角度から揺さぶりをかけようとしているに違いない。その意味では，読者に粘り強い思考を要求する本書は実に手強い「教科書」と言ってよいだろう。とはいえ，英国放送大学のサマー・スクーリングで様々な世代の聴講生たちに地に足の着いた倫理学を講じてきた著者だけに，次から次へと身近な事例を挙げながら，もっとも根本的で厄介な倫理的問いへとわたしたちを導いていく手腕はさすがである。本書が定評ある徳倫理学の包括的な解説書として各国語に訳され世界中で長年にわたって読み継がれてきたのも当然と言えるだろう。

　日本語版への序文の執筆をお願いした際，ハーストハウス先生と何

度かメールのやりとりを交わしたが，その中で安藤孝行について書かれた言葉が印象に残っている．はるか昔に Takatura Ando のフロネーシスに関する本を読んだ，と先生は書いておられたが，それは安藤の *Aristotle's Theory of Practical Cognition* (1958) のことだと思われる．世界大戦という狂気が世界中に蔓延したその時代に，安藤の打ち沈んだ心が息を吹き返すことのできた唯一の避難所がアリストテレス哲学だった，と書かれたその本の著者まえがきを読んで先生は大いに心を打たれたそうである．母国での出版が叶わないにもかかわらず古代ギリシア哲学の研究に一身をささげた日本人研究者のことを思って，おそらくハーストハウス先生は，アリストテレスと同様に徳倫理学もきっと日本に受け入れられるはずだという希望を抱かれたに違いない．

　本書では，著者の語り口を少しでも活かすために，本文を敢えて「ですます調」で訳してみた．翻訳については正確さと読みやすさを心掛けたが，力不足のためどこまで達成できたか心もとない．見直しに努めたが，誤解や誤訳，不適切な表現，思わぬ見落としがまだ残っているかもしれない．読者諸賢の御叱正をいただければ幸甚である．

　本書翻訳を思い立ってから刊行に至るまでには，訳者の怠慢と非力も手伝い，翻訳作業は停滞と遅延を重ね，思いもよらぬ月日がかかってしまった．多くの方々にご迷惑をおかけしたことを心よりお詫びしたい．特に翻訳の完成を待ち望んでおられたハーストハウス先生には，申し訳ない思いで一杯である．せめてもの罪滅ぼしにと，本書原著が刊行された 1999 年以降の徳倫理学をめぐる多様な研究動向のサーベイを解説として用意し始めたところ，膨大な枚数になり掲載を断念せざるをえなかった．それをいつかきちんとした形にできるまでは，ハーストハウス先生への恩返しは当分叶わないようだ．

　最後に，本書翻訳の企画立ち上げから刊行に至るまで，知泉書館の小山光夫氏には終始変わらず多大なご配慮をいただいた．私のように怠惰な人間がともかくも一書を訳し終えることができたのは，ひとえに小山氏の叱咤激励のおかげである．心より御礼を申し上げたい．

2014 年 8 月

土　橋　茂　樹

著者紹介

1. ロザリンド・ハーストハウス年譜

　1943年11月10日ニュージーランド生まれ。オークランド大学で1964年に学士号，1965年に修士号を取得。その後，同大学で哲学の講師（Junior Lecturer）を短期間務めた後，アイリス・マードックやフィリッパ・フットらを輩出した英国オクスフォード大学サマヴィル・カレッジ（当時は女子校）から主に論理学および心の哲学などに関する論文が評価され1968年に哲学学士号を取得。英国に拠点を移し，1969年（から75年まで）同大学コーパス・クリスティ・カレッジで哲学講師（College Lecturer）を務めながら，エリザベス・アンスコムとフィリッパ・フットの指導のもと，「行為，感情，動機」と題された学位論文によって1974年に同大の哲学博士号を取得した。

　1975年から2001年までの実に26年間，英国の放送大学で哲学の講師を務めあげた（88年までLecturer，それ以降はSenior Lecturerとして，さらに1988年から2001年までの最後の3年間は哲学科長を務めた）。その後，ニュージーランドの母校オークランド大学に哲学教授として招かれ，2002年から2005年までは哲学科長も務めた。また，1981年以降，当時フットの在籍していたカリフォルニア大学ロサンゼルス校（81年と83年）や同大学サンディエゴ校（88年と89年），オークランド大学（91年）ノースカロライナ大学チャペルヒル校（93年），スタンフォード大学（96年），バークレー大学（2004年）にそれぞれ客員教授として招かれている。その後，2012年まではアリストテレスの倫理学や応用倫理学などの講義を担当していたが，現在は同大学哲学科の名誉教授である。

2. ハーストハウスの業績一覧

I．（編）著作

Aristotle: Ethics, a booklet forming part of *A292: Greece 478-336 BC*, Milton Keynes: Open University Press, 1979.

Beginning Lives: A Philosophical Study of Abortion and Related Issues, Blackwell, 1987.

Virtues and Reasons: Philippa Foot and Moral Theory, eds. Rosalind Hursthouse, Gavin Lawrence and Warren Quinn, O. U. P., 1995.

On Virtue Ethics, O. U. P., 1999, (275pp).〔本書〕

Ethics, Humans and Other Animals, Routledge, 2000.

Ⅱ．論文
1. 'Denoting in *The Principles of Mathematics*', *Synthese* 45:1, 1980, pp. 33-42
2. 'A False Doctrine of the Mean', *Proceedings of the Aristotelian Society* 81, 1980- 81, pp, 57-72.
3. 'Acting and Feeling in Character: *Nicomachean Ethics* 3.i', *Phronesis* 29:3, 1984, pp. 252-266.
4. 'Plato on the Emotions', *Proceedings of the Aristotelian Society, Supp. Vol.*, 1984, pp. 81-96
5. 'Aristotle: *Nicomachean Ethics*' in: Godfrey Vesey, (ed.) *Philosophers Ancient and Modern*, C.U.P., 1986, pp. 35-53.
6. 'Moral Habituation', in Julia Annas, (ed.) *Oxford Studies in Ancient Philosophy* 6, O.U.P., 1988, pp.201-219.
7. 'After Hume's Justice', *Proceedings of the Aristotelian Society* 91, 1990/91, pp. 229-245.
8. 'Virtue Theory and Abortion', *Philosophy and Public Affairs* 20, 1991, pp. 223-246. (reprinted in Roger Crisp & Michael Slote, eds., *Virtue Ethics*, O.U.P., 1997, and in Daniel Statman ed., *Virtue Ethics: A Critical Reader*, Edinburgh U.P. / Georgetown U.P., 1997).
9. 'Arational Actions', *Journal of Philosophy* 88:2, 1991, pp.57-68.
10. 'Slote on Self-Sufficiency', *Journal of Social Philosophy* 24:2, 1993, pp.57-67.
11. 'Good Doctors and Abortion', *American Journal of Ethics and Medicine,* 1994, pp. 11-14.
12. 'Applying Virtue Ethics', in: *Virtues and Reasons* (see above), 1995, pp. 57-75.
13. 'Normative Virtue Ethics', in: Roger Crisp (ed.) *How Should One Live?*, O.U.P., 1996, pp. 19-36. (reprinted in: Stephen Darwell, ed., *Virtue Ethics*, Blackwell, 2003).
14. 'Hume: Moral and Political Philosophy', in: Stuart Brown (ed.) *British Philosophy and the Age of Enlightenment* (Routledge History of Philosophy, Vol. V) 1995, pp. 179-202.
15. 'The Virtuous Agent's Reasons', in: Robert Heinaman (ed.) *Aristotle and Moral Realism*, University College of London Press, 1995, pp. 24-33.
16. 'Fallacies and Moral Dilemmas', *Argumentation* 9, 1995, pp. 1-16.
17. 'Virtue Ethics and the Emotions' in: Daniel Statman (ed.), *Virtue Ethics*, Edinburgh University Press, 1997, pp.99-117.
18. 'Reproductive Ethics', in *Routledge Encyclopedia of Philosophy*, 1998.
19. 'Intention' in *Logic, Cause and Action,* ed. Roger Teichmann, C.U.P., 2000, pp.83-106.
20. 'Virtue ethics and Human Nature' in *Hume Studies* double issue, Nov.1999,/Feb 2000, pp.67- 82. (Given at the opening plenary session of the Cork meeting of the Hume Society, 1999)
21. 'Virtue Ethics vs. Rule-Consequentialism: A Reply to Brad Hooker', *Utilitas* 14, Jan.

2002, pp.41-53.
22. 'Virtue Ethics', In: Edward N. Zalta and Colin Allen (eds.), *The Stanford Encyclopedia of Philosophy Online*, Center for the Study of Language and Information, 2003. [electronic text at: *http://plato.stanford.edu*, 7,000 words].
23. 'On the Grounding of the Virtues in Human Nature' in: Jan Szaif and M.Lutz-Bachmann (eds.), *What is good for a Human Being?*, Walter de Gruyer, 2004, pp263-275.
24. 'Virtue' in the *UNESCO Encyclopedia of Life Support Systems*, Online , EOLSS Publishers Co/ Ltd, *www.eolss.net* , 7,000 words, 2004.
25. 'Are Virtues the Proper Starting Point for Ethical Theory?' in: *Contemporary Debates in Moral Theory*, ed., James Dreier, Blackwell, 2006, pp.99-112
26. 'The Central Doctrine of the Mean' in: *The Blackwell Guide to Aristotle's Nicomachean Ethics*, ed., Richard Kraut, Blackwell, 2006, pp.96-115.
27.'Applying Virtue Ethics to Our Treatment of the Other Animals', In: Jennifer Welchman (ed.), *The Practice of Virtue*, Indianapolis, Hackett, 2006, pp. 136-155.
28. 'Practical Wisdom: A Mundane Account', *Proceedings of the Aristotelian Society* 106, 2006, pp. 283-307.
29.'Environmental Virtue Ethics', In: Philip J..Ivanhoe and Rebecca L.Walker (eds.), *Working Virtue*, New York, Oxford University Press, 2006, pp. 155-171.
30. 'Aristotle for Women Who Love Too Much', *Ethics* 117:2 , 2007, pp. 327-334.
31. 'Aristotle Old and New', *Blackwell Companion to Classical Receptions*, eds., Lorna Hardwick and Chris Stray, Blackwell, 2007, pp. 428-439.
32. 'Two Ways of Doing the Right Thing', *Virtue Jurisprudence,* eds. Lawrence Solum and Colin Farrelly, Palgrave-MacMillan, 2007, pp. 236-255.
33. 'The Good and Bad Family', *Contemporary Debates in Social Philosophy,* ed. Laurence Thomas, Oxford, Blackwell, 2008, pp. 57-68.
34. 'Hume on Justice', in: C. R. Pigden (ed.) *Hume on motivation and virtue*, Basingstoke: Palgrave Macmillan, 2009, pp. 264-276.
35. 'Virtuous action', in: O'Connor T, & C. Sandis (eds.) *A companion to the philosophy of action*, Chichester, West Sussex, U.K.: Wiley-Blackwell, 2010, pp. 317-323.
36. 'Doctor-assisted suicide: a commentary on Lesser', *Journal of Evaluation in Clinical Practice, 16* (2), 2010, pp. 335-336.
37. *'Foot's Ethical Naturalism'*, Paper presented at Naturalisms in Ethics Conference, University of Auckland, Auckland, New Zealand. 14 July - 15 July 2011.
38. 'Virtue Ethics and the Treatment of Animals', in: T. Beauchamp & R. G. Frey (eds.) *The Oxford Handbook of Animal Ethics*, New York: Oxford University Press, 2011, pp. 119-143.
39. 'What Does the Aristotelian *Phronimos* Know?', in: L. Jost & J. Wuerth (eds.) *Perfecting Virtue: New Essays on Kantian Ethics and Virtue Ethics*, Cambridge: Cambridge University Press, 2011, pp. 38-57.

3．国内で刊行された徳倫理学関係の主な著作
(巻末の参考文献で挙げられている翻訳書は除く)

アラスデア・マッキンタイア『美徳なき時代』篠崎榮訳，みすず書房，1993 年。(原題：*After Virtue: A study in Moral Theory*, 1981.)

日本倫理学会編『徳倫理学の現代的意義』，慶應通信，1994 年。1993 年に開催された日本倫理学会における同名のシンポジウムの記録で，アリストテレスをはじめ東西の思想家に見出される徳の倫理を論じた論文集。なお，同学会では 2009 年にも「「アリストテレスの徳倫理学」に望みはあるか？」と題する主題別討論が行われ，訳者も篠沢和久氏，中畑正志氏，都築貴博氏と共に提題者として討論に加わり多くを学んだ(『倫理学年報』第 59 集，2010 年)。

リチャード・テイラー『卓越の倫理』古牧徳生・次田憲和訳，晃洋書房，2013 年。(原題：*Virtue Ethics: An Introduction*, 1991.)

フィリッパ・フット『人間にとって善とは何か――徳倫理学入門』高橋久一郎監訳，河田健太郎・立花幸司・壁谷彰慶訳，筑摩書房，2014 年。(原題：*Natural Goodness*, 2001.)

ダニエル・C・ラッセル編『ケンブリッジ・コンパニオン：徳倫理学』立花幸司監訳，相澤康隆・稲村一隆・佐良土茂樹訳，春秋社，2015 年。(原題：*The Cambridge Companion to Virtue Ethics*, 2013.)

加藤尚武・児玉聡編・監訳『徳倫理学基本論文集』，勁草書房，2015 年。

参考文献

ALTHAM, J. E. J. and HARRISON, R. *World, Mind, and Ethics*. Cambridge: Cambridge University Press, 1995.
ANNAS, J. *An Introduction to Plato's Republic.* Oxford: Clarendon Press, 1981.
───── *The Morality of Happiness.* Oxford: Oxford University Press, 1993.
───── 'Virtue and Eudaimonism', *Social Philosophy and Policy* 15 (1998), 37-55.
ANSCOMBE, G. E. M. *Intention*, Oxford: Blackwell, 1963. (『インテンション』管豊彦訳, 産業図書, 1984 年)
───── 'Modern Moral Philosophy' (1958), repr. in *Collected Philosophical Papers,* iii. 26-42. Minneapolis: University of Minnesota Press, 1981.
───── 'Practical Inference' (1974), repr. in R. Hursthouse, G. Lawrence, and W. Quinn (eds.), *Virtues and Reasons* (q.v.), 1-34.(「実践的推論」『自由と行為の哲学』所収, 門脇俊介・野矢茂樹編／監修, 早川正祐ほか訳, 春秋社, 2010 年)
ARISTOTLE. *Nicomachean Ethics*, tr. J.A.K. Thomson, rev. H. Tredennick. London: Penguin, 1976.(『ニコマコス倫理学』アリストテレス全集 13, 加藤信朗訳, 岩波書店, 1973 年；朴一功訳, 京都大学学術出版会, 2002 年：アリストテレス全集（新版）15, 神崎繁訳, 岩波書店, 2014 年：渡辺邦夫・立花幸司訳, 光文社古典新訳文庫, 上巻 2015 年, 下巻 2016 年)
───── *Eudemian Ethics*, tr. M. Woods. Oxford: Clarendon Press, 1982.(『エウデモス倫理学』アリストテレス全集 14, 茂手木元蔵訳, 岩波書店, 1968 年；アリストテレス全集（新版）16, 荻野弘之訳, 岩波書店, 2016 年)
ARPALY, N. and SCHROEDER, T. 'Praise, Blame, and the Whole Self', *Philosophical Studies* 93 (1999), 161-88.
AUDI, R. 'Acting from Virtue', *Mind* 104 (1995), 449-71.
BADHWAR, N. K. 'The Limited Unity of Virtue', *Noûs* 30 (1996), 306-29.
───── 'Self-Interest and Virtue', *Social Philosophy and Policy* 14 (1997), 226-63.
BAIER, A. 'What do Women Want in a Moral Theory?', *Noûs* 19 (1985), 53-63.
BARON, M. *Kantian Ethics Almost Without Apology*. Ithaca, N.Y.: Cornell University Press, 1995.
───── 'Varieties of Ethics of Virtue', *American Philosophical Quarterly* 22 (1985), 47-53.
───── PETTIT, P., and SLOTE, M. *Three Methods of Ethics*. Oxford: Blackwell, 1997.
BEAUCHAMP, T. L. and CHILDRESS, J. F. *Principles of Biomedical Ethics*, 4th edn.

New York: Oxford University Press, 1994.
BLACKBURN, S. 'Dilemmas: Dithering, Plumping, and Grief', in H. E. Mason (ed.), *Moral Dilemmas and Moral Theory*. New York: Oxford University Press, 1996.
―――― 'The Flight to Reality', in R. Hursthouse, G. Lawrence, and W. Quinn (eds.), *Virtues and Reasons* (q.v.), 127-39.
BLUM, L. *Friendship, Altruism and Morality*. Boston: Routledge & Kegan Paul, 1980.
BROADIE, S. *Ethics with Aristotle*. Oxford: Oxford University Press, 1991.
CLOWNEY, D. 'Virtues, Rules and the Foundations of Ethics', *Philosophia* 20 (1990), 49-68.
CONLY, S. 'Flourishing and the Failure of the Ethics of Virtue', in P. A. French, T. Uehling, and H. Wettstein (eds.), *Ethical Theory: Character and Virtue*, Midwest Studies in Philosophy 13, pp. 83-96. Notre Dame, Ind.: Unversity of Notre Dame Press, 1988.
CRISP, R. 'Utilitarianism and the Life of Virtue', *Philosophical Quarterly* 42 (1992), 139-60.（加藤・児玉編・監訳『徳倫理学基本論文集』に和訳所収）
―――― (ed.). *How Should One Live?* Oxford: Clarendon Press (1996).
―――― (ed.). J. S. Mill, *Utilitarianism* (Oxford Philosophical Texts). Oxford: Oxford University Press, 1998.
―――― and SLOTE, M. (eds.) *Virtue Ethics*. Oxford: Oxford University Press, 1997.
DENT, N. J. H. *The Moral Psychology of the Virtues*. Cambridge: Cambridge University Press, 1975
DRIVER, J. 'The Virtues and Human Nature', in R. Crisp (ed.), *How Should One Live?* (q.v.), 111-30.
DUPRE, J. *The Disorder of Things*. Cambridge, Mass.: Harvard University Press. 1993.
DUMMETT, M. *Truth and Other Enigmas*. London: Duckworth, 1978.（『真理という謎』藤田晋吾訳，勁草書房，1986 年）
EVANS, J. D. G. (ed.). *Moral Philosophy and Contemporary Problems*, Royal Institute of Philosophy Lecture Series 22 (suppl. to *Philosophy*). Cambridge: Cambridge University Press, 1987.
ENGSTROM, S. and WHITING, J. (eds.). *Aristotle, Kant and the Stoics*. Cambridge: Cambridge University Press, 1996.
FLANAGAN, O. and RORTY. A. O. (eds.). *Identity, Character and Morality*. Cambridge, Mass.: MIT Press, 1990.
FOOT, P. 'Does Moral Subjectivism Rest on a Mistake?', *Oxford Journal of Legal Studies* 15 (1995), 1-14.
―――― 'Euthanasia' (1977), repr. in *Virtues and Vices* (q.v.), 33-61.
―――― 'Goodness and Choice' (1961), repr. in *Virtues and Vices* (q.v.), 132-47.
―――― 'Moral Beliefs' (1959), repr. in *Virtues and Vices* (q.v.), 110-31.
―――― 'Moral Realism and Moral Dilemma', *Journal of Philosophy* 80 (1983), 379-98.
―――― 'Nietzsche: The Revaluation of Values' (1973), repr. in *Virtues and Vices* (q.v.),

81-95.（加藤・児玉編・監訳『徳倫理学基本論文集』に和訳所収）
―――― 'Nietzsche's Immoralism', *New York Review of Books* 38/11 (13 June 1991), 18-22.
―――― 'Rationality and Virtue', in H. Pauer-Studer (ed.), *Norms, Values, and Society*, 205-16. Amsterdam: Kluwer, 1994.
―――― 'Virtues and Vices', in *Virtues and Vices* (q.v.), 1-18.（加藤・児玉編・監訳『徳倫理学基本論文集』に和訳所収）
―――― *Virtues and Vices*. Oxford: Blackwell, 1978.
FRANKENA, W. *Ethics*. Prentice-Hall: Englewood Cliffs. N.J., 1973.
GALSTON, WILLIAM. 'Introduction', in J. W. Chapman and W. Galston (eds.), *Virtue, Nomos* 34 (1992), 1-14.
―――― *Liberal Purposes: Goods, Virtues and Diversity in the Liberal State*. New York: Cambridge University Press, 1991.
GAUTHIER, D. *Moral Dealing*. Ithaca, N.Y.: Cornell University Press, 1990.
GEACH, P. T. 'Good and Evil', *Analysis* 17 (1956), 33-42.
―――― *The Virtues*. Cambridge: Cambridge University Press, 1977.
GYLFASON, T. Introductory essay to *Njal's Saga*, trans. C. F. Bagerschmidt and L. M. Hollander. Chatham: Wordsworth Editions, 1998.
GLOVER, J. *Causing Death and Saving Lives*. London: Penguin, 1977.
HARE, R. M. *Moral Thinking*. Oxford: Oxford University Press, 1981.（『道徳的に考えること』内井惣七・山内友三郎監訳, 勁草書房, 1994年）
HERMAN, B. *The Practice of Moral Judgement*. Cambridge, Mass.: Harvard University Press, 1993.
―――― 'Making Room for Character', in S. Engstrom and J. Whiting (eds.), *Aristotle, Kant and the Stoics* (q.v.), 36-60.
HOOKER, B. 'Does Moral Virtue Constitute a Benefit to the Agent', in Crisp (ed.), *How Should One Live?* (q.v.), 141-55.
HUDSON, STEPHEN. *Human Character and Morality*. Boston: Routledge & Kegan Paul, 1986.
―――― 'What is Morality all About?', *Philosophia* 20 (1990), 3-13.
HUME, D. *An Enquiry Concerning the Principles of Morals*, ed. L.A.Selby-Bigge. Oxford: Oxford University Press, 1902.（『道徳原理の研究』渡部峻明訳, 哲書房, 1993年）
HURSTHOUSE, R. 'Acting and Feeling in Character: *Nicomachean Ethics* 3.i', *Phronesis* 29: 3, 1984, pp. 252-266.
―――― 'After Hume's Justice', *Proceedings of the Aristotelian Society* 91 (1990-1), 229-45.
―――― 'Applying Virtue Ethics', in Hursthouse, Lawrence, and Quinn (eds.), *Virtues and Reasons* (q.v.), 57-75.
―――― *Aristotle: Ethics*, a booklet forming part of A292: *Greece* 478-336 BC. Milton

      Keynes: Open University Press, 1979.
——— *Beginning Lives*. Oxford: Blackwell, 1987.
——— 'Virtue Theory and Abortion', *Philosophy and Public Affairs* 20 (1991), 223-46.
——— Lawrence, G., and Quinn, W. (eds.). *Virtues and Reasons.* Oxford: Clarendon Press, 1995.
HUTCHINSON, D. S. *The Virtues of Aristotle.* London: Routledge & Kegan Paul, 1986.
IRWIN, T. Review of S. Broadie, *Ethics with Aristotle, Journal of Philosophy* 90 (1993), 323-9.
KANT, I. *The Doctrine of Virtue*, in *The Metaphysics of Morals*, trans. M. Gregor. Cambridge: Cambridge University Press, 1996.
——— *Groundwork of the Metaphysic of Morals*, trans. H. J. Paton. New York: Harper & Row, 1964.（『人倫の形而上学の基礎づけ』カント全集7，平田俊博訳，岩波書店，2000年；『道徳形而上学の基礎づけ』中山元訳，光文社古典新訳文庫，2012年；『倫理の形而上学の基礎づけ』熊野純彦訳，作品社，2013年）
KORSGAARD, CHRISTINE. 'From Duty and for the Sake of the Noble: Kant and Aristotle on the Morally Good Action', in S. Engstrom and J. Whiting (eds.), *Aristotle, Kant and the Stoics* (q.v.), 203-36.
LOUDEN, R. B. 'Kant's Virtue Ethics', *Philosophy* 61 (1986), 473-89.
McDOWELL, J. 'Deliberation and Moral Development in Aristotle's Ethics', in S. Engstrom and J. Whiting (eds.), *Aristotle, Kant and the Stoics* (q.v.), 19-35.
——— 'Two Sorts of Naturalism', in R. Hursthouse, G. Lawrence, and W. Quinn (eds.), *Virtues and Reasons* (q.v.), 149-79.
——— 'The Role of Eudaimonia in Aristotle's Ethics', in A. Rorty (ed.), *Essays on Aristotle's Ethics*, 359-76. Berkeley: University of California Press, 1980.
——— 'Virtue and Reason', *Monist* 62 (1979), 331-50.（「徳と理性」荻原理訳，『思想』No.1011，岩波書店，2008年）
MACKIE, J. L. *Ethics: Inventing Right and Wrong*. London: Penguin, 1977.（『倫理学』加藤尚武監訳，晢書房，1990年）
MARCUS, R. B. 'Moral Dilemmas and Consistency', *Journal of Philosophy* 77 (1980), 121-36.
MIDGELY, M. *Animals and Why They Matter*. Athens, Ga.: University of Georgia Press, 1984.
NUSSBAUM, M. C. 'Aristotelian Social Democracy', in R. Douglass, G. Mara, and H. Richardson (eds.), *Liberalism and the Good*, 203-52. New York: Routledge, 1990.
——— 'Aristotle on Human Nature and the Foundations of Ethics', in J. E. J. Altham and R. Harrison (eds.), *World, Mind, and Ethics* (q.v.), 86-131.
OAKLEY, J. 'Varieties of Virtue Ethics', *Ratio* 9 (1996), 128-52.
O'NEILL, O. 'Abstraction, Idealization and Ideology in Ethics', in J. D. G. Evans (ed.), *Moral Philosophy and Contemporary Problems*, Royal Institute of Philosophy Lecture Series 22 (suppl. to *Philosophy*), 55-70. Cambridge: Cambridge University

Press, 1987.

――――― 'Kant after Virtue', *Inquiry* 26 (1984), 387-405.

PECK, M. SCOTT. *The Road Less Travelled.* New York: Simon & Schuster, 1978.

PHILLIPS, D. Z. 'Does it Pay to be Good?', *Proceedings of the Aristotelian Society* 65 (1964-5), 45-60.

PINCOFFS, E. *Quandaries and Virtues.* Lawrence, Kan.: University of Kansas Press, 1986.

――――― 'Quandary Ethics', *Mind* 80 (1971), 552-71.

QUINE, W. V. O. 'Identity, Ostension, and Hypostasis', repr. in *From a Logical Point of View*, 65-79. New York: Harper & Row, 1963.（「同一性・直示・物化」『論理的観点から』飯田隆訳，勁草書房、1992）

REGAN, T. *The Case for Animal Rights.* London: Routledge, 1983.

SCHEFFLER, S. *Human Morality.* New York: Oxford University Press, 1992

SCHNEEWIND, J. 'The Misfortunes of Virtue', *Ethics* 101 (1990), 42-63.

SINGER, P. *How Are We to Live?* Oxford: Oxford University Press, 1997.（『私たちはどう生きるべきか』山内友三郎訳，ちくま学芸文庫、2013 年）

SIMPSON, P. 'Contemporary Virtue Ethics and Aristotle', *Review of Metaphysics* 46 (1992), 503-24.

SLOTE, MICHAEL. 'Agent-Based Virtue Ethics', in P. French, T. Uehling, and H. Wettstein (eds.), *Moral Concepts.* Midwest Studies in Philosophy 20, pp. 83-101. Notre Dame, Ind.: University of Notre Dame Press, 1995.

――――― *Goods and Virtues.* Oxford: Clarendon Press, 1983.

――――― *From Morality to Virtue.* New York: Oxford University Press, 1992.

――――― 'Virtue Ethics', in M. Baron, P. Pettit, and M. Slote, *Three Methods of Ethics* (q.v.), 175-238.

――――― 'Virtue Ethics and Democratic Values', *Journal of Social Philosophy* 24 (1993), 5-37.

SOLOMON, D. 'Internal Objections to Virtue Ethics', in P. French, T. Uehling, and H. Wettstein (eds.), *Ethical Theory: Character and Virtue*, Midwest Studies in Philosophy 13, pp. 428-41. Notre Dame, Ind.: University of Notre Dame Press, 1988.

STATMAN, D. 'Introduction to Virtue Ethics', in D. Statman (ed.) *Virtue Ethics*, 2-41. Edinburgh: Edinburgh University Press, 1997.

STOCKER, M. 'The Schizophrenia of Modern Ethical Theories', *Journal of Philosophy* 14 (1976), 453-66.（加藤・児玉編・監訳『徳倫理学基本論文集』に和訳所収）

STROUD, BARRY. 'The Charm of Naturalism', *Proceedings and Addresses of the American Philosophical Association* 70 (1996), 43-55.

SWANTON, C. 'Profiles of the Virtues', *Pacific Philosophical Quarterly* 76 (1995), 47-72.

――――― 'The Supposed Tension Between "Strength" and "Gentleness" Conceptions of the Virtues', *Australasian Journal of Philosophy* 75 (1997), 497-510.

——— 'Virtue Ethics and the Problem of Indirection: A Pluralistic Value-Centred Approach', *Utilitas* 9 (1997), 167-81.

THOMAS, L. *Living Morally: A Psychology of Moral Character.* Philadelphia: Temple University Press, 1989.

THOMPSON, M. 'The Representation of Life', in R. Hursthouse, G. Lawrence, and W. Quinn (eds.), *Virtues and Reasons* (q.v.), 247-96.

THOMSON, J. J. 'A Defense of Abortion', *Philosophy and Public Affairs* 1 (1971), 47-66.

TRIANOSKY, G. V. 'Natural Affections and Responsibility for Character: A Critique of Kantian Views of the Virtues', in O. Flanagan and A. O. Rorty (eds.), *Identity, Character and Morality* (q.v.), 93-110.

——— 'What is Virtue Ethics all About?', *American Philosophical Quarterly* 27 (1990), 335-44.

WATSON, G. 'On the Primacy of Character', in O. Flanagan and A. O. Rorty (eds.), *Identity, Character and Morality* (q.v.), 449-83.

——— 'Virtues in Excess', *Philosophical Studies* 46 (1984), 57-74.

WIGGINS, DAVID. 'Eudaimonism and Realism in Aristotle's Ethics: A Reply to John McDowell', in R. Heinamen (ed.), *Aristotle and Moral Realism*, 219-31. London: UCL Press, 1995.

——— 'Truth, Invention and the Meaning of Life', *Proceedings of the British Academy*, 62 (1976), 331-78.

WILLIAMS, B. 'Acting as the Virtuous Person Acts', in R. Heinamen (ed.), *Aristotle and Moral Realism*, 13-23. London: UCL Press, 1995.

——— 'Ethics and the Fabric of the World' (1985), repr. in *Making Sense of Humanity*, 172-81.

——— *Ethics and the Limits of Philosophy*. London: Fontana/Collins, 1985. (『生き方について哲学は何が言えるか』森際康友・下川潔訳, 産業図書, 1993 年)

——— 'Evolution, Ethics and the Representation Problem' (1983), repr. in *Making Sense of Humanity*, 100-10.

——— *Making Sense of Humanity*. Cambridge: Cambridge University Press, 1995.

——— 'Moral Luck', *Proceedings of the Aristotelian Society* suppl. vol. 50 (1976), 115-35.

——— *Morality*. New York: Harper & Row, 1972.

——— 'Morality and the Emotions' (1965), repr. in *Problems of the Self*, 207-29. Cambridge: Cambridge University Press, 1973.

——— 'Philosophy', in M. Finley (ed.), *The Legacy of Greece*, 202-55. Oxford: Oxford University Press, 1981.

——— 'Replies', in J. E. J. Altham and R. Harrison (eds.), *World, Mind, and Ethics* (q.v.), 185-224.

——— 'Saint-Just's Illusion' (1991), repr. in *Making Sense of Humanity*, 135-52.

——— *Utilitarianism For and Against*, with J. J. C. Smart. London: Cambridge

University Press, 1973.
ZAGZEBSKI, L. *Virtues of the Mind*. New York: Cambridge University Press, 1996.

人名索引

アクィナス, T.(Aquinas, St Thomas)
　6, 101, 132, 171, 330
アナス, J. (Annas, Julia)　17, 128, 185,
　254, 335
アーパリー, N.(Arpaly, Nomy)　228,
　229
アリストテレス (Aristotle)　3, 5-7,
　11, 13-15, 17, 20, 22, 23, 25, 27-31,
　43, 49, 57, 83, 88, 89, 91, 100, 116,
　123, 126, 135, 139, 140, 141, 143-51,
　154-60, 162, 165-69, 171, 176, 181,
　182, 184, 185, 190-92, 197, 198,
　206-08, 211, 212, 229, 230, 232, 234,
　247, 253, 256, 257, 277, 287, 291, 293,
　295, 297, 321, 328, 334, 335, 347, 355,
　368, 376, 377, 384-90, 395, 396, 400,
　401, 404, 405
アンスコム, G. E. M. (Anscombe,
　Gertrude Elizabeth Margaret)　6, 26,
　54, 124, 132, 134, 181, 184, 185, 188,
　296, 297, 311, 340, 401
イクバル, M. (Iqbal Masih)　219-21,
　231
ウィギンズ, D. (Wiggins, David)　97,
　250, 277
ウィトゲンシュタイン, L. (Wittgenstein,
　Ludwig)　25, 26
ウィリアムズ, B. (Williams, Bernard)
　6, 8, 116, 171, 172, 177, 185, 186, 188,
　195-98, 236, 257, 334, 360-63, 368,
　382, 384, 385, 390, 391, 395, 396
オークリー, J. (Oakley, Justin)　7, 9,
　123
オニール, O. (O'Neill, Onora)　6, 60,
　82, 83

カント, I. (Kant, Immanuel)　3-7,
　27, 29, 30, 40, 41, 58, 60, 73, 82, 83,
　139-41, 143-45, 149-51, 153-60,
　162, 167, 168, 177, 180, 181, 183-86,
　191, 199, 200, 206-09, 212, 216, 230,
　243, 360, 361, 393, 408
ギーチ, P. T. (Geach, Peter T.)　100,
　132, 133, 296, 311, 316
クリスプ, R. (Crisp, Roger)　6, 7, 11,
　88
コースガード, C. (Korsgaard, Christine)
　7, 143, 160, 209, 212
シジウィック, H. (Sidgwick, Henry)
　8
シンガー, P. (Singer, Peter)　6, 289,
　337, 338
スロート, M. (Slote, Michael)　6, 9,
　11-14, 88, 121, 128, 274, 381
スワントン, C. (Swanton, Christine)
　14, 121, 381

ダメット, M. (Dummett, Michael)
　103
チルドレス, J. F. (Childress, James F.)
　61, 91
デュプレ, J. (Dupré, John)　306
トンプソン, M. (Thompson, Michael)
　306

ニーチェ, F. W. (Nietzsche, Friedrich
　Wilhelm)　14, 49, 380-83
ヌスバウム, M. (Nussbaum, Martha)
　6, 295, 368
ノイラート, O. (Neurath, Otto)　251,
　252, 293, 341, 356, 361, 382, 394

バイア, A. (Baier, Annette)　11, 339

人名索引

バドゥワー, N. K. (Badhwar, Neera K.) 236
ハドソン, S. (Hudson, Stephen) 6, 7, 19, 40, 123, 124, 212
ハーマン, B. (Herman, Barbara) 7, 40, 212
バロン, M. (Baron, Marcia) 6, 161, 212
ビーチャム, T. L. (Beauchamp, Tom L.) 61, 91
ヒューム, D. (Hume, David) 43, 49, 71, 147, 148, 153, 156, 158, 166–68, 171, 175, 181, 183, 184, 233, 316, 347, 364
ピンコフス, E. (Pincoffs, Edmund) 6, 59, 108, 109
フィリップス, D. Z. (Phillips, Dewi Zephaniah) 272–78, 280, 283, 287, 288
フット, P. (Foot, Philippa) 6, 26, 32, 80, 102, 103, 126, 127, 144, 145, 147–52, 157, 158, 185, 248, 256, 257, 270, 272, 273, 275, 278, 284–87, 289, 296, 297, 299, 301, 302, 308–11, 330, 340, 352, 354, 377, 382, 401, 404

ブラックバーン, S. (Blackburn, Simon) 102, 347, 348
プラトン (Plato) 3, 5, 6, 171, 176, 207, 208, 212, 254, 261, 282, 291, 327, 371, 374, 378, 380
ブローディ, S. (Broadie, Sarah) 195, 207–11, 379
ヘア, R. M. (Hare, Richard Mervyn) 32, 265, 269–73, 275, 278, 281, 284–87, 289, 296, 297
ベンサム, J. (Bentham, Jeremy) 4

マクダウェル, J. (McDowell, John) 6, 7, 26, 32, 87, 88, 146, 211, 248, 250–52, 272–75, 276–78, 280, 283, 288, 293–95, 312, 318, 336, 345, 394
マッキー, J. (Mackie, John) 359, 360
マルティノー, J. (Martineau, James) 14
ミジリー, M. (Midgley, Mary) 225
ミル, J. S. (Mill, John Stuart) 4, 7

ワトソン, G. (Watson, Gary) 222, 236, 291, 293, 299, 331, 342

事項索引

ア　行

悪徳　　10, 17, 19, 20, 28, 54, 58, 62, 74, 78, 79, 91, 92, 113, 114, 124-28, 132-34, 144, 153, 157, 160, 165, 193, 194, 197, 206, 227, 232, 234, 262, 264, 274, 275, 283-85, 288, 318- , 322, 337, 366, 380-82, 396-98

憐れみ　　48, 116, 140, 151-55, 226
────深い　　153

思いやり　　3, 60, 65, 145, 161, 173, 174, 227, 240, 247, 259, 260, 315, 367
────のある　　240, 247, 259, 260

意志の弱さ　　140, 228, 229, 237, 353
　アクラシア　　229, 230

嘘　　10, 17, 47, 48, 53, 56-58, 65, 68, 87, 90, 95, 99, 101, 110, 125, 129, 130-34, 154, 195, 210, 229, 235, 236, 249, 255, 269, 356, 370

エウダイモニア　→幸福（eudaimonia）　16, 17, 115

エウプラクシア　→よい行為（よくなすこと）　107

オオカミ　　297, 299, 304, 309, 315, 316, 320, 330, 375

臆病な　　125, 194, 196, 202, 238

大人　　23, 24, 57, 90, 159-62, 173, 176, 180, 201, 217-19, 221, 222, 230, 231, 242, 314, 318

親　　11, 23, 57, 80, 82, 92, 102, 107, 108, 110, 147, 172, 174, 175, 219, 220, 239, 265, 266, 268, 270, 279, 322, 323, 333, 338, 339, 354, 363, 379

カ　行

過失　　71, 117, 118, 176, 196

神　　40, 41, 48, 100-103, 132, 192, 202-206, 216, 239, 241, 311, 324, 348, 349, 365, 390, 395, 397

感情　　6, 19, 21, 22, 24, 29, 30, 80, 93, 118, 137, 139-42, 151-58, 161-63, 165-79, 181, 182, 184, 189-91, 222, 303-05, 312, 313, 314, 338, 377, 401

寛容　　17, 18, 20, 21, 22, 51, 54, 91, 235, 314, 316, 317, 322, 349, 353, 396

基礎づけ主義　　252

気遣い　　50, 73, 153, 233, 316, 339

規範相互の対立問題　　28, 65, 66, 79, 82, 95, 98

義務（―論）　　3-9, 11-13, 27-31, 37-53, 55-58, 62, 66, 68, 72-74, 79-83, 85, 87, 89-92, 94, 98, 99, 101-03, 106, 107, 122, 129-33, 139-43, 150, 151, 153-58, 162, 177, 181-86, 199-201, 203, 206, 207, 212, 213, 215-18, 221, 223, 224, 226, 229-31, 241-43, 248, 249

虚栄心　　155, 337

禁欲　　323

敬虔　　206, 348-52

傾向性　　17-20, 29, 140, 142, 143, 150-53, 155-58, 160-62, 167, 188, 201, 313, 314, 347, 348

健康　　16, 261, 262, 283, 284, 291, 292, 295, 299, 312, 331, 336, 342, 343

謙遜　　48

賢明な利己心　　288, 289

行為　　3, 4, 6, 8, 10, 14, 17-31, 37-60, 62, 65, 66, 68-86, 88, 89, 92, 93,

事項索引　　415

97-130, 132-35, 139-62, 165, 166, 170, 172, 177-79, 183, 184, 186-213, 215-43, 248, 249, 254, 257-60, 273, 274, 276-83, 286, 298, 313-15, 317-19, 323-25, 327, 333, 337, 338, 340, 344, 347-49, 352-55, 359, 360, 365-68, 370, 374, 378, 379, 397, 401, 405
　傾向性から——する　　155
　徳に基づいて——する　　191, 206, 215, 230, 236
　理性に基づいて——する　　162
　——する人に重きを置いた（行為者に——／行為者‐中心的）　　37, 38
　——の指針（行為指針）　　27-29, 42, 51, 52, 54-57, 59, 62, 65, 66, 72, 74-79, 81-83, 85, 86, 89, 105, 106, 108, 112, 116, 120-22, 128, 228, 229
　——の評価（行為評価）　　29, 74, 76-79, 106, 108, 109, 115, 120-22, 128, 249
幸運　　19, 77, 78, 180, 263, 267, 286, 329, 343, 392-94
後悔　　29, 67, 72-74, 79, 102, 114, 117-19, 139, 162, 166, 169, 373, 374, 393
気高い　　224, 242, 243
幸福　　5, 16, 17, 28, 31-33, 39, 41, 43, 47, 48, 50-52, 55, 56, 66, 71, 92, 94, 98, 115, 128, 130, 141, 150, 151, 153, 155-60, 207-09, 212, 253, 254, 258, 260-64, 267-70, 272, 274, 276, 280, 284, 285, 288, 317, 389, 390, 392, 393, 396-98
　幸福（happiness）　　16
公平な慈愛　　337-39, 344
功利主義　　3-9, 11-13, 27, 28, 38-42, 44-53, 55, 56, 59, 65, 66, 68, 72-74, 81-85, 92, 98, 99, 104, 122, 129, 130, 139, 140, 181, 182, 248, 254, 302, 337, 338, 393
合理性　　30, 31, 167, 247, 250, 256, 287, 288, 312, 313, 352, 394, 397
コード化　　27, 28, 37, 59, 61, 62, 81, 85-87, 89, 95
心の広い　　349
子ども　　11, 17, 18, 22-25, 30, 32, 56, 57, 58, 71, 77, 78, 88, 93, 94, 124, 134, 156, 157, 159-62, 166, 172-76, 178, 180, 184, 187, 195, 200, 201, 203, 205, 217-22, 239, 259, 265-68, 270, 275, 278-80, 282, 283, 288, 301, 305, 308, 315, 317, 322, 330, 338, 339, 355, 356, 379, 393, 395

　　　　　サ　行

菜食主義　　338, 340, 341
残酷さ　　13, 259, 337, 360
慈愛（——に満ちた）　　13, 14, 21, 22, 61, 87, 148, 149, 152, 153, 155, 156, 166, 233, 315, 337-39, 344, 349, 367
自己抑制　　162, 368, 370, 372-74, 376
自責の念　　77, 117-19, 263
自然主義　　32, 33, 257, 291-97, 299, 310-15, 318-25, 327, 328, 330, 333-42, 345, 346, 351-57, 360, 361, 364, 368, 372, 375, 376, 380, 381, 383-86, 388-91
自然的な徳　　159, 160, 162, 232
実践知　　20, 28, 51, 60, 82, 83, 85, 86, 91, 94, 104, 122, 133, 155, 162, 209, 221, 232
慈悲（——深い）　　10, 14, 28, 51-55, 57, 65, 80, 87, 91, 92, 113, 114, 121, 124, 126-28, 134, 139, 145, 148-55, 158, 175, 177-81, 234, 235, 237, 249, 271, 280, 285, 294, 298, 318, 319, 322, 325, 337, 338, 342, 344, 345, 349, 355, 378, 383
社会的動物の四つの目的　　305, 315, 337, 339, 340, 372
宗教的信念　　364, 365
種に特徴的な　　33, 301, 302, 304-08,

310, 313, 315, 328-31, 334, 335, 337, 350, 357, 372, 375, 377, 384, 387
正直（――さ）　10, 13, 17, 18, 19, 21, 22, 28, 30, 31, 48, 51-55, 57, 58, 65, 80, 86, 87, 89, 90, 92, 110, 113, 114, 124-26, 131, 132, 134, 141, 147, 148, 180, 193, 194, 196, 197, 222, 227, 228, 231, 232, 234-37, 249, 254-56, 259, 260, 271, 272, 275, 294, 314, 316, 318, 322, 325, 342, 345, 349, 355, 378
思慮　20, 62, 90, 110, 130, 155, 224, 232, 233, 234, 236, 287, 289, 338, 349, 351, 352
フロネーシス　60, 83, 400
新アリストテレス主義　13, 15, 31, 43, 140, 146, 147, 156, 158, 206, 212, 247, 253, 256, 287
人種差別　30, 173-179, 222, 223, 232, 237, 330
親切　3, 53, 57, 65, 79, 80, 81, 86, 91-93, 142, 174, 228, 232, 235, 279
信念　25, 26, 49, 100, 103, 109, 168, 172, 175, 202, 208, 213, 216, 218, 219, 221, 222, 224, 225, 228, 250-53, 257, 265, 272, 286, 287, 289, 293-95, 324, 341, 364, 365, 372, 393-95
信頼性　17, 18, 203, 204, 206, 222, 263
性格　4-7, 17-20, 28, 30-33, 43, 46, 48, 49, 52, 53, 62, 74, 91, 113, 114, 123, 124, 126-28, 131, 134, 141-43, 145-48, 150-54, 157, 158, 160, 161, 166, 186, 198, 206, 212, 215, 221-23, 225, 229-31, 233-35, 237-43, 248, 249, 253, 254, 256-58, 265, 266, 269, 270, 273, 287, 291, 293-95, 313, 315, 317-19, 321-24, 337-42, 344, 348, 349, 352, 353, 355, 356, 360, 361, 369, 370, 372, 374, 376, 377-81, 391, 393, 397
　――特性　17-20, 31-33, 43, 46, 48, 49, 74, 113, 114, 153, 198, 206, 221, 223, 233-35, 248, 249, 253, 254,

256-58, 266, 270, 273, 291, 293-95, 313, 315, 317, 318, 319, 321-24, 337-41, 344, 348, 349, 352, 353, 355, 356, 360, 361, 372, 374, 376-81, 391, 393, 397
　――の優位　123, 124, 127, 128
正義　9-11, 13, 17, 30, 51, 61, 65, 80, 89, 113, 114, 127, 169, 173-75, 177-80, 190, 192, 194, 202, 226, 232, 234, 238, 254, 259, 270, 271, 294, 298, 314, 316, 318, 342, 345, 349, 355, 378, 379, 381, 383
性向　18, 43, 58, 159, 162, 165, 166, 314, 378
誠実　13, 19, 60, 61, 71, 91, 121, 124, 125, 142, 174, 180, 188, 192, 213, 222, 231, 232, 259, 271, 280, 316, 322, 350-54, 356, 369, 378
責務　27, 37, 106, 117, 185, 191, 192, 199, 200
節制　30, 91, 140, 159, 190, 234, 282, 285, 294, 314, 319, 323, 324, 341, 342, 344, 368-74, 376
節度のある　194, 195, 323, 368
善　12, 19, 21, 23, 38-42, 46, 47, 50, 54-56, 61, 62, 88, 91, 100, 126-28, 141-43, 145, 149, 150, 151, 153-62, 166, 169-72, 174, 175, 177, 178, 186, 198, 206-09, 212, 221, 222, 224-26, 229, 234, 239, 263, 265-67, 269, 271, 277, 280, 283, 307, 317, 319, 334, 338, 344, 355, 362, 373, 377-79, 382, 383, 393, 395, 397, 404
　――意志　41, 186, 206
　――行　56, 61, 141-43, 149-51, 157, 166, 177, 178, 234, 271
選択　19, 25, 30, 40, 69, 70, 73, 76, 83, 97, 98-103, 105-07, 109, 110, 116, 117, 133, 134, 156, 157, 160, 162, 184, 190-93, 195-99, 207, 211, 251, 262, 271, 293, 296, 298, 299, 318, 331, 373, 386, 389, 393

プロアイレシス　25, 30, 160
相対主義　49-51, 55, 248
その人らしい　121, 237

タ 行

ダーウィン主義　384, 386, 387, 391, 397
ダーウィニズム　295, 386
正しい　8, 11, 12, 18, 27, 30, 31, 37-50, 52-54, 56-59, 65, 66, 68-79, 84-86, 88, 89, 91-93, 98, 100, 101, 103-07, 109, 110, 112-16, 119-23, 127, 129, 133, 134, 154, 155, 159, 161, 165-67, 171, 172, 177, 178, 183-86, 189-92, 195-207, 209, 211-13, 215-21, 223-31, 236, 238-43, 248-50, 252, 254, 258, 259, 262, 293, 297, 303, 306, 311, 317-19, 322, 353, 355, 359-62, 365-67, 379, 393, 394, 397
　公正な　200
チータ　308, 332, 333, 373, 375
中庸　234
慎ましさ　48
定言命法　40, 41, 181
ディレンマ　15, 28, 29, 62, 65-76, 79-82, 92-95, 97-122, 125, 128, 129, 134, 166, 250-52, 257, 276, 277, 291, 293, 312, 318, 319, 366
　解決不可能な——　28, 29, 66, 67, 71, 72, 75, 79, 95, 97, 98-105, 107, 109-11, 116, 117, 122
　非劇的——　28, 97, 112, 113, 120, 121, 125, 129, 166, 257, 276, 277, 319
天真爛漫さ　90
動機づけの理由　273, 378
同性愛　323, 324, 341
道徳　3-6, 8-10, 12, 13, 15, 21, 23, 25-33, 39-44, 46-52, 54, 55, 57, 58, 60, 65-73, 76-79, 81-88, 91, 92, 94, 97-100, 102-06, 108, 109, 111, 115, 117, 121, 123, 127, 128, 130,

133, 139-45, 148, 150, 151, 155-58, 160-63, 165, 166, 171, 172, 176-79, 181-86, 189-93, 199-201, 203-09, 211-13, 215-18, 220-28, 230, 231, 235-43, 247, 248, 250, 254, 256-60, 264-69, 271, 272, 274, 275, 278, 283, 284, 286-89, 291, 292, 296-98, 314, 317, 318, 339, 347, 352, 354, 356, 360, 361, 363, 377-80, 382, 384, 390-95, 407, 408
——教育　5, 30, 57, 172, 220, 265, 268, 339, 356, 377-79, 394
——的運　177
——的実践知　28, 60, 82, 83, 85, 86, 91, 94, 104
——的動機づけ　30, 31, 183-86, 205, 207-09, 212, 215, 218, 220-23, 225, 228, 230, 236, 243
——的な賢明さ　287, 288
徳　3, 4, 8, 9, 10, 15, 17-22, 27-33, 37, 38, 43, 44, 48-50, 53, 54, 57-62, 65, 73, 74, 77, 79, 86-92, 106, 113, 114, 122, 124-126, 128, 131-134, 140, 141, 143-153, 155, 157-162, 165-167, 176, 179-184, 186, 190-195, 197-199, 206-212, 215, 221-224, 226-228, 230, 232-238, 241, 247-254, 257-276, 278, 280, 282-285, 288, 291-295, 314-325, 327, 337, 339, 341-344, 348-356, 360, 364-367, 370-74, 376-380, 382, 383, 390, 391, 393, 394, 396-398
——-規則　55-58, 78, 86, 88-91, 93, 94, 124, 125, 130
——の統一　113, 128, 232-34
——倫理学　1, 3-15, 26-29, 31-33, 37, 38, 39, 41-45, 47-55, 57-62, 65, 66, 72-74, 77-83, 85-89, 91-95, 104-07, 110-13, 115, 123, 126-33, 139, 140, 157, 163, 178, 181-85, 190-92, 199, 206, 207, 209, 215, 247-49, 253, 254, 256, 257, 287, 288, 291, 295, 317, 337, 340, 359-61, 364,

365, 399, 400, 404
独身制　324

ナ〜マ 行

人間本性　33, 127, 152, 168, 169, 284, 286, 287, 289, 291-93, 295, 297, 311, 346, 361, 364, 367, 368-70, 371-73, 376-78, 383, 384, 391, 392, 395-98
ノイラートの船　252, 382

背徳者　270-73, 275, 276, 280, 281, 283-86, 288, 289, 372
不道徳な人　266, 380
繁栄　16, 31-33, 43, 309, 329, 336, 378, 389
判断　23, 24, 60, 72, 73, 80-85, 91, 92, 94, 95, 160, 167, 168, 172, 182, 198, 203, 225, 228, 229, 234, 253, 288, 291, 292, 307, 308, 320, 322, 335, 344, 346-48, 352, 359-62, 366, 369, 380, 385
　──力　81-83, 85, 91, 92, 94, 95
反ユダヤ主義　226
フェミニズム　333
普遍化可能性　41, 203
不本意に　115, 349
プラトン　3, 5, 6, 171, 176, 207, 208, 212, 254, 261, 282, 291, 327, 371, 374, 378, 380
　──的幻想　207, 208, 212
　──による徳の必要条件　254, 261, 291, 371, 374
フロネーシス　→思慮, 道徳的実践知　60, 83, 400
本質主義　333

ミツバチ　297, 299, 303, 304, 380
無邪気さ　90, 160, 174
もの惜しみしない　20, 194

ヤ 行

疚しさ　67, 117-19
やりきれなさ　67, 68, 117
友愛　5, 11, 17, 30, 49, 55, 91
勇気　21, 22, 30, 51, 91, 110, 123-25, 145-47, 159, 192, 194, 219, 222, 232-35, 238, 249, 253, 260, 279, 294, 314-16, 318, 325, 342, 345, 349, 373
抑制　29, 30, 140, 141, 144-46, 149, 150, 152, 157, 158, 160-62, 368, 370, 372-74, 376
エンクラテイア　29
よい行為　7-72, 77, 102, 106, 107, 115, 121, 130, 155, 158, 160, 187, 192, 199, 204, 258, 278, 318, 319
よくなすこと　22, 120, 207-09, 211, 212
予測可能性　203, 204
欲求　19, 22, 24-26, 55, 140, 141, 143, 146, 151, 152, 156, 161, 169, 170, 173, 184, 201, 202, 204, 205, 228, 230, 282, 303-05, 307, 310, 312-14, 344-46, 357, 359, 360, 368-71, 373, 374, 376, 378, 379, 386, 388, 389, 392, 393

ラ・ワ 行

利己主義　250, 265, 271, 273, 275, 379
理性　24-26, 100, 141, 155, 157, 158, 160-162, 167-169, 172, 175, 176, 181, 184, 271, 313, 327, 328, 331, 332, 334, 335, 338, 350, 357, 368, 369, 372, 375, 376, 378, 384, 392, 397
　──的動物　33, 175, 327, 339
ロゴス　156
良心の呵責　67, 77, 222
倫理　1, 3-15, 21, 26-29, 31-33, 37-39, 41-45, 47-55, 57-62, 65-68, 71-89, 91-95, 97-99, 102-07, 110-13, 115, 116, 123, 126-33, 139,

140, 156, 157, 159, 161, 163, 169, 176, 178, 181-85, 190-92, 195, 199, 206, 207, 209, 215, 232, 242, 247-54, 256, 257, 273-75, 284, 286-89, 291-97, 299, 311-15, 317-19, 321, 324, 327, 330, 331, 333-37, 339-48, 351-57, 359-65, 367, 368, 372, 375-77, 380-86, 388-91, 393-401, 404, 405, 408
　──（学）的自然主義　　33, 291, 293-96, 311-14, 318, 327, 330, 333, 334, 336, 337, 339-42, 345, 346, 351-53, 354, 356, 357, 364, 372, 375, 383, 385, 388, 389, 391
　──観　　13, 31, 242, 250-53, 256, 273-75, 284, 286-89, 293, 294, 319, 337, 344, 346, 354, 356, 361, 364, 365, 367, 368, 381, 382, 385, 390, 393-97
　──的ではあるが非‐評価的な信念　　287
倫理の客観性　　359
倫理学　　1, 3-15, 26-29, 31-33, 37-39, 41-45, 47-55, 57-62, 65-68, 71-83, 85-89, 91-95, 97, 98, 102-07, 110-13, 115, 116, 123, 126-33, 139, 140, 156, 157, 159, 161, 163, 169, 176, 178, 181-85, 190-92, 195, 199, 206, 207, 209, 215, 232, 247-54, 256, 257, 287, 288, 291-93, 295-97, 311, 317, 321, 333-35, 337, 340, 341, 347, 355, 359-65, 367, 377, 384, 385, 394, 397, 399-401, 404, 405, 408
規範──　　3, 4, 7, 10, 28, 37, 41, 57, 59, 60, 72, 75, 76, 81-83, 85, 86, 88, 91, 93, 95, 104, 106, 112
応用──　　15, 59, 60, 67, 68, 71, 74, 75, 97, 98, 102, 401
　──上の意見の不一致　　361-65, 367

わがまま　　202, 235, 265, 269
割り切れなさ　　66-68, 71-73, 76, 117-19

土橋 茂樹（つちはし・しげき）
1953 年東京生まれ。1978 年上智大学文学部卒業。1988 年上智大学大学院哲学研究科博士後期課程単位取得満期退学。上智大学哲学科助手，オーストラリア・カトリック大学・初期キリスト教研究所客員研究員を経て，現在，中央大学文学部教授。

〔編・著書〕『善く生きることの地平―プラトン・アリストテレス哲学論集』（知泉書館，2016 年），『善美なる神への愛の諸相―『フィロカリア』論考集』（教友社，2016 年），『内在と超越の閾』（共編，知泉書館，2015 年），『哲学』（中央大学通信教育部，2003 年），他。

〔訳書〕『アリストテレス全集 12：小論考集』（共訳，岩波書店，2015 年），エジプトの聖マカリオス『50 の講話―抄録者シメオンによるその 150 章の抄録』（『フィロカリアⅥ』所収，新世社，2013 年），偽マカリオス『説教集』『大書簡』（『中世思想原典集成 3―後期ギリシア教父・ビザンティン思想―』所収，平凡社，1994 年），他。

〔共著〕『光の形而上学―知ることの根源を辿って』（慶應義塾大学出版会，2018 年），『テオーシス―東方・西方教会における人間神化思想の伝統』（教友社，2018 年），『越境する哲学―体系と方法を求めて―』（春風社，2015 年），Christians Shaping Identity from the Roman Empire to Byzantium（Brill, 2015），『新プラトン主義を学ぶ人のために』（世界思想社，2014 年），『中世における信仰と知』（知泉書館，2013 年），『西洋哲学史Ⅱ』（講談社，2011 年），Prayer and Spirituality in the Early Church Vol. 4（St. Pauls Publications, 2006），『現代社会に於ける倫理の諸相』（中央大学出版，2003 年），『中世の社会思想』（創文社，1996 年），他。

〔徳倫理学について〕　ISBN978-4-86285-196-3

2014 年 10 月 10 日　第 1 刷発行
2018 年 3 月 30 日　第 2 刷発行

訳者　土橋茂樹
発行者　小山光夫
製版　ジャット

発行所　〒113-0033 東京都文京区本郷1-13-2
電話03(3814)6161 振替00120-6-117170
http://www.chisen.co.jp
株式会社 知泉書館

Printed in Japan　　印刷・製本／藤原印刷